파이썬 데이터
사이언스 핸드북

파이썬 데이터 사이언스 핸드북

지은이 제이크 밴더플래스 옮긴이 김정인

펴낸이 박찬규 엮은이 전이주 표지디자인 Arowa & Arowana

펴낸곳 위키북스 전화 031-955-3658, 3659 팩스 031-955-3660
주소 경기도 파주시 문발로 115, 311호(파주출판도시, 세종출판벤처타운)

가격 38,000 페이지 588 책규격 188 x 240mm

초판 발행 2023년 03월 30일
ISBN 979-11-5839-427-1 (93000)

등록번호 제406-2006-000036호 등록일자 2006년 05월 19일
홈페이지 wikibook.co.kr 전자우편 wikibook@wikibook.co.kr

2023 © WIKIBOOKS Publishing Co.
Authorized Korean translation of the English edition of Python Data Science Handbook 2E ISBN
9781098121228 © 2023 Jake VanderPlas.
This translation is published and sold by permission of O'Reilly Media, Inc., which owns or controls
all rights to publish and sell the same.

파이썬 데이터 사이언스 핸드북

IPython, Jupyter, NumPy, Pandas, Matplotlib,
Scikit-Learn 라이브러리를 활용한 데이터 과학과 머신러닝

제이크 밴더플래스 지음

김정인 옮김

O'REILLY®  위키북스

파이썬 데이터 과학 핸드북 2판에 대한 찬사

현재 데이터 과학 관련 서적이 많이 나와 있지만, 이 책은 독보적입니다. 저자는 매우 광범위하고 복잡한 주제를 세분화하여 훌륭한 글과 예제를 통해 독자의 이해를 돕고 독자들이 배운 개념을 빨리 사용할 수 있게 해줍니다.

— 셀레스트 스팅어, 사이트 안정성 엔지니어

지식 공유에 대한 저자의 전문성과 열정은 부인할 수 없습니다. 새로 업데이트된 ≪파이썬 데이터 사이언스 핸드북≫ 2판은 필수 데이터 과학 및 머신러닝 도구를 성공적으로 설정하고 사용하는 데 도움이 되는 명확하고 따라 하기 쉬운 예제를 제공합니다. 파이썬 기반 도구를 사용해 데이터에서 진정한 인사이트를 얻기 위한 핵심 기술을 배울 준비가 됐다면 이 책을 꼭 읽기 바랍니다!

— 앤 보너, Content Simplicity 창립자 겸 CEO

≪파이썬 데이터 사이언스 핸드북≫은 수년 동안 데이터 사이언스를 공부하는 학생들에게 제가 가장 많이 추천한 책이었습니다. 이 책의 2판은 매력적인 Jupyter 노트북으로 완성된 기존의 놀라운 책을 더욱 개선하여 독자가 책을 읽으면서 좋아하는 데이터 사이언스 레시피를 실행해볼 수 있게 했습니다.

— 노아 기프트, 듀크 대학교 상임 이사이자 Pragmatic AI 연구소 설립자

≪파이썬 데이터 사이언스 핸드북≫ 2판은 파이썬을 데이터 사이언스 및 과학 컴퓨팅을 위한 최고의 언어로 만드는 라이브러리에 대한 훌륭한 입문서이며, 전체적으로 훌륭한 예제와 함께 이해하기 쉽게 설명합니다.

— 앨런 다우니, ≪Think Python≫ 및 ≪Think Bayes≫의 저자

≪파이썬 데이터 사이언스 핸드북≫은 파이썬 데이터 사이언스 스택을 배우는 독자를 위한 훌륭한 가이드입니다. 접근하기 쉬운 방식으로 작성된 완전한 실용 예제를 통해 독자는 데이터를 저장 및 조작하고 데이터세트로부터 인사이트를 얻는 효과적인 방법을 확실히 배우게 될 것입니다.

－ 윌리엄 자미르 실바, Adjust GmbH의 수석 소프트웨어 엔지니어

데이터 과학을 배우는 사람들을 위한 핵심 파이썬 개념과 도구를 세분화하여 설명해 온 제이크 밴더플래스는 ≪파이썬 데이터 사이언스 핸드북≫ 2판에서 다시 한번 그 일을 해냈습니다. 이 책은 데이터 과학을 시작하는 데 필요한 모든 도구에 대한 개요뿐만 아니라, 특정 기능이 왜 그런 식으로 작동하는지에 대한 배경지식을 알기 쉽게 설명합니다.

－ 재키 카질, 메사 라이브러리 제작자 겸 데이터 과학 리더

최근 10년 사이 데이터 과학이 급부상하면서 데이터 과학자에 대한 관심이 커졌다. 한편, 이 직업을 희망하는 사람들은 현대의 르네상스맨이라고 불릴 정도로 요구되는 소양에 쉽게 도전할 엄두를 내지 못하는 것도 현실이다. 그들은

- 비즈니스 영역에 대한 이해를 바탕으로 무엇을 질문해야 하는지 알아야 하고
- 그 질문에 대한 답을 찾아가는 방법으로 적절한 통계, 머신 러닝 기법을 적용할 줄 알아야 하며
- 그 기법을 실제 데이터를 기반으로 구현할 줄 알아야 하며
- 그로부터 도출된 결과를 제대로 해석, 검증해내고 결과를 이해하기 쉽게 이해관계자들에게 보여줄 수 있어야 한다.

최근에는 가트너에서 데이터 과학자라는 직업을 시민 데이터 과학자(citizen data scientist)라는 직업으로 명칭을 변경하면서 이 모든 일을 한 사람에게 요구하는 것을 많이 완화시키고 대중화하려는 움직임이 있지만 그래도 이 일에 종사하기 위해서는 위에서 언급한 분야에 대해 어느 정도의 소양이 필요한 것은 사실이다.

이 책은 이에 대한 갈증을 해소하기에 좋은 입문서라고 생각한다. 읽고 사용하기 쉬운 언어로 초보자부터 전문가까지 아우르는 넓은 사용자 층을 가진 매력적인 언어인 파이썬 언어가 제공하는 과학 스택을 이용해 실제 데이터 과학 분야에서 자주 만나는 상황을 해결해 나감으로써 이론부터 실전까지 적절하게 아우르고 있다. 특히 5장 머신러닝은 비록 짧지만 머신러닝 전체를 조망하고 각 기법을 어떻게 응용할 수 있는지 실전 감각을 익히기에 부족함이 없다고 생각한다.

아무쪼록 이 책이 데이터 과학에 입문하는 사람들이 옆에 두고 꾸준히 활용할 수 있는 유용한 안내서가 되기 바란다.

김정인

데이터 과학이란 무엇인가?

이 책은 데이터 과학에 파이썬을 활용하는 방법에 대한 것이다. 이 말을 들으면 바로 '**데이터 과학** (data science)이 뭐지?'라는 질문이 떠오를 것이다. 특히 이 용어가 얼마나 흔히 사용되는지 생각하면 의외일 정도로 정확히 정의하기가 어렵다. 강경한 비평가들은 이 용어를 사족으로 치부하거나(결국, 데이터를 수반하지 않는 과학이 어디 있던가?) 그저 기술직을 채용하는 사람들의 눈을 사로잡기 위해 이력서에 양념을 치는 정도의 단순 유행어쯤으로 일축해버린다.

개인적으로 이러한 비판에는 중요한 내용이 빠져 있다고 생각한다. 데이터 과학은 그 과장된 겉치레에도 불구하고 업계와 학계의 많은 응용 영역에서 점점 더 중요해지고 있는 여러 학문 분야의 기술들을 통칭하기에 가장 적합한 용어가 아닌가 싶다. 여기서 여러 학문 분야에 걸친 기술이라는 점이 핵심이다. 내 생각에 데이터 과학에 대한 기존 정의 중 최고는 드류 콘웨이(Drew Conway)가 2010년 9월 자신의 블로그에 처음 게재했던 데이터 과학 벤 다이어그램으로 설명한 것이다(그림 P-1).

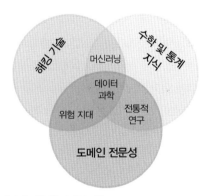

그림 P-1. 드류 콘웨이의 데이터 과학 벤 다이어그램

그림에서 일부 교집합에 사용한 표현이 다소 조롱 조이기는 하지만, 이 다이어그램이 사람들이 '데이터 과학'을 말할 때 의미하는 바, 즉 데이터 과학은 근본적으로 여러 분야에 걸친 주제라는 본질을 제대로 포착했다고 생각한다. 데이터 과학은 서로 겹치는 세 개의 개별 영역으로 이뤄져 있다. 그 영역에는 (점점 더 방대해져 가는) 데이터세트를 모델링하고 요약하는 법을 아는 **통계전문가**(statistician)의 기술과 이 데이터를 효과적으로 저장하고 처리하고 시각화하는 알고리즘을 설계하고 사용할 수 있는 **컴퓨터 과학자**(computer scientist)의 기술, 마지막으로 한 주제에 대

한 '고전적인' 훈련 방법이라 여길 만한 것으로 적절한 질문을 공식화하고 그 대답을 맥락에 맞게 이해하는 데 필요한 **도메인 전문성**이 있다.

이 점을 고려해서 데이터 과학을 새로 배워야 할 지식 영역이 아니라 현재 자신의 전문 분야에 적용할 수 있는 새로운 기술이라고 생각하면 좋겠다. 선거 결과를 보고하든 주식 수익을 예측하든 온라인 광고 클릭 수를 최적화하든 현미경 사진에서 미생물을 식별하든 새로운 성단을 찾든 그밖에도 데이터로 작업하는 영역이라면 어디에서나 자신이 선택한 주제 영역에 관해 새로운 질문을 하고 그에 대해 답할 수 있는 능력을 제공하는 것이 이 책의 목표다.

대상 독자

워싱턴대학교와 여러 기술 관련 컨퍼런스와 모임에서 강연하는 동안 가장 많이 받은 질문은 '파이썬을 어떻게 배워야 하는가?'다. 이런 질문을 하는 사람들은 일반적으로 기술적인 부분을 염두에 둔 학생이나 개발자, 연구원으로서 이미 코드를 작성해 본 경험이 많거나 컴퓨터와 수치 계산 도구를 능숙하게 사용해 본 경험이 있는 경우가 많았다. 이들 대부분은 파이썬 자체를 배우기보다는 데이터 집약적인 컴퓨터 과학을 위한 도구로 사용하려고 그 언어를 배우고자 한다. 이런 사람들을 위한 동영상과 블로그 글, 튜토리얼이 온라인상에 많기는 해도 이 질문에 하나로 정리된 좋은 해답이 없다는 사실이 늘 아쉬웠다. 그것이 바로 이 책을 쓴 계기다.

이 책은 파이썬을 소개하거나 일반적인 프로그래밍을 설명하지 않는다. 독자들이 함수 정의와 변수 할당, 객체의 메서드 호출, 프로그램 흐름 제어를 비롯한 기타 기본 작업을 비롯해 파이썬 언어에 익숙하다고 가정하고 썼다. 그 대신 파이썬 사용자들이 데이터를 효과적으로 저장, 가공하고 데이터로부터 통찰력을 얻을 수 있도록 IPython, NumPy, Pandas, Matplotlib, Scikit-Learn 같은 라이브러리와 관련된 도구로 구성된 파이썬의 데이터 과학 스택을 배우는 데 도움을 주고자 했다.

왜 파이썬인가?

파이썬은 지난 수십 년에 걸쳐 대용량 데이터세트의 분석과 시각화를 비롯한 과학 계산 작업을 위한 최고의 도구로 떠올랐다. 이것은 파이썬 언어의 초기 지지자들에게는 놀랄 만한 현상이었을 수도 있는데, 파이썬이라는 언어 자체가 특별히 데이터 분석이나 과학 계산을 염두에 두고 설계된 것이 아니었기 때문이다. 데이터 과학에서 파이썬이 유용한 이유는 주로 방대하고 활발한 서드파티 패키지의 생태계 덕분이다. 이 서드파티 패키지에는 같은 데이터 타입을 가진 배열 기반의 데이터를 처리하기 위한 NumPy, 여러 가지 데이터 타입의 레이블이 붙은 데이터를 처리하는 Pandas, 보편적인 과학 계산 작업을 위한 SciPy, 게재 가능한 수준의 시각화를 위한 MatPlotlib, 대화형 코드 실행과 공유를 위한 IPython, 머신러닝을 위한 Scikit-Learn, 그 밖에도 앞으로 소개할 많은 도구가 있다.

파이썬 언어 자체에 대한 학습이 필요하다면 이 책의 자매 프로젝트로 쓴 『A Whirlwind Tour of the Python Language』[1]를 추천한다. 이 짧은 보고서를 통해 이미 다른 프로그래밍 언어에 익숙한 데이터 과학자들은 파이썬 언어의 핵심 기능을 둘러볼 수 있다.

---

1 https://github.com/jakevdp/WhirlwindTourOfPython

이 책의 구성

이 책의 각 장은 파이썬 데이터 과학의 바탕을 이루는 특정 패키지나 도구를 중심으로 썼다. 각 장에서 다룰 내용은 다음과 같다.

IPython과 Jupyter(1장)

이 패키지는 파이썬을 사용하는 많은 데이터 과학자들이 이용하는 계산 환경을 제공한다.

NumPy(2장)

이 라이브러리는 파이썬에서 복잡한 데이터 배열을 효율적으로 저장하고 처리하기 위한 ndarray 객체를 제공한다.

Pandas(3장)

이 라이브러리는 분류 표시된(labeled)/칼럼형(columnar) 데이터를 효율적으로 저장하고 가공하기 위한 DataFrame 객체를 제공한다.

Matplotlib(4장)

이 라이브러리는 파이썬에서 유연한 데이터 시각화 기능을 제공한다.

Scikit-Learn(5장)

이 라이브러리는 기존 머신러닝 알고리즘 중 가장 중요한 것들을 파이썬으로 효율적이면서도 깔끔하게 구현한 구현물을 제공한다.

PyData의 세계는 분명히 이 다섯 개의 패키지보다 훨씬 더 방대하며 날마다 커지고 있다. 그에 따라 이 책을 통해 파이썬으로 할 수 있는 일의 경계를 넓혀줄 흥미로운 활동과 프로젝트, 패키지에 대한 참고 자료를 제공하려고 최선을 다했다. 그렇기는 해도 현재로서는 이 다섯 개의 패키지가 파이썬 데이터 과학 영역에서 많은 작업을 수행하는 기본이며, 그 생태계가 계속 발전하더라도 여전히 중요한 요소로 남을 것이라고 생각한다.

코드 예제의 사용

보조 자료(코드 예제, 그림 등)는 https://github.com/jakevdp/PythonDataScienceHandbook에서 내려받을 수 있다. 이 책은 여러분의 업무를 돕기 위해 존재하는 것이다. 보통 이 책에서 제공하는 예제 코드는 여러분의 프로그램과 문서에 사용할 수 있을 것이다. 코드의 상당 부분을 상용 제품에 사용하지 않는다면 코드 사용에 대한 허가를 받기 위해 별도로 연락하지 않아도된다. 예를 들어, 이 책의 코드 몇 개를 사용해 프로그램을 작성하는 경우에 별도의 허가를 구하지않아도 된다. 오라일리(O'Reilly) 책의 예제 CD-ROM을 판매하거나 배포하는 것은 허가를 받아야 한다. 이 책을 인용하거나 예제 코드를 인용해서 질문에 답하는 것은 따로 허가가 필요 없다.이 책에 나오는 예제 코드 상당량을 제품 문서에 넣으려면 허가를 받아야 한다.

필수 사항은 아니지만 출처를 밝히면 고맙겠다. 출처를 밝힐 때는 일반적으로 제목, 저자, 출판사, ISBN을 포함한다. 예를 들면 'Python Data Science Handbook by Jake Vander Plas(O'Reilly). Copyright 2017 Jake VanderPlas, 978-1-491-91205-8.'와 같이 작성하면 된다.

코드 예제를 공정한 사용 범위나 위에서 언급한 허가 범위를 넘어서 사용한다고 느껴진다면 언제든지 permissions@oreilly.com으로 연락하면 된다.

설치 고려 사항

과학 계산을 위한 파이썬과 라이브러리 스위트(suite) 설치 작업은 간단하다. 이번 절에서는 컴퓨터를 설정할 때 유념해야 할 고려 사항을 간략하게 설명하겠다.

파이썬을 설치하는 방법은 다양하지만 데이터 과학 용도로 사용하기 위해서는 윈도우(Windows)나 리눅스(Linux), 맥(Mac) OS X 어디서나 유사하게 동작하는 아나콘다(Anaconda) 배포판을 사용할 것을 권장한다. 아나콘다 배포판에는 두 가지가 있다.

- 미니콘다(Miniconda)는 파이썬 인터프리터 자체와 함께 파이썬 패키지를 위한 교차 플랫폼 패키지 관리자로 동작하는 콘다(conda)라는 명령줄 도구를 제공한다. 콘다는 리눅스 사용자에게는 익숙한 apt나 yum과 유사하다고 보면 된다.

- 아나콘다에는 파이썬과 콘다를 포함하고 아울러 과학 계산에 필요한 패키지들이 번들로 미리 설치돼 있다. 이 번들 때문에 아나콘다를 설치할 때는 수 기가바이트의 디스크 공간이 필요하다.

아나콘다에 포함된 패키지들은 미니콘다 위에 수동으로 설치할 수도 있다. 그래서 개인적으로는 미니콘다로 시작할 것을 권장한다.

그럼 우선 미니콘다 패키지를 다운로드해서 설치하고(파이썬 3 버전을 선택하는 것을 잊지 말자) 이 책에서 사용하는 주요 패키지를 설치하자.

```
[~]$ conda install numpy pandas scikit-learn matplotlib seaborn jupyter
```

이 책에서는 파이썬의 과학 컴퓨팅 생태계에 포함된 기타 특화된 도구도 사용한다. 그러한 도구는 conda install packagename을 입력해서 쉽게 설치할 수 있다. 콘다 환경 생성 및 사용에 대한 정보를 비롯해 콘다에 관한 더 자세한 내용은 콘다 온라인 문서[2]를 참고한다.

---

2 http://conda.pydata.org/docs/

연락처

이 책과 관련해서 의견이나 질문이 있다면 아래 홈페이지에서 문의하면 된다.

http://wikibook.co.kr

이 책을 위한 홈페이지를 운영하고 있으며, 오탈자를 확인하거나 예제 파일을 내려받을
수 있다.

http://wikibook.co.kr/python-ds-handbook/

03장

**Pandas로
데이터
가공하기**

04장

Matplotlib을
활용한 시각화

05장

머신러닝

01장

Jupyter: 파이썬에 날개를 달자

파이썬 개발 환경을 구축하는 방식은 여러 가지가 있다. 사람들이 내게 작업할 때 어떤 환경을 사용하는 지 종종 묻는데 그 대답을 듣고 놀라곤 한다. 개인적으로 IPython과 텍스트 편집기(기분에 따라 Emacs 나 Atom)를 함께 사용하는 것을 선호한다. IPython(대화형 파이썬(Interactive Python)의 약자)은 2001년 페르난도 페레즈(Fernando Perez)에 의해 파이썬 인터프리터의 향상된 버전으로 시작했고, 이후 페레즈의 표현으로 '리서치 컴퓨팅(Research Computing)의 전체 생애주기를 위한 도구' 제공을 목적으로 하는 프로젝트로 발전했다. 데이터 과학 작업에서 파이썬이 엔진이라면 IPython은 대화형 제어 패널로 생각할 수 있다.

IPython은 훌륭한 파이썬 대화형 인터페이스일 뿐만 아니라 추가로 다수의 유용한 구문을 제공한다. 여 기서 대부분의 유용한 추가 구문을 살펴볼 것이다. 게다가 IPython은 개발, 협업, 공유는 물론이고 데 이터 과학 결과를 게시하는 데 유용한 브라우저 기반의 노트북을 제공하는 Jupyter(http://jupyter. org) 프로젝트와 밀접하게 연결돼 있다. IPython 노트북은 실제로 Julia, R, 그리고 다른 프로그래밍 언 어를 위한 노트북을 포함하는 광범위한 Jupyter 노트북 구조에서 특별 케이스에 해당한다. 노트북 형식 의 유용성을 보여주는 예로 지금 읽고 있는 페이지보다 더 자세히 볼 필요는 없다. 이 책의 전체 원고가 IPython 노트북의 모음집으로 구성돼 있기 때문이다.

IPython은 대화형 과학 컴퓨팅과 데이터 집약적인 컴퓨팅을 위해 파이썬을 효과적으로 사용하는 방법 이다. 이번 장에서는 데이터 과학 실무에 유용한 IPython 기능을 배우고, 그중 특히 파이썬의 표준 기능 이상을 제공하는 구문에 초점을 맞춰 살펴볼 것이다. 다음으로 데이터 과학용 코드를 생성하고 사용하는 일반적인 작업 속도를 높이는 몇 가지 유용한 '매직 명령어'에 대해 더 깊이 있게 알아볼 것이다. 마지막으로 데이터를 이해하고 결과를 공유하는 데 유용한 일부 노트북 기능을 간단히 살펴본다.

IPython과 Jupyter 시작하기

데이터 과학에서 파이썬 코드를 작성할 때 나는 일반적으로 세 가지 방법으로 작업한다. 짧은 명령 시퀀스를 시험할 때는 IPython 셸을 사용하고, 더 긴 대화형 분석 작업을 하거나 다른 사람과 콘텐츠를 공유할 때는 Jupyter 노트북을 사용하며, 재사용할 수 있는 파이썬 패키지를 만들 때는 Emacs나 VSCode와 같은 대화형 개발 환경(IDE)을 사용한다. 이 장에서는 처음 두 가지 모드, 즉 IPython 셸과 Jupyter 노트북을 중점적으로 설명한다. 소프트웨어 개발에 IDE를 사용하는 것은 데이터 과학자의 레퍼토리에서 또 하나의 중요한 도구이기는 하지만, 여기서는 다루지 않겠다.

IPython 셸 실행하기

이 책의 대부분과 마찬가지로 이번 장 역시 수동적으로 학습하도록 설계되지 않았다. 이번 장을 읽어나가면서 여기서 다루는 도구와 구문을 따라 연습해 볼 것을 권한다. 이러한 연습을 통해 형성되는 근육 기억은 단순히 읽는 행위보다 훨씬 더 유용하다. 우선 명령줄(command line)에 **ipython**을 입력해서 IPython 인터프리터를 실행해 보자. 그렇지 않고 아나콘다나 EPD 같은 배포판을 설치했다면 그 시스템에 특화된 실행기가 있을 것이다(이에 대해서는 4쪽 'IPython의 도움말과 문서'에서 더 자세히 다룬다).

IPython을 실행했다면 다음과 같은 프롬프트가 나타날 것이다.

```
Python 3.6.1 |Continuum Analytics, Inc.| (default, May 11 2017, 13:04:09)
Type 'copyright', 'credits' or 'license' for more information
IPython 6.1.0 -- An enhanced Interactive Python. Type '?' for help.


In [1]:
```

이제 이 책의 내용을 따라갈 준비가 끝났다.

Jupyter 노트북 실행하기

Jupyter 노트북은 IPython 셸의 브라우저 기반 그래픽 인터페이스이며, 풍부한 동적 디스플레이 기술을 기반으로 만들어졌다. 노트북은 파이썬/IPython 문장을 실행할 뿐만 아니라 사용자가 서식 있는 텍스트와 정적/동적 시각화, 수학 공식, 자바스크립트 위젯 등을 포함할 수 있게 해준다. 게다가 이 문서들은 저장해서 사용자가 자신의 시스템에서 코드를 실행할 수 있다.

Jupyter 노트북은 웹 브라우저 창을 통해 조회하고 편집할 수 있지만, 코드를 실행하려면 실행 중인 파이썬 프로세스와 연결해야 한다. '커널(kernel)'이라고도 하는 이 프로세스를 시작하려면 시스템 셸에서 다음 명령어를 실행하면 된다.

```
$ jupyter notebook
```

이 명령어는 브라우저에서 볼 수 있는 로컬 웹 서버를 실행한다. 그럼 그 명령어가 무엇을 실행하는지 보여주는 로그를 즉시 쏟아낸다. 로그는 대략 다음과 같은 모습이다.

```
$ jupyter notebook
[I 16:53:53.825 NotebookApp] Serving notebooks from local directory: /Users/jeonginkim/miniconda3
[I 16:53:53.825 NotebookApp] 0 active kernels
[I 16:53:53.826 NotebookApp] The Jupyter Notebook is running at: http://localhost:8888/?token=85f-7b1eade56f14d572b86abc031bd1eb5add32a103d49fb
[I 16:53:53.826 NotebookApp] Use Control-C to stop this server and shut down all kernels (twice
to skip confirmation).
[C 16:53:53.827 NotebookApp]

    Copy/paste this URL into your browser when you connect for the first time,
    to login with a token:

http://localhost:8888/?token=85f7b1eade56f14d572b86abc031bd1eb5add32a103d49fb
$ jupyter notebook
[NotebookApp] Serving notebooks from local directory: /Users/jakevdp/...
[NotebookApp] 0 active kernels
[NotebookApp] The IPython Notebook is running at: http://localhost:8888/
[NotebookApp] Use Control-C to stop this server and shut down all kernels...
```

명령어를 실행하면 기본 브라우저가 자동으로 열리고 로컬 URL을 찾아 들어간다. 정확한 주소는 시스템에 따라 다르다. 브라우저가 자동으로 열리지 않으면 브라우저를 실행하고 직접 해당 주소(이 예제의 경우, http://localhost:8888/?token=85f7b1eade56f14d572b86abc031bd1eb5add32a103d49fb)
를 입력하면 된다.

IPython의 도움말과 문서

이번 장의 다른 절을 읽지 않았다면 이번 절을 읽어보라. 개인적으로 여기서 설명하는 도구들이 일상적인 작업에서 IPython이 가장 혁신적으로 기여한 부분이라고 생각한다.

기술적인 사고를 하는 사람에게는 컴퓨터 관련 문제로 친구나 가족, 동료에게서 질문을 받았을 때 대부분의 경우 질문에 대한 답을 아는 것보다 답은 모르지만 그 답을 빨리 찾는 방법을 아는 것이 더 중요하다. 데이터 과학에서도 똑같다. 심지어(특히?) 이전에 검색한 적이 있는 주제더라도 온라인 문서와 메일링 리스트 스레드, 풍부한 정보를 가지고 있는 스택 오버플로우(Stack Overflow) 답변과 같은 검색 가능한 웹 자료들이 있다. 데이터 과학 분야에서 효과적인 전문가가 된다는 것은 어떤 상황에서도 대처할 수 있도록 도구나 명령어를 외우고 있는 것보다는 웹 검색 엔진이나 다른 도구를 통해 모르는 정보를 효과적으로 찾아내는 법을 배우는 것에 더 가깝다.

IPython/Jupyter의 가장 유용한 기능 중 하나는 사용자와 문서 유형 및 검색 유형 간의 간극을 줄여 효과적으로 업무를 수행하도록 도움을 주는 것이다. 여전히 복잡한 질문에 대한 답을 얻는 데는 웹 검색이 효과적이지만, IPython만으로도 놀라울 정도로 많은 양의 정보를 찾을 수 있다. IPython에서 약간의 키 입력으로 다음과 같은 질문의 답을 얻을 수 있다.

- 이 함수를 어떻게 호출할 수 있지? 이 함수는 어떤 인수와 옵션을 가지고 있을까?
- 이 파이썬 객체의 소스코드는 어떻게 생겼을까?
- 임포트한 이 패키지에는 무엇이 들어 있을까?
- 이 객체는 어떤 속성이나 메서드를 가지고 있을까?

이제 이 정보를 빨리 얻을 수 있는 IPython 도구에 대해 알아볼 것이다. 문서를 탐색하기 위한 ? 문자와 소스코드를 탐색하기 위한 ?? 문자, 자동 완성을 위한 탭 키가 여기에 해당한다.

?로 문서 확인하기

파이썬 언어와 파이썬 데이터 과학 생태계는 사용자를 염두에 두고 만들어졌으며, 그중 중요한 부분은 문서에 접근하는 기능이다. 모든 파이썬 객체는 객체에 대한 간결한 요약 정보와 사용법이 담겨 있는 독스트링(docstring)이라는 문자열에 대한 참조를 포함하고 있다. 파이썬에는 이 정보에 접근해서 결과를 출력하는 help() 함수가 내장돼 있다. 예를 들어, 내장 함수 len에 대한 문서를 보려면 다음과 같이
하면 된다.

```
In [1]: help(len)
Help on built-in function len in module builtins:

len(obj, /)
    Return the number of items in a container.
```

사용하는 인터프리터에 따라 이 정보는 인라인 텍스트로 표시되기도 하고 별도의 팝업 창으로 표시되기
도 한다.

객체에 대한 도움말을 찾는 것은 매우 일반적이고 유용하기 때문에 IPython은 이 문서와 다른 관련 정
보에 접근하는 단축키로 ? 문자를 도입했다.

```
In [2]: len?
Signature: len(obj, /)
Docstring: Return the number of items in a container.
Type:       builtin_function_or_method
```

이 표기법은 다음의 객체 메서드를 포함해 거의 모든 경우에 사용할 수 있다.

```
In [3]: L=[1,2,3]
In [4]: L.insert?
Docstring: L.insert(index, object) -- insert object before index
Type:       builtin_function_or_method
```

객체 자체에 대해서도 객체 타입에 대한 문서를 제공한다.

```
In [5]: L?
Type: list
String form: [1, 2, 3]
Length: 3
Docstring:
list() -> new empty list
list(iterable) -> new list initialized from iterable's items
```

중요한 것은 직접 만든 함수나 다른 객체에서도 동작한다는 사실이다! 이제 독스트링과 함께 작은 함수를 정의해 볼 것이다.

```
In [6]: def square(a):
   ...:     """a의 제곱을 반환"""
   ...:     return a**2
   ...:
```

한 가지 알아둘 점은 함수의 독스트링을 만들기 위해 단순히 첫 줄에 문자열 리터럴을 삽입했다는 사실이다. 독스트링은 일반적으로 여러 줄로 작성되므로 파이썬에서 여러 줄 문자열에 쓰는 세 개의 큰따옴표를 관례적으로 사용했다.

이제 이 독스트링을 찾기 위해 ? 기호를 사용해 보자.

```
In [7]: square?
Signature: square(a)
Docstring: a의 제곱을 반환
File:      ~/<ipython-input-6-77cbd40e2a2d>
Type:      function
```

이렇게 독스트링을 통해 문서에 손쉽게 접근할 수 있기 때문에 작성하는 코드에 항상 그러한 인라인 문서를 추가하는 습관을 들여야 한다.

??로 소스코드에 접근하기

파이썬 언어는 매우 쉽게 읽히기 때문에 일반적으로 궁금한 객체의 소스코드를 읽어보면 또 다른 수준의 통찰력을 얻을 수 있다. IPython은 물음표 두 개(??)를 소스코드의 단축키로 제공한다.

```
In [8]: square??
Signature: square(a)
Source:
def square(a):
    """a의 제곱을 반환"""
    return a**2
File:      ~/<ipython-input-6-77cbd40e2a2d>
Type:      function
```

이처럼 간단한 함수의 경우에는 물음표 두 개로 구현 세부사항에 대한 통찰력을 빨리 얻을 수 있다.

?? 접미사를 많이 사용하다 보면 ?? 접미사가 때때로 소스코드를 보여주지 않는다는 것을 알게 될 것이다. 이것은 보통 질문한 객체가 파이썬에서 구현된 것이 아니라 C나 다른 컴파일된 확장 언어로 구현됐기 때문이다. 그러한 경우에는 ?? 접미사가 ? 접미사와 같은 결과를 보여준다. 특히 파이썬 내장 객체와 타입에서 이런 경우가 많이 나타난다. 일례로 위에서 살펴본 len을 들 수 있다.

```
In [9]: len??
Signature: len(obj, /)
Docstring: Return the number of items in a container.
Type:      builtin_function_or_method
```

?나 ??는 파이썬 함수나 모듈이 무슨 일을 하는지에 대한 정보를 알아낼 수 있는 빠르고 강력한 인터페이스를 제공한다.

탭 자동 완성으로 모듈 탐색하기

IPython의 다른 유용한 인터페이스로 객체와 모듈, 네임스페이스의 내용을 자동 완성하고 탐색하기 위한 탭(Tab) 키를 들 수 있다. 앞으로 나올 예제에서는 탭 키를 눌러야 할 때 <TAB>으로 표시하겠다.

■ 객체 내용의 탭 자동 완성

모든 파이썬 객체는 그것과 연결된 다양한 속성과 메서드를 갖는다. 이전에 논의했던 help 함수와 같이 파이썬에는 객체의 속성과 메서드 목록을 반환하는 내장 함수 dir이 있지만 실제로는 탭 완성이 훨씬 더 사용하기 쉽다. 객체에서 사용할 수 있는 모든 속성의 목록을 보려면 객체명 다음에 마침표(.)를 찍고 탭 키를 누르면 된다.

```
In [10]: L.<TAB>
         L.append  L.count   L.insert  L.reverse
         L.clear   L.extend  L.pop     L.sort
         L.copy    L.index   L.remove
```

좀 더 구체적으로 검색하려면 찾고자 하는 이름의 첫 번째 글자나 몇 자를 입력하고 탭 키를 누르면 그에 일치하는 속성과 메서드를 찾아준다.

```
In [10]: L.c<TAB>
         L.clear
         L.copy
```

```
L.count

In [10]: L.co<TAB>
            L.copy
            L.count
```

목록에 해당하는 항목이 하나뿐이라면 탭 키를 누르면 그 줄이 완성된다. 예를 들어, 다음과 같이 입력하면 바로 **L.count**로 대치된다.

```
In [10]: L.cou<TAB>
```

파이썬은 공개(public)/외부 속성과 비공개(private)/내부 속성을 엄격하게 구분하지는 않지만, 관례상 비공개 속성을 표기할 때 속성 앞에 밑줄을 사용한다. 명확하게 말하면 비공개 메서드와 특별한 메서드는 기본적으로 이 목록에서 생략되지만 밑줄을 입력함으로써 명확하게 그 메서드들을 목록에 보이게 할 수 있다.

```
In [10]: L._<TAB>
            L.__add__       L.__dir__       L.__getattribute__
            L.__class__     L.__doc__       L.__getitem__
```

여기서는 간결하게 표현하기 위해 결과 중 처음 두 줄만 보여줬다. 이들 대부분은 파이썬의 특별한 이중 밑줄 표시 메서드(double-underscore methods, 별명으로 'dunder' 메서드)다.

■ 임포트할 때 탭 자동 완성 사용하기
탭 자동 완성은 패키지에서 객체를 임포트할 때도 유용하다. **itertools** 패키지에서 **co**로 시작하는 모든 가능한 임포트를 찾기 위해 탭 키를 사용할 것이다.

```
In [10]: from itertools import co<TAB>
            combinations                    compress
            combinations_with_replacement count
```

이와 비슷하게 각 시스템에서 사용할 수 있는 임포트를 확인하는 데도 탭 자동 완성을 사용할 수 있다 (다음 내용은 파이썬 세션에 어떤 서드파티 스크립트와 모듈이 보이느냐에 따라 달라진다).

```
In [10]: import <TAB>
            abc                             array
```

```
                  aifc                      ast
                  antigravity               asynchat              >
                  appnope                   asyncio
                  argparse                  asyncore

In [10]: import h<TAB>
                  hashlib   html
                  heapq     html5lib
                  hmac      http
```

▪ 탭 완성을 넘어: 와일드카드 매칭

탭 완성은 찾고자 하는 객체나 속성의 처음 몇 글자를 안다면 유용하지만 단어의 중간이나 마지막 글자로 매칭하고 싶다면 거의 도움이 되지 않는다. 이러한 경우, IPython은 * 문자를 이용해 이름을 와일드카드 매칭하는 방법을 제공한다.

예를 들어, 네임스페이스에서 Warning으로 끝나는 모든 객체를 나열하기 위해 이를 이용할 수 있다.

```
In [10]: *Warning?
BytesWarning                RuntimeWarning
DeprecationWarning          SyntaxWarning
FutureWarning               UnicodeWarning
ImportWarning               UserWarning
PendingDeprecationWarning   Warning
ResourceWarning
```

* 문자는 빈 문자열을 포함한 모든 문자열을 매칭한다.

비슷하게 이름 어딘가에 find가 포함된 문자열 메서드를 찾는다고 가정해 보자. 다음 방식으로 찾을 수 있다.

```
In [10]: str.*find*?
str.find
str.rfind
```

새 패키지를 알게 되거나 익숙했던 패키지를 다시 알게 될 때 특정 명령어를 발견하는 데 있어 이러한 유형의 유연한 와일드카드 검색이 매우 유용할 수 있다.

IPython 셸에서 사용할 수 있는 키보드 단축키

컴퓨터 앞에서 상당한 시간을 보내는 독자라면 아마도 작업할 때 키보드 단축키를 많이 사용할 것이다. 가장 익숙한 것은 다양한 프로그램과 시스템에서 복사하고 붙여넣기에 사용하는 Cmd-C와 Cmd-V(또는 Ctrl-C와 Ctrl-V)일 것이다. 파워 유저인 경우 그보다 더 많은 단축키를 사용할 것이다. Emacs, Vim 등 인기 있는 텍스트 편집기는 복잡한 키 조합을 통해 놀랄 만큼 광범위한 조작을 사용자에게 제공한다.

IPython 셸은 그렇게까지는 아니더라도 명령어를 입력하는 동안 빠르게 탐색할 수 있는 여러 단축키를 제공한다. 이 단축키들은 실제로 IPython 자체에서 제공되는 것이 아니라 GNU Readline 라이브러리의 종속성을 통해 제공된다. 따라서 다음 단축키 중 일부는 시스템 설정에 따라 달라질 수 있다. 또한, 이 단축키 중 일부는 브라우저 기반의 노트북에서 동작하지만 이번 절에서는 주로 IPython 셸의 단축키를 다룬다.

이 단축키에 익숙해지고 나면 원래 키보드 위치에서 손을 움직이지 않고도 특정 명령어를 빠르게 실행할 수 있다. Emacs 사용자거나 리눅스 형식의 셸을 사용한 경험이 있다면 다음 내용이 매우 익숙할 것이다. 이 단축키를 탐색, 텍스트 입력, 명령어 이력, 기타 카테고리로 분류해서 살펴보겠다.

탐색 단축키

한 줄에서 좌우 화살표 키를 사용해 앞뒤로 움직일 수 있다는 건 누구나 알겠지만 그것 말고도 원래 키보드 위치에서 손을 움직이지 않고도 할 수 있는 방법이 있다.

키 입력	동작
Ctrl-a	커서를 줄의 맨 앞으로 옮김
Ctrl-e	커서를 줄의 맨 뒤로 옮김
Ctrl-b(또는 왼쪽 화살표 키)	커서를 한 글자 뒤로 옮김
Ctrl-f(또는 오른쪽 화살표 키)	커서를 한 글자 앞으로 옮김

텍스트 입력 단축키

이전 문자를 지우는 데 백스페이스(Backspace) 키를 사용하는 것은 누구에게나 익숙하지만 그 키를 입력하려면 조금이라도 손가락을 까딱해야 하는 데다 그래 봐야 한 글자만 삭제할 뿐이다. IPython에서는 입력한 텍스트의 일부분을 삭제하는 몇 가지 단축키가 있다. 가장 유용한 것은 텍스트 전체 줄을 삭제하는 명령어다. 이전 문자를 지우기 위해 백스페이스 키 대신 Ctrl-b와 Ctrl-d 조합을 사용하게 된다면 이 명령어들을 사용하는 것이 습관으로 자리잡을 것이다!

키 입력	동작
백스페이스 키	그 줄의 이전 문자 삭제
Ctrl-d	그 줄의 다음 문자 삭제
Ctrl-k	현재 커서 위치에서 그 줄 마지막까지 텍스트를 잘라냄
Ctrl-u	그 줄의 처음부터 현재 커서 위치까지 텍스트를 잘라냄
Ctrl-y	이전에 잘라낸 텍스트를 끌어당김(yank, 즉 붙여넣기 함)
Ctrl-t	앞의 두 글자의 위치를 바꿈

명령어 이력 단축키

여기서 논의한 단축키 중 아마 가장 영향력이 큰 것은 IPython이 명령어 이력을 탐색할 수 있도록 제공하는 단축키일 것이다. 이 명령어 이력 단축키는 현재 IPython 세션을 넘어 IPython 프로파일 디렉터리의 SQLite 데이터베이스에 저장된 전체 명령어 이력을 탐색할 수 있다. 여기에 접근할 수 있는 가장 간단한 방법은 위/아래 화살표 키를 이용하는 것이지만 다른 방식도 있다.

키 입력	동작
Ctrl-p(또는 위쪽 화살표 키)	이력에서 이전 명령어에 접근
Ctrl-n(또는 아래쪽 화살표 키)	이력에서 다음 명령어에 접근
Ctrl-r	명령어 이력을 역탐색

역탐색은 특히 유용하다. 앞 절에서 **square** 함수를 정의했던 것을 떠올려 보자. 새로 IPython 셸을 열어서 파이썬 이력을 역탐색해서 이 함수의 정의를 다시 찾아보자. IPython 터미널에서 Ctrl-r을 누르면 다음과 같은 프롬프트가 나타날 것이다.

```
In [1]:

I-search backward:
```

이 프롬프트에 문자를 입력하면 IPython이 입력 문자에 일치하는 가장 최근 명령어를 자동으로 채운다.

```
In [1]: square??



I-search backward: sq
```

언제든지 더 구체적으로 검색하기 위해 문자를 추가하거나 Ctrl-r을 다시 눌러 쿼리와 일치하는 다른 명령어를 추가로 검색할 수 있다. 만약 앞 절에 이어 Ctrl-r을 두 번 더 누르면 다음과 같은 결과가 나온다.

```
In [1]: def square(a):
   ...:     """a의 제곱을 반환"""
   ...:         return a**2

I-search backward: sq
```

검색하고자 했던 명령어를 찾고 나면 엔터키를 눌러 검색을 종료한다. 이제 그렇게 가져온 명령어를 사용해 세션을 계속 이어갈 수 있다.

```
In [1]: def square(a):
   ...:     """a의 제곱을 반환"""
   ...:         return a**2

In [2]: square(2)
Out[2]: 4
```

명령어 이력을 검색하는 데 Ctrl-p/Ctrl-n이나 위/아래 화살표 키를 이용할 수도 있지만 그것들은 그줄의 시작 부분 문자만 검색할 수 있다. 즉, **def**를 입력하고 Ctrl-p를 누르면 명령어 이력에서 **def**로 시작하는 가장 최근 명령어(그런 것이 있다면)를 찾을 것이다.

기타 단축키

마지막으로 앞에서 설명한 카테고리에 속하지는 않지만 알아두면 유용한 단축키가 몇 가지 있다.

키 입력	동작
Ctrl-l	터미널 화면을 지움
Ctrl-c	현재 파이썬 명령어를 중단
Ctrl-d	IPython 세션을 종료

Ctrl-c 단축키는 실수로 실행시간이 상당히 긴 작업을 실행했을 때 특히 유용하다.

여기서 논의한 단축키 중 일부는 처음에는 조금 지루하게 느껴지겠지만 연습하다 보면 곧 자동으로 사용하게 된다. 손가락이 기억하게 되면 다른 상황에서도 그 단축키들을 사용하고 싶을 것이다.

향상된 대화형 기능

IPython과 Jupyter의 강력함 대부분은 추가적인 대화형 도구를 사용할 수 있게 만든 것에서 비롯된다. 이 장에서는 소위 매직 명령어, 입력 및 출력 이력을 탐색하는 도구, 셀과 상호 작용하는 도구 등 여러 가지 도구에 대해 설명한다.

IPython 매직 명령어

앞에서 IPython에서 파이썬을 대화형으로 효과적으로 사용하고 탐색하는 법을 살펴봤다. 여기서는 IPython이 일반 파이썬 구문에 추가한 몇 가지 향상된 기능에 대해 살펴본다. IPython에서는 이것들을 매직 명령어(magic commands)라고 하며, 맨 앞에 % 기호를 붙인다. 이 매직 명령어는 일반적인 데이터 분석에서 흔히 발생하는 다양한 문제점을 간결하게 해결하도록 고안됐다. 매직 명령어에는 두 가지가 있다. % 기호를 접두사로 붙이고 입력값 한 줄에 대해 동작하는 라인 매직(line magics)과 %% 기호를 접두사로 붙이고 입력값 여러 줄에 대해 동작하는 셀 매직(cell magics)이 그것이다. 간단한 예제 몇 개를 소개하고 나서 여러 유용한 매직 명령어에 대해 다시 집중적으로 살펴보겠다.

외부 코드 실행: %run

방대한 규모의 코드를 작성하게 되면 대화형 탐색을 위한 IPython과 나중에 재사용할 코드를 저장하기 위한 텍스트 편집기를 함께 사용하게 될 것이다. 이렇게 저장한 코드를 새 창에서 실행하기보다는 IPython 세션 안에서 실행하는 것이 편리할 수 있다. 이 작업은 %run 매직 명령어로 할 수 있다.

예를 들어, 다음 내용으로 myscript.py 파일을 생성했다고 하자.

```
#------------------------------------
# file: myscript.py

def square(x):
    """숫자의 제곱을 반환"""
    return x ** 2
```

```
for N in range(1, 4):
    print(N, "의 제곱은", square(N))
```

이 파일을 다음과 같이 IPython 세션에서 실행할 수 있다.

```
In [6]: %run myscript.py
1 의 제곱은 1
2 의 제곱은 4
3 의 제곱은 9
```

이 스크립트를 실행하면 그 안에 정의된 함수를 IPython 세션에서 사용할 수 있다는 사실도 알아두자.

```
In [7]: square(5)
Out[7]: 25
```

코드 실행을 세부 조정할 수 있는 몇 가지 옵션이 있다. 일반적인 방식에 대한 문서는 IPython 인터프리터에서 **%run?**을 입력해 확인할 수 있다.

코드 실행 시간 측정: %timeit

유용한 매직 함수의 또 다른 예로 **%timeit**이 있다. 이 함수는 그 뒤에 나오는 한 줄의 파이썬 문장 실행 시간을 자동으로 측정한다. 예를 들어, 리스트 컴프리헨션(list comprehension)의 성능을 측정하고 싶다면 다음과 같이 확인할 수 있다.

```
In [8]: %timeit L = [n ** 2 for n in range(1000)]
518 µs ± 7.53 µs per loop (mean ± std. dev. of 7 runs, 1000 loops each)
```

%timeit의 장점은 짧은 명령어에 대해 자동으로 여러 번 실행해 좀 더 확실한 결과를 보여준다는 데 있다. 여러 줄로 된 문장의 실행 시간을 측정하려면 **%** 기호를 하나 더 붙여서 여러 줄의 입력값을 처리할 수 있는 셀 매직으로 전환하면 된다. 예를 들어, 위 예제를 for 루프를 사용해 구성하면 다음과 같이 실행 시간을 측정할 수 있다.

```
In [9]: %%timeit
   ...: L = []
   ...: for n in range(1000):
   ...:     L.append(n ** 2)
   ...:
586 µs ± 9.15 µs per loop (mean ± std. dev. of 7 runs, 1000 loops each)
```

이 경우 리스트 컴프리헨션이 동일한 로직을 수행하는 `for` 루프 생성자보다 10% 더 빠르다는 사실을 바로 알 수 있다. `%timeit`과 함께 코드 실행 시간을 측정하고 프로파일링하는 다른 방법에 대해서는 28쪽 '코드 프로파일링 및 시간 측정'에서 더 살펴보겠다.

매직 함수에 관한 도움말: ?, %magic, %lsmagic

일반 파이썬 함수와 마찬가지로 IPython 매직 함수도 독스트링을 가지고 있으며, 이 유용한 문서는 표준 방식으로 접근할 수 있다. 따라서 `%timeit` 매직의 문서를 읽으려면 단순히 다음과 같이 입력하면 된다.

```
In [10]: %timeit?
```

다른 함수의 문서도 비슷한 방식으로 접근할 수 있다. 사용 가능한 매직 함수의 일반적인 설명을 몇 가지 예제와 함께 보고자 한다면 다음과 같이 입력하면 된다.

```
In [11]: %magic
```

사용 가능한 모든 매직 함수의 목록만 간단히 확인하고 싶다면 다음과 같이 입력한다.

```
In [12]: %lsmagic
```

마지막으로 원한다면 자기만의 매직 함수를 정의하는 것도 꽤 간단하다. 그 방법을 여기서 설명하지는 않겠지만 관심이 있다면 35쪽 'IPython 추가 참고 자료'에 언급된 참고자료를 확인하라.

입력/출력 이력

IPython 셸에서 위/아래 화살표나 Ctrl-p/Ctrl-n 단축키를 이용해 이전 명령어에 접근할 수 있다는 것을 앞에서 살펴봤다. 추가로 셸과 노트북에서 IPython은 이전 명령어의 출력 결과뿐만 아니라 문자열 버전의 명령어 자체를 얻을 수 있는 몇 가지 방법을 제공한다. 이제부터 그 방법을 알아보자.

IPython의 In과 Out 객체

지금쯤이면 IPython에서 사용하는 In[1]:/Out[1]: 형식의 프롬프트에 꽤 익숙해졌을 것이다. 그것은 단순히 장식용으로 쓰는 것이 아니라 현재 세션에서 이전 입력값과 출력값에 접근하는 방법에 대한 단서를 제공한다. 다음과 같은 세션을 시작했다고 가정해 보자.

```
In [1]: import math

In [2]: math.sin(2)
Out[2]: 0.9092974268256817

In [3]: math.cos(2)
Out[3]: -0.4161468365471424
```

내장 패키지 math를 임포트하고 숫자 2의 사인값과 코사인값을 계산했다. 이 입력값과 출력값은 In/Out 레이블과 함께 셀에 표시된다. 하지만 그게 다가 아니다. 여기서 IPython은 실제로 이 이력을 반영해 자동으로 업데이트되는 In과 out이라는 파이썬 변수를 생성한다.

```
In [4]: print(In)
['', 'import math', 'math.sin(2)', 'math.cos(2)', 'print(In)']

In [5]: Out
Out[5]: {2: 0.9092974268256817, 3: -0.4161468365471424}
```

In 객체는 명령어를 순서대로 기록하는 리스트다. 이 리스트의 첫 번째 항목은 자리표시자이며, 따라서 In[1]이 첫 번째 명령어가 된다.

```
In [6]: print(In[1])
import math
```

Out 객체는 리스트가 아니라 입력 번호를 그 출력값(출력값이 있는 경우)과 매핑하는 딕셔너리다.

```
In [7]: print(Out[2])
0.9092974268256817
```

모든 작업이 출력값을 가지는 것은 아니다. 예를 들어, import 문과 print 문은 출력값이 없다. 후자가 출력값이 없다는 것에 놀랄 수도 있겠지만, print가 None을 반환하는 함수라는 것을 생각하면 당연하다. 간결성을 위해 None을 반환하는 모든 명령어는 Out에 추가되지 않는다.

이는 과거 결괏값을 사용하고자 할 때 유용하다. 예를 들어, sin(2) ** 2와 cos(2) ** 2의 합계를 이전에 계산된 결괏값을 이용해 확인해 보자.

```
In [8]: Out[2] ** 2 + Out[3] ** 2
Out[8]: 1.0
```

결과는 잘 알려진 삼각함수 등식으로 예상하듯이 **1.0**이다. 이 경우, 군이 이전 결괏값을 사용할 필요는 없 겠지만 시간이나 자원을 많이 쓰는 연산을 실행하고 그 결과를 재사용하고자 할 때는 매우 유용할 것이다!

밑줄 표시 단축키와 이전 출력값

표준 파이썬 셀은 이전 출력값에 접근하기 위한 단축키가 단 한 개다. 변수 _(단일 밑줄 표시)로, 이것은 이전 출력값으로 업데이트된다. 이 단축키는 IPython에서도 동작한다.

```
In [9]: print(_)
1.0
```

그러나 IPython에서는 한발 더 나아가 밑줄 표시를 두 개 써서 끝에서 두 번째 결괏값에 접근할 수 있으 며, 세 개의 밑줄 표시를 사용해 끝에서 세 번째 출력값에 접근할 수 있다(이때 출력값이 없는 명령어는 건너뛴다).

```
In [10]: print(__)
-0.4161468365471424

In [11]: print(___)
0.9092974268256817
```

IPython은 여기까지만 제공한다. 세 개 이상의 밑줄 표시는 세기가 어렵고 거기서부터는 줄 번호로 출 력값을 참조하는 것이 더 쉽기 때문이다.

여기서 언급해야 할 단축키가 하나 더 있는데 Out[X]를 줄여 쓴 _X(즉, 단일 밑줄 표시 다음에 줄 번호를 기재)다.

```
In [12]: Out[2]
Out[12]: 0.9092974268256817

In [13]: _2
Out[13]: 0.9092974268256817
```

출력값 숨기기

때로는 문장의 출력값을 숨기고 싶을 수 있다(아마 4장에서 살펴볼 플로팅 명령어를 사용할 때 가장 그 럴 것이다). 또는 실행한 명령어가 출력 이력에 저장되지 않아 다른 참조가 삭제될 때 할당이 해제되기를 원하는 결괏값을 만들어낼 수도 있다. 명령어의 출력값을 숨기는 가장 쉬운 방법은 그 줄의 마지막에 세미콜론을 덧붙이는 것이다.

```
In [14]: math.sin(2) + math.cos(2);
```

이 경우 결괏값은 조용히 계산되고 화면에 표시되지 않으며 Out 딕셔너리에 저장되지도 않는다.

```
In [15]: 14 in Out
Out[15]: False
```

관련 매직 명령어

이전 입력값 여러 개에 한 번에 접근하려면 %history 매직 명령어가 도움될 것이다. 다음은 처음 네 개의 입력값을 출력하는 방법이다.

```
In [16]: %history -n 1-4
   1: import math
   2: math.sin(2)
   3: math.cos(2)
   4: print(In)
```

늘 그렇듯이 이 명령어에 대한 더 자세한 정보와 사용 가능한 옵션에 대한 설명을 보려면 %history?를 입력하면 된다. 다른 유사한 명령어로 %rerun(명령어 이력 중 일부를 재실행)과 %save(명령어 이력 중 일부 집합을 파일에 저장)가 있다. 더 자세한 내용은 4쪽 'IPython의 도움말과 문서'에서 논의한 ? 도움말 기능을 사용해 확인하라.

IPython과 셸 명령어

표준 파이썬 인터프리터에서 대화형으로 작업할 때 마주치는 어려움 중 하나는 파이썬 도구와 시스템 명령줄 도구에 접근하기 위해 여러 창을 교대로 사용해야 한다는 점이다. IPython은 이 문제를 해결하기 위해 IPython 터미널에서 바로 셸 명령어를 실행할 수 있는 구문을 제공한다. 마법은 느낌표에서 일어난다. 어떤 줄에서 ! 뒤에 나타나는 것은 파이썬 커널이 아닌 시스템 명령줄에 의해 실행된다.

이어지는 내용은 리눅스나 맥 OS X 같은 유닉스 계열의 시스템을 사용한다고 가정한다. 앞으로 나올 예제 중 일부는 다른 유형의 셸을 기본으로 사용하는 윈도우에서는 실패할 것이다(2016년 윈도우의 기본 배시 셸[Bash shell]의 발표에 따르면 곧 이것이 문제가 되지 않을지도 모른다!). 셸 명령어가 익숙하지 않은 독자라면 언제나 훌륭한 소프트웨어 카펜트리 재단(Software Carpentry Foundation)이 공동으로 작성한 셸 튜토리얼[1]을 확인해 볼 것을 권한다.

셸이란?

셸/터미널/명령줄 사용법을 모두 설명하는 것은 이번 장의 범위를 넘어서는 일이지만, 초보자를 위해 여기서 간략히 소개하고자 한다. 셸은 컴퓨터와 텍스트로 상호작용하는 한 가지 방식이다. 마이크로소프트와 애플이 지금은 보편화된 그래픽 기반 운영체제의 최초 버전을 도입한 1980년대 중반부터 대부분의 컴퓨터 사용자는 메뉴를 클릭하거나 드래그앤드드롭 방식으로 운영체제와 상호작용하고 있다. 그러나 운영체제는 이러한 그래픽 사용자 인터페이스 이전부터 존재해왔으며, 주로 일련의 텍스트 입력으로 제어했다. 프롬프트에서 사용자가 명령어를 입력하면 컴퓨터는 사용자가 지시한 작업을 수행했다. 이 같은 초기 프롬프트 시스템이 현재 활동 중인 대부분의 데이터 과학자가 여전히 사용하는 셸과 터미널의 효시다.

셸에 익숙하지 않은 사람이라면 간단히 아이콘과 메뉴를 클릭하는 것만으로도 많은 결과를 얻을 수 있는데, 왜 셸을 힘들여 배워야 하는지 물을 수도 있다. 셸 사용자는 아마 또 다른 질문으로 답할 것이다. 키보드 입력만 하면 더 쉽게 작업을 처리할 수 있는데 왜 굳이 아이콘을 찾아다니고 메뉴를 클릭해야 하냐고 말이다. 전형적인 IT쟁이들의 꽉 막힌 궤변처럼 들리겠지만, 기본적인 작업을 넘어서 복잡한 고급 작업에 들어가면 셸이 확실히 더 많은 제어를 제공한다. 물론 일반 컴퓨터 사용자에게는 학습곡선이 다소 위협적이겠지만 말이다.

일례로 사용자가 시스템에서 디렉터리와 파일을 탐색하고 생성하고 수정하는 리눅스/OS X 셸 세션의 예제를 소개한다(osx:~ $는 프롬프트고 $기호 뒤에 오는 모든 것은 입력된 명령어고, # 다음에 오는 텍스트는 실제 입력한 데이터가 아니라 설명이다).

```
osx:~ $ echo "hello world"          # echo: 파이썬의 print 함수 같은 명령어
hello world

osx:~ $ pwd                          # pwd = 작업 중인 디렉터리 출력
/home/jake                           # 여기가 현재 우리가 있는 "경로(path)"

osx:~ $ ls                           # ls = 작업 중인 디렉터리의 내용 목록
```

---

[1] http://swcarpentry.github.io/shell-novice/

```
notebooks   projects

osx:~ $ cd projects/                      # cd = 디렉터리 변경

osx:projects $ pwd
/home/jake/projects

osx:projects $ ls
datasci_book   mpld3   myproject.txt

osx:projects $ mkdir myproject            # mkdir = 새 디렉터리 생성

osx:projects $ cd myproject/

osx:myproject $ mv ../myproject.txt ./  # mv = 파일 이동. 여기서는 파일
                                        # myproject.txt를 한 디렉터리 위(../)에서
                                        # 현재 디렉터리(./)로 이동함
osx:myproject $ ls
myproject.txt
```

이 모든 명령어는 익숙한 작업(디렉터리 구조를 탐색하고 디렉터리를 생성하고 파일을 이동하는 등)을
아이콘이나 메뉴를 클릭하는 대신 명령어를 입력해 간결하게 수행하는 한 가지 방식일 뿐이다. 몇 개의
명령어(pwd, ls, cd, mkdir, cp)만으로도 가장 일반적인 파일 연산 대부분을 수행할 수 있다. 이러한
기본 수준을 넘어선 작업을 수행할 때 비로소 셸이 강력한 도구가 된다.

IPython에서의 셸 명령어

IPython에서는 명령줄에서 동작하는 명령어 앞에 ! 문자를 접두어로 붙여 바로 사용할 수 있다. 예를
들어, ls, pwd, echo 명령어는 다음과 같이 실행할 수 있다.

```
In [1]: !ls
myproject.txt

In [2]: !pwd
/home/jake/projects/myproject

In [3]: !echo "셸에 출력하기"
셸에 출력하기
```

셀에 값 전달하기 및 셀의 값 전달받기

셀 명령어는 IPython에서 호출될 뿐만 아니라 IPython 네임스페이스와 상호작용할 수도 있다. 예를 들면, 셀 명령어의 출력값을 할당 연산자를 이용해 파이썬 리스트에 저장할 수 있다.

```
In [4]: contents = !ls

In [5]: print(contents)
['myproject.txt']

In [6]: directory = !pwd

In [7]: print(directory)
['/Users/jakevdp/notebooks/tmp/myproject']
```

이 결과는 리스트로 반환되지 않지만 IPython에서 정의한 특별한 셀 반환 타입으로 반환된다.

```
In [8]: type(directory)
Out[8]: IPython.utils.text.SList
```

셀 반환 타입은 파이썬 리스트와 아주 비슷하게 생겼고 그렇게 동작하지만, grep, fields 같은 메서드와 결괏값의 검색과 필터, 표시를 쉽게 해주는 s, n, p 속성 같은 추가 기능이 있다. 더 자세한 내용은 IPython 도움말 기능을 사용하자.

반대 방향으로의 통신, 즉 파이썬 변수를 셀에 전달하는 것은 {varname} 구문을 통해 할 수 있다.

```
In [9]: message = "hello from Python"

In [10]: !echo {message}
hello from Python
```

중괄호 안에는 셀 명령어에 변수의 내용으로 대체될 변수 이름이 들어간다.

셀 관련 매직 명령어

어느 정도 IPython의 셀 명령어로 작업한 독자라면 파일 시스템을 탐색하기 위해 !cd를 사용할 수 없다는 것을 알아챘을 것이다.

```
In [11]: !pwd
/home/jake/projects/myproject

In [12]: !cd ..

In [13]: !pwd
/home/jake/projects/myproject
```

그 이유는 노트북의 셸 명령어는 임시 서브 셸에서 실행되기 때문이다. 좀 더 지속적인 방식으로 작업 중인 디렉터리를 변경하고자 한다면 %cd 매직 명령어를 사용하면 된다.

```
In [14]: %cd ..
/home/jake/projects
```

사실, 기본으로 % 기호 없이 이 명령어를 사용할 수도 있다.

```
In [15]: cd myproject
/home/jake/projects/myproject
```

이를 automagic 함수라고 하며, 이 행위는 %automagic 매직 함수로 바꿔 사용할 수 있다.

%cd 외에 셸 명령어와 유사한 매직 함수로는 %cat, %cp, %env, %ls, %man, %mkdir, %more, %mv, %pwd, %rm, %rmdir이 있으며 automagic이 활성화돼 있다면 모두 % 기호 없이 사용할 수 있다. 이로써 IPython 프롬프트를 일반 셸처럼 사용할 수 있다.

```
In [16]: mkdir tmp

In [17]: ls
myproject.txt    tmp/

In [18]: cp myproject.txt tmp/

In [19]: ls tmp
myproject.txt

In [20]: rm -r tmp
```

이렇게 파이썬 세션과 동일한 터미널 창에서 셸에 접근할 수 있다는 것은 파이썬 코드를 작성하면서 인터프리터와 셸 사이를 왔다 갔다 할 필요가 거의 없다는 뜻이다.

디버깅 및 프로파일링

Jupyter는 앞에서 설명한 향상된 대화형 도구 외에도 로직의 버그나 예기치 않은 느린 실행을 추적하는 등 실행 중인 코드를 탐색하고 이해할 수 있는 다양한 방법을 제공한다. 여기서 이러한 도구 몇 가지를 설명한다.

에러와 디버깅

코드 개발과 데이터 분석은 항상 어느 정도 시행착오가 필요하며, IPython은 이 절차를 능률화하는 도구를 제공한다. 이번 절에서는 파이썬의 예외 보고를 제어하는 몇 가지 옵션을 간단히 다루고 코드의 에러를 디버깅하는 도구를 살펴본다.

예외 제어: %xmode

파이썬 스크립트가 실패하면 대부분 예외가 발생한다. 인터프리터가 이 예외 중 하나를 발견하면 에러 발생 원인에 대한 정보를 파이썬에서 접근할 수 있는 traceback에서 확인할 수 있다. **%xmode** 매직 함수를 이용해 IPython은 예외가 발생했을 때 출력된 정보의 양을 제어할 수 있다. 다음 코드를 보자.

```
In [1]: def func1(a, b):
   ...:     return a/b
   ...: def func2(x):
   ...:     a = x
   ...:     b = x - 1
   ...:     return func1(a,b)

In [2]: func2(1)
---------------------------------------------------------------
ZeroDivisionError                       Traceback (most recent call last)
<ipython-input-2-b2e110f6fc8f> in <module>()
----> 1 func2(1)

<ipython-input-1-a87344b24fd5> in func2(x)
      4     a = x
      5     b = x - 1
----> 6     return func1(a,b)
```

```
<ipython-input-1-a87344b24fd5> in func1(a, b)
      1 def func1(a, b):
----> 2     return a/b
      3 def func2(x):
      4     a = x
      5     b = x - 1

ZeroDivisionError: division by zero
```

func2를 호출하니 에러가 발생했고, 출력된 추적 결과를 읽어보면 무슨 일이 발생했는지 정확하게 알 수 있다. 기본적으로 이 추적 메시지에는 에러가 발생하게 된 경위의 단계별 상황을 보여주는 내용이 여러 줄 담겨 있다. %xmode 매직 함수(exception mode[예외 모드]의 약자)를 사용하면 출력할 정보를 변경할 수 있다.

%xmode는 단일 인수로 그 모드를 취하며, 모드의 값으로는 Plain, Context, Verbose를 받을 수 있다. 기본값은 Context고 방금 본 것과 같은 내용을 출력한다. Plain은 좀 더 간결한 형태를 띠며 더 적은 정보를 제공한다.

```
In [3]: %xmode Plain
Exception reporting mode: Plain


In [4]: func2(1)
Traceback (most recent call last):
  File "<ipython-input-4-b2e110f6fc8f>", line 1, in <module>
    func2(1)
  File "<ipython-input-1-a87344b24fd5>", line 6, in func2
    return func1(a,b)
  File "<ipython-input-1-a87344b24fd5>", line 2, in func1
    return a/b
ZeroDivisionError: division by zero
```

Verbose 모드는 호출된 함수의 인수를 포함한 추가적인 정보를 더 제공한다.

```
In [5]: %xmode Verbose
Exception reporting mode: Verbose


In [6]: func2(1)
---------------------------------------------------------------------------
```

```
ZeroDivisionError                           Traceback (most recent call last)
<ipython-input-6-b2e110f6fc8f> in <module>()
----> 1 func2(1)
        global func2 = <function func2 at 0x1040a57b8>


<ipython-input-1-a87344b24fd5> in func2(x=1)
     4     a = x
     5     b = x -1
----> 6     return func1(a,b)
        global func1 = <function func1 at 0x1045f4ea0>
        a = 1
        b = 0


<ipython-input-1-a87344b24fd5> in func1(a=1, b=0)
     1 def func1(a, b):
----> 2     return a/b
        a = 1
        b = 0
     3 def func2(x):
     4     a = x
     5     b = x -1


ZeroDivisionError: division by zero
```

이 추가 정보는 예외가 발생한 이유를 좀 더 정확하게 파악하는 데 도움이 될 수 있다. 그렇다면 항상 Verbose 모드를 써도 될 텐데 왜 그러지 않는 걸까? 코드가 복잡해지면 이 유형의 역추적이 상당히 길어질 수 있기 때문이다. 상황에 따라 간결한 Default 모드로도 쉽게 원인을 찾을 수 있다.

디버깅: 역추적 내용을 확인하는 것으로 충분하지 않을 경우

대화형 디버깅을 위한 표준 파이썬 도구는 파이썬 디버거인 pdb다. 이 디버거를 이용하면 코드를 한 줄씩 읽어가면서 무엇이 더 까다로운 오류를 일으키는지 확인할 수 있다. 이 디버거의 IPython 확장 버전은 IPython 디버거(IPython debugger)인 ipdb다.

이 두 디버거를 실행하고 사용하는 방법에는 여러 가지가 있지만 여기서 전부 다루지는 않겠다. 자세한 내용은 이 두 유틸리티에 대한 온라인 문서를 참조하자.

IPython에서 디버깅에 가장 편리한 인터페이스는 **%debug** 매직 명령어일 것이다. 예외를 만난 뒤 이 명령어를 호출하면 예외 발생 지점에 대화형 디버깅 프롬프트를 자동으로 연다. ipdb 프롬프트가 스택의 현재 상태를 알아보고 사용 가능한 변수를 탐색할 뿐만 아니라 파이썬 명령어를 실행하게 해준다!

최근의 예외를 보고 몇 가지 기본적인 작업(a와 b의 값을 출력하고 디버깅 세션을 종료하는 quit 명령어 입력)을 해 보자.

```
In [7]: %debug
> <ipython-input-1-a87344b24fd5>(2)func1()
      1 def func1(a, b):
----> 2     return a/b
      3 def func2(x):
      4     a = x
      5     b = x -1

ipdb> print(a)
1
ipdb> print(b)
0
ipdb> quit
```

그러나 대화형 디버거에서는 이보다 훨씬 더 많은 일을 할 수 있다. 스택을 따라 위아래로 올라가거나 내려갈 수도 있고 거기서 변숫값을 탐색할 수도 있다.

```
In [8]: %debug
> <ipython-input-1-a87344b24fd5>(2)func1()
      1 def func1(a, b):
----> 2     return a/b
      3 def func2(x):
      4     a = x
      5     b = x -1

ipdb> up
> <ipython-input-1-a87344b24fd5>(6)func2()
      2     return a/b
      3 def func2(x):
      4     a = x
      5     b = x -1
```

```
----> 6      return func1(a,b)

ipdb> print(x)
1
ipdb> up
> <ipython-input-6-b2e110f6fc8f>(1)<module>()
----> 1 func2(1)

ipdb> down
> <ipython-input-1-a87344b24fd5>(6)func2()
      2      return a/b
      3 def func2(x):
      4      a = x
      5      b = x -1
----> 6      return func1(a,b)

ipdb> quit
```

이로써 에러를 일으킨 원인뿐만 아니라 어느 함수 호출이 에러를 발생시켰는지도 빠르게 알아낼 수 있다.

예외가 발생할 때마다 자동으로 디버거가 실행되기를 바란다면 이 자동 행위를 활성화하는 **%pdb** 매직 함수를 사용하면 된다.

```
In [9]: %xmode Plain
Exception reporting mode: Plain

In [10]: %pdb on
Automatic pdb calling has been turned ON

In [11]: func2(1)
Traceback (most recent call last):
  File "<ipython-input-12-b2e110f6fc8f>", line 1, in <module>
    func2(1)
  File "<ipython-input-1-a87344b24fd5>", line 6, in func2
    return func1(a,b)
  File "<ipython-input-1-a87344b24fd5>", line 2, in func1
    return a/b
ZeroDivisionError: division by zero

> <ipython-input-1-a87344b24fd5>(2)func1()
```

```
    1 def func1(a, b):
----> 2     return a/b
    3 def func2(x):
    4     a = x
    5     b = x -1

ipdb> print(b)
0
ipdb> quit
```

마지막으로 대화형 모드에서 시작부터 실행하고자 하는 스크립트가 있다면 **%run -d** 명령어로 스크립트를 실행할 수 있고 코드를 한 줄씩 대화형으로 따라가려면 **next** 명령어를 사용하면 된다.

대화형 디버깅을 위한 명령어는 여기서 열거하는 것보다 더 많은 명령어가 있다. 다음 표는 그중 가장 보편적이고 유용한 명령어 몇 개를 간단한 설명과 함께 정리한 것이다.

표 1-1. 일부 디버깅 명령어

명령어	설명
l(ist)	파일에서 현재 위치를 보여줌
h(elp)	명령어 목록을 보여주거나 특정 명령어에 관한 도움말을 찾음
q(uit)	디버거와 프로그램을 종료함
c(ontinue)	디버거는 종료하고 프로그램은 유지함
n(ext)	프로그램의 다음 단계로 이동함
⟨enter⟩	이전 명령어를 반복함
p(rint)	변수를 출력함
s(tep)	서브루틴으로 들어감
r(eturn)	서브루틴에서 돌아옴

더 많은 정보를 확인하려면 디버거에서 **help** 명령어를 사용하거나 **ipdb**의 온라인 문서를 참고한다.

코드 프로파일링 및 시간 측정

코드를 작성하고 데이터 처리 파이프라인을 생성하는 과정에서 다양한 구현물 사이의 균형을 유지하기 위해 조정해야 하는 요소가 있다. 알고리즘 개발 초기에 이런 문제를 신경 쓰는 것은 비생산적이다. 도널드 커누스(Donald Knuth)가 했던 유명한 말을 인용하자면 "시간의 97%를 차지하는 미미한 효율성에 대한 고민을 버려야 한다. 섣부른 최적화는 만악의 근원이다."

그러나 코드가 제대로 동작하기 시작하면 코드의 효율성에 대해 좀 더 고민하는 것이 좋다. 때로는 특정 명령어나 일련의 명령어의 실행 시간을 확인하는 것이 유용하고, 때로는 멀티라인 프로세스를 면밀하게 분석하고 복잡한 일련의 작업에서 병목이 되는 지점을 찾는 것이 유용하다. IPython은 이런 방식으로 코드의 실행 시간을 측정하고 프로파일링하는 다양한 기능을 제공한다. 이제 다음 IPython 매직 명령어들을 알아보자.

%time
단일 문장의 실행 시간을 측정

%timeit
단일 문장을 반복 실행해 더 정확하게 실행 시간을 측정

%prun
프로파일러로 코드를 실행함

%lprun
라인 단위 프로파일러(line-by-line profiler)로 코드를 실행

%memit
단일 문장의 메모리 사용량을 측정

%mprun
라인 단위 메모리 프로파일러(line-by-line memory profiler)로 코드를 실행

마지막 명령어 네 개는 IPython에 포함돼 있지 않기 때문에 다음 절에서 논의할 `line_profiler`와 `memory_profiler` 확장 모듈을 설치해야 한다.

코드 조각의 실행 시간 측정하기: %timeit과 %time

13쪽 'IPython 매직 명령어'의 매직 함수를 소개할 때 `%timeit` 라인 매직과 `%%timeit` 셀 매직을 살펴봤다. `%%timeit`은 코드 조각(code snippet)을 반복 실행해 실행 시간을 측정할 때 사용할 수 있다.

```
In [1]: %timeit sum(range(100))
2.18 µs ± 59.7 ns per loop (mean ± std. dev. of 7 runs, 100000 loops each)
```

이 연산은 매우 빠르기 때문에 **%timeit**이 자동으로 수많은 반복을 수행한다. 더 느린 명령어의 경우, **%timeit**은 자동으로 조정해서 더 적은 횟수의 반복을 수행한다.

```
In [2]: %%timeit
   ...: total = 0
   ...: for i in range(1000):
   ...:     for j in range(1000):
   ...:         total += i * (-1) ** j
   ...:
654 ms ± 7.51 ms per loop (mean ± std. dev. of 7 runs, 1 loop each)
```

때로는 작업을 반복하는 것이 최고의 방법은 아니다. 예를 들어, 정렬하고 싶은 목록이 있다면 반복 작업으로 왜곡이 발생할 수도 있다. 미리 정렬된 목록을 정렬하는 것이 정렬되지 않은 목록을 정렬하는 것보다 훨씬 더 빠르므로 반복은 결과를 왜곡시키게 된다.

```
In [3]: import random
        L = [random.random() for i in range(100000)]
        %timeit L.sort()
3.32 ms ± 266 µs per loop (mean ± std. dev. of 7 runs, 100 loops each)
```

이 경우에는 **%time** 매직 함수를 사용하는 게 더 낫다. 또 짧은 시스템 관련 지연이 결과에 영향을 미칠 가능성이 작을 때는 이 함수가 장기 실행 명령어에 적합한 방법일 수 있다. 정렬되지 않은 리스트와 미리 정렬된 리스트의 정렬 시간을 측정해 보자.

```
In [4]: import random
        L = [random.random() for i in range(100000)]
        print("정렬되지 않은 리스트를 정렬:")
        %time L.sort()
정렬되지 않은 리스트를 정렬:
CPU times: user 40.6 ms, sys: 896 µs, total: 41.5 ms
Wall time: 56.4 ms

In [5]: print("이미 정렬된 리스트를 정렬:")
        %time L.sort()
이미 정렬된 리스트를 정렬:
CPU times: user 8.18 ms, sys: 10 µs, total: 8.19 ms
Wall time: 8.24 ms
```

미리 정렬된 리스트를 정렬하는 것이 얼마나 더 빠른지 보라. 그리고 미리 정렬된 리스트라도 %time으로 측정한 시간이 %timeit으로 측정한 시간보다 얼마나 더 긴지 보라! 이는 %timeit이 물밑에서 시스템 호출이 시간 측정을 방해하지 못하도록 몇몇 영리한 작업을 수행하기 때문이다. 예를 들면, 이 명령어는 시간 측정에 영향을 줄 수도 있는 미사용 파이썬 객체를 정리하는(흔히 **가비지 컬렉션**이라고 함) 작업을 못 하게 막는다. 이러한 이유로 %timeit 결과는 보통 %time 결과보다 현저히 더 빠르다.

%timeit과 마찬가지로 %time의 경우도 % 기호를 두 개 사용해 여러 줄로 된 스크립트의 시간을 측정하는 셀 매직을 사용할 수 있다.

```
In [6]: %%time
        total = 0
        for i in range(1000):
            for j in range(1000):
                total += i * (-1) ** j

CPU times: user 504 ms, sys: 979 µs, total: 505 ms
Wall time: 505 ms
```

%time과 %timeit에서 사용할 수 있는 옵션을 포함한 더 많은 정보를 알고 싶다면 IPython의 도움말 기능(IPython 프롬프트에서 **%time?**을 입력)을 사용하면 된다.

전체 스크립트 프로파일링하기: %prun

프로그램은 여러 단일 문장으로 구성되며, 때로는 전체 맥락에서 이 문장들의 실행 시간을 측정하는 것이 문장별로 측정하는 것보다 더 중요하다. 파이썬에는 내장된 코드 프로파일러(파이썬 문서에서 확인할 수 있음)가 있지만, IPython은 이 프로파일러를 훨씬 더 편리하게 사용할 수 있도록 매직 함수 형태의 %prun을 제공한다.

그 예로 몇 가지 계산을 수행하는 간단한 함수를 정의할 것이다.

```
In [7]: def sum_of_lists(N):
            total = 0
            for i in range(5):
                L = [j ^ (j >> i) for j in range(N)]
                total += sum(L)
            return total
```

이제 함수 호출과 함께 **%prun**을 호출해 프로파일링한 결과를 볼 수 있다.

```
In [8]: %prun sum_of_lists(1000000)
```

노트북에서 출력값은 페이저에 출력되며 그 결과는 대략 다음과 같다.

```
14 function calls in 0.714 seconds

   Ordered by: internal time

   ncalls  tottime  percall  cumtime  percall filename:lineno(function)
        5    0.599    0.120    0.599    0.120 <ipython-input-19>:4(<listcomp>)
        5    0.064    0.013    0.064    0.013 {built-in method sum}
        1    0.036    0.036    0.699    0.699 <ipython-input-19>:1(sum_of_lists)
        1    0.014    0.014    0.714    0.714 <string>:1(<module>)
        1    0.000    0.000    0.714    0.714 {built-in method exec}
```

그 결과는 각 함수 호출의 총 시간(위 예제에서 tottime—옮긴이) 순서대로 어느 함수를 실행할 때 대부분의 시간이 소요되는지 보여주는 표로 나타낸다. 이 경우, 실행 시간의 대부분은 sum_of_lists 내부의 리스트 컴프리헨션에서 소요된다. 여기서부터 이 알고리즘의 성능을 개선하기 위해 무엇을 변경할 것인지 생각할 수 있다.

IPython의 도움말 기능(IPython 프롬프트에서 **%prun?** 입력)을 이용하면 **%prun**에 대한 더 많은 정보와 사용할 수 있는 옵션을 확인할 수 있다.

%lprun으로 라인 단위 프로파일링하기

함수 단위로 프로파일링하는 **%prun**이 유용하지만, 때로는 라인 단위 프로파일 보고서를 보는 것이 더 편리할 수 있다. 라인 단위 프로파일링을 파이썬이나 IPython에서 기본으로 제공하지는 않지만 line_profiler 패키지를 설치하면 수행할 수 있다. 우선 line_profiler 패키지를 설치하기 위해 파이썬 패키징 도구인 pip를 사용하자.

```
$ pip install line_profiler
```

다음으로 IPython을 사용해 이 패키지의 일부로 제공되는 IPython 확장 모듈 line_profiler를 로드할 수 있다.

```
In [9]: %load_ext line_profiler
```

이제 **%lprun** 명령어로 모든 함수의 라인 단위 프로파일링을 수행할 수 있게 됐다. 이 경우, 프로파일링하고자 하는 함수를 명시적으로 알려줘야 한다.

```
In [10]: %lprun -f sum_of_lists sum_of_lists(5000)
```

이전과 마찬가지로 노트북은 결과를 페이저(pager)로 보내는데, 그 생김새는 다음과 같다.

```
Timer unit: 1e-06 s
    Total time: 0.009382 s
    File: <ipython-input-19-fa2be176cc3e>
    Function: sum_of_lists at line 1

    Line #      Hits         Time   Per Hit   % Time  Line Contents
    ==============================================================
        1                                             def sum_of_lists(N):
        2         1            2       2.0      0.0        total = 0
        3         6            8       1.3      0.1        for i in range(5):
        4         5         9001    1800.2     95.9            L = [j ^ (j >> i) ...
        5         5          371      74.2      4.0            total += sum(L)
        6         1            0       0.0      0.0        return total
```

위 정보는 결과를 읽는 열쇠를 제공한다. 시간의 단위는 마이크로초(100만분의 1초)이며, 프로그램이 어디서 가장 많은 시간을 보내는지 알 수 있다. 여기서 이 정보를 이용해 스크립트를 수정하여 원하는 작업의 성능을 개선할 수 있다.

%lprun에서 사용할 수 있는 옵션을 포함한 더 많은 정보를 알고 싶으면 IPython 도움말(IPython 프롬프트에서 **%lprun?** 입력)을 사용하자.

메모리 사용 프로파일링: %memit과 %mprun

또 다른 프로파일링 대상으로 특정 작업이 사용하는 메모리 양이 있다. 이것은 다른 IPython 확장 모듈인 memory_profiler를 이용해 측정할 수 있다. line_profiler와 마찬가지로 pip를 이용해 확장 모듈을 먼저 설치하자.

```
$ pip install memory_profiler
```

이제 IPython을 이용해 이 확장 모듈을 로드할 수 있다.

```
In[11]: %load_ext memory_profiler
```

메모리 프로파일러 확장 모듈은 두 가지 유용한 매직 함수를 포함하고 있다. 하나는 %memit 매직으로 %timeit과 동일한 방식으로 메모리를 측정하며, 다른 하나는 %mprun 함수로 %lprun과 동일한 방식으로 메모리를 측정한다. %memit 함수는 아주 간단하게 사용할 수 있다.

```
In [12]: %memit sum_of_lists(1000000)
peak memory: 100.08 MiB, increment: 61.36 MiB
```

여기서 이 함수가 100MB의 메모리를 사용한다는 사실을 알 수 있다.

메모리 사용에 대한 라인 단위의 설명을 보려면 %mprun 매직을 사용하면 된다. 안타깝게도 이 매직은 노트북 자체가 아니라 별도의 모듈에 정의된 함수에만 동작하기 때문에 먼저 %%file 매직을 사용해 sum_of_lists 함수를 포함하는 mprun_demo.py라는 간단한 모듈을 생성할 것이다. 여기에 메모리 프로파일링 결과를 더 명확하게 하기 위해 한 줄을 추가했다.

```
In [13]: %%file mprun_demo.py
         def sum_of_lists(N):
             total = 0
             for i in range(5):
                 L = [j ^ (j >> i) for j in range(N)]
                 total += sum(L)
                 del L # L 참조 삭제
             return total

Writing mprun_demo.py
```

이제 이 함수의 새 버전을 임포트해서 라인 단위의 메모리 프로파일러를 실행할 수 있다.

```
In[14]: from mprun_demo import sum_of_lists
        %mprun -f sum_of_lists sum_of_lists(1000000)
```

페이저에 출력되는 결과는 이 함수의 메모리 사용에 대한 요약 정보를 다음과 같은 형태로 제공한다.

```
Filename: ./mprun_demo.py
Line #    Mem usage    Increment   Line Contents
```

```
==============================================================
     4     71.9 MiB     0.0 MiB     L = [j ^ (j >> i) for j in range(N)]
Filename: ./mprun_demo.py

Line #    Mem usage     Increment    Line Contents
==============================================================
     1     39.0 MiB     0.0 MiB     def sum_of_lists(N):
     2     39.0 MiB     0.0 MiB         total = 0
     3     46.5 MiB     7.5 MiB         for i in range(5):
     4     71.9 MiB    25.4 MiB             L = [j ^ (j >> i) for j in range(N)]
     5     71.9 MiB     0.0 MiB             total += sum(L)
     6     46.5 MiB   -25.4 MiB             del L # remove reference to L
     7     39.1 MiB    -7.4 MiB         return total
```

여기서 Increment 열은 각 라인이 전체 메모리 할당량에 얼마나 영향을 주는지를 알려준다. 리스트 L을 만들고 삭제할 때 약 25MB의 메모리 사용이 추가된다는 것을 알 수 있다. 이는 파이썬 인터프리터 자체의 백그라운드 메모리 사용량에 추가되는 것이다.

%memit와 %mprun에서 사용할 수 있는 옵션과 더 많은 정보를 확인하려면 IPython 도움말(IPython 프롬프트에서 %memit? 입력)을 사용한다.

IPython 추가 참고 자료

이번 장에서는 데이터 과학 작업을 하기 위한 IPython 사용법에 대해 수박 겉핥기식으로 살펴봤다. 더 많은 정보는 인쇄물과 웹 모두에서 이용할 수 있으며, 여기에 그중 도움이 될 만한 몇 가지 자료를 정리한다.

웹 자료

IPython 웹사이트(http://ipython.org)

IPython 문서, 예제, 튜토리얼 및 다양한 다른 자료의 링크를 제공하는 IPython 웹사이트

nbviewer 웹사이트(http://nbviewer.jupyter.org)

이 사이트는 인터넷상에서 사용 가능한 모든 IPython 노트북을 정적으로 렌더링해서 보여준다. 첫 페이지에는 다른 사람들이 IPython으로 어떤 일을 하는지 볼 수 있는 몇 가지 예제 노트북이 있다.

엄선된 Jupyter 노트북 모음(https://github.com/jupyter/jupyter/wiki)

계속 늘어나는 이 노트북 목록은 nbviewer로 구동되며, IPython으로 할 수 있는 수치 분석의 깊이와 폭을 보여준다. 짧은 예제와 튜토리얼부터 노트북 형식으로 구성된 완전한 강좌와 책까지 모든 것이 들어 있다!

동영상 튜토리얼

인터넷을 검색하다 보면 IPython에 대한 수많은 동영상 튜토리얼을 만날 수 있다. 특히 IPython과 Jupyter의 주요 제작자이자 운영자인 페르난도 페레즈(Fernando Perez)와 브라이언 그레인저(Brian Granger)가 주최하는 파이콘 (PyCon), 사이파이(SciPy), 파이데이터(PyData) 학회에서 나온 튜토리얼을 찾아볼 것을 추천한다.

책

『파이썬 라이브러리를 활용한 데이터 분석』(한빛미디어, 2013)[2]

웨스 맥키니(Wes Mckinney)가 쓴 이 책은 한 단원을 할애해서 데이터 과학자로서 IPython을 사용하는 법을 다루고 있다. 이 책에서 다루는 대부분의 내용을 여기서도 소개했지만 다른 관점으로 접근하는 것은 언제나 도움이 된다.

『파이썬과 Jupyter Notebook』(에이콘출판, 2016)[3]

시릴 로산트(Cyrille Rossant)가 쓴 이 짧은 책은 IPython을 이용한 데이터 분석을 훌륭하게 소개한다.

『IPython Interactive Computing and Visualization Cookbook』(Packt Publishing, 2014)[4]

역시 시릴 로산트가 쓴 책으로, 데이터 과학에 IPython을 사용하는 방법을 고급 기능까지 포괄해서 더 자세히 설명한다. 책 제목과는 달리 이 책은 IPython만 다루는 게 아니라 데이터 과학과 관련해 광범위한 주제에 대해 다소 깊이 있게 다룬다.

마지막으로 궁금한 점은 스스로 찾아 학습할 수 있음을 잊지 말자. IPython의 ? 기반의 도움말 기능(4쪽 'IPython의 도움말과 문서' 참고)을 잘 사용하면 매우 유용할 것이다. 이 책에서 제시한 예제를 따라가다 보면 IPython이 제공하는 모든 도구에 익숙해지게 될 것이다.

---

2   http://www.hanbit.co.kr/media/books/book_view.html?p_code=B6540908288
3   http://www.acornpub.co.kr/book/ipython
4   https://www.packtpub.com/big-data-and-business-intelligence/ipython-interactive-computing-and-visualization-cookbook

02장

NumPy 소개

3장과 함께 이번 장에서는 파이썬에서 인메모리 데이터를 효과적으로 적재하고 저장하고 가공하는 기법을 설명하겠다. 이 주제는 매우 광범위하다. 데이터세트는 광범위한 원천으로부터 문서나 이미지, 사운드 클립, 수치 측정값 등 거의 모든 것을 아우르는 매우 다양한 형식으로 들어올 수 있다. 이렇게 명백한 다양성에도 불구하고 모든 데이터를 근본적으로 숫자 배열로 간주하는 것이 도움이 될 것이다.

예를 들어, 이미지(특히, 디지털 이미지)는 단순히 해당 영역에 대한 픽셀 밝기를 나타내는 2차원 숫자 배열로 생각할 수 있다. 사운드 클립은 시간 대비 강도(intensity)를 나타내는 일차원 배열로 생각할 수 있다. 텍스트는 특정 단어나 단어 쌍의 빈도를 나타내는 이진수처럼 다양한 방식을 통해 수치로 전환할 수 있다. 데이터가 무엇이든 상관없이 그 데이터를 분석할 수 있게 만드는 첫 번째 단계는 데이터를 숫자 배열로 변환하는 것이다(이 절차에 대한 몇 가지 예제를 409쪽 '특징 공학'에서 살펴본다).

이러한 이유로 숫자 배열을 효과적으로 저장하고 가공하는 것은 데이터 과학을 수행하는 절차에서 가장 근본적인 작업이다. 이제 파이썬이 이러한 숫자 배열을 다루기 위해 제공하는 전문 도구인 NumPy 패키지와 Pandas 패키지(3장)를 살펴보겠다.

이번 장에서는 NumPy에 대해 자세히 다룬다. NumPy(Numerical Python의 약자)는 조밀한 데이터 버퍼에서 저장하고 처리하는 효과적인 인터페이스를 제공한다. 어떤 면에서 보면 NumPy 배열은 파이썬의 내장 타입인 list와 비슷하지만 배열의 규모가 커질수록 데이터 저장 및 처리에 훨씬 더 효율적이다. NumPy 배열은 파이썬의 데이터 과학 도구로 구성된 전체 생태계의 핵심을 이루고 있기 때문에 관심 있는 데이터 과학 측면이 무엇이든 상관없이 NumPy를 효과적으로 사용하는 법을 배워야 한다.

서문에서 권고했던 내용에 따라 아나콘다 스택을 설치했다면 이미 NumPy가 설치돼 있을 것이다. 뭐든 직접 해 보기를 좋아하는 독자라면 NumPy 웹사이트[5]에 가서 설치 안내에 따라 설치하면 된다. 설치하고 나면 NumPy를 임포트하고 버전을 재확인할 수 있다.

```
In[1]: import numpy
       numpy.__version__
Out[1]: '1.13.0'
```

이 책에서는 NumPy 버전 1.8 이상을 추천한다. 관례상 SciPy와 PyData를 사용하는 대부분의 사용자는 NumPy를 별칭(alias)인 np를 사용해 임포트한다.

```
In[2]: import numpy as np
```

이번 장을 비롯한 이 책의 나머지 부분에서도 이처럼 NumPy를 임포트하고 사용하는 것을 보게 될 것이다.

> **내장 문서가 있음을 기억하자!**
>
> 이번 장을 읽을 때 IPython에서는 탭 자동 완성 기능을 사용해 패키지의 내용을 빠르게 탐색할 수 있고 ? 기호를 사용해 다양한 함수의 문서를 확인할 수 있다는 사실을 잊지 말자. 이 기능이 잘 기억나지 않는다면 4쪽 'IPython의 도움말과 문서'를 참고하라.
>
> 예를 들어, numpy 네임스페이스의 모든 내용을 표시하고 싶다면 다음과 같이 입력하면 된다.
>
>   In [3]: np.<TAB>
>
> NumPy의 내장 문서를 표시하려면 다음 명령어를 사용하면 된다.
>
>   In [4]: np?
>
> 튜토리얼과 다른 참고자료와 함께 더 자세한 문서는 http://www.numpy.org에서 확인할 수 있다.

---

5   http://www.numpy.org

파이썬의 데이터 타입 이해하기

효과적인 데이터 기반 과학 및 계산을 위해서는 데이터가 어떻게 저장되고 가공되는지 이해해야 한다. 이번 절에서는 데이터 배열이 파이썬 언어 자체에서 어떻게 처리되는지 간단히 설명하고 비교한 뒤, NumPy가 이를 어떻게 개선하는지 알아볼 것이다. 이 차이점을 이해하는 것은 책 나머지에 등장하는 많은 자료를 이해하는 데 기초가 될 것이다.

파이썬 사용자는 대체로 파이썬의 사용 편의성에 끌리는데, 그중 하나가 동적 타이핑이다. C나 자바 같은 정적 타입 체계를 가진 언어는 모든 변수를 명시적으로 선언해야 하지만, 파이썬처럼 동적 타입 체계를 가진 언어는 타입을 지정하지 않아도 된다. 예를 들어, C에서는 특정 연산을 다음과 같이 지정할 것이다.

```
/* C 코드 */
int result = 0;
for(int i = 0; i < 100; i++){
    result += i;
}
```

그러나 파이썬에서는 같은 연산을 다음과 같이 작성할 수 있다.

```
# 파이썬 코드
result = 0
for i in range(100):
    result += i
```

주요 차이점을 알겠는가? C에서는 각 변수의 데이터 타입을 명시적으로 선언했지만, 파이썬은 타입을 동적으로 추론한다. 이것은 곧 모든 변수에 어떤 종류의 데이터든 할당할 수 있다는 뜻이다.

```
# 파이썬 코드
x = 4
x = "four"
```

위 코드는 x의 내용을 정수에서 문자열로 바꾼 것이다. C에서 똑같은 작업을 하면 컴파일러 에러나 다른 의도하지 않은 결과가 발생할 수도 있다(컴파일러 설정에 따라 다름).

```
/* C 코드 */
int x = 4;
x = "four"; // 실패
```

이러한 유연성은 파이썬과 다른 동적 타입 지정 언어를 사용하기 편하고 쉽게 만드는 특징 중 하나다. 이 것이 **어떻게** 가능한지를 이해하는 것이 파이썬으로 효과적이면서 효율적으로 데이터를 분석하는 법을 배우는 데 중요한 부분이다. 그러나 이러한 유연성은 또한 파이썬 변수가 그 값 이상의 무언가를 나타낸 다는 뜻이기도 하다. 즉, 변수는 그 값의 유형에 대한 부가 정보도 함께 담고 있다. 다음 절에서 이에 대 해 더 자세히 살펴보자.

파이썬 정수는 정수 이상이다

표준 파이썬은 C로 구현돼 있다. 이 말은 곧 모든 파이썬 객체가 그 값뿐만 아니라 다른 정보까지 포함 하는 똑똑하게 위장한 C 구조체라는 뜻이다. 예를 들어, x = 10000과 같이 파이썬에서 정수를 정의할 때 x는 단순히 있는 그대로의 정수를 의미하지 않는다. 실제로는 여러 값이 들어 있는 복합적인 C 구조 체다. C 매크로를 확장하여 파이썬 3.6 소스코드를 보면 정수(long) 타입 정의가 실제로 다음과 같이 돼 있다.

```
struct _longobject {
    long ob_refcnt;
    PyTypeObject *ob_type;
    size_t ob_size;
    long ob_digit[1];
};
```

파이썬 3.6의 단일 정수는 실제로 다음 네 가지 구성요소를 갖는다.

- **ob_refcnt**: 파이썬이 조용히 메모리 할당과 해제를 처리할 수 있게 돕는 참조 횟수

- **ob_type**: 변수 타입을 인코딩

- **ob_size**: 다음 데이터 멤버의 크기를 지정

- **ob_digit**: 파이썬 변수가 나타내는 실제 정숫값을 포함

이것은 그림 2-1처럼 C와 같은 컴파일 언어에서 정수를 저장하는 것에 비해 파이썬에서 정수를 저장할 때 어느 정도 오버헤드가 있 다는 의미다.

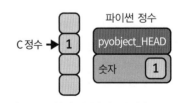

그림 2-1. C 정수와 파이썬 정수의 차이

여기서 `PyObject_HEAD`는 참조 횟수, 타입 코드, 그리고 전에 언급한 다른 정보를 포함한 구조체의 일부다.

차이점이라면 C 정수는 근본적으로 정숫값을 나타내는 바이트를 포함하는 메모리 위치를 가리키는 레이블이고 파이썬 정수는 정숫값을 담고 있는 바이트를 포함한 모든 파이썬 객체 정보를 포함하는 메모리의 위치를 가리키는 포인터라는 사실이다. 파이썬 정수 구조체의 이 추가 정보 덕분에 파이썬에서 그토록 자유롭게 동적으로 코드를 작성할 수 있는 것이다. 하지만 파이썬 타입에 있는 모든 추가 정보에는 비용이 따르며, 특히 이 객체들을 여러 개 결합하는 구조에서 그 비용이 분명하게 드러난다.

파이썬 리스트는 리스트 이상이다

이번에는 여러 개의 파이썬 객체를 담은 파이썬 자료구조를 사용할 때 어떤 일이 벌어지는지 생각해 보자. 파이썬에서 여러 개의 요소를 담는 가변적인 표준 컨테이너는 리스트다. 다음과 같이 정수 리스트를 만들 수 있다.

```
In[1]: L = list(range(10))
       L
Out[1]: [0, 1, 2, 3, 4, 5, 6, 7, 8, 9]
In[2]: type(L[0])
Out[2]: int
```

또는 이와 비슷하게 문자열 리스트를 만들 수 있다.

```
In[3]: L2 = [str(c) for c in L]
       L2
Out[3]: ['0', '1', '2', '3', '4', '5', '6', '7', '8', '9']
In[4]: type(L2[0])
Out[4]: str
```

파이썬의 동적 타이핑(dynamic typing) 덕분에 서로 다른 데이터 타입의 요소를 담는 리스트를 만들 수도 있다.

```
In[5]: L3 = [True, "2", 3.0, 4]
       [type(item) for item in L3]
Out[5]: [bool, str, float, int]
```

그러나 이 유연성에는 비용이 따른다. 이렇게 유연한 타입을 허용하려면 리스트의 각 항목에 타입 정보와 참조 횟수, 기타 정보가 들어가야 한다. 즉, 각 항목이 완전한 파이썬 객체인 셈이다. 모든 변수가 같은 타입인 경우에는 이 정보가 대부분 불필요하게 중복되므로 고정 타입 배열에 데이터를 저장하는 것이 더 효율적일 수 있다. 동적 타입 리스트와 고정 타입(NumPy 스타일) 배열의 차이는 그림 2-2에 그림으로 나타냈다.

구현 레벨에서는 배열이 근본적으로 인접한 데이터 블록을 가리키는 단일 포인터를 담고 있다. 반면 파이썬 리스트는 앞에서 본 파이썬 정수와 같이 완전한 파이썬 객체를 차례로 가리키는 포인터의 블록을 가리키는 포인터를 담고 있다. 다시 말하지만, 리스트의 장점은 유연성이다. 각 리스트 요소가 데이터와 타입 정보를 포함하는 완전한 구조이기 때문에 리스트를 원하는 어떤 타입으로도 채울 수 있다. 고정 타입의 NumPy 스타일 배열은 이러한 유연성은 부족하지만 데이터를 저장하고 가공하기에는 훨씬 더 효율적이다.

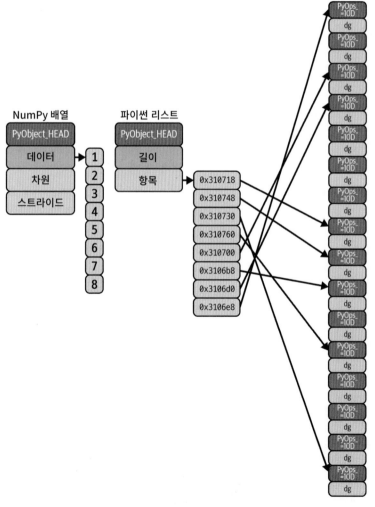

그림 2-2. C 리스트와 파이썬 리스트의 차이

파이썬의 고정 타입 배열

파이썬은 데이터를 효율적인 고정 타입 데이터 버퍼에 저장하는 다양한 방식을 제공한다. 내장 array 모듈(파이썬 3.3부터 제공됨)은 단일 타입의 조밀한 배열(dense array)을 만드는 데 사용할 수 있다.

```
In[6]: import array
       L = list(range(10))
       A = array.array('i', L)
       A
Out[6]: array('i', [0, 1, 2, 3, 4, 5, 6, 7, 8, 9])
```

여기서 'i'는 내용이 정수임을 가리키는 타입 코드다.

그러나 훨씬 더 유용한 것은 NumPy 패키지의 ndarray 객체다. 파이썬의 array 객체는 배열 기반의 데이터에 효율적인 저장소를 제공하는 반면, NumPy는 그 데이터에 효율적인 연산을 추가한다. 이러한 연산에 대해서는 뒤에서 알아보고 여기서는 NumPy 배열을 생성하는 여러 방법을 살펴보자.

파이썬 리스트에서 배열 만들기

먼저 별칭 np로 표준 NumPy를 임포트하자.

```
In[7]: import numpy as np
```

np.array를 사용해 파이썬 리스트에서 배열을 만들 수 있다.

```
In[8]: # 정수 배열:
       np.array([1, 4, 2, 5, 3])
Out[8]: array([1, 4, 2, 5, 3])
```

파이썬 리스트와 달리 NumPy는 배열의 모든 요소가 같은 타입이어야 한다는 점을 기억하라. 타입이 일치하지 않으면 NumPy는 가능한 경우 상위 타입을 취하게 된다(다음에서 정수는 상위 타입인 부동 소수점으로 변환된다).

```
In[9]: np.array([3.14, 4, 2, 3])
Out[9]: array([ 3.14, 4. , 2. , 3. ])
```

명시적으로 결과 배열의 데이터 타입을 설정하려면 **dtype** 키워드를 사용하면 된다.

```
In[10]: np.array([1, 2, 3, 4], dtype='float32')
Out[10]: array([ 1.,  2.,  3.,  4.], dtype=float32)
```

마지막으로 파이썬 리스트와는 달리 NumPy 배열은 명시적으로 다차원이 가능하다. 다음은 리스트의
리스트를 사용해 다차원 배열을 초기화하는 한 가지 방법이다.

```
In[11]: # 리스트를 중첩하면 다차원 배열이 됨
        np.array([range(i, i + 3) for i in [2, 4, 6]])
Out[11]: array([[2, 3, 4],
               [4, 5, 6],
               [6, 7, 8]])
```

내부 리스트는 결과로 얻은 이차원 배열의 행으로 취급된다.

처음부터 배열 만들기

특히 규모가 큰 배열의 경우에는 NumPy에 내장된 루틴을 사용해 처음부터 배열을 생성하는 것이 더 효
율적이다.

```
In[12]: # 0으로 채운 길이 10의 정수 배열 만들기
        np.zeros(10, dtype=int)
Out[12]: array([0, 0, 0, 0, 0, 0, 0, 0, 0, 0])
In[13]: # 1로 채운 3x5 부동 소수점 배열 만들기
        np.ones((3, 5), dtype=float)
Out[13]: array([[ 1.,  1.,  1.,  1.,  1.],
               [ 1.,  1.,  1.,  1.,  1.],
               [ 1.,  1.,  1.,  1.,  1.]])
In[14]: # 3.14로 채운 3x5 배열 만들기
        np.full((3, 5), 3.14)
Out[14]: array([[ 3.14,  3.14,  3.14,  3.14,  3.14],
               [ 3.14,  3.14,  3.14,  3.14,  3.14],
               [ 3.14,  3.14,  3.14,  3.14,  3.14]])
In[15]: # 선형 수열로 채운 배열 만들기
        # 0에서 시작해 2씩 더해 20까지 채움
        # (내장 함수인 range()와 유사함)
        np.arange(0, 20, 2)
```

```
Out[15]: array([ 0,  2,  4,  6,  8, 10, 12, 14, 16, 18])
In[16]: # 0과 1 사이에 일정한 간격을 가진 다섯 개의 값으로 채운 배열 만들기
        np.linspace(0, 1, 5)
Out[16]: array([ 0.  ,  0.25,  0.5 ,  0.75,  1.  ])
In[17]: # 균등하게 분포된 3x3 배열 만들기
        # 0과 1 사이의 난수로 채움
        np.random.random((3, 3))
Out[17]: array([[ 0.99844933,  0.52183819,  0.22421193],
               [ 0.08007488,  0.45429293,  0.20941444],
               [ 0.14360941,  0.96910973,  0.946117  ]])
In[18]: # 정규 분포(평균=0, 표준 편차=1)의 난수로 채운 3x3 배열 만들기
        np.random.normal(0, 1, (3, 3))
Out[18]: array([[ 1.51772646,  0.39614948, -0.10634696],
               [ 0.25671348,  0.00732722,  0.37783601],
               [ 0.68446945,  0.15926039, -0.70744073]])
In[19]: # [0,10] 구간의 임의의 정수로 채운 3x3 배열 만들기
        np.random.randint(0, 10, (3, 3))
Out[19]: array([[2, 3, 4],
               [5, 7, 8],
               [0, 5, 0]])
In[20]: # 3x3 단위 행렬 만들기
        np.eye(3)
Out[20]: array([[ 1.,  0.,  0.],
               [ 0.,  1.,  0.],
               [ 0.,  0.,  1.]])
In[21]: # 세 개의 정수를 가지는 초기화되지 않은 배열 만들기
        # 값은 해당 메모리 위치에 이미 존재하고 있는 값으로 채움
        np.empty(3)
Out[21]: array([ 1.,  1.,  1.])
```

NumPy 표준 데이터 타입

NumPy 배열은 한 가지 타입의 값을 담고 있으므로 해당 타입과 그 타입의 제약 사항을 자세히 아는 것이 중요하다. NumPy는 C로 구현됐기 때문에 NumPy 데이터 타입은 C와 포트란, 그 밖의 다른 관련 언어의 사용자에게 익숙할 것이다.

표준 NumPy 데이터 타입을 표 2-1에 정리했다. 배열을 구성할 때 데이터 타입은 문자열을 이용해 지정할 수 있다.

```
np.zeros(10, dtype='int16')
```

또는 해당 데이터 타입과 관련된 NumPy 객체를 사용해 지정한다.

```
np.zeros(10, dtype=np.int16)
```

표 2-1. 표준 NumPy 데이터 타입

데이터 타입	설명
bool_	1바이트로 저장된 부울 값(참 또는 거짓)
int_	기본 정수 타입(C long과 같음, 일반적으로 int64 또는 int32)
intc	C int와 동일(일반적으로 int32 또는 int64)
intp	인덱싱에 사용하는 정수(C ssize_t와 동일. 일반적으로 int32 또는 int64)
int8	바이트(-128 ~ 127)
int16	정수(-32768 ~ 32767)
int32	정수(-2147483648 ~ 2147483647)
int64	정수(-9223372036854775808 ~ 9223372036854775807)
uint8	부호 없는 정수(0 ~ 255)
uint16	부호 없는 정수(0 ~ 65535)
uint32	부호 없는 정수(0 ~ 4294967295)
uint64	부호 없는 정수(0 ~ 18446744073709551615)
float_	float64의 약칭
float16	반정밀 부동 소수점: 부호 비트, 5비트 지수, 10비트 가수
float32	단정밀 부동 소수점: 부호 비트, 8비트 지수, 23비트 가수
float64	배정밀 부동 소수점: 부호 비트, 11비트 지수, 53비트 가수
complex_	complex128의 약칭
complex64	복소수, 두 개의 32비트 부동 소수점으로 표현
complex128	복소수, 두 개의 64비트 부동 소수점으로 표현

빅 엔디언이나 리틀 엔디언 숫자처럼 고급 타입을 지정하는 것도 가능하다. 더 자세한 내용은 NumPy 문서[6]를 참고하라. NumPy는 복합 데이터 타입(compound data type)도 지원한다. 이에 대해서는 104쪽 '구조화된 데이터: NumPy의 구조화된 배열'에서 다루겠다.

NumPy 배열의 기초

파이썬에서 데이터 처리는 NumPy 배열 처리와 거의 비슷하다. 더 최신 도구인 Pandas(3장)도 NumPy 배열을 기반으로 만들어졌다. 이번 절에서는 데이터와 하위 배열에 접근하고 배열을 분할, 재구성, 결합하기 위해 NumPy의 배열 조작을 사용하는 예제를 여러 개 소개한다. 여기서 소개하는 연산 유형이 다소 무미건조하고 현학적인 것처럼 보일 수 있지만, 이 책에 사용된 다른 많은 예제의 기초가 되니 잘 알아두자!

여기서는 기본 배열 조작의 일부 범주를 다룰 것이다.

- **배열 속성 지정**: 배열의 크기, 모양, 메모리 소비량, 데이터 타입을 결정한다.
- **배열 인덱싱**: 개별 배열 요솟값을 가져오고 설정한다.
- **배열 슬라이싱**: 큰 배열 내에 있는 작은 하위 배열을 가져오고 설정한다.
- **배열 재구조화**: 해당 배열의 형상을 변경한다.
- **배열 결합 및 분할**: 여러 배열을 하나로 결합하고 하나의 배열을 여러 개로 분할한다.

NumPy 배열 속성 지정

우선 몇 가지 유용한 배열 속성을 알아보자. 먼저 1차원, 2차원, 3차원 난수 배열을 정의해 보자. NumPy 난수 생성기를 사용할 텐데, 이 코드가 실행될 때마다 똑같은 난수 배열이 생성되도록 시드 값을 설정할 것이다.

```
In[1]: import numpy as np
       np.random.seed(0) # 재현 가능성을 위한 시드 값

       x1 = np.random.randint(10, size=6) # 1차원 배열
```

---

6 http://www.numpy.org

```
        x2 = np.random.randint(10, size=(3, 4)) # 2차원 배열
        x3 = np.random.randint(10, size=(3, 4, 5)) # 3차원 배열
```

각 배열은 속성으로 ndim(차원의 개수), shape(각 차원의 크기), size(전체 배열의 크기), dtype(각 요소의 타입)을 가지고 있다.

```
In[2]: print("x3 ndim: ", x3.ndim)
       print("x3 shape:", x3.shape)
       print("x3 size: ", x3.size)
       print("dtype:    ", x3.dtype)
x3 ndim:  3
x3 shape: (3, 4, 5)
x3 size:  60
dtype:     int64
```

데이터 타입에 관한 더 상세한 내용은 39쪽의 '파이썬의 데이터 타입 이해하기' 단원을 참조하기 바란다.

배열 인덱싱: 단일 요소에 접근하기

파이썬의 표준 리스트 인덱싱에 익숙한 독자라면 NumPy의 인덱싱도 꽤 친숙하게 느껴질 것이다. 1차원 배열에서 i번째(0부터 시작) 값에 접근하려면 파이썬 리스트에서와 마찬가지로 꺾쇠괄호 안에 원하는 인덱스를 지정하면 된다.

```
In[5]: x1
Out[5]: array([5, 0, 3, 3, 7, 9])
In[6]: x1[0]
Out[6]: 5
In[7]: x1[4]
Out[7]: 7
```

배열의 끝에서부터 인덱싱하려면 음수 인덱스를 사용하면 된다.

```
In[8]: x1[-1]
Out[8]: 9
In[9]: x1[-2]
Out[9]: 7
```

다차원 배열에서는 콤마로 구분된 인덱스 튜플을 이용해 배열 항목에 접근할 수 있다.

```
In[10]: x2
Out[10]: array([[3, 5, 2, 4],
                [7, 6, 8, 8],
                [1, 6, 7, 7]])
In[11]: x2[0, 0]
Out[11]: 3
In[12]: x2[2, 0]
Out[12]: 1
In[13]: x2[2, -1]
Out[13]: 7
```

위 인덱스 표기법을 사용해 값을 수정할 수도 있다.

```
In[14]: x2[0, 0] = 12
        x2
Out[14]: array([[12,  5,  2,  4],
                [ 7,  6,  8,  8],
                [ 1,  6,  7,  7]])
```

파이썬 리스트와 달리 NumPy 배열은 고정 타입을 가진다는 점을 명심하라. 이 말은 가령 정수 배열에 부동 소수점 값을 삽입하려고 하면 아무 말 없이 그 값의 소수점 이하를 잘라버릴 거라는 뜻이다. 이러한 동작 방식에 주의하라!

```
In[15]: x1[0] = 3.14159 # 이 값의 소수점 이하는 잘릴 것이다!
        x1
Out[15]: array([3, 0, 3, 3, 7, 9])
```

배열 슬라이싱: 하위 배열에 접근하기

꺾쇠괄호를 사용해 개별 배열 요소에 접근할 수 있는 것처럼 콜론(:) 기호로 표시되는 슬라이스(slice) 표기법으로 하위 배열에 접근할 수 있다. NumPy 슬라이싱 구문은 표준 파이썬 리스트의 구문을 따른다. 배열 x의 슬라이스에 접근하려면 다음 구문을 사용하면 된다.

```
x[start:stop:step]
```

이 가운데 하나라도 지정되지 않으면 기본으로 start = 0, stop = 차원 크기, step = 1로 값이 설정된다. 이제 1차원과 다차원에서 하위 배열에 접근하는 방법을 살펴보자.

1차원 하위 배열

먼저 1차원 하위 배열의 요소에 접근하는 예를 살펴보자.

```
In[16]: x = np.arange(10)
        x
Out[16]: array([0, 1, 2, 3, 4, 5, 6, 7, 8, 9])
In[17]: x[:5] # 첫 다섯 개 요소
Out[17]: array([0, 1, 2, 3, 4])
In[18]: x[5:] # 인덱스 5 다음 요소들
Out[18]: array([5, 6, 7, 8, 9])
In[19]: x[4:7] # 중간 하위 배열
Out[19]: array([4, 5, 6])
In[20]: x[::2] # 하나 걸러 하나씩의 요소로 구성된 배열
Out[20]: array([0, 2, 4, 6, 8])
In[21]: x[1::2] # 인덱스 1에서 시작해 하나 걸러 하나씩 요소로 구성된 배열
Out[21]: array([1, 3, 5, 7, 9])
```

혼동을 줄 수 있는 경우는 step 값이 음수일 때다. 이 경우에는 start와 stop의 기본값이 서로 바뀐다. 이는 배열을 거꾸로 만드는 편리한 방법이 될 수 있다.

```
In[22]: x[::-1] # 모든 요소를 거꾸로 나열
Out[22]: array([9, 8, 7, 6, 5, 4, 3, 2, 1, 0])
In[23]: x[5::-2] # 인덱스 5부터 하나 걸러 하나씩 요소를 거꾸로 나열
Out[23]: array([5, 3, 1])
```

다차원 하위 배열

다차원 슬라이싱도 콤마로 구분된 다중 슬라이스를 사용해 똑같은 방식으로 동작한다. 예를 들면 다음과 같다.

```
In[24]: x2
Out[24]: array([[12,  5,  2,  4],
               [ 7,  6,  8,  8],
               [ 1,  6,  7,  7]])
```

```
In[25]: x2[:2, :3] # 두 개의 행, 세 개의 열
Out[25]: array([[12, 5, 2],
                [ 7, 6, 8]])
In[26]: x2[:3, ::2] # 모든 행, 한 열 걸러 하나씩
Out[26]: array([[12,  2],
                [ 7,  8],
                [ 1,  7]])
```

마지막으로 하위 배열 차원도 함께 역으로 변환할 수 있다.

```
In[27]: x2[::-1, ::-1]
Out[27]: array([[ 7,  7,  6,  1],
                [ 8,  8,  6,  7],
                [ 4,  2,  5, 12]])
```

한 가지 공통으로 필요한 루틴은 배열의 단일 행이나 열에 접근하는 것이다. 이것은 단일 콜론으로 표시된 빈 슬라이스를 사용해 인덱싱과 슬라이싱을 결합함으로써 할 수 있다.

```
In[28]: print(x2[:, 0]) # x2의 첫 번째 열
[12 7 1]
In[29]: print(x2[0, :]) # x2의 첫 번째 행
[12 5 2 4]
```

행에 접근하는 경우 더 간결한 구문을 위해 빈 슬라이스를 생략할 수 있다.

```
In[30]: print(x2[0]) # x2[0, :]와 동일
[12 5 2 4]
```

사본이 아닌 뷰로서의 하위 배열

배열 슬라이스에 대해 알아야 할 중요하고 매우 유용한 사실 하나는 배열 슬라이스가 배열 데이터의 사본(copy)이 아니라 뷰(view)를 반환한다는 점이다. 이는 NumPy 배열 슬라이싱이 파이썬 리스트 슬라이싱과 다른 점 중 하나다. 리스트에서 슬라이스는 사본이다. 앞에서 본 2차원 배열을 생각해 보자.

```
In[31]: print(x2)
[[12  5  2  4]
 [ 7  6  8  8]
 [ 1  6  7  7]]
```

이 배열에서 2×2 하위 배열을 추출해 보자.

```
In[32]: x2_sub = x2[:2, :2]
        print(x2_sub)
[[12 5]
 [ 7 6]]
```

이제 이 하위 배열을 수정하면 원래 배열이 변경되는 것을 보게 될 것이다. 확인해 보자.

```
In[33]: x2_sub[0, 0] = 99
        print(x2_sub)
[[99 5]
 [ 7 6]]
In[34]: print(x2)
[[99  5  2  4]
 [ 7  6  8  8]
 [ 1  6  7  7]]
```

이 기본 행위는 실제로 매우 유용하다. 이것은 곧 큰 데이터세트를 다룰 때 기반 데이터 버퍼를 복사하지 않아도 이 데이터의 일부에 접근하고 처리할 수 있다는 뜻이다.

배열의 사본 만들기

배열 뷰의 훌륭한 기능에도 불구하고 때로는 배열이나 하위 배열 내의 데이터를 명시적으로 복사하는 것이 더 유용할 때가 있다. 그 작업은 copy() 메서드로 가장 쉽게 할 수 있다.

```
In[35]: x2_sub_copy = x2[:2, :2].copy()
        print(x2_sub_copy)
[[99 5]
 [ 7 6]]
```

이제 이 하위 배열을 수정해도 원래 배열이 그대로 유지된다.

```
In[36]: x2_sub_copy[0, 0] = 42
        print(x2_sub_copy)
[[42 5]
 [ 7 6]]
In[37]: print(x2)
```

```
[[99  5  2  4]
 [ 7  6  8  8]
 [ 1  6  7  7]]
```

배열 재구조화

다른 유용한 조작 유형은 배열의 형상을 변경하는 것이다. 이를 가장 유연하게 하는 방법은 reshape()
메서드를 사용하는 것이다. 가령 3x3 그리드에 숫자 1부터 9까지 넣고자 한다면 다음과 같이 하면 된다.

```
In[38]: grid = np.arange(1, 10).reshape((3, 3))
        print(grid)
[[1 2 3]
 [4 5 6]
 [7 8 9]]
```

이 코드가 동작하려면 초기 배열의 규모가 형상이 변경된 배열의 규모와 일치해야 한다. 가능하다면
reshape 메서드가 초기 배열의 사본이 아닌 뷰를 사용하겠지만, 연속되지 않은 메모리 버퍼일 경우에는
그렇지 않을 수도 있다.

또 다른 일반적인 재구조화 패턴은 1차원 배열을 2차원 행이나 열 매트릭스로 전환하는 것이다. 이 작업
은 reshape 메서드로 할 수 있으며, 그렇지 않으면 슬라이스 연산 내에 newaxis 키워드를 사용해 더 쉽
게 할 수 있다.

```
In[39]: x = np.array([1, 2, 3])
        # reshape을 이용한 행 벡터
        x.reshape((1, 3))
Out[39]: array([[1, 2, 3]])
In[40]: # newaxis를 이용한 행 벡터
        x[np.newaxis, :]
Out[40]: array([[1, 2, 3]])
In[41]: # reshape을 이용한 열 벡터
        x.reshape((3, 1))
Out[41]: array([[1],
               [2],
               [3]])
In[42]: # newaxis를 이용한 열 벡터
        x[:, np.newaxis]
```

```
Out[42]: array([[1],
                 [2],
                 [3]])
```

책의 나머지 부분에서도 종종 이러한 유형의 변형을 보게 될 것이다.

배열 연결 및 분할

지금까지 본 루틴은 모두 단일 배열에서 동작한다. 아울러 여러 배열을 하나로 결합하거나 그 반대로 하나의 배열을 여러 개의 배열로 분할하는 것도 가능하다. 여기서는 그러한 연산을 알아보겠다.

배열 연결

NumPy에서는 주로 np.concatenate, np.vstack, np.hstack 루틴을 이용해 두 배열을 결합하거나 연결한다. 여기서 보다시피 np.concatenate는 튜플이나 배열의 리스트를 첫 번째 인수로 취한다.

```
In[43]: x = np.array([1, 2, 3])
        y = np.array([3, 2, 1])
        np.concatenate([x, y])
Out[43]: array([1, 2, 3, 3, 2, 1])
```

또 한 번에 두 개 이상의 배열을 연결할 수도 있다.

```
In[44]: z = [99, 99, 99]
        print(np.concatenate([x, y, z]))
[ 1 2 3 3 2 1 99 99 99]
```

np.concatenate는 2차원 배열에서도 사용할 수 있다.

```
In[45]: grid = np.array([[1, 2, 3],
                         [4, 5, 6]])
In[46]: # 첫 번째 축을 따라 연결
        np.concatenate([grid, grid])
Out[46]: array([[1, 2, 3],
                [4, 5, 6],
                [1, 2, 3],
                [4, 5, 6]])
```

```
In[47]: # 두 번째 축을 따라 연결(0부터 시작하는 인덱스 방식)
        np.concatenate([grid, grid], axis=1)
Out[47]: array([[1, 2, 3, 1, 2, 3],
                [4, 5, 6, 4, 5, 6]])
```

혼합된 차원의 배열로 작업할 때는 np.vstack(수직 스택, vertical stack)과 np.hstack(수평 스택, horizontal stack) 함수를 사용하는 것이 더 명확하다.

```
In[48]: x = np.array([1, 2, 3])
        grid = np.array([[9, 8, 7],
                         [6, 5, 4]])
        # 배열을 수직으로 쌓음
        np.vstack([x, grid])
Out[48]: array([[1, 2, 3],
                [9, 8, 7],
                [6, 5, 4]])
In[49]: # 배열을 수평으로 쌓음
        y = np.array([[99],
                      [99]])
        np.hstack([grid, y])
Out[49]: array([[ 9,  8,  7, 99],
                [ 6,  5,  4, 99]])
```

이와 마찬가지로 np.dstack은 세 번째 축을 따라 배열을 쌓을 것이다.

배열 분할

결합의 반대는 분할로, np.split, np.hsplit, np.vsplit 함수로 구현된다. 각 함수에 분할 지점을 알려주는 인덱스 목록을 전달할 수 있다.

```
In[50]: x = [1, 2, 3, 99, 99, 3, 2, 1]
        x1, x2, x3 = np.split(x, [3, 5])
        print(x1, x2, x3)
[1 2 3] [99 99] [3 2 1]
```

N개의 분할점은 N+1개의 하위 배열을 만든다. 관련 함수인 np.hsplit과 np.vsplit은 서로 비슷하다.

```
In[51]: grid = np.arange(16).reshape((4, 4))
        grid
```

```
Out[51]: array([[ 0,  1,  2,  3],
                [ 4,  5,  6,  7],
                [ 8,  9, 10, 11],
                [12, 13, 14, 15]])
In[52]: upper, lower = np.vsplit(grid, [2])
        print(upper)
        print(lower)
[[0 1 2 3]
 [4 5 6 7]]
[[ 8  9 10 11]
 [12 13 14 15]]
In[53]: left, right = np.hsplit(grid, [2])
        print(left)
        print(right)
[[ 0  1]
 [ 4  5]
 [ 8  9]
 [12 13]]
[[ 2  3]
 [ 6  7]
 [10 11]
 [14 15]]
```

비슷하게 np.dsplit은 세 번째 축을 따라 배열을 분할할 것이다.

NumPy 배열 연산: 유니버설 함수

지금까지 NumPy에 관한 기본 사항을 살펴봤다. 이어지는 몇 개의 절에서는 NumPy가 파이썬 데이터 과학 분야에서 중요한 위치를 차지하는 이유에 대해 깊이 있게 다루고자 한다. NumPy는 데이터 배열을 사용하여 최적화된 연산을 위한 쉽고 유연한 인터페이스를 제공한다.

NumPy 배열의 연산은 아주 빠르거나 아주 느릴 수 있다. 이 연산을 빠르게 만드는 핵심은 벡터화 (vectorized) 연산을 사용하는 것인데, 그것은 일반적으로 NumPy의 유니버설 함수(universal functions, Ufuncs)를 통해 구현된다. 이번 절에서는 배열 요소에 대한 반복적인 계산을 더 효율적으로 수행하게 해주는 NumPy의 Ufuncs의 필요성에 대해 생각해 보겠다. 그러고 나서 NumPy 패키지에서 사용할 수 있는 가장 보편적이면서 유용한 여러 가지 산술 유니버설 함수를 소개한다.

루프는 느리다

파이썬의 기본 구현(CPython이라고도 함)에서 몇 가지 연산은 매우 느리게 수행된다. 이는 부분적으로 파이썬이 동적인 인터프리터 언어이기 때문이다. 타입이 유연하다는 사실은 결국 일련의 연산들이 C와 포트란(Fortran) 같은 언어에서처럼 효율적인 머신 코드로 컴파일될 수 없다는 뜻이다. 최근에 이러한 취약점을 해결하기 위한 다양한 시도가 있었다. 유명한 사례로 JIT(Just-In-Time) 컴파일하는 파이썬을 구현하는 파이파이 프로젝트(PyPy project, http://www.pypy.org), 파이썬 코드를 컴파일 가능한 C 코드로 변환하는 사이썬(Cython) 프로젝트, 파이썬 코드 조각을 빠른 LLVM 바이트 코드로 변환하는 넘바(Numba) 프로젝트가 있다. 각 프로젝트가 장단점은 있지만 세 가지 접근법 중 어느 것도 표준 CPython 엔진의 범위와 대중성을 넘어서지는 못했다고 하는 게 맞을 것 같다.

파이썬은 수많은 작은 연산이 반복되는 상황에서 확연히 느리다. 배열을 반복해서 각 요소를 조작하는 것을 예로 들 수 있다. 일례로 값으로 이뤄진 배열이 있고 각각의 역수를 계산하려고 한다고 가정하자. 직관적인 방식은 다음과 같을 것이다.

```
In[1]: import numpy as np
       np.random.seed(0)

       def compute_reciprocals(values):
           output = np.empty(len(values))
           for i in range(len(values)):
               output[i] = 1.0 / values[i]
           return output

       values = np.random.randint(1, 10, size=5)
       compute_reciprocals(values)
Out[1]: array([ 0.16666667,  1.        ,  0.25     ,  0.25     ,  0.125    ])
```

이 구현은 아마 C나 자바 경험을 가진 사람에게는 꽤 자연스러워 보일 것이다. 그러나 큰 입력값을 넣고 이 코드의 실행 시간을 측정해 보면 이 연산이 놀라울 정도로 느리다는 것을 알게 될 것이다. 이번에는 28쪽 '코드 프로파일링 및 시간 측정'에서 논의한 IPython의 **%timeit** 매직으로 측정해 보자.

```
In[2]: big_array = np.random.randint(1, 100, size=1000000)
       %timeit compute_reciprocals(big_array)
5.71 s ± 27.5 ms per loop (mean ± std. dev. of 7 runs, 1 loop each)
```

이 경우에는 백만 번 연산하고 그 결과를 저장하는 데 수 초가 걸린다. 휴대전화의 처리 속도도 Giga-FLOPS(즉, 초당 수십억의 수치 연산)로 측정되는 상황에서 이것은 거의 터무니없을 정도로 느려 보인다. 여기서 병목은 연산 자체에 있는 것이 아니라 CPython이 루프의 사이클마다 수행해야 하는 타입 확인과 함수 디스패치에서 발생한다. 역수가 계산될 때마다 파이썬은 먼저 객체의 타입을 확인하고 해당 타입에 맞게 사용할 적절한 함수를 동적으로 검색한다. 만약 컴파일된 코드로 작업했다면 코드를 실행하기 전에 타입을 알았을 것이고 결괏값은 좀 더 효율적으로 계산됐을 것이다.

Ufuncs 소개

NumPy는 여러 종류의 연산에 대해 이러한 종류의 정적 타입 체계를 가진 컴파일된 루틴에 편리한 인터페이스를 제공한다. 이를 **벡터화** 연산이라고 한다. 벡터화 연산은 간단히 배열에 연산을 수행해 각 요소에 적용함으로써 수행할 수 있다. 이 벡터화 방식은 루프를 NumPy의 기저를 이루는 컴파일된 계층으로 밀어 넣음으로써 훨씬 빠르게 실행되도록 설계됐다.

다음 두 결과를 비교해 보자.

```
In[3]: print(compute_reciprocals(values))
       print(1.0 / values)
[ 0.16666667  1.          0.25        0.25        0.125      ]
[ 0.16666667  1.          0.25        0.25        0.125      ]
```

이 대규모 배열에 대한 실행 시간을 보면 이 코드가 파이썬 루프보다 수백 배 빠른 속도로 작업을 완료한다는 것을 알 수 있다.

```
In[4]: %timeit (1.0 / big_array)
7.2 ms ± 166 µs per loop (mean ± std. dev. of 7 runs, 100 loops each)
```

NumPy에서 벡터화 연산은 NumPy 배열의 값에 반복된 연산을 빠르게 수행하는 것을 주목적으로 하는 Ufuncs를 통해 구현된다. 유니버설 함수는 매우 유연해서 이전에 스칼라와 배열 사이의 연산을 봤지만 두 배열 간의 연산도 가능하다.

```
In[5]: np.arange(5) / np.arange(1, 6)
Out[5]: array([ 0.       ,  0.5       ,  0.66666667,  0.75       ,  0.8       ])
```

ufunc 연산은 1차원 배열에 국한되지 않고 다차원 배열에서도 동작한다.

```
In[6]: x = np.arange(9).reshape((3, 3))
2**x
Out[6]: array([[  1,   2,   4],
               [  8,  16,  32],
               [ 64, 128, 256]])
```

ufunc를 통한 벡터화를 이용한 연산은 파이썬 루프를 통해 구현된 연산보다 대부분 더 효율적이며, 특히 배열의 크기가 커질수록 그 차이가 확연하다. 파이썬 스크립트에서 그러한 루프를 보면 항상 벡터화 표현식으로 교체할 수 있을지 고민해야 한다.

NumPy 유니버설 함수(Ufuncs)

Ufuncs에는 단일 입력값에 동작하는 단항 Ufuncs와 두 개의 입력값에 동작하는 이항 Ufuncs로 두 종류가 있다. 이 두 유형의 함수 예제를 살펴보자.

배열 산술 연산

NumPy Ufuncs는 파이썬의 기본 산술 연산자를 사용하기 때문에 자연스럽게 사용할 수 있다. 표준 덧셈, 뺄셈, 곱셈, 나눗셈 모두 사용할 수 있다.

```
In[7]: x = np.arange(4)
       print("x      =", x)
       print("x + 5  =", x + 5)
       print("x - 5  =", x - 5)
       print("x * 2  =", x * 2)
       print("x / 2  =", x / 2)
       print("x // 2 =", x // 2) # 바닥 나눗셈(나머지는 버림)
x      = [0 1 2 3]
x + 5  = [5 6 7 8]
x - 5  = [-5 -4 -3 -2]
x * 2  = [0 2 4 6]
x /2   = [ 0. 0.5 1. 1.5]
x // 2 = [0 0 1 1]
```

또한, 음수를 만드는 단항 Ufuncs와 지수 연산자 **, 나머지 연산자 %가 있다.

```
In[8]: print("-x      = ", -x)
       print("x ** 2 = ", x ** 2)
       print("x % 2  = ", x % 2)
-x      = [ 0 -1 -2 -3]
x ** 2 = [0 1 4 9]
x % 2  = [0 1 0 1]
```

이 연산들은 원하는 만큼 함께 사용할 수 있으며 표준 연산 순서를 따른다.

```
In[9]: -(0.5 * x + 1) ** 2
Out[9]: array([-1.  , -2.25, -4.  , -6.25])
```

이 산술 연산은 모두 사용상 편의를 위해 NumPy에 내장된 특정 함수를 감싼 것이다. 예를 들어, + 연산자는 **add** 함수의 래퍼(wrapper) 함수다.

```
In[10]: np.add(x, 2)
Out[10]: array([2, 3, 4, 5])
```

표 2-2는 NumPy에 구현된 산술 연산자를 정리한 것이다.

표 2-2. 표준 NumPy 데이터 타입

연산자	대응 Ufuncs	설명
+	np.add	덧셈(예: 1 + 1 = 2)
−	np.subtract	뺄셈(예: 3 − 2 = 1)
−	np.negative	단항 음수(예: −2)
*	np.multiply	곱셈(예: 2 * 3 = 6)
/	np.divide	나눗셈(예: 3 / 2 = 1.5)
//	np.floor_divide	바닥 나눗셈(예: 3 // 2 = 1)
**	np.power	지수 연산(예: 2 ** 3 = 8)
%	np.mod	나머지 연산(예: 9 % 4 = 1)

이 밖에도 부울/비트 단위 연산자가 있다. 이에 대해서는 79쪽 '비교, 마스크, 부울 로직'에서 알아보겠다.

절댓값 함수

NumPy는 파이썬에 내장된 산술 연산자를 이해하는 것과 마찬가지로 파이썬에 내장된 절댓값 함수도 이해한다.

```
In[11]: x = np.array([-2, -1, 0, 1, 2])
        abs(x)
Out[11]: array([2, 1, 0, 1, 2])
```

이 절댓값 함수에 대응하는 NumPy ufunc는 np.absolute로, np.abs라는 별칭으로도 사용할 수 있다.

```
In[12]: np.absolute(x)
Out[12]: array([2, 1, 0, 1, 2])
In[13]: np.abs(x)
Out[13]: array([2, 1, 0, 1, 2])
```

이 ufunc는 복소수 데이터도 처리할 수 있으며, 이 경우 절댓값은 크기를 반환한다.

```
In[14]:x = np.array([3 - 4j, 4 - 3j, 2 + 0j, 0 + 1j])
        np.abs(x)
Out[14]: array([ 5.,  5.,  2.,  1.])
```

삼각함수

NumPy는 수많은 유용한 유니버설 함수를 제공하는데, 데이터 과학자에게 가장 유용한 함수 중 일부가 삼각함수다. 먼저 각도 배열을 정의하자.

```
In[15]: theta = np.linspace(0, np.pi, 3)
```

이제 이 값들로 몇 가지 삼각 함수를 계산할 수 있다.

```
In[16]: print("theta      = ", theta)
        print("sin(theta) = ", np.sin(theta))
        print("cos(theta) = ", np.cos(theta))
        print("tan(theta) = ", np.tan(theta))
theta      = [ 0.          1.57079633  3.14159265]
sin(theta) = [ 0.00000000e+00   1.00000000e+00   1.22464680e-16]
cos(theta) = [ 1.00000000e+00   6.12323400e-17  -1.00000000e+00]
tan(theta) = [ 0.00000000e+00   1.63312394e+16  -1.22464680e-16]
```

이 값들은 기계 정밀도 내에서 계산되며, 그래서 0이어야 하는 값이 언제나 0이 되지는 않는다. 역삼각 함수 또한 사용할 수 있다.

```
In[17]: x = [-1, 0, 1]
        print("x         = ", x)
        print("arcsin(x) = ", np.arcsin(x))
        print("arccos(x) = ", np.arccos(x))
        print("arctan(x) = ", np.arctan(x))
x         = [-1, 0, 1]
arcsin(x) = [-1.57079633  0.          1.57079633]
arccos(x) = [ 3.14159265  1.57079633  0.        ]
arctan(x) = [-0.78539816  0.          0.78539816]
```

지수와 로그

NumPy 유니버설 함수에서 사용할 수 있는 또 다른 보편적 유형의 연산은 지수 연산이다.

```
In[18]: x = [1, 2, 3]
        print("x   =", x)
        print("e^x =", np.exp(x))
        print("2^x =", np.exp2(x))
        print("3^x =", np.power(3,x))
x   = [1, 2, 3]
e^x = [  2.71828183   7.3890561   20.08553692]
2^x = [ 2.  4.  8.]
3^x = [ 3  9 27]
```

지수의 역인 로그도 사용할 수 있다. 기본 np.log는 자연로그를 제공한다. 2를 밑으로 하는 로그를 계산하거나 10을 밑으로 하는 로그를 계산하는 것 역시 가능하다.

```
In[19]: x = [1, 2, 4, 10]
        print("x        =", x)
        print("ln(x)    =", np.log(x))
        print("log2(x)  =", np.log2(x))
        print("log10(x) =", np.log10(x))
x        = [1, 2, 4, 10]
ln(x)    = [ 0.          0.69314718  1.38629436  2.30258509]
log2(x)  = [ 0.          1.          2.          3.32192809]
log10(x) = [ 0.          0.30103     0.60205999  1.        ]
```

매우 작은 입력값의 정확도를 유지하고자 할 때 유용한 특화된 버전도 있다.

```
In[20]: x = [0, 0.001, 0.01, 0.1]
        print("exp(x) - 1 =", np.expm1(x))
        print("log(1 + x) =", np.log1p(x))
exp(x) - 1 = [ 0.          0.0010005   0.01005017  0.10517092]
log(1 + x) = [ 0.          0.0009995   0.00995033  0.09531018]
```

이 함수들은 x가 매우 작을 때 np.log나 np.exp를 사용했을 때보다 더 정확한 값을 내놓는다.

특화된 유니버설 함수

NumPy에는 쌍곡선 삼각 함수, 비트 연산, 비교 연산자, 라디안을 각도로 변환, 반올림과 나머지 등 훨씬 더 많은 ufunc가 있다. NumPy 문서에서 수많은 흥미로운 기능을 확인할 수 있다.

좀 더 전문적이고 보기 드문 ufunc에 대한 또 다른 훌륭한 소스로 서브 모듈인 scipy.special이 있다. 잘 알려지지 않은 수학적 함수를 사용하여 데이터를 계산하고자 한다면 scipy.special로 구현할 가능성이 크다. 포함된 함수가 너무 많아서 모두 나열하기 어렵지만 다음 코드에서 통계학에서나 등장할 법한 함수 몇 가지를 확인할 수 있다.

```
In[21]: from scipy import special
In[22]: #감마 함수(일반화된 계승)와 관련 함수
        x = [1, 5, 10]
        print("gamma(x)     =", special.gamma(x))
        print("ln|gamma(x)| =", special.gammaln(x))
        print("beta(x, 2)   =", special.beta(x, 2))
gamma(x)     = [  1.00000000e+00   2.40000000e+01   3.62880000e+05]
ln|gamma(x)| = [  0.          3.17805383  12.80182748]
beta(x, 2)   = [ 0.5         0.03333333  0.00909091]

In[23]: # 오차 함수(가우스 적분), 그 보수(complement)와 역수(inverse)
        x = np.array([0, 0.3, 0.7, 1.0])
        print("erf(x)    =", special.erf(x))
        print("erfc(x)   =", special.erfc(x))
        print("erfinv(x) =", special.erfinv(x))
erf(x)    = [ 0.          0.32862676  0.67780119  0.84270079]
erfc(x)   = [ 1.          0.67137324  0.32219881  0.15729921]
erfinv(x) = [ 0.          0.27246271  0.73286908         inf]
```

NumPy와 scipy.special에는 훨씬 더 많은 Ufuncs가 있다. 이 패키지 문서는 온라인에서 볼 수 있으며 웹에서 '감마 함수 파이썬(gamma function python)'으로 검색하면 관련 정보를 찾을 수 있을 것이다.

고급 Ufunc 기능

수많은 NumPy 사용자가 Ufuncs의 기능을 완전히 배우지 않고 사용한다. 여기에 몇 가지 전문화된 기능을 정리한다.

출력 지정

대규모 연산인 경우, 연산 결과를 저장할 배열을 지정하는 것이 유용할 때가 있다. 임시 배열을 생성하지 않고 지정한 배열을 이용해 원하는 메모리 위치에 직접 연산 결과를 쓸 수 있다. 모든 Ufuncs에서 함수의 out 인수를 사용해 출력을 지정할 수 있다.

```
In[24]: x = np.arange(5)
        y = np.empty(5)
        np.multiply(x, 10, out=y)
        print(y)
[  0.  10.  20.  30.  40.]
```

이것은 배열 뷰와 함께 사용될 수도 있다. 예를 들어, 연산 결과를 지정된 배열의 요소에 하나씩 건너뛰면서 기록할 수 있다.

```
In[25]: y = np.zeros(10)
        np.power(2, x, out=y[::2])
        print(y)
[ 1.  0.  2.  0.  4.  0.  8.  0.  16.  0.]
```

대신 y[::2] = 2 ** x로 작성했다면 2 ** x의 결과를 담고 있는 임시 배열을 생성한 다음, 그 값을 y 배열에 복사했을 것이다. 이것이 소규모 연산에서는 별 차이가 없지만, 대단히 큰 규모의 배열에서는 out 인수를 신중하게 사용함으로써 절약되는 메모리가 상당히 크다.

집계

이항 Ufuncs의 경우, 객체로부터 직접 연산할 수 있는 흥미로운 집계 함수가 몇 가지 있다. 가령 배열을 특정 연산으로 축소하고자 한다면 ufunc의 reduce 메서드를 사용하면 된다. reduce 메서드는 결과가 하나만 남을 때까지 해당 연산을 배열 요소에 반복해서 적용한다.

예를 들어, add ufunc의 reduce를 호출하면 배열의 모든 요소의 합을 반환한다.

```
In[26]: x = np.arange(1, 6)
        np.add.reduce(x)
Out[26]: 15
```

마찬가지로 multiply ufunc에 reduce를 호출하면 모든 배열 요소의 곱을 반환한다.

```
In[27]: np.multiply.reduce(x)
Out[27]: 120
```

계산의 중간 결과를 모두 저장하고 싶다면 대신 accumulate를 사용하면 된다.

```
In[28]: np.add.accumulate(x)
Out[28]: array([ 1, 3, 6, 10, 15])

In[29]: np.multiply.accumulate(x)
Out[29]: array([  1,   2,   6,  24, 120])
```

이 연산의 경우, 그 결과를 계산하는 전용 NumPy 함수(np.sum, np.prod, np.cumsum, np.cumprod) 도 존재한다. 이에 대해서는 66쪽 '집계: 최솟값, 최댓값, 그리고 그사이의 모든 것'에서 더 알아보자.

외적(Outer products)

마지막으로 모든 ufunc는 outer 메서드를 이용해 서로 다른 두 입력값의 모든 쌍에 대한 출력값을 계산할 수 있다. 이렇게 하면 코드 한 줄로 곱셈 테이블을 만드는 것과 같은 일을 할 수 있다.

```
In[30]: x = np.arange(1, 6)
        np.multiply.outer(x, x)
Out[30]: array([[ 1,  2,  3,  4,  5],
               [ 2,  4,  6,  8, 10],
               [ 3,  6,  9, 12, 15],
```

```
       [ 4,  8, 12, 16, 20],
       [ 5, 10, 15, 20, 25]])
```

88쪽 '팬시 인덱싱'에서 다룰 `ufunc.at`과 `ufunc.reduceat` 메서드도 매우 유용하다.

그 밖에 매우 유용한 ufunc 기능으로 서로 다른 크기와 형상을 가진 배열 간 연산이 가능한데, 이 연산 집합을 브로드캐스팅(broadcasting)이라고 한다. 이것은 매우 중요한 주제라서 한 절을 모두 할애해서 설명하겠다(72쪽 '배열 연산: 브로드캐스팅' 참고).

Ufuncs: 더 알아보기

유니버설 함수에 대해 더 자세한 정보(사용 가능한 함수 전체 목록 포함)를 얻고자 한다면 NumPy[7]와 싸이파이[8] 문서 웹사이트를 참고한다.

4쪽 'IPython의 도움말과 문서'에서 설명했듯이 IPython에서도 패키지를 임포트하고 IPython의 탭 자동 완성 기능과 도움말(?) 기능을 이용해 직접 해당 정보에 접근할 수 있다는 점도 잊지 말자.

집계: 최솟값, 최댓값, 그리고 그 사이의 모든 것

대용량 데이터에 직면했을 때 첫 번째 단계는 궁금한 데이터에 대한 요약 통계를 계산하는 것이다. 가장 보편적인 요약 통계는 데이터세트의 '전형적인' 값을 요약할 수 있는 평균과 표준 편차겠지만 다른 집계 연산도 유용하다(합, 곱, 중앙값, 최솟값, 최댓값, 분위 수 등).

NumPy에는 배열에서 쓸 수 있는 빠른 내장 집계 함수가 있다. 여기서 그중 몇 가지를 논의하고 설명하려고 한다.

배열의 값의 합 구하기

간단한 예로 배열 내 모든 값의 합계를 계산하는 것을 생각해 보자. 이때는 파이썬 자체에 내장된 함수 `sum`을 이용할 수 있다.

---

7   http://www.numpy.org
8   http://www.scipy.org

```
In[1]: import numpy as np
In[2]: L = np.random.random(100)
       sum(L)
Out[2]: 55.61209116604941
```

구문은 NumPy의 sum 함수와 매우 유사하며, 가장 간단한 계산에서는 두 함수의 결과가 똑같다.

```
In[3]: np.sum(L)
Out[3]: 55.612091166049424
```

그러나 이 연산이 컴파일된 코드에서 실행되기 때문에 NumPy에서의 연산이 훨씬 더 빠르다.

```
In[4]: big_array = np.random.rand(1000000)
       %timeit sum(big_array)
       %timeit np.sum(big_array)
10 loops, best of 3: 104 ms per loop
1000 loops, best of 3: 442 µs per loop
```

그렇더라도 sum 함수와 np.sum 함수가 같은 함수는 아니라서 때로는 혼선을 일으킬 수 있다는 점에 주의하자. 특히 그 함수들의 선택적 인수는 다른 의미를 갖고 있으며, 다음 절에서 보겠지만 np.sum은 다중 배열 차원을 인지한다.

최솟값과 최댓값

파이썬에는 배열의 최솟값과 최댓값을 찾는 데 사용하는 내장 함수인 min과 max가 있다.

```
In[5]: min(big_array), max(big_array)
Out[5]: (1.1717128136634614e-06, 0.9999976784968716)
```

이에 대응하는 NumPy 함수도 유사한 구문을 가지고 있으며, 그것 역시 훨씬 더 빨리 계산한다.

```
In[6]: np.min(big_array), np.max(big_array)
Out[6]: (1.1717128136634614e-06, 0.9999976784968716)
In[7]: %timeit min(big_array)
       %timeit np.min(big_array)
10 loops, best of 3: 82.3 ms per loop
1000 loops, best of 3: 497 µs per loop
```

min, max, sum을 비롯한 다른 여러 NumPy 집계 함수의 경우, 배열 객체 자체의 메서드를 사용하는 더 짧은 구문이 존재한다.

```
In[8]: print(big_array.min(), big_array.max(), big_array.sum())
1.17171281366e-06 0.999997678497 499911.628197
```

NumPy 배열을 다룰 때는 가능한 한 이 NumPy 버전의 집계 함수를 사용하라.

다차원 집계

집계 연산의 보편적인 유형은 행이나 열을 기준으로 집계하는 것이다. 2차원 배열에 저장된 데이터를 가지고 있다고 해 보자.

```
In[9]: M = np.random.random((3, 4))
       print(M)
[[ 0.8967576   0.03783739  0.75952519  0.06682827]
 [ 0.8354065   0.99196818  0.19544769  0.43447084]
 [ 0.66859307  0.15038721  0.37911423  0.6687194 ]]
```

기본적으로 각 NumPy 집계 함수는 전체 배열의 집계 값을 반환할 것이다.

```
In[10]: M.sum()
Out[10]: 6.0850555667307118
```

집계 함수는 어느 축(axis)을 따라 집계할 것인지를 지정하는 추가적인 인수를 취한다. 예를 들어, 각 열의 최솟값을 찾으려면 axis = 0으로 지정하면 된다.

```
In[11]: M.min(axis=0)
Out[11]: array([ 0.66859307,  0.03783739,  0.19544769,  0.06682827])
```

이 함수는 네 개의 열에 대응하는 값 네 개를 반환한다.

비슷하게 각 행의 최댓값을 찾을 수 있다.

```
In[12]: M.max(axis=1)
Out[12]: array([ 0.8967576 ,  0.99196818,  0.6687194 ])
```

여기서 축을 지정하는 방식은 다른 언어를 사용하던 사람이라면 혼란스러울 수 있다. `axis` 키워드는 반환할 차원이 아니라 축소할 배열의 차원을 지정한다. 따라서 `axis = 0`으로 지정하는 것은 첫 번째 축을 축소한다는 의미가 된다. 2차원 배열이라면 각 열의 값들이 집계된다는 뜻이다.

기타 집계 함수

NumPy는 이 밖에도 수많은 집계 함수를 제공하지만, 여기서 자세히 다루지는 않을 것이다. 아울러 대부분의 집계 함수에는 누락된 값을 무시한 채 값을 계산하는 NaN 안전 모드가 있으며, 이 경우 IEEE 부동 소수점 NaN 값으로 표시된다(누락 데이터에 대한 자세한 내용은 135쪽 '누락된 데이터 처리하기' 참고). 일부 NaN 안전 함수는 NumPy 1.8 버전까지는 존재하지 않았고, 따라서 NumPy 구버전에서는 사용할 수 없다.

표 2-3은 NumPy의 유용한 집계 함수를 정리한 것이다.

표 2-3. NumPy에서 사용할 수 있는 집계 함수

함수명	NaN 안전 모드	설명
np.sum	np.nansum	요소의 합 계산
np.prod	np.nanprod	요소의 곱 계산
np.mean	np.nanmean	요소의 평균 계산
np.std	np.nanstd	표준 편차 계산
np.var	np.nanvar	분산 계산
np.min	np.nanmin	최솟값 찾기
np.max	np.nanmax	최댓값 찾기
np.argmin	np.nanargmin	최솟값의 인덱스 찾기
np.argmax	np.nanargmax	최댓값의 인덱스 찾기
np.median	np.nanmedian	요소의 중앙값 계산
np.percentile	np.nanpercentile	요소의 순위 기반 백분위 수 계산
np.any	N/A	요소 중 참이 있는지 검사
np.all	N/A	모든 요소가 참인지 검사

이 집계 함수들은 이 책의 나머지 부분에서도 종종 보게 될 것이다.

예제: 미국 대통령의 평균 신장은 얼마일까?

NumPy에서 사용 가능한 집계 함수는 일련의 값을 요약할 때 매우 유용하다. 간단한 예로, 역대 미국 대통령의 키를 생각해 보자. 이 데이터는 president_heights.csv 파일에 레이블과 값을 콤마로 구분한 간단한 목록 형태로 존재한다[9].

```
In[13]: !head -4 data/president_heights.csv
order,name,height(cm)
1,George Washington,189
2,John Adams,170
3,Thomas Jefferson,189
```

파일을 읽고 이 정보를 추출하기 위해 3장에서 더 설명할 Pandas 패키지를 사용할 것이다(참고로 키의 단위는 센티미터다).

```
In[14]: import pandas as pd
        data = pd.read_csv('data/president_heights.csv')
        heights = np.array(data['height(cm)'])
        print(heights)
[189 170 189 163 183 171 185 168 173 183 173 173 175 178 183 193 178 173
 174 183 183 168 170 178 182 180 183 178 182 188 175 179 183 193 182 183
 177 185 188 188 182 185]
```

이 데이터 배열이 있으니 이제 다양한 요약 통계를 계산할 수 있다.

```
In[15]: print("Mean height:       ", heights.mean())
        print("Standard deviation:", heights.std())
        print("Minimum height:    ", heights.min())
        print("Maximum height:    ", heights.max())
Mean height:        179.738095238
Standard deviation: 6.93184344275
Minimum height:     163
Maximum height:     193
```

---

9 (옮긴이) 관련 데이터는 다음 URL에서 내려받을 수 있다.
· https://github.com/jakevdp/PythonDataScienceHandbook/tree/master/notebooks/data

매번 집계 연산이 전체 배열을 하나의 요약 값으로 축소해서 배열 값의 분포에 대한 정보를 제공한다는 점을 알아두자. 또한, 사분위수를 계산할 수도 있다.

```
In[16]: print("25th percentile: ", np.percentile(heights, 25))
        print("Median:          ", np.median(heights))
        print("75th percentile: ", np.percentile(heights, 75))
25th percentile: 174.25
Median: 182.0
75th percentile: 183.0
```

미국 대통령 신장의 중앙값은 182cm, 즉 6피트에서 약간 모자란다는 것을 알 수 있다.

물론 이 데이터를 Matplotlib의 도구를 이용해(Matplotlib에 대해서는 4장에서 설명하겠다) 시각적으로 표시하는 것이 더 유용할 때도 있다. 예를 들어, 다음 코드는 그림 2-3의 차트를 만들어낸다.

```
In[17]: %matplotlib inline
        import matplotlib.pyplot as plt
        import seaborn; seaborn.set()  # 플롯 스타일 설정
In[18]: plt.hist(heights)
        plt.title('Height Distribution of US Presidents')
        plt.xlabel('height (cm)')
        plt.ylabel('number');
```

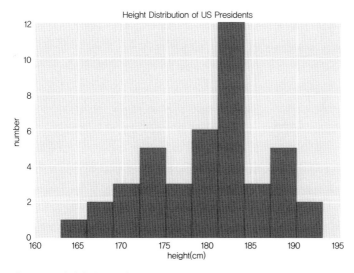

그림 2-3. 대통령 키의 히스토그램

이 집계는 탐색적 데이터 분석의 기본에 해당하는 것으로 이 책의 후반부에서 더 깊이 있게 알아볼 예정이다.

배열 연산: 브로드캐스팅

앞에서 느린 파이썬 루프를 제거하기 위해 연산을 벡터화하는 NumPy의 유니버설 함수 사용법을 알아봤다. 벡터화 연산의 또 다른 방법은 NumPy의 브로드캐스팅 기능을 사용하는 것이다. 브로드캐스팅은 단지 다른 크기의 배열에 이항 유니버설 함수(덧셈, 뺄셈, 곱셈 등)를 적용하기 위한 규칙의 집합일 뿐이다.

브로드캐스팅 소개

같은 크기의 배열에서 이항 연산은 배열의 요소 단위로 수행된다는 점을 기억하자.

```
In[1]: import numpy as np
In[2]: a = np.array([0, 1, 2])
       b = np.array([5, 5, 5])
       a + b
Out[2]: array([5, 6, 7])
```

브로드캐스팅을 사용하면 이러한 유형의 이항 연산을 서로 다른 크기의 배열에서 수행할 수 있다. 예를 들어, 배열에 스칼라(0차원 배열이라고 생각하면 된다)를 쉽게 더할 수 있다.

```
In[3]:a + 5
Out[3]: array([5, 6, 7])
```

이것은 값 5를 배열 [5, 5, 5]로 확장하거나 복제하고 그 결과를 더하는 연산으로 생각하면 된다. NumPy 브로드캐스팅의 이점은 이 값 복제가 실제로 발생하지는 않는다는 것이다. 하지만 브로드캐스팅을 이러한 방식으로 생각하면 이해하기가 쉽다.

이것을 더 높은 차원의 배열로 확장할 수도 있다. 1차원 배열을 2차원 배열에 더할 때 어떤 결과가 나오는지 살펴보자.

```
In[4]: M = np.ones((3, 3))
       M
Out[4]: array([[ 1.,  1.,  1.],
               [ 1.,  1.,  1.],
               [ 1.,  1.,  1.]])
In[5]:M + a
Out[5]: array([[ 1.,  2.,  3.],
               [ 1.,  2.,  3.],
               [ 1.,  2.,  3.]])
```

여기서 1차원 배열 a는 M의 형상에 맞추기 위해 두 번째 차원까지 확장 또는 브로드캐스팅된다.

이 예제들은 비교적 이해하기 쉽지만, 두 배열 모두 브로드캐스팅해야 하는 경우에는 더 복잡해진다. 다음 예제를 생각해 보자.

```
In[6]: a = np.arange(3)
       b = np.arange(3)[:, np.newaxis]
       print(a)
       print(b)
[0 1 2]
[[0]
 [1]
 [2]]
In[7]: a + b
Out[7]: array([[0, 1, 2],
               [1, 2, 3],
               [2, 3, 4]])
```

이전 예제와 마찬가지로 하나의 값을 늘리거나 브로드캐스팅해서 다른 형상에 일치시켰다. 이 예제에서는 공통 형상에 맞추기 위해 a와 b 모두 확장됐고, 그 결과 2차원 배열을 얻었다! 이 예제의 기하학적 구조는 그림 2-4와 같다[10].

---

10 이 플롯을 만들기 위한 코드는 온라인 부록에 있으며 astroML 문서에 게시된 소스를 변경한 것이다. 허가 후 사용함.

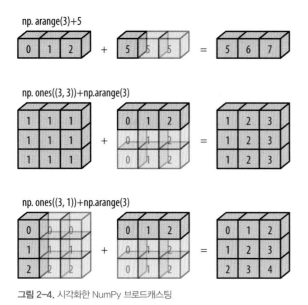

np. arange(3)+5

np. ones((3, 3))+np.arange(3)

np. ones((3, 1))+np.arange(3)

그림 2-4. 시각화한 NumPy 브로드캐스팅

투명하게 보이는 박스는 브로드캐스팅된 값을 나타낸다. 다시 말하지만, 이 부가적 메모리는 그 연산 과정에서 실제로 할당되지는 않지만 개념적으로 이렇게 상상하는 것이 이해하는 데 도움이 된다.

브로드캐스팅 규칙

NumPy의 브로드캐스팅은 두 배열 사이의 상호작용을 결정하기 위해 엄격한 규칙을 따른다.

- **규칙 1**: 두 배열의 차원 수가 다르면 더 작은 수의 차원을 가진 배열 형상의 앞쪽(왼쪽)을 1로 채운다.
- **규칙 2**: 두 배열의 형상이 어떤 차원에서도 일치하지 않는다면 해당 차원의 형상이 1인 배열이 다른 형상과 일치하도록 늘어난다.
- **규칙 3**: 임의의 차원에서 크기가 일치하지 않고 1도 아니라면 오류가 발생한다.

이 규칙을 좀 더 분명히 이해할 수 있도록 자세한 예제 몇 개를 살펴보자.

브로드캐스팅 예제 1

1차원 배열에 2차원 배열을 더하는 것을 보자.

```
In[8]: M = np.ones((2, 3))
       a = np.arange(3)
```

이 두 배열 간의 연산을 생각해 보자. 각 배열의 형상은 다음과 같다.

```
M.shape = (2, 3)
a.shape = (3,)
```

규칙 1에 따라 배열 a가 더 작은 차원을 가지므로 왼쪽을 1로 채운다.

```
M.shape -> (2, 3)
a.shape -> (1, 3)
```

규칙 2에 따라 첫 번째 차원이 일치하지 않으므로 이 차원이 일치하도록 늘린다.

```
M.shape -> (2, 3)
a.shape -> (2, 3)
```

모양이 일치하면 최종 형상이 (2, 3)이 된다는 것을 알 수 있다.

```
In[9]: M + a
Out[9]: array([[ 1.,  2.,  3.],
               [ 1.,  2.,  3.]])
```

브로드캐스팅 예제 2

이번에는 두 배열 모두 브로드캐스팅이 필요한 예제를 보자.

```
In[10]: a = np.arange(3).reshape((3, 1))
        b = np.arange(3)
```

다시 배열의 형상부터 확인하자.

```
a.shape = (3, 1)
b.shape = (3,)
```

규칙 1에 따라 b의 형상에 1을 덧붙여야 한다.

```
a.shape -> (3, 1)
b.shape -> (1, 3)
```

그리고 규칙 2에 따라 각 차원을 그에 대응하는 다른 배열의 크기에 일치하도록 늘린다.

```
a.shape -> (3, 3)
b.shape -> (3, 3)
```

결과가 일치하기 때문에 이 형상들은 다음과 같이 서로 호환된다.

```
In[11]: a + b
Out[11]: array([[0, 1, 2],
                [1, 2, 3],
                [2, 3, 4]])
```

브로드캐스팅 예제 3

두 개의 배열이 호환되지 않는 경우의 예제를 살펴보자.

```
In[12]: M = np.ones((3, 2))
        a = np.arange(3)
```

이 예제는 첫 번째 예제와 약간 다른 경우다. 행렬 M의 형상이 뒤바뀌었다. 이것이 계산에는 어떤 영향을 끼칠까? 배열의 형상은 다음과 같다.

```
M.shape = (3, 2)
a.shape = (3,)
```

다시 규칙 1에 따라 a의 형상에 1을 채운다.

```
M.shape -> (3, 2)
a.shape -> (1, 3)
```

규칙 2에 따라 a의 첫 번째 차원을 M의 첫 번째 차원과 일치하도록 늘린다.

```
M.shape -> (3, 2)
a.shape -> (3, 3)
```

이제 규칙 3에서 최종 형상이 서로 일치하지 않으므로 이 두 배열은 호환되지 않는다. 다음 연산을 시도해 보면 그 사실을 확인할 수 있다.

```
In[13]: M + a
---------------------------------------------------------------------------
ValueError                                Traceback (most recent call last)
<ipython-input-13-9e16e9f98da6> in <module>()
----> 1 M + a
ValueError: operands could not be broadcast together with shapes (3,2) (3,)
```

여기서 a의 형상에 왼쪽이 아니라 오른쪽에 1을 덧붙이면 a와 M이 서로 호환될 수 있지 않을까하는 생각에 혼란스러울 수도 있다. 그러나 브로드캐스팅은 그런 방식으로 동작하지 않는다. 그런 종류의 유연성이 유용한 경우도 있겠지만 모호함이 생길 여지가 있다. 오른쪽 덧붙이기를 원한다면 명시적으로 배열의 형상을 변경하면 된다(여기서는 47쪽 'NumPy 배열의 기초'에서 소개한 np.newaxis 키워드를 사용한다).

```
In[14]: a[:, np.newaxis].shape
Out[14]: (3, 1)
In[15]: M + a[:, np.newaxis]
Out[15]: array([[ 1.,  1.],
               [ 2.,  2.],
               [ 3.,  3.]])
```

이 예제에서는 + 연산자를 중점적으로 사용했지만, 이 브로드캐스팅 규칙은 모든 이항 ufunc에 적용된다. 예를 들면, 다음과 같이 log(exp(a) + exp(b))를 기본 방식보다 더 정확하게 계산하는 logaddexp(a, b) 함수가 있다.

```
In[16]: np.logaddexp(M, a[:, np.newaxis])
Out[16]: array([[ 1.31326169,  1.31326169],
               [ 1.69314718,  1.69314718],
               [ 2.31326169,  2.31326169]])
```

그 밖에 사용할 수 있는 수많은 유니버설 함수에 대해 더 알고 싶다면 56쪽 'NumPy 배열 연산: 유니버설 함수'를 참고하라.

실전 브로드캐스팅

브로드캐스팅 연산은 이 책 전체에서 보게 될 수많은 예제의 핵심이다. 이제 이 연산이 유용하게 쓰이는 몇 가지 간단한 예제를 살펴보자.

배열을 중앙 정렬하기

앞에서 ufunc을 사용하면 NumPy 사용자가 느린 파이썬 루프를 명시적으로 작성하지 않아도 된다는 사실을 알았다. 브로드캐스팅은 이 능력을 확장한다. 흔히 볼 수 있는 예는 데이터 배열을 중앙 정렬하는 것이다. 10개의 관측치로 이뤄진 배열이 있고 각 관측치는 3개의 값으로 구성된다고 생각해 보자. 표준 표기법(374쪽 'Scikit-Learn에서의 데이터 표현 방식' 참고)을 사용해 10×3 배열에 이 데이터를 저장할 것이다.

```
In[17]: X = np.random.random((10, 3))
```

mean 집계 함수를 사용해 첫 번째 차원의 특성별 평균값을 계산할 수 있다.

```
In[18]: Xmean = X.mean(0)
        Xmean
Out[18]: array([ 0.53514715, 0.66567217, 0.44385899])
```

이제 평균값을 뺌으로써 X 배열을 중앙 정렬할 수 있다(이것이 브로드캐스팅 연산이다).

```
In[19]: X_centered = X - Xmean
```

제대로 됐는지 확인하려면 중앙 정렬된 배열의 평균이 거의 0에 가까운지 확인하면 된다.

```
In[20]: X_centered.mean(0)
Out[20]: array([ 2.22044605e-17, -7.77156117e-17, -1.66533454e-17])
```

기계 정밀도 내에서 평균값이 0이다.

2차원 함수 플로팅하기

브로드캐스팅은 2차원 함수를 기반으로 이미지를 그릴 때도 매우 유용하다. 함수를 정의하고 싶다면 브로드캐스팅을 사용해 그리드에 이 함수를 계산할 수 있다.

```
In[21]: # x와 y는 0에서 5까지 50단계로 나눈 배열임
        x = np.linspace(0, 5, 50)
        y = np.linspace(0, 5, 50)[:, np.newaxis]
        z = np.sin(x) ** 10 + np.cos(10 + y * x) * np.cos(x)
```

2차원 배열을 플로팅(plotting)하는 데 Matplotlib을 사용할 것이다(이 도구에 대해서는 277쪽 '밀도 플롯과 등고선 플롯'에서 완전히 다룬다).

```
In[22]: %matplotlib inline
        import matplotlib.pyplot as plt
In[23]: plt.imshow(z, origin='lower', extent=[0, 5, 0, 5],
                   cmap='viridis')
        plt.colorbar();
```

결과는 그림 2-5에서 보는 것처럼 2차원 함수를 강렬한 색상으로 시각화해서 보여준다.

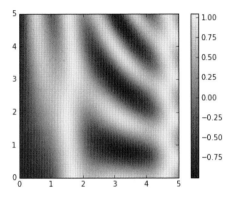

그림 2-5. 2차원 배열의 시각화

비교, 마스크, 부울 로직

이번 절에서는 NumPy 배열 내의 값을 검사하고 조작하는 데 부울 마스크를 사용하는 법을 다룬다. 마스킹은 특정 기준에 따라 배열의 값을 추출하거나 수정, 계산, 조작할 때 사용한다. 특정 값보다 더 큰 값을 모두 세거나 특정 임계치를 넘어서는 이상치를 모두 제거하려는 경우가 여기에 해당한다. NumPy에서 부울 마스킹은 종종 이러한 유형의 작업을 수행하기에 가장 효율적인 방법이다.

예제: 비온 날 세기

어느 도시의 일 년간 일일 강수량을 표시한 일련의 데이터를 가지고 있다고 하자. 예를 들어, 여기서는 Pandas(3장에서 자세히 다룰 것이다)를 이용해 2014년 시애틀의 일일 강수량 통계치를 불러올 것이다.

```
In[1]: import numpy as np
       import pandas as pd
       # Pandas를 이용해 인치 단위의 강수량 데이터를 NumPy 배열로 추출
       rainfall = pd.read_csv('data/Seattle2014.csv')['PRCP'].values
       inches = rainfall / 254 # 1/10mm -> inches
       inches.shape
Out[1]: (365,)
```

배열에는 2014년 1월 1일부터 12월 31일까지 인치 단위의 일일 강수량을 나타내는 365개의 값이 들어 있다.

우선 간단하게 시각화하기 위해 Matplotlib을 이용해 만든 비온 날의 히스토그램(그림 2-6)을 보자.

```
In[2]: %matplotlib inline
       import matplotlib.pyplot as plt
       import seaborn; seaborn.set() # 플롯 형식 설정
In[3]: plt.hist(inches, 40);
```

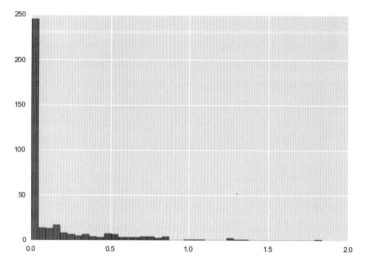

그림 2-6. 시애틀의 2014년 강수량 히스토그램

이 히스토그램은 데이터가 어떤 모습인지 대략 떠올리게 해준다. 비가 많이 오기로 유명한 시애틀이지만 2014년에는 대다수 날에 강수량이 0에 가까운 모습을 볼 수 있다. 그렇지만 이 그래프는 '그해 비가 온 날은 며칠일까?', '비 오는 날의 평균 강수량은 얼마인가?', '0.5인치 이상 비가 온 날은 며칠이나 될까?' 등 우리가 알고자 하는 정보를 전달하기에는 적합하지 않다.

이 문제를 해결할 수 있는 한 가지 접근 방식은 그 질문들에 직접 답하는 것이다. 데이터를 처음부터 끝까지 확인하면서 원하는 범위 안에 있는 값을 볼 때마다 카운터를 1씩 증가하는 것이다. 이번 장에서 설명한 여러 가지 이유로 그런 접근 방식은 코드 작성 시간과 결과 계산 시간 측면에서 매우 비효율적이다. 56쪽 'NumPy 배열 연산: 유니버설 함수'에서 루프 대신 NumPy 유니버설 함수를 사용해 배열의 요소 단위 산술 연산을 빠르게 수행할 수 있다는 것을 알았다. 같은 방식으로 다른 ufunc를 사용해 배열에서 요소 단위로 비교하면 궁금해하는 질문에 대한 답을 얻을 수 있다. 잠시 데이터는 접어두고 이러한 유형의 질문에 신속하게 답하기 위해 마스킹을 사용하는 NumPy의 일반적인 도구 몇 가지를 살펴보자.

ufunc으로서의 비교 연산자

56쪽 'NumPy 배열 연산: 유니버설 함수'에서 유니버설 함수를 소개하면서 특히 산술 연산자에 대해 집중적으로 알아봤다. 배열에 +, −, *, / 등을 사용하면 요소 단위의 연산이 이뤄진다는 것을 배웠다. 또한, NumPy는 요소 단위의 유니버설 함수로 〈(보다 작음)과 〉(보다 큼) 같은 비교 연산자도 구현한다. 이 비교 연산자의 결과는 항상 부울 타입의 배열이다. 표준 비교 연산자 여섯 개 모두 사용할 수 있다.

```
In[4]: x = np.array([1, 2, 3, 4, 5])
In[5]: x < 3 # 보다 작음
Out[5]: array([ True, True, False, False, False], dtype=bool)
In[6]: x > 3 # 보다 큼
Out[6]: array([False, False, False, True, True], dtype=bool)
In[7]: x <= 3 # 보다 작거나 같음
Out[7]: array([ True, True, True, False, False], dtype=bool)
In[8]: x >= 3 # 보다 크거나 같음
Out[8]: array([False, False, True, True, True], dtype=bool)
In[9]: x != 3 # 같지 않음
Out[9]: array([ True, True, False, True, True], dtype=bool)
Out[10]: array([False, False, True, False, False], dtype=bool)
```

또한, 두 배열을 항목별로 비교할 수 있으며 복합 표현식을 적용할 수도 있다.

```
In[11]: (2 * x) == (x ** 2)
Out[11]: array([False, True, False, False, False], dtype=bool)
```

산술 연산자와 마찬가지로 비교 연산자도 NumPy의 **ufunc**로 구현된다. 예를 들어, x<3이라고 쓰면 NumPy는 내부적으로 **np.less(x, 3)**을 사용한다. 다음은 비교 연산자와 그에 대응하는 ufunc를 정리한 것이다.

연산자	대응 ufunc
==	np.equal
!=	np.not_equal
<	np.less
<=	np.less_equal
>	np.greater
>=	np.greater_equal

산술 ufunc와 마찬가지로 이것들도 모든 크기와 형상의 배열에 적용된다. 다음은 2차원 예제다.

```
In[12]: rng = np.random.RandomState(0)
        x = rng.randint(10, size=(3, 4))
        x
Out[12]: array([[5, 0, 3, 3],
                [7, 9, 3, 5],
                [2, 4, 7, 6]])
In[13]: x < 6
Out[13]: array([[ True,  True,  True,  True],
                [False, False,  True,  True],
                [ True,  True, False, False]], dtype=bool)
```

각 결과는 부울 배열이며, NumPy는 이 부울 결과로 작업하기 위한 간단한 패턴을 다양하게 제공한다.

부울 배열로 작업하기

부울 배열이 있을 때 여러 가지 유용한 연산을 수행할 수 있다. 전에 만들었던 2차원 배열 x로 실습해 보자.

```
In[14]: print(x)
[[5 0 3 3]
 [7 9 3 5]

 [2 4 7 6]]
```

요소 개수 세기

부울 배열에서 True인 요소의 개수를 세는 데는 np.count_nonzero가 유용하다.

```
In[15]: # 6보다 작은 값은 몇 개일까?
        np.count_nonzero(x < 6)
Out[15]: 8
```

6보다 작은 배열 요소가 8개 있다는 것을 알았다. 이 정보를 알아내는 또 다른 방법은 np.sum을 사용하는 것인데, 이 경우 False는 0으로, True는 1로 해석된다.

```
In[16]: np.sum(x < 6)
Out[16]: 8
```

sum()의 장점은 다른 NumPy 집계 함수와 같이 행이나 열을 따라 계산할 수도 있다는 점이다.

```
In[17]: # 각 행에 6보다 작은 값이 몇 개일까?
        np.sum(x < 6, axis=1)
Out[17]: array([4, 2, 2])
```

이 코드는 행렬에서 각 행의 6보다 작은 값의 개수를 센다.

값 중 하나라도 참이 있는지나 모든 값이 참인지 빠르게 확인하고 싶다면 np.any()나 np.all()을 사용하면 된다.

```
In[18]: # 8보다 큰 값이 하나라도 있는가?
        np.any(x > 8)
Out[18]: True
In[19]: # 0보다 작은 값이 하나라도 있는가?
        np.any(x < 0)
Out[19]: False
In[20]: # 모든 값이 10보다 작은가?
        np.all(x < 10)
Out[20]: True
In[21]: # 모든 값이 6과 같은가?
        np.all(x == 6)
Out[21]: False
```

np.all()과 np.any()는 특정 축을 따라 사용할 수도 있다. 예를 들면 다음과 같다.

```
In[22]: # 각 행의 모든 값이 8보다 작은가?
        np.all(x < 8, axis=1)
Out[22]: array([ True, False,  True], dtype=bool)
```

첫 번째와 세 번째 행의 모든 요소는 8보다 작지만, 두 번째 행은 그렇지 않다는 것을 알 수 있다.

마지막으로 주의할 점은 66쪽 '집계: 최솟값, 최댓값 그리고 그사이의 모든 것'에서 언급했듯이 파이썬은 내장 함수로 `sum()`, `any()`, `all()` 함수를 가지고 있다는 사실이다. 이것들은 NumPy 함수와는 다른 구문을 가지고 있으며, 특히 다차원 배열에서 사용할 때 실패하거나 의도하지 않은 결과를 만들어낼 것이다. 위 예제에서는 반드시 `np.sum()`, `np.any()`, `np.all()`을 사용하자.

부울 연산자

앞에서 이미 비가 4인치보다 적게 내린 날이나 2인치보다 많이 내린 날을 어떻게 셀 수 있는지 살펴봤다. 그렇다면 비가 4인치보다 적고 1인치보다 많이 온 날을 알 수 있을까? 그 답은 파이썬의 비트 단위 로직 연산자 `&`, `|`, `^`, `~`를 통해 얻을 수 있다. 표준 산술 연산자와 마찬가지로 NumPy는 이 연산자를 (일반적으로 부울) 배열의 요소 단위로 동작하는 유니버설 함수로 오버로딩한다.

예를 들어, 이러한 복합적인 문제는 다음과 같이 해결할 수 있다.

```
In[23]: np.sum((inches > 0.5) & (inches < 1))
Out[23]: 29
```

이로써 0.5인치와 1.0인치 사이의 강수량을 보인 날이 29일임을 알게 됐다.

여기서는 괄호가 중요하다는 사실을 명심하라. 연산자 선행 규칙에 따라 이 표현식에서 괄호를 제거하면 다음과 같이 연산이 수행되어 결국 에러가 발생한다.

```
inches > (0.5 & inches) < 1
```

A AND B와 NOT(A OR B)가 같음(논리학 입문 과정을 수강했다면 기억할 것이다)을 이용하면 다른 방식으로도 같은 결과를 계산할 수 있다.

```
In[24]: np.sum(~( (inches <= 0.5) | (inches >= 1) ))
Out[24]: 29
```

배열에서 비교 연산자와 부울 연산자를 결합하면 여러 가지 효율적인 로직 연산을 할 수 있다.

다음 표에 비트 단위의 부울 연산자와 그에 상응하는 유니버설 함수를 요약했다.

연산자	대응 ufunc
&	np.biwise_and
|	np.bitwise_or
^	np.bitwise_xor
~	np.bitwise_not

이 도구를 사용해 날씨 데이터에 대한 질문의 답을 찾을 수 있다. 여기에 마스킹과 집계 함수를 결합해서 계산할 수 있는 결괏값에 대한 몇 가지 예제를 소개한다.

```
In[25]: print("Number days without rain:       ", np.sum(inches == 0))
        print("Number days with rain:          ", np.sum(inches != 0))
        print("Days with more than 0.5 inches:", np.sum(inches > 0.5))
        print("Rainy days with < 0.1 inches  :", np.sum((inches > 0) &
                                                          (inches < 0.2)))
Number days without rain:        215
Number days with rain:           150
Days with more than 0.5 inches: 37
Rainy days with < 0.1 inches  : 75
```

마스크로서의 부울 배열

앞에서 부울 배열에서 직접 계산하는 집계 함수를 살펴봤다. 더 강력한 패턴은 부울 배열을 마스크로 사용해 데이터 자체의 특정 부분 집합을 선택하는 것이다. 앞에서 생성한 x 배열로 돌아가 5보다 작은 배열 내 값들을 모두 구한다고 생각해 보자.

```
In[26]: x
Out[26]: array([[5, 0, 3, 3],
                [7, 9, 3, 5],
                [2, 4, 7, 6]])
```

이미 본대로 이 조건에 맞는 부울 배열을 쉽게 얻을 수 있다.

```
In[27]: x < 5
Out[27]: array([[False,  True,  True,  True],
                [False, False,  True, False],
                [ True,  True, False, False]], dtype=bool)
```

이제 배열에서 조건에 맞는 값들을 선택하려면 간단히 이 부울 배열을 인덱스로 사용하면 된다. 이를 마스킹 연산이라고 한다.

```
In[28]: x[x < 5]
Out[28]: array([0, 3, 3, 3, 2, 4])
```

반환된 값은 이 조건에 맞는 모든 값, 다시 말해 마스크 배열이 **True**인 위치에 있는 모든 값으로 채워진 1차원 배열이다.

이제 원하는 대로 이 값들에 대해 자유롭게 연산을 수행할 수 있다. 예를 들어, 시애틀 강수량 데이터에 관한 몇 가지 관련 통계치를 계산할 수 있다.

```
In[29]:
# 비가 온 모든 날에 대한 마스크 생성
rainy = (inches > 0)
# 여름에 해당하는 날에 대한 마스크 생성(6월 21일은 172번째 날임)
summer = (np.arange(365) - 172 < 90) & (np.arange(365) - 172 > 0)
print("Median precip on rainy days in 2014 (inches): ",
      np.median(inches[rainy]))
print("Median precip on summer days in 2014 (inches): ",
      np.median(inches[summer]))
print("Maximum precip on summer days in 2014 (inches): ",
      np.max(inches[summer]))
print("Median precip on non-summer rainy days (inches):",
      np.median(inches[rainy & ~summer]))
Median precip on rainy days in 2014 (inches):    0.194881889764
Median precip on summer days in 2014 (inches):   0.0
Maximum precip on summer days in 2014 (inches):  0.850393700787
Median precip on non-summer rainy days (inches): 0.200787401575
```

부울 연산과 마스킹 연산, 집계 연산을 결합하면 이러한 종류의 질문에 매우 빠르게 답할 수 있다.

키워드 and/or vs. 연산자 &/| 사용하기

흔히 혼동하는 것 중 하나가 키워드 and/or와 연산자 &/|의 차이다. 언제 어느 것을 사용할 것인가?

둘의 차이점은 and와 or는 전체 객체의 참과 거짓을 측정하는 반면 &와 |는 각 객체의 비트를 참조한다는 사실에 있다.

and나 or를 사용하는 것은 파이썬에 그 객체를 하나의 부울 요소로 취급해달라고 요청하는 것과 마찬가지다. 파이썬에서 모든 0이 아닌 정수는 다음과 같이 True로 간주한다.

```
In[30]: bool(42), bool(0)
Out[30]: (True, False)
In[31]: bool(42 and 0)
Out[31]: False
In[32]: bool(42 or 0)
Out[32]: True
```

&와 |를 정수에 사용할 때 표현식은 그 요소의 비트에 대해 동작하므로 그 숫자를 구성하는 개별 비트에 and와 or를 적용하는 것과 같다.

```
In[33]: bin(42)
Out[33]: '0b101010'
In[34]: bin(59)
Out[34]: '0b111011'
In[35]: bin(42 & 59)
Out[35]: '0b101010'
In[36]: bin(42 | 59)
Out[36]: '0b111011'
```

결과를 산출하기 위해 이진 표현에서 대응하는 비트를 비교한다는 점을 알아두자.

NumPy의 부울 배열을 가지고 있다면 이를 1 = True, 0 = False인 비트로 이뤄진 문자열로 생각할 수 있고, &와 |의 결과는 이전과 비슷한 방식으로 동작한다.

```
In[37]: A = np.array([1, 0, 1, 0, 1, 0], dtype=bool)
        B = np.array([1, 1, 1, 0, 1, 1], dtype=bool)
        A | B
Out[37]: array([ True,  True,  True, False,  True,  True], dtype=bool)
```

이 배열에 or를 사용하는 것은 전체 배열 객체의 참이나 거짓을 평가하려는 것으로서, 잘 정의된 값은 아니다.

```
In[38]: A or B
---------------------------------------------------------------
ValueError                         Traceback (most recent call last)
```

```
<ipython-input-38-5d8e4f2e21c0> in <module>()
----> 1 A or B

ValueError: The truth value of an array with more than one element is...
```

이와 유사하게 특정 배열에 부울 표현식을 사용할 때는 or나 and 대신 |나 &을 사용해야 한다.

```
In[39]: x = np.arange(10)
        (x > 4) & (x < 8)
Out[39]: array([False, False, ..., True, True, False, False], dtype=bool)
```

전체 배열의 참이나 거짓을 평가하려고 하면 전에 본 것과 동일한 ValueError가 발생할 것이다.

```
In[40]:(x > 4) and (x < 8)
-------------------------------------------------------------------
ValueError                          Traceback (most recent call last)
<ipython-input-40-3d24f1ffd63d> in <module>()
----> 1 (x > 4) and (x < 8)

ValueError: The truth value of an array with more than one element is...
```

그러니 이것만 기억하자. and와 or는 전체 객체에 대해 단일 부울 평가를 수행하며, &와 |는 객체의 내용 (개별 비트나 바이트)에 대해 여러 번 부울 평가를 수행한다. 부울 NumPy 배열에서는 대부분 후자를 선호한다.

팬시 인덱싱

앞에서 간단한 인덱스(예: arr[0])와 슬라이스(예: arr[:5]), 부울 마스크(예: arr[arr > 0])를 사용해 배열의 일부에 접근하고 그것을 수정하는 법을 살펴봤다. 이번 절에서는 **팬시 인덱싱**이라고 하는 다른 유형의 배열 인덱싱에 대해 알아보겠다. 팬시 인덱싱은 이미 살펴본 단순 인덱싱과 비슷하지만 단일 스칼라 대신 인덱스 배열을 전달한다. 이로써 복잡한 배열 값의 하위 집합에 매우 빠르게 접근해 그것을 수정할 수 있다.

팬시 인덱싱 알아보기

팬시 인덱싱은 개념적으로 간단하다. 즉, 한 번에 여러 배열 요소에 접근하기 위해 인덱스의 배열을 전달한다. 예를 들어 다음 배열을 생각해 보자.

```
In[1]: import numpy as np
       rand = np.random.RandomState(42)
       x = rand.randint(100, size=10)
       print(x)
[51 92 14 71 60 20 82 86 74 74]
```

세 개의 다른 요소에 접근하고자 하는 경우, 다음과 같이 할 수 있다.

```
In[2]: [x[3], x[7], x[2]]
Out[2]: [71, 86, 14]
```

아니면 인덱스의 단일 리스트나 배열을 전달해 같은 결과를 얻을 수도 있다.

```
In[3]: ind = [3, 7, 4]
       x[ind]
Out[3]: array([71, 86, 60])
```

팬시 인덱싱을 이용하면 결과의 형상이 인덱싱 대상 배열의 형상이 아니라 인덱스 배열의 형상을 반영한다.

```
In[4]: ind = np.array([[3, 7],
                       [4, 5]])
       x[ind]
Out[4]: array([[71, 86],
               [60, 20]])
```

팬시 인덱싱은 여러 차원에서도 동작한다. 다음 배열을 생각해 보자.

```
In[5]: X = np.arange(12).reshape((3, 4))
       X
Out[5]: array([[ 0,  1,  2,  3],
               [ 4,  5,  6,  7],
               [ 8,  9, 10, 11]])
```

표준 인덱싱을 사용할 때와 마찬가지로 첫 번째 인덱스는 행을 말하며 두 번째 인덱스는 열을 말한다.

```
In[6]: row = np.array([0, 1, 2])
       col = np.array([2, 1, 3])
       X[row, col]
Out[6]: array([ 2,  5, 11])
```

결과의 첫 번째 값은 X[0, 2], 두 번째 값은 X[1, 1], 세 번째 값은 X[2, 3]이다. 팬시 인덱싱에서 인덱스 쌍을 만드는 것은 72쪽 '배열 연산: 브로드캐스팅'에서 언급했던 모든 브로드캐스팅 규칙을 따른다. 따라서 인덱스 내의 열 벡터와 행 벡터를 결합하면 2차원 결과를 얻는다.

```
In[7]: X[row[:, np.newaxis], col]
Out[7]: array([[ 2,  1,  3],
               [ 6,  5,  7],
               [10, 9, 11]])
```

여기서 각 행의 값은 산술 연산의 브로드캐스팅에서 본 것과 똑같이 각 열 벡터와 일치한다. 예를 들면 다음과 같다.

```
In[8]: row[:, np.newaxis] * col
Out[8]: array([[0, 0, 0],
               [2, 1, 3],
               [4, 2, 6]])
```

팬시 인덱싱을 사용하면 반환값은 인덱싱 대상 배열의 형상이 아니라 **브로드캐스팅된 인덱스의 형상**을 반영한다는 사실을 반드시 기억하자.

결합 인덱싱

더 강력한 연산을 위해 팬시 인덱싱을 앞에서 본 다른 인덱싱 방식과 결합할 수 있다.

```
In[9]: print(X)
[[ 0  1  2  3]
 [ 4  5  6  7]
 [ 8  9 10 11]]
```

팬시 인덱스와 단순 인덱스를 결합할 수 있다.

```
In[10]: X[2, [2, 0, 1]]
Out[10]: array([10,  8,  9])
```

또한, 팬시 인덱싱과 슬라이싱을 결합할 수 있다.

```
In[11]: X[1:, [2, 0, 1]]
Out[11]: array([[ 6,  4,  5],
                [10,  8,  9]])
```

그리고 팬시 인덱싱과 마스킹을 결합할 수 있다.

```
In[12]: mask = np.array([1, 0, 1, 0], dtype=bool)
        X[row[:, np.newaxis], mask]
Out[12]: array([[ 0,  2],
                [ 4,  6],
                [ 8, 10]])
```

이렇게 결합된 인덱싱 방식은 모두 배열값에 접근하고 수정하기에 매우 유연한 연산을 수행하게 해준다.

예제: 임의의 점 선택하기

팬시 인덱싱의 보편적인 용도는 행렬에서 행의 부분집합을 선택하는 것이다. 예를 들어, 2차원 정규분포에서 뽑아낸 다음 점들처럼 D차원에 N개의 점을 표시하는 NxD 행렬이 있다고 해보자.

```
In[13]: mean = [0, 0]
        cov = [[1, 2],
               [2, 5]]
        X = rand.multivariate_normal(mean, cov, 100)
        X.shape
Out[13]: (100, 2)
```

4장에 나오는 플로팅 도구(plotting tools)를 사용해 산점도로 이 점들을 시각화할 수 있다(그림 2-7).

```
In[14]: %matplotlib inline
        import matplotlib.pyplot as plt
        import seaborn; seaborn.set() # 플롯 스타일 설정
        plt.scatter(X[:, 0], X[:, 1]);
```

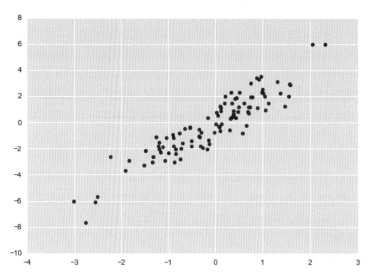

그림 2-7. 정규 분포된 점들

팬시 인덱싱을 이용해 임의의 점 20개를 선택하자. 우선 반복 없이 임의로 인덱스를 20개 선택하고 그 인덱스를 사용해 원본 배열의 일부를 선택한다.

```
In[15]: indices = np.random.choice(X.shape[0], 20, replace=False)
        indices
Out[15]: array([93, 45, 73, 81, 50, 10, 98, 94,  4, 64, 65, 89, 47, 84, 82,
               80, 25, 90, 63, 20])
In[16]: selection = X[indices] # 여기에 팬시 인덱싱 사용
        selection.shape
Out[16]: (20, 2)
```

이제 어느 점이 선택됐는지 보기 위해 선택된 점 위에 큰 동그라미를 표시하자(그림 2-8).

```
In[17]: plt.scatter(X[:, 0], X[:, 1], alpha=0.3)
        plt.scatter(selection[:, 0], selection[:, 1],
                    facecolor='none', s=200);
```

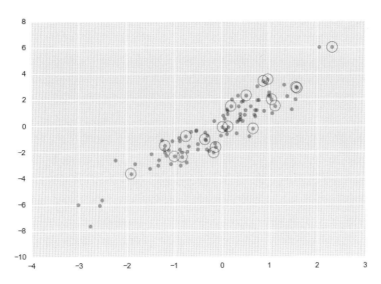

그림 2-8. 전체 점 가운데 임의로 20개를 선택함

이러한 전략은 통계 모델 검증을 위해 훈련/테스트 집단을 분할(392쪽 '초모수와 모델 검증' 참고)하거나 통계적 질문에 답하기 위해 샘플링할 때 종종 필요한 데이터를 신속하게 분할하는 데 자주 사용된다.

팬시 인덱싱으로 값 변경하기

팬시 인덱싱이 배열의 일부에 접근하는 데 사용되는 것과 마찬가지로 배열의 일부를 수정하는 데도 사용될 수 있다. 예를 들어, 인덱스 배열이 있고 배열에서 그 인덱스 배열에 해당하는 항목에 특정 값을 설정하고 싶다고 하자.

```
In[18]: x = np.arange(10)
        i = np.array([2, 1, 8, 4])
        x[i] = 99
        print(x)
[ 0 99 99  3 99  5  6  7 99  9]
```

이를 위해 할당 유형의 연산자는 모두 사용할 수 있다. 예를 들면 다음과 같다.

```
In[19]: x[i] -= 10
        print(x)
[ 0 89 89  3 89  5  6  7 89  9]
```

그렇지만 이 연산에서 반복되는 인덱스는 예상하지 못한 결과를 초래할 수도 있다. 다음 경우를 생각해 보자.

```
In[20]: x = np.zeros(10)
        x[[0, 0]] = [4, 6]
        print(x)
[ 6. 0. 0. 0. 0. 0. 0. 0. 0. 0.]
```

4는 어디로 갔을까? 이 연산의 결과는 먼저 x[0] = 4가 할당되고 그다음에 x[0] = 6이 할당됐다. 물론 그 결과는 x[0]이 값 6을 갖는 것이다.

여기까지는 그렇다 치자. 하지만 이 연산을 생각해 보자.

```
In[21]: i = [2, 3, 3, 4, 4, 4]
        x[i] += 1
        x
Out[21]: array([ 6.,  0.,  1.,  1.,  1.,  0.,  0.,  0.,  0.,  0.])
```

이 경우 각 인덱스가 반복되는 횟수에 따라 x[3]이 값 2를 포함하고 x[4]가 값 3을 포함할 거라고 예상할 것이다. 그런데 왜 그렇지 않을까? 개념적으로 이것은 x[i] += 1이 x[i] = x[i] + 1의 축약형을 의미하기 때문이다. x[i] + 1이 평가되고 나면 결과가 x의 인덱스에 할당된다. 이 점을 생각하면 그것은 여러 차례 일어나는 증가가 아니라 할당이므로 보기와는 다른 결과를 가져온다.

그렇다면 연산이 반복되는 곳에 다른 행동을 원한다면 어떻게 될까? 이러한 경우에는 유니버설 함수의 at() 메서드(NumPy 1.8부터 사용 가능)를 사용해 다음과 같이 하면 된다.

```
In[22]: x = np.zeros(10)
        np.add.at(x, i, 1)
        print(x)
[ 0. 0. 1. 2. 3. 0. 0. 0. 0. 0.]
```

at() 메서드는 지정한 값(여기에서는 1)을 가진 특정 인덱스(여기에서는 i)에 해당 연산자를 즉시 적용한다. 이것과 개념상 비슷한 다른 메서드로는 유니버설 함수의 reduceat() 메서드가 있다. 이 메서드에 대해서는 NumPy 문서를 참고한다.

예제: 데이터 구간화

이 아이디어를 이용하면 데이터를 효율적으로 구간화(binning)해서 직접 히스토그램을 생성할 수 있다. 가령 1,000개의 값이 있고 그 값들이 구간 배열에서 어디에 속하는지 빠르게 찾고 싶다고 하자. 다음과 같이 ufunc.at을 이용해 그것을 계산할 수 있다.

```
In[23]: np.random.seed(42)
        x = np.random.randn(100)
        # 직접 히스토그램 계산하기
        bins = np.linspace(-5, 5, 20)
        counts = np.zeros_like(bins)

        # 각 x에 대한 적절한 구간 찾기
        i = np.searchsorted(bins, x)

        # 각 구간에 1 더하기
        np.add.at(counts, i, 1)
```

이제 집계값인 counts는 각 구간 내에 포함된 점의 개수, 즉 히스토그램을 나타낸다(그림 2-9).

```
In[24]: # 결과 플로팅하기
        plt.plot(bins, counts, linestyle='steps');
```

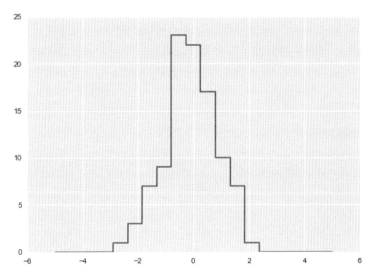

그림 2-9. 직접 계산한 히스토그램

물론 히스토그램을 그릴 때마다 이 과정을 직접 수행하는 것은 바보 같은 짓이다. Matplotlib이 한 줄로 동일한 결과를 내는 plt.hist() 루틴을 제공하는 이유가 바로 여기에 있다.

```
plt.hist(x, bins, histtype='step');
```

이 함수는 위 플롯과 거의 동일한 플롯을 만들어낼 것이다. Matplotlib은 구간화를 계산하기 위해 위에서 했던 연산과 매우 비슷한 연산을 수행하는 np.histogram 함수를 사용한다. 그럼 이 둘을 비교해 보자.

```
In[25]: print("NumPy routine:")
        %timeit counts, edges = np.histogram(x, bins)
        print("Custom routine:")
        %timeit np.add.at(counts, np.searchsorted(bins, x), 1)
NumPy routine:
The slowest run took 9.10 times longer than the fastest. This could mean that an intermediate
result is being cached.
1000 loops, best of 3: 150 µs per loop
Custom routine:
The slowest run took 6.44 times longer than the fastest. This could mean that an intermediate
result is being cached.
10000 loops, best of 3: 33.7 µs per loop
```

직접 작성한 한 줄짜리 알고리즘이 NumPy의 최적화된 알고리즘보다 몇 배 더 빠르다! 어떻게 이것이 가능할까? np.histogram 소스코드를 들여다보면(IPython에서 **np.histogram??**을 입력하면 소스코드를 확인할 수 있다) 루틴이 간단히 검색하고 세는 것보다 더 많은 일을 한다는 것을 알 수 있다. 그 이유는 NumPy 알고리즘이 더 유연하고, 특히 데이터 포인트 개수가 많아질 때 성능이 더 좋아지도록 설계돼 있기 때문이다.

```
In[26]: x = np.random.randn(1000000)
        print("NumPy routine:")
        %timeit counts, edges = np.histogram(x, bins)

        print("Custom routine:")
        %timeit np.add.at(counts, np.searchsorted(bins, x), 1)
NumPy routine:
10 loops, best of 3: 68.7 ms per loop
Custom routine:
10 loops, best of 3: 135 ms per loop
```

이 비교는 알고리즘 효율성은 결코 간단한 문제가 아님을 보여준다. 대규모 데이터에서 효율적인 알고리즘이 소규모 데이터에서는 최선의 방식이 아닐 수 있으며 그 반대도 마찬가지다('배열 정렬' 참고). 하지만 이 알고리즘을 직접 코딩하는 것의 장점은 이러한 기본적인 메서드를 이해하면 그러한 기본 구성요소를 이용해 매우 흥미로운 사용자 정의 행위를 하도록 확장할 수 있다는 점이다. 데이터 집약적인 애플리케이션에서 파이썬을 효율적으로 사용하려면 `np.histogram` 같이 편리한 일반적인 루틴과 언제 그것들이 필요한지 아는 것은 물론이고, 좀 더 세밀한 행위가 필요할 때 저수준 기능을 사용하는 방법을 알아야 한다.

배열 정렬

지금까지 주로 NumPy로 배열 데이터에 접근하고 연산을 수행하는 도구를 살펴봤다. 이번 절에서는 NumPy 배열의 값을 정렬하는 알고리즘을 다루겠다. 이 알고리즘은 컴퓨터과학 입문 과정의 단골 주제로, 강의를 들어본 독자라면 아마 꿈에서(기질에 따라 악몽이었을 수도 있다) 삽입 정렬(insertion sorts), 선택 정렬(selection sort), 병합 정렬(merge sorts), 퀵 정렬(quick sorts), 버블 정렬(bubble sorts) 등을 수행해 본 적이 있을 것이다. 이 알고리즘은 모두 리스트나 배열의 값을 정렬하는 비슷한 작업을 수행한다.

파이썬에는 리스트와 기타 이터러블 객체를 정렬하는 기능의 기본 제공 함수와 메서드가 몇 가지 있다. sorted 함수는 리스트를 받아 그 정렬된 버전을 반환한다.

```
In [1]: L = [3, 1, 4, 1, 5, 9, 2, 6]
        sorted(L) # 정렬된 복사본 반환
Out[1]: [1, 1, 2, 3, 4, 5, 6, 9]
```

반면, 리스트의 sort 메서드는 리스트를 정렬하되 반환하지는 않는다.

```
In [2]: L.sort() # 리스트 정렬을 실행하고 아무것도 반환하지 않음
        print(L)
Out[2]: [1, 1, 2, 3, 4, 5, 6, 9]
```

파이썬의 정렬 메서드는 매우 유연하며, 모든 이터러블 객체를 처리할 수 있다. 다음 예는 문자열을 정렬한다.

```
In [3]: sorted('python')
Out[3]: ['h', 'n', 'o', 'p', 't', 'y']
```

이 기본으로 제공되는 정렬 메서드는 편리하지만, 앞서 설명한 것처럼 파이썬 값의 동적 특성으로 인해 균일한 숫자 배열을 위해 특별히 설계된 루틴보다는 성능이 떨어진다. 이것이 바로 NumPy의 정렬 루틴이 필요한 이유다.

NumPy의 빠른 정렬: np.sort와 np.argsort

np.sort 함수는 파이썬에서 기본으로 제공하는 sorted 함수와 유사하며, 배열의 정렬된 복사본을 효율적으로 반환한다.

```
In [4]: import numpy as np
        x = np.array([2, 1, 4, 3, 5])
        np.sort(x)
Out[4]: array([1, 2, 3, 4, 5])
```

파이썬 리스트의 sort 메서드와 유사하게, 배열 sort 메서드를 사용해 배열을 제자리에 정렬만 할 수도 있다.

```
In [5]: x.sort()
        print(x)
Out[5]: [1 2 3 4 5]
```

이와 관련된 함수로는 정렬된 요소의 인덱스를 반환하는 argsort가 있다.

```
In[7]: x = np.array([2, 1, 4, 3, 5])
       i = np.argsort(x)
       print(i)
[1 0 3 2 4]
```

이 결과의 첫 번째 요소는 가장 작은 요소의 인덱스고 두 번째 값은 두 번째로 작은 요소의 인덱스를 제공하는 식이다. 이 인덱스는 원한다면 정렬된 배열을 구성하는 데(팬시 인덱싱을 통해) 사용될 수 있다.

```
In[8]: x[i]
Out[8]: array([1, 2, 3, 4, 5])
```

argsort의 활용 사례는 뒤에서 살펴볼 것이다.

행이나 열 기준으로 정렬하기

NumPy 정렬 알고리즘의 유용한 기능은 axis 인수를 사용해 다차원 배열의 특정 행이나 열에 따라 정렬할 수 있다는 것이다. 예를 들면 다음과 같다.

```
In[9]: rand = np.random.RandomState(42)
       X = rand.randint(0, 10, (4, 6))
       print(X)
[[6 3 7 4 6 9]
 [2 6 7 4 3 7]
 [7 2 5 4 1 7]
 [5 1 4 0 9 5]]
In[10]: # X의 각 열을 정렬
        np.sort(X, axis=0)
Out[10]: array([[2, 1, 4, 0, 1, 5],
                [5, 2, 5, 4, 3, 7],
                [6, 3, 7, 4, 6, 7],
                [7, 6, 7, 4, 9, 9]])
In[11]: # X의 각 행을 정렬
        np.sort(X, axis=1)
Out[11]: array([[3, 4, 6, 6, 7, 9],
                [2, 3, 4, 6, 7, 7],
                [1, 2, 4, 5, 7, 7],
                [0, 1, 4, 5, 5, 9]])
```

이 코드는 각 행이나 열을 독립적인 배열로 취급하므로 행 또는 열 값 사이의 관계는 잃어버린다는 점을 명심하자.

부분 정렬: 파티션 나누기

때때로 전체 배열을 정렬할 필요는 없고 단순히 배열에서 K개의 가장 작은 값을 찾고 싶을 때가 있다. NumPy에서는 np.partition 함수에서 이 기능을 제공한다. np.partition은 배열과 숫자 K를 취해 새로운 배열을 반환하는데, 반환된 파티션의 왼쪽에는 K개의 가장 작은 값이 있고 오른쪽에는 나머지 값이 임의의 순서로 채워져 있다.

```
In[12]: x = np.array([7, 2, 3, 1, 6, 5, 4])
        np.partition(x, 3)
Out[12]: array([2, 1, 3, 4, 6, 5, 7])
```

결과로 얻은 배열의 처음 세 개의 값은 배열의 가장 작은 값 세 개에 해당하며, 배열의 나머지 위치에는 나머지 값이 들어 있다. 두 파티션 내의 요소는 임의의 순서를 가진다.

이와 비슷하게 정렬에서도 다차원 배열의 임의의 축을 따라 파티션을 나눌 수 있다.

```
In[13]: np.partition(X, 2, axis=1)
Out[13]: array([[3, 4, 6, 7, 6, 9],
               [2, 3, 4, 7, 6, 7],
               [1, 2, 4, 5, 7, 7],
               [0, 1, 4, 5, 9, 5]])
```

그 결과, 첫 두 개의 슬롯에는 해당 행의 가장 작은 값이 채워지고 나머지 슬롯에는 그 밖의 값이 채워진 배열을 얻는다.

마지막으로 정렬의 인덱스를 계산하는 np.argsort가 있듯이, 파티션의 인덱스를 계산하는 np.argpartition이 있다. 실제 사용법은 다음 절에 확인하자.

예제: k-최근접 이웃 알고리즘

집합에서 각 점의 가장 가까운 이웃들을 찾기 위해 여러 축을 따라 argsort 함수를 어떻게 사용하는지 간단히 살펴보자. 우선 2차원 평면에 임의의 점 10개를 가지는 집합을 만들자. 표준 규약에 따라 이것들을 10x2 배열에 배치할 것이다.

```
In[14]: X = rand.rand(10, 2)
```

이 점들이 어떤 모습일지 떠올릴 수 있도록 간단하게 산포도로 표시해 보자(그림 2-10).

```
In[15]: %matplotlib inline
        import matplotlib.pyplot as plt
        import seaborn; seaborn.set() # 플롯 스타일링
        plt.scatter(X[:, 0], X[:, 1], s=100);
```

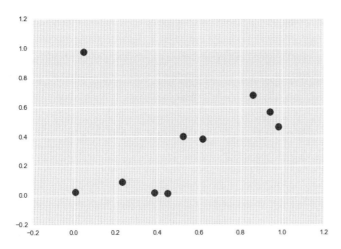

그림 2-10. k-최근접 이웃 예제에 사용된 점의 산포도

이제 각 쌍의 점 사이의 거리를 계산할 것이다. 두 점 사이의 거리 제곱은 각 차원 간의 차이를 제곱해서 더한 값과 같다는 사실을 기억하자. NumPy에서 제공하는 효율적인 브로드캐스팅(72쪽 '배열 연산: 브로드캐스팅')과 집계(66쪽 '집계: 최솟값, 최댓값 그리고 그사이의 모든 것') 루틴을 사용해 코드 한 줄로 제곱 거리 행렬을 계산할 수 있다.

```
In[16]: dist_sq = np.sum((X[:,np.newaxis,:] - X[np.newaxis,:,:]) ** 2, axis=-1)
```

이 연산에는 많은 것이 포함돼 있으며, NumPy의 브로드캐스팅 규칙이 익숙하지 않은 독자라면 다소 헷갈릴 수도 있다. 이런 코드를 만나면 코드를 구성 단계로 나누어 보는 것이 유용할 수 있다.

```
In[17]: # 각 쌍의 점 사이의 좌표 차이를 계산함
        differences = X[:, np.newaxis, :] - X[np.newaxis, :, :]
        differences.shape
Out[17]: (10, 10, 2)
In[18]: # 좌표 차이를 제곱함
        sq_differences = differences ** 2
        sq_differences.shape
Out[18]: (10, 10, 2)
In[19]: # 제곱 거리를 구하기 위해 좌표 차이를 더함
        dist_sq = sq_differences.sum(-1)
        dist_sq.shape
Out[19]: (10, 10)
```

작업한 내용을 확인하는 차원에서 이 행렬의 대각선(즉, 각 점과 그 점 자신 사이의 거리 집합)이 모두 0 인지 확인해야 한다.

```
In[20]: dist_sq.diagonal()
Out[20]: array([ 0.,  0.,  0.,  0.,  0.,  0.,  0.,  0.,  0.,  0.])
```

확인이 끝났다! 이 제곱 거리를 변환하면 이제 **np.argsort**를 이용해 행별로 정렬할 수 있다. 그러면 가장 왼쪽 열이 가장 가까운 이웃의 인덱스를 제공할 것이다.

```
In[21]: nearest = np.argsort(dist_sq, axis=1)
        print(nearest)
[[0 3 9 7 1 4 2 5 6 8]
 [1 4 7 9 3 6 8 5 0 2]
 [2 1 4 6 3 0 8 9 7 5]
 [3 9 7 0 1 4 5 8 6 2]
 [4 1 8 5 6 7 9 3 0 2]
 [5 8 6 4 1 7 9 3 2 0]
 [6 8 5 4 1 7 9 3 2 0]
 [7 9 3 1 4 0 5 8 6 2]
 [8 5 6 4 1 7 9 3 2 0]
 [9 7 3 0 1 4 5 8 6 2]]
```

첫 번째 열은 숫자 0부터 9까지 순서대로 나타나는 것을 알 수 있다. 이미 예상했겠지만 각 점의 가장 가까운 이웃은 자기 자신이기 때문이다.

여기서는 전체 정렬을 사용해 실제로 이 경우에 필요한 것보다 더 많은 일을 한 셈이다. 가장 가까운 k 이웃을 구하기만 하면 된다면 각 행을 파티션으로 나눠 가장 작은 k + 1개의 제곱 거리가 먼저 오고 그보다 큰 거리의 요소를 배열의 나머지 위치에 채워지게만 하면 된다. 이 작업은 **np.argpartition** 함수로 할 수 있다.

```
In[22]: K = 2
        nearest_partition = np.argpartition(dist_sq, K + 1, axis=1)
```

이 이웃의 네트워크를 시각화하기 위해 각 점을 가장 가까운 두 개의 이웃과 연결한 선과 함께 플로팅해 보자(그림 2-11).

```
In[23]: plt.scatter(X[:, 0], X[:, 1], s=100)
        # 각 점을 두 개의 가장 가까운 이웃과 선으로 이음
        K=2
        for i in range(X.shape[0]):
            for j in nearest_partition[i, :K+1]:
                # X[i]부터 X[j]까지 선으로 이음
                # zip 매직 함수를 이용함
                plt.plot(*zip(X[j], X[i]), color='black')
```

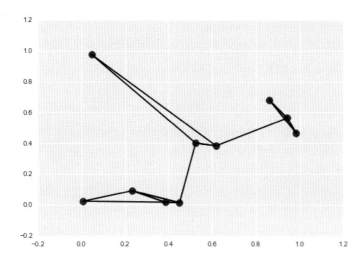

그림 2-11. 각 점의 이웃을 시각화

도표의 각 점은 두 개의 가장 가까운 이웃과 선으로 연결돼 있다. 언뜻 보면 일부 점에서 두 개 이상의 선이 나와서 이상해 보일 수 있다. 그 이유는 점 A가 점 B의 가장 가까운 이웃 중 하나라는 사실이 반드시 점 B가 점 A의 가장 가까운 이웃 중 하나라는 것을 의미하지는 않기 때문이다.

이 방식에서 사용한 브로드캐스팅과 행 단위의 정렬이 루프를 작성하는 것보다 더 복잡해 보이지만, 파이썬에서는 그것이 이 데이터를 조작하는 매우 효율적인 방식이다. 같은 유형의 작업을 직접 데이터를 반복해 각 이웃의 집합을 정렬해서 하고 싶을 수도 있겠지만, 그것이 위에서 보여준 벡터화 방식보다 더 느린 알고리즘을 만들어낼 것이 거의 확실하다. 이 방식의 장점은 입력 데이터의 크기에 구애받지 않는 방식으로 작성됐다는 점이다. 임의의 차원에서 100개든 100만 개든 그사이의 이웃을 쉽게 계산할 수 있고 코드도 동일하다.

마지막으로 매우 많은 개수의 최근접 이웃을 검색하는 경우에는 복잡도가 $O[N \log N]$인 트리 기반의 and/or 근사 알고리즘(and/or approximate algorithm)을 사용할 수 있는데, 이 알고리즘이 복잡도가 $O[N^2]$인 무차별 대입 알고리즘(brute-force algorithm)보다 더 낫다. 이 알고리즘의 대표적인 예로 Scikit-Learn에 구현된 KD 트리를 들 수 있다.

구조화된 데이터: NumPy의 구조화된 배열

대체로 데이터는 동종의 값의 배열로 잘 표현할 수 있지만 그렇지 않은 경우도 있다. 이 절에서는 NumPy에서 복합적인 이종 데이터를 효율적으로 저장하기 위한 구조화된 배열과 레코드 배열에 관해 설명하겠다. 여기서 보여주는 패턴이 간단한 연산에 유용하기는 하지만, 이같은 시나리오가 3장에서 살펴볼 Pandas `DataFrame`을 사용할 때도 도움이 된다.

```
In [1]: import numpy as np
```

여러 사람에 대한 다양한 종류의 데이터(이름, 나이, 몸무게라고 하자)가 있고 파이썬 프로그램에서 사용할 수 있도록 이 값을 저장하고 싶다고 해 보자. 먼저 세 개의 다른 배열에 저장할 수 있다.

```
In[2]: name = ['Alice', 'Bob', 'Cathy', 'Doug']
       age = [25, 45, 37, 19]
       weight = [55.0, 85.5, 68.0, 61.5]
```

하지만 이 방식은 다소 어설프다. 이렇게 하면 이 세 배열이 서로 연관돼 있음을 알 수가 없다. 이 데이터를 모두 단일 구조에 저장할 수 있다면 더 자연스러울 것이다. NumPy는 복합 데이터 타입을 가지는 배열인 구조화된 배열을 통해 이러한 경우를 처리할 수 있다.

앞에서 다음과 같은 표현식을 이용해 생성한 간단한 배열을 떠올려보자.

```
In[3]: x = np.zeros(4, dtype=int)
```

이와 유사하게 복합 데이터 타입을 지정함으로써 구조화된 배열을 만들 수 있다.

```
In[4]: # 구조화된 배열을 위해 복합 데이터 타입 사용
       data = np.zeros(4, dtype={'names':('name', 'age', 'weight'),
                                 'formats':('U10', 'i4', 'f8')})
       print(data.dtype)
[('name', '<U10'), ('age', '<i4'), ('weight', '<f8')]
```

여기서 'U10'은 '최대 길이 10을 갖는 유니코드 문자열'이고 'i4'는 '4바이트(즉, 32비트) 정수', 'f8'은 '8바이트(즉, 64비트) 부동 소수점'을 의미한다. 이 타입 코드의 다른 옵션에 대해서는 다음 절에서 논의하겠다.

빈 컨테이너 배열을 만들었으니 이제 이 배열에 값 리스트를 채우면 된다.

```
In[5]: data['name'] = name
       data['age'] = age
       data['weight'] = weight
       print(data)
[('Alice', 25, 55.0) ('Bob', 45, 85.5) ('Cathy', 37, 68.0)
 ('Doug', 19, 61.5)]
```

바라던 대로 이제 데이터가 하나의 편리한 메모리 블록에 함께 정렬돼 있다.

구조화된 배열의 편리한 점 중 하나는 값을 인덱스나 이름으로 참조할 수 있다는 것이다.

```
In[6]: # 전체 이름 가져오기
       data['name']
Out[6]: array(['Alice', 'Bob', 'Cathy', 'Doug'],
              dtype='<U10')
In[7]: # 데이터의 첫 번째 행 가져오기
       data[0]
Out[7]: ('Alice', 25, 55.0)
In[8]: # 마지막 행의 이름 가져오기
       data[-1]['name']
Out[8]: 'Doug'
```

부울 마스킹을 이용하면 나이로 필터를 적용하는 것과 같이 좀 더 복잡한 연산도 할 수 있다.

```
In[9]: # 나이가 30 이하인 이름 가져오기
       data[data['age'] < 30]['name']
Out[9]: array(['Alice', 'Doug'],
              dtype='<U10')
```

이보다 더 복잡한 연산을 하고 싶다면 다음 장에서 다룰 Pandas 패키지를 사용하는 것이 좋다. 앞으로 보겠지만 Pandas는 지금까지 봤던 것과 유사한 NumPy 배열 기반의 다양한 데이터 가공 기능을 훨씬 더 많이 가지고 있는 DataFrame 객체를 제공한다.

구조화된 배열 만들기

구조화된 배열 데이터 타입은 여러 가지 방식으로 지정할 수 있다. 앞에서는 딕셔너리 방식으로 지정했다.

```
In[10]: np.dtype({'names':('name', 'age', 'weight'),
                   'formats':('U10', 'i4', 'f8')})
Out[10]: dtype([('name', '<U10'), ('age', '<i4'), ('weight', '<f8')])
```

숫자 타입은 파이썬 타입이나 NumPy dtype으로 지정할 수 있다.

```
In[11]: np.dtype({'names':('name', 'age', 'weight'),
                   'formats':((np.str_, 10), int, np.float32)})
Out[11]: dtype([('name', '<U10'), ('age', '<i8'), ('weight', '<f4')])
```

복합 타입은 튜플의 리스트로 지정할 수도 있다.

```
In[12]: np.dtype([('name', 'S10'), ('age', 'i4'), ('weight', 'f8')])
Out[12]: dtype([('name', 'S10'), ('age', '<i4'), ('weight', '<f8')])
```

타입의 이름이 중요하지 않다면 콤마로 구분된 문자열에 타입만 지정할 수도 있다.

```
In[13]: np.dtype('S10,i4,f8')
Out[13]: dtype([('f0', 'S10'), ('f1', '<i4'), ('f2', '<f8')])
```

짧아진 문자열 포맷 코드가 다소 헷갈릴 수 있지만, 이 코드는 간단한 원칙을 바탕으로 작성된 것이다. 첫 번째(선택적) 문자는 〈 또는 〉로, 각각 '리틀 엔디언'과 '빅 엔디언'을 의미하며 비트의 순서를 지정한다. 그다음 문자는 문자, 바이트, 정수, 부동 소수점 등 데이터 타입(표 2-4 참고)을 지정한다. 마지막 문자(들)는 해당 객체의 크기를 바이트 단위로 나타낸다.

표 2-4. NumPy 데이터 타입

문자	설명	예제
'b'	바이트	np.dtype('b')
'i'	부호 있는 정수	np.dtype('i4') == np.int32
'u'	부호 없는 정수	np.dtype('u1') == np.uint8
'f'	부동 소수점	np.dtype('f8') == np.int64
'c'	복소수 부동 소수점	np.dtype('c16') == np.complex128

문자	설명	예제
'S', 'a'	문자열	np.dtype('S5')
'U'	유니코드 문자열	np.dtype('U') == np.str_
'V'	원시 데이터(void)	np.dtype('V') = np.void

고급 복합 타입

더 복잡한 복합 타입을 정의하는 것도 가능하다. 예를 들어, 각 요소가 값의 배열이나 행렬을 담고 있는 타입을 만들 수 있다. 여기서는 3x3 부동 소수점 행렬로 구성된 mat 컴포넌트를 가지는 데이터 타입을 만들 것이다.

```
In[14]: tp = np.dtype([('id', 'i8'), ('mat', 'f8', (3, 3))])
        X = np.zeros(1, dtype=tp)
        print(X[0])
        print(X['mat'][0])
(0, [[0.0, 0.0, 0.0], [0.0, 0.0, 0.0], [0.0, 0.0, 0.0]])
[[ 0.  0.  0.]
 [ 0.  0.  0.]
 [ 0.  0.  0.]]
```

이제 배열 X의 각 요소는 id와 3x3 행렬로 구성된다. 왜 간단한 다차원 배열이나 파이썬 딕셔너리 대신 이것을 사용할까? 그 이유는 NumPy dtype이 C 구조체(structure) 정의에 직접 매핑되어 적절하게 작성된 C 프로그램에서 배열 내용을 포함하는 버퍼에 직접 접근할 수 있기 때문이다. 구조화된 데이터를 조작하는 C나 포트란 라이브러리에 파이썬 인터페이스를 작성한다면 아마 구조화된 배열이 상당히 유용할 것이다.

레코드 배열: 트위스트를 가진 구조화된 배열

NumPy는 방금 설명한 구조화된 배열과 거의 동일하지만, 딕셔너리 키 대신 속성으로 필드에 접근할 수 있는 np.recarray 클래스도 제공한다. 앞에서는 다음과 같이 입력해서 나이에 접근했다.

```
In[15]: data['age']
Out[15]: array([25, 45, 37, 19], dtype=int32)
```

데이터를 레코드 배열로 보면 약간 더 적은 키 입력으로 나이 데이터에 접근할 수 있다.

```
In[16]: data_rec = data.view(np.recarray)
        data_rec.age
Out[16]: array([25, 45, 37, 19], dtype=int32)
```

레코드 배열의 단점은 필드에 접근할 때 동일한 구문을 사용해도 부가적인 오버헤드가 발생한다는 것이다. 다음 코드에서 확인할 수 있다.

```
In[17]: %timeit data['age']
        %timeit data_rec['age']
        %timeit data_rec.age
215 ns ± 7.44 ns per loop (mean ± std. dev. of 7 runs, 1000000 loops each)
7.63 µs ± 262 ns per loop (mean ± std. dev. of 7 runs, 100000 loops each)
11.3 µs ± 704 ns per loop (mean ± std. dev. of 7 runs, 100000 loops each)
```

더 편리한 표기법이 추가 오버헤드를 감수할 가치가 있는지는 응용 프로그램에 따라 다르다.

Pandas로 넘어가며

이번 장의 마지막 절인 이 절에서 구조화된 배열과 레코드 배열에 대해 다룬 것은 그것이 다음에 다룰 패키지인 Pandas로 자연스럽게 넘어갈 수 있는 주제이기 때문이다. 이번 절에서 논의한 구조화된 배열은 특히 C나 포트란, 그 밖의 다른 언어의 바이너리 데이터 포맷에 매핑하기 위해 NumPy 배열을 사용하는 경우처럼 특정 상황에 사용하기 위해 알아두면 좋다. 구조화된 데이터를 일상적으로 사용하기에는 Pandas 패키지가 훨씬 더 나으며, 다음 장에서 이 패키지에 대해 자세히 설명한다.

03장

Pandas로 데이터 가공하기

앞에서 NumPy와 파이썬에서 조밀한 배열을 효율적으로 저장하고 가공할 수 있게 하는 ndarray 객체를 자세히 살펴봤다. 이번 장에서는 Pandas 라이브러리에서 제공하는 데이터 구조를 자세히 알아본다. Pandas는 NumPy를 기반으로 만들어진 새로운 패키지로서 DataFrame이라는 효율적인 자료구조를 제공한다. DataFrame은 근본적으로 행과 열 레이블이 부착된 다차원 배열로서, 여러 가지 타입의 데이터를 가질 수 있으며 데이터 누락도 허용된다. Pandas는 레이블이 붙은 데이터를 위한 편리한 스토리지 인터페이스를 제공할 뿐만 아니라 데이터베이스 프레임워크와 스프레드시트 프로그램 사용자에게 익숙한 강력한 데이터 연산을 구현한다.

이미 본대로 NumPy의 ndarray 데이터 구조는 산술 연산 작업에서 전형적으로 볼 수 있는 깨끗하고 잘 정리된 데이터 타입을 위한 핵심적인 기능을 제공한다. 그것이 이 목적에는 아주 잘 맞지만, 유연성이 더 필요하고(데이터에 레이블을 붙이거나 누락된 데이터로 작업하는 등) 요소 단위의 브로드캐스팅에 잘 매핑되지 않는 연산(그룹화, 피벗 등)을 하고자 하는 경우에 한계가 있는 것은 분명하다. 각 경우는 주변 세계에서 다양한 형태로 존재하는 덜 구조화된 데이터를 분석하는 데 중요한 부분이다. Pandas에서도 특히 Series와 DataFrame 객체는 NumPy 배열 구조를 기반으로 하며 데이터 과학자의 시간을 대부분 잡아먹는 '데이터 먼징(data munging)' 작업을 효율적으로 수행할 수 있게 해준다.

이번 장에서는 Series, DataFrame 및 관련 구조를 효과적으로 사용하는 방법을 집중적으로 알아본다. 필요에 따라 실제 데이터세트에서 가져온 예제를 사용하겠지만 그 예제 자체가 중요한 것은 아니다.

시스템에 Pandas를 설치하려면 먼저 NumPy가 설치돼 있어야 하고, 소스에서 라이브러리를 빌드하려면 Pandas가 구축된 C와 Cython 소스를 컴파일하기 위한 적절한 도구가 필요하다. 이 설치와 관련한 자세한 내용은 Pandas 공식 문서(pandas.pydata.org)를 참고하라. 서문에서 설명한 권고사항에 따라 아나콘다 (Anaconda) 스택을 사용한 독자라면 이미 Pandas가 설치돼 있을 것이다.

Pandas를 설치하고 나면 그것을 임포트해서 버전을 확인할 수 있다.

```
In[1]: import pandas
       pandas.__version__
Out[1]: '0.20.2'
```

일반적으로 NumPy를 np라는 별칭으로 임포트하는 것처럼 Pandas도 pd라는 별칭으로 임포트할 것이다.

```
In[2]: import pandas as pd
```

이 임포트 구문은 이 책의 나머지 부분에서도 사용할 것이다.

내장 문서를 기억하자!

이번 장을 읽으면서 IPython은 다양한 함수에 대한 문서(? 문자를 사용)뿐만 아니라 패키지의 내용(탭 완성 기능을 이용)을 신속하게 살펴볼 수 있는 기능을 제공한다는 사실을 잊지 말자(관련 내용을 다시 한번 확인하고 싶으면 4쪽 'IPython의 도움말과 문서'를 참고하라).

예를 들어, Pandas 네임스페이스의 모든 내용을 표시하려면 다음과 같이 입력하면 된다.

In [3]: pd.⟨TAB⟩

그리고 내장된 Pandas 문서를 표시하려면 다음 명령어를 사용하면 된다.

In [4]: pd?

튜토리얼과 다른 자료 등 자세한 문서는 http://pandas.pydata.org에서 확인할 수 있다.

Pandas 객체 소개

아주 기본적인 수준에서 보면 Pandas 객체는 행과 열이 단순 정수형 인덱스가 아닌 레이블로 식별되는 NumPy의 구조화된 배열을 보강한 버전이라고 볼 수 있다. 앞으로 설명하겠지만 Pandas는 이 기본 자료구조에 추가로 여러 가지 유용한 도구와 메서드, 기능을 제공하지만, 이에 대한 거의 모든 내용을 이해하려면 이 구조가 무엇인지에 대한 이해가 뒷받침돼야 한다. 따라서 추가로 더 설명하기 전에 Pandas의 세 가지 기본 자료구조인 Series와 DataFrame, Index에 대해 알아보자.

먼저 표준 NumPy와 Pandas를 임포트하는 것으로 코드 세션을 시작해 보자.

```
In[1]: import numpy as np
       import pandas as pd
```

Pandas Series 객체

Pandas Series는 인덱싱된 데이터의 1차원 배열이다. 그것은 다음과 같이 리스트나 배열로부터 만들 수 있다.

```
In[2]: data = pd.Series([0.25, 0.5, 0.75, 1.0])
       data
Out[2]: 0    0.25
        1    0.50
        2    0.75
        3    1.00
        dtype: float64
```

보다시피 Series는 일련의 값과 인덱스를 모두 감싸고 있으며, 각각 values와 index 속성으로 접근할 수 있다. values는 친숙한 NumPy 배열이다.

```
In[3]: data.values
Out[3]: array([ 0.25, 0.5 , 0.75, 1. ])
```

index는 pd.Index 타입의 배열과 비슷한 객체로서 잠시 후에 더 자세히 설명하겠다.

```
In[4]: data.index
Out[4]: RangeIndex(start=0, stop=4, step=1)
```

NumPy 배열과 마찬가지로 데이터는 친숙한 파이썬 대괄호 표기법을 통해 연결된 인덱스로 접근할 수 있다.

```
In[5]: data[1]
Out[5]: 0.5
```

```
In[6]: data[1:3]
Out[6]: 1    0.50
        2    0.75
        dtype: float64
```

그러나 Pandas Series가 1차원 NumPy 배열보다 훨씬 더 일반적이고 유연하다는 것을 알게 될 것이다.

Series: 일반화된 NumPy 배열

지금까지 살펴본 내용으로는 Series 객체가 기본적으로 1차원 NumPy 배열과 호환될 것처럼 보일 수 있다. 근본적인 차이는 인덱스 존재 여부에 있다. NumPy 배열에는 값에 접근하는 데 사용되는 **암묵적으로 정의된 정수형 인덱스**가 있고, Pandas Series에는 값에 연결된 **명시적으로 정의된 인덱스**가 있다.

이 명시적인 인덱스 정의는 Series 객체에 추가적인 기능을 제공한다. 예를 들어, 인덱스는 정수일 필요가 없고 어떤 타입의 값으로도 구성할 수 있다. 예를 들어, 원한다면 인덱스로 문자열을 사용할 수 있다.

```
In[7]: data = pd.Series([0.25, 0.5, 0.75, 1.0],
                        index=['a', 'b', 'c', 'd'])
       data
Out[7]: a    0.25
        b    0.50
        c    0.75
        d    1.00
        dtype: float64
```

그리고 예상한 대로 항목에 접근할 수 있다.

```
In[8]: data['b']
Out[8]: 0.5
```

인접하지 않거나 연속적이지 않은 인덱스를 사용할 수도 있다.

```
In[9]: data = pd.Series([0.25, 0.5, 0.75, 1.0],
       index=[2, 5, 3, 7])
       data
Out[9]: 2    0.25
        5    0.50
```

```
          3    0.75
          7    1.00
          dtype: float64
In[10]: data[5]
Out[10]: 0.5
```

Series: 특수한 딕셔너리

딕셔너리는 일련의 임의의 값에 임의의 키를 매핑하는 구조고 Series는 타입이 지정된 키를 일련의 타입이 지정된 값에 매핑하는 구조라고 생각하면 Pandas Series를 파이썬 딕셔너리의 특수한 버전 정도로 여길 수도 있다. 타입이 지정된다는 것이 중요한데, 특정 연산에서 NumPy 배열 뒤의 타입 특정 컴파일된 코드가 그것을 파이썬 리스트보다 더 효율적으로 만들어주는 것처럼 Pandas Series의 타입 정보는 특정 연산에서 파이썬 딕셔너리보다 Pandas Series를 훨씬 더 효율적으로 만든다.

파이썬 딕셔너리에서 직접 Series 객체를 구성함으로써 딕셔너리로서의 Series의 의미를 더욱 분명하게 할 수 있다.

```
In[11]: population_dict = {'California': 38332521,
                           'Texas': 26448193,
                           'New York': 19651127,
                           'Florida': 19552860,
                           'Illinois': 12882135}
        population = pd.Series(population_dict)
        population
Out[11]: California    38332521
         Florida       19552860
         Illinois      12882135
         New York      19651127
         Texas         26448193
         dtype: int64
```

기본적으로 Series는 인덱스가 정렬된 키에서 추출되는 경우에 생성된다. 거기서부터 전형적인 딕셔너리 스타일로 아이템에 접근할 수 있다.

```
In[12]: population['California']
Out[12]: 38332521
```

그러나 딕셔너리와 달리 Series는 슬라이싱 같이 배열 스타일의 연산도 지원한다.

```
In[13]: population['California':'Illinois']
Out[13]: California    38332521
         Florida       19552860
         Illinois      12882135
         dtype: int64
```

Pandas 인덱싱과 슬라이싱의 특이사항에 관해서는 121쪽 '데이터 인덱싱과 선택'에서 논의한다.

Series 객체 구성하기

앞에서 이미 Pandas Series 객체를 처음부터 생성하는 몇 가지 방법을 살펴봤다. 그 방식들은 모두 다음 형태를 따른다.

```
>>> pd.Series(data, index=index)
```

여기서 index는 선택 인수고 data는 많은 요소 중 하나일 수 있다.

예를 들어 data는 리스트나 NumPy 배열일 수 있고, 그런 경우 index는 정수가 기본이다.

```
In[14]: pd.Series([2, 4, 6])
Out[14]: 0    2
         1    4
         2    6
         dtype: int64
```

data는 지정된 인덱스를 채우기 위해 반복되는 스칼라값일 수 있다.

```
In[15]: pd.Series(5, index=[100, 200, 300])
Out[15]: 100    5
         200    5
         300    5
         dtype: int64
```

data는 딕셔너리일 수도 있는데, 그 경우 index는 기본적으로 딕셔너리 키를 정렬해서 취한다.

```
In[16]: pd.Series({2:'a', 1:'b', 3:'c'})
Out[16]: 1    b
```

```
         2    a
         3    c
       dtype: object
```

각각의 경우, 다른 결과를 얻고 싶으면 인덱스를 명시적으로 설정할 수 있다.

```
In[17]: pd.Series({2:'a', 1:'b', 3:'c'}, index=[3, 2])
Out[17]: 3    c
         2    a
       dtype: object
```

이 경우에는 Series를 명시적으로 정의된 키로만 채울 수 있다.

Pandas DataFrame 객체

다음으로 다룰 Pandas의 기본 구조체는 DataFrame이다. 앞 절에서 다룬 Series 객체와 마찬가지로 DataFrame 또한 NumPy 배열의 일반화된 버전이나 파이썬 딕셔너리의 특수한 버전으로 생각할 수 있다. 이제 이 각 관점을 살펴보자.

DataFrame: 일반화된 NumPy 배열

Series가 유연한 인덱스를 가지는 1차원 배열이라면 DataFrame은 유연한 행 인덱스와 유연한 열 이름을 가진 2차원 배열이라고 볼 수 있다. 2차원 배열을 정렬된 1차원 열의 연속으로 볼 수 있듯이 DataFrame은 정렬된 Series 객체의 연속으로 볼 수 있다. 여기서 '정렬'은 같은 인덱스를 공유한다는 뜻이다.

설명을 위해 우선 앞에서 사용한 미국 다섯 개 주의 면적을 열거한 새로운 Series를 구성하자.

```
In[18]:
area_dict = {'California': 423967, 'Texas': 695662, 'New York': 141297,
             'Florida': 170312, 'Illinois': 149995}
area = pd.Series(area_dict)
area
Out[18]: California    423967
         Florida      170312
         Illinois     149995
         New York     141297
```

```
        Texas          695662
        dtype: int64
```

이제 앞에서 구성했던 population Series와 함께 이 Series 객체도 가지게 됐으니 딕셔너리를 사용해 이 정보를 포함하는 하나의 2차원 객체를 구성할 수 있다.

```
In[19]: states = pd.DataFrame({'population': population,
                               'area': area})
        states
Out[19]:         area      population
        California  423967    38332521
        Florida    170312    19552860
        Illinois   149995    12882135
        New York   141297    19651127
        Texas      695662    26448193
```

Series 객체와 마찬가지로 DataFrame도 인덱스 레이블에 접근할 수 있는 index 속성을 가지고 있다.

```
In[20]: states.index
Out[20]:
Index(['California', 'Florida', 'Illinois', 'New York', 'Texas'], dtype='object')
```

게다가 DataFrame은 열 레이블을 가지고 있는 Index 객체인 column 속성을 가지고 있다.

```
In[21]: states.columns
Out[21]: Index(['area', 'population'], dtype='object')
```

따라서 DataFrame은 행과 열 모두 데이터 접근을 위한 일반화된 인덱스를 가지고 있는 2차원 NumPy 배열의 일반화된 버전으로 볼 수 있다.

DataFrame: 특수한 딕셔너리

마찬가지로 DataFrame을 딕셔너리의 특수 버전으로 볼 수도 있다. 딕셔너리는 키를 값에 매핑한다면 DataFrame은 열 이름을 열 데이터로 이뤄진 Series에 매핑한다. 예를 들어, 'area' 속성을 질의하면 앞에서 본 면적을 담고 있는 Series 객체를 반환한다.

```
In[22]: states['area']
Out[22]: California    423967
         Florida       170312
         Illinois      149995
         New York      141297
         Texas         695662
         Name: area, dtype: int64
```

여기가 바로 혼란스러울 수 있는 부분이다. 2차원 NumPy 배열에서는 data[0]이 첫 번째 행을 반환한다. DataFrame의 경우에는 data['col0']이 첫 번째 열을 반환한다. 이 때문에 DataFrame을 일반화된 배열보다 일반화된 딕셔너리로 보는 것이 더 적합할 수는 있지만, 그 상황을 바라보는 두 가지 시각 모두 유용할 수 있다. DataFrame을 인덱싱하는 좀 더 유연한 방법은 121쪽 '데이터 인덱싱과 선택'에서 더 자세히 살펴본다.

DataFrame 객체 구성하기

Pandas DataFrame은 다양한 방법으로 구성할 수 있다. 지금부터 몇 가지 예를 들어보자.

▪ 단일 Series 객체에서 구성하기

DataFrame은 Series 객체의 집합체로서 열 하나짜리 DataFrame은 단일 Series로부터 구성할 수 있다.

```
In[23]: pd.DataFrame(population, columns=['population'])
Out[23]:            population
         California   38332521
         Florida      19552860
         Illinois     12882135
         New York     19651127
         Texas        26448193
```

▪ 딕셔너리의 리스트에서 구성하기

딕셔너리의 리스트는 DataFrame으로 만들 수 있다. 여기서는 간단한 리스트 컴프리헨션을 사용해 데이터를 만들 것이다.

```
In[24]: data = [{'a': i, 'b': 2 * i}
                for i in range(3)]
        pd.DataFrame(data)
```

```
Out[24]:    a  b
        0  0  0
        1  1  2
        2  2  4
```

딕셔너리의 일부 키가 누락되더라도 Pandas는 누락된 자리를 NaN(숫자가 아님을 의미하는 'not a number') 값으로 채운다.

```
In[25]: pd.DataFrame([{'a': 1, 'b': 2}, {'b': 3, 'c': 4}])
Out[25]:    a    b  c
        0  1.0  2  NaN
        1  NaN  3  4.0
```

▪ Series 객체의 딕셔너리에서 구성하기

앞에서 봤듯이 DataFrame은 Series 객체의 딕셔너리로 구성될 수도 있다.

```
In[26]: pd.DataFrame({'population': population,
                      'area': area})
Out[26]:              area      population
        California   423967    38332521
        Florida      170312    19552860
        Illinois     149995    12882135
        New York     141297    19651127
        Texas        695662    26448193
```

▪ 2차원 NumPy 배열에서 구성하기

데이터의 2차원 배열이 주어지면 지정된 열과 인덱스 이름을 가진 DataFrame을 생성할 수 있다. 만약 생략되면 각각에 대해 정수 인덱스가 사용된다.

```
In[27]: pd.DataFrame(np.random.rand(3, 2),
                     columns=['foo', 'bar'],
                     index=['a', 'b', 'c'])
Out[27]:    foo       bar
        a  0.865257  0.213169
        b  0.442759  0.108267
        c  0.047110  0.905718
```

■ NumPy의 구조화된 배열에서 구성하기

구조화된 배열에 대해서는 104쪽 '구조화된 데이터: NumPy의 구조화된 배열'에서 다뤘다. Pandas DataFrame은 구조화된 배열처럼 동작하며 구조화된 배열로부터 직접 만들 수 있다.

```
In[28]: A = np.zeros(3, dtype=[('A', 'i8'), ('B', 'f8')])
        A
Out[28]: array([(0, 0.0), (0, 0.0), (0, 0.0)],
            dtype=[('A', '<i8'), ('B', '<f8')])
In[29]: pd.DataFrame(A)
Out[29]:    A  B
        0  0  0.0
        1  0  0.0
        2  0  0.0
```

Pandas Index 객체

여기서 Series와 DataFrame 객체가 데이터를 참조하고 수정하게 해주는 명시적인 인덱스를 포함한다는 것을 알았다. Index 객체는 그 자체로 흥미로운 구조체이며 불변의 배열이나 정렬된 집합(Index 객체가 중복되는 값을 포함할 수 있으므로 기술적으로 중복집합)으로 볼 수 있다. 이 관점은 Index 객체에서 사용할 수 있는 연산에 몇 가지 흥미로운 결과를 가져온다. 간단한 예로, 정수 리스트로부터 Index를 구성해 보자.

```
In[30]: ind = pd.Index([2, 3, 5, 7, 11])
        ind
Out[30]: Int64Index([2, 3, 5, 7, 11], dtype='int64')
```

Index: 불변의 배열

Index 객체는 여러 면에서 배열처럼 동작한다. 예를 들어, 표준 파이썬 인덱싱 표기법을 사용해 값이나 슬라이스를 가져올 수 있다.

```
In[31]: ind[1]
Out[31]: 3
In[32]: ind[::2]
Out[32]: Int64Index([2, 5, 11], dtype='int64')
```

Index 객체에는 NumPy 배열에서 익숙한 속성이 많이 있다.

```
In[33]: print(ind.size, ind.shape, ind.ndim, ind.dtype)
5 (5,) 1 int64
```

Index 객체와 NumPy 배열의 한 가지 차이점이라면 Index 객체는 일반적인 방법으로는 변경될 수 없는 불변의 값이라는 점이다.

```
In[34]: ind[1] = 0
---------------------------------------------------------------------------
TypeError                                 Traceback (most recent call last)
<ipython-input-34-40e631c82e8a> in <module>()
----> 1 ind[1] = 0

/Users/jakevdp/anaconda/lib/python3.5/site-packages/pandas/indexes/base.py ...
   1243
   1244        def __setitem__(self, key, value):
-> 1245            raise TypeError("Index does not support mutable operations")
   1246
   1247        def __getitem__(self, key):

TypeError: Index does not support mutable operations
```

이 불변성 덕분에 예기치 않은 인덱스 변경으로 인한 부작용 없이 여러 DataFrame과 배열 사이에서 인덱스를 더 안전하게 공유할 수 있다.

Index: 정렬된 집합

Pandas 객체는 집합 연산의 여러 측면에 의존하는 데이터세트 간의 조인과 같은 연산을 할 수 있게 하려고 고안됐다. Index 객체는 대체로 파이썬에 내장된 set 데이터 구조에서 사용하는 표기법을 따르기 때문에 합집합, 교집합, 차집합을 비롯해 그 밖의 조합들이 익숙한 방식으로 계산될 수 있다.

```
In[35]: indA = pd.Index([1, 3, 5, 7, 9])
        indB = pd.Index([2, 3, 5, 7, 11])
In[36]: indA & indB # 교집합
Out[36]: Int64Index([3, 5, 7], dtype='int64')
In[37]: indA | indB # 합집합
Out[37]: Int64Index([1, 2, 3, 5, 7, 9, 11], dtype='int64')
```

```
In[38]: indA ^ indB # 대칭 차(두 집합의 상대 여집합의 합-옮긴이)
Out[38]: Int64Index([1, 2, 9, 11], dtype='int64')
```

데이터 인덱싱과 선택

2장에서 NumPy 배열의 값에 접근하고 그 값을 설정하고 수정하는 메서드와 도구에 대해 자세히 알아봤다. 여기에는 인덱싱(예: arr[2, 1])과 슬라이싱(예: arr[:, 1:5]), 마스킹(예: arr[arr > 0]), 팬시 인덱싱(예: arr[0, [1, 5]]), 그것들의 조합(예: arr[:, [1, 5]])이 포함된다. 이제 Pandas Series와 DataFrame 객체의 값에 접근하고 그 값을 수정하는 도구를 살펴보겠다. NumPy 패턴을 사용해 본 적이 있다면 특이점이 몇 가지 있기는 하지만 Pandas 패턴도 아주 친숙하게 느낄 것이다.

먼저 간단하게 1차원 Series 객체로 시작한 후, 좀 더 복잡한 2차원 DataFrame 객체로 넘어가자.

Series에서 데이터 선택

앞에서 봤듯이 Series 객체는 여러 면에서 1차원 NumPy 배열과 표준 파이썬 딕셔너리처럼 동작한다. 이 둘의 유사점을 기억하고 있으면 배열에서 데이터를 인덱싱하고 선택하는 패턴을 이해하는 데 도움될 것이다.

Series: 딕셔너리

Series 객체는 딕셔너리와 마찬가지로 키의 집합을 값의 집합에 매핑한다.

```
In[1]: import pandas as pd
       data = pd.Series([0.25, 0.5, 0.75, 1.0],
                        index=['a', 'b', 'c', 'd'])
       data
Out[1]: a    0.25
        b    0.50
        c    0.75
        d    1.00
        dtype: float64
In[2]: data['b']
Out[2]: 0.5
```

키/인덱스와 값을 조사하기 위해 딕셔너리와 유사한 파이썬 표현식과 메서드를 사용할 수도 있다.

```
In[3]: 'a' in data
Out[3]: True
In[4]: data.keys()
Out[4]: Index(['a', 'b', 'c', 'd'], dtype='object')
In[5]: list(data.items())
Out[5]: [('a', 0.25), ('b', 0.5), ('c', 0.75), ('d', 1.0)]
```

Series 객체는 딕셔너리와 유사한 구문을 사용해 수정할 수도 있다. 새로운 키에 할당해 딕셔너리를 확장할 수 있는 것과 마찬가지로 새로운 인덱스 값에 할당함으로써 Series를 확장할 수 있다.

```
In[6]: data['e'] = 1.25
       data
Out[6]: a    0.25
        b    0.50
        c    0.75
        d    1.00
        e    1.25
        dtype: float64
```

이렇게 객체의 변경이 쉽다는 것은 편리한 특징인데, 그 내부에서 Pandas가 이 변경에 수반돼야 할 메모리 배치와 데이터 복사에 대한 결정을 수행하므로 일반적으로 사용자는 이러한 이슈에 대해 걱정할 필요가 없다.

Series: 1차원 배열

Series는 딕셔너리와 유사한 인터페이스를 기반으로 하며 슬라이스, 마스킹, 팬시 인덱싱 등 NumPy 배열과 똑같은 기본 메커니즘으로 배열 형태의 아이템을 선택할 수 있다. 다음 예제를 통해 확인해 보자.

```
In[7]: # 명시적인 인덱스로 슬라이싱하기
       data['a':'c']
Out[7]: a    0.25
        b    0.50
        c    0.75
        dtype: float64
In[8]: # 암묵적 정수 인덱스로 슬라이싱하기
       data[0:2]
```

```
Out[8]: a    0.25
        b    0.50
        dtype: float64
In[9]: # 마스킹
       data[(data > 0.3) & (data < 0.8)]
Out[9]: b    0.50
        c    0.75
        dtype: float64
In[10]: # 팬시 인덱싱
        data[['a', 'e']]
Out[10]: a    0.25
         e    1.25
         dtype: float64
```

이 가운데 슬라이싱이 가장 많이 혼동을 일으킬 것이다. 명시적 인덱스(즉, data['a':'c'])로 슬라이싱할 때는 최종 인덱스가 슬라이스에 포함되지만, 암묵적 인덱스(즉, data[0:2])로 슬라이싱하면 최종 인덱스가 그 슬라이스에서 제외된다는 점을 알아두자.

인덱서: loc와 iloc

이 슬라이싱과 인덱싱의 관례적 표기법은 혼동을 불러일으킨다. 가령 Series가 명시적인 정수 인덱스를 가지고 있다면 **data[1]**과 같은 인덱싱 연산은 명시적인 인덱스를 사용하겠지만, **data[1:3]** 같은 슬라이싱 연산은 파이썬 스타일의 암묵적 인덱스를 사용할 것이다.

```
In[11]: data = pd.Series(['a', 'b', 'c'], index=[1, 3, 5])
        data
Out[11]: 1    a
         3    b
         5    c
         dtype: object
In[12]: # 인덱싱할 때 명시적인 인덱스 사용
        data[1]
Out[12]: 'a'
In[13]: # 슬라이싱할 때 암묵적 인덱스 사용
        data[1:3]
Out[13]: 3    b
         5    c
         dtype: object
```

정수 인덱스를 사용하는 경우 이런 혼선이 발생할 수 있기 때문에 Pandas는 특정 인덱싱 방식을 명시적으로 드러내는 몇 가지 특별한 인덱서(indexer) 속성을 제공한다. 이는 함수 메서드가 아니라 Series의 데이터에 대한 특정 슬라이싱 인터페이스를 드러내는 속성이다.

먼저 loc 속성은 언제나 명시적인 인덱스를 참조하는 인덱싱과 슬라이싱을 가능하게 한다.

```
In[14]: data.loc[1]
Out[14]: 'a'
In[15]: data.loc[1:3]
Out[15]: 1    a
         3    b
         dtype: object
```

iloc 속성은 인덱싱과 슬라이싱에서 언제나 암묵적인 파이썬 스타일의 인덱스를 참조하게 해준다.

```
In[16]: data.iloc[1]
Out[16]: 'b'
In[17]: data.iloc[1:3]
Out[17]: 3    b
         5    c
         dtype: object
```

파이썬 코드의 한 가지 원칙이라면 '명시적인 것이 암묵적인 것보다 낫다'는 것이다. loc와 iloc의 명시적 성격은 명확하고 가독성 있는 코드를 유지하는 데 매우 유용하다. 특히 정수형 인덱스인 경우, 이 두 속성을 사용하는 것이 코드를 읽고 이해하기 쉽게 만들며 뒤섞인 인덱싱/슬라이싱 관례가 초래하는 미묘한 버그를 방지할 수 있어 좋다.

DataFrame에서 데이터 선택

DataFrame은 여러 면에서 2차원 배열이나 구조화된 배열과 비슷하고, 다른 면에서는 동일 인덱스를 공유하는 Series 구조체의 딕셔너리와 비슷하다. 이 유사성을 기억하고 있으면 이런 구조체에서 데이터를 선택하는 법을 살펴볼 때 도움이 된다.

DataFrame: 딕셔너리

여기서 고려할 첫 번째 유사점은 DataFrame이 관련 Series 객체의 딕셔너리라는 것이다. 미국 주의 면적과 인구 예제로 다시 돌아가 보자.

```
In[18]: area = pd.Series({'California': 423967, 'Texas': 695662,
                          'Florida': 170312, 'New York': 141297,
                          'Pennsylvania': 119280})
        pop = pd.Series({'California': 39538223, 'Texas': 29145505,
                         'Florida': 21538187, 'New York': 20201249,
                         'Pennsylvania': 13002700})
        data = pd.DataFrame({'area':area, 'pop':pop})
        data
```

Out[18]:

	area	pop
California	423967	39538223
Texas	695662	29145505
Florida	170312	21538187
New York	141297	20201249
Pennsylvania	119280	13002700

DataFrame의 열을 이루는 각 Series는 열 이름으로 된 딕셔너리 스타일의 인덱싱을 통해 접근할 수 있다.

```
In[19]: data['area']
Out[19]: California      423967
         Texas          695662
         Florida        170312
         New York       141297
         Pennsylvania   119280
         Name: area, dtype: int64
```

마찬가지로 문자열인 열(column) 이름을 이용해 속성 스타일로 접근할 수 있다.

```
In[20]: data.area
Out[20]: California      423967
         Texas          695662
         Florida        170312
         New York       141297
         Pennsylvania   119280
         Name: area, dtype: int64
```

이 약식 표현이 유용하기는 하지만 모든 경우에 동작하지는 않는다! 예를 들어, 열 이름이 문자열이 아니거나 열 이름이 DataFrame의 메서드와 충돌할 때는 이 속성 스타일로 접근할 수 없다. 예를 들면 DataFrame은 pop() 메서드를 가지고 있으므로 data.pop은 'pop' 열이 아니라 그 메서드를 가리킬 것이다.

```
In[21]: data.pop is data['pop']
Out[21]: False
```

특히 속성을 통해 열을 할당하려고 해서는 안 된다(즉, data.pop = z가 아니라 data['pop'] = z를 사용해야 한다).

앞에서 살펴본 Series 객체와 마찬가지로 이 딕셔너리 형태의 구문은 객체를 변경할 때도 사용할 수 있다. 지금 예제에서는 새 열을 추가한다.

```
In[22]: data['density'] = data['pop'] / data['area']
        data
Out[22]:
```

	area	pop	density
California	423967	39538223	93.257784
Texas	695662	29145505	41.896072
Florida	170312	21538187	126.463121
New York	141297	20201249	142.970120
Pennsylvania	119280	13002700	109.009893

이것은 Series 객체 간에 요소 단위로 산술 연산을 하는 간단한 구문이다. 이에 대해서는 129쪽 'Pandas에서 데이터 연산하기'에서 더 자세히 알아보겠다.

DataFrame: 2차원 배열

앞에서 언급한 것처럼 DataFrame을 2차원 배열의 보강된 버전으로 볼 수도 있다. values 속성을 이용해 원시 기반 데이터 배열을 확인할 수 있다.

```
In[23]: data.values
Out[23]: array([[4.23967000e+05, 3.95382230e+07, 9.32577842e+01],
                [6.95662000e+05, 2.91455050e+07, 4.18960717e+01],
                [1.70312000e+05, 2.15381870e+07, 1.26463121e+02],
                [1.41297000e+05, 2.02012490e+07, 1.42970120e+02],
                [1.19280000e+05, 1.30027000e+07, 1.09009893e+02]])
```

이 예제를 염두에 두고 있으면 DataFrame 자체에 대해 배열에서 익숙했던 많은 유사한 작업을 할 수 있다. 예를 들어, 전체 DataFrame의 행과 열을 바꿀 수 있다.

```
In[24]: data.T
Out[24]:
```

	California	Texas	Florida	New York	Pennsylvania
area	4.239670e+05	6.956620e+05	1.703120e+05	1.412970e+05	1.192800e+05
pop	3.953822e+07	2.914550e+07	2.153819e+07	2.020125e+07	1.300270e+07
density	9.325778e+01	4.189607e+01	1.264631e+02	1.429701e+02	1.090099e+02

하지만 DataFrame 객체 인덱싱에서는 열을 딕셔너리 스타일로 인덱싱하면 그 객체를 단순히 NumPy 배열로 다룰 수 없게 된다는 것은 확실하다. 특히, 배열에 단일 인덱스를 전달하면 다음과 같이 행에 접근한다.

```
In[25]: data.values[0]
Out[25]: array([4.23967000e+05, 3.95382230e+07, 9.32577842e+01])
```

그리고 DataFrame에 단일 '인덱스'를 전달하면 열에 접근한다.

```
In[26]: data['area']
Out[26]: California      423967
         Texas          695662
         Florida        170312
         New York       141297
         Pennsylvania   119280
         Name: area, dtype: int64
```

따라서 배열 스타일 인덱싱의 경우 다른 표기법이 필요하다. 이때 Pandas는 다시 앞에서 언급한 loc, iloc 인덱서를 사용한다. iloc 인덱서를 사용하면 DataFrame 객체가 단순 NumPy 배열인 것처럼(암묵적 파이썬 스타일의 인덱스 사용) 기반 배열을 인덱싱할 수 있지만, DataFrame 인덱스와 열 레이블은 결과에 그대로 유지된다.

```
In [27]: data.iloc[:3, :2]
Out[27]:
```

	area	pop
California	423967	39538223
Texas	695662	29145505
Florida	170312	21538187

마찬가지로 loc 인덱서를 사용하면 명시적 인덱스와 열 이름을 사용해 배열과 같은 스타일로 기초 데이터를 인덱싱할 수 있다.

```
In [28]: data.loc[:'Florida', :'pop']
Out[28]:
```

	area	pop
California	423967	39538223
Texas	695662	29145505
Florida	170312	21538187

NumPy 스타일의 익숙한 데이터 접근 패턴은 이 인덱서들에서도 사용할 수 있다. 예를 들어, loc 인덱서에서 다음처럼 마스킹과 팬시 인덱싱을 결합할 수 있다.

```
In[29]: data.loc[data.density > 120, ['pop', 'density']]
Out[29]:
```

	pop	density
Florida	21538187	126.463121
New York	20201249	142.970120

이 인덱싱 규칙은 값을 설정하거나 변경하는 데도 사용될 수 있다. 이는 NumPy에서 작업하는 데 익숙한 표준 방식으로 이뤄진다.

```
In[30]: data.iloc[0, 2] = 90
        data
Out[30]:
```

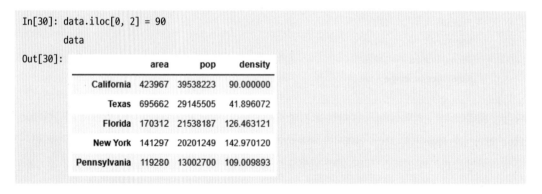

	area	pop	density
California	423967	39538223	90.000000
Texas	695662	29145505	41.896072
Florida	170312	21538187	126.463121
New York	141297	20201249	142.970120
Pennsylvania	119280	13002700	109.009893

Pandas에서 데이터 가공을 능숙하게 하려면 간단한 DataFrame에 시간을 투자해서 다양한 인덱싱 기법이 제공하는 인덱싱, 슬라이싱, 마스킹, 팬시 인덱싱 유형을 알아보는 것이 좋다.

추가적인 인덱싱 규칙

앞의 내용과 전혀 다르게 보일지도 모르지만, 실무에서 매우 유용한 몇 가지 추가적인 인덱싱 규칙이 있다. 우선 인덱싱은 열을 참조하는 반면, 슬라이싱은 행을 참조한다.

```
In[31]: data['Florida':'New York']
Out[31]:
                   area        pop       density
       Florida    170312    21538187    126.463121
      New York    141297    20201249    142.970120
```

이 슬라이스는 인덱스 대신 숫자로 행을 참조할 수도 있다.

```
In[32]: data[1:3]
Out[32]:
                 area        pop       density
        Texas   695662    29145505     41.896072
      Florida   170312    21538187    126.463121
```

이와 비슷하게 직접 마스킹 연산은 열 단위가 아닌 행 단위로 해석된다.

```
In[33]: data[data.density > 120]
Out[33]:
                   area        pop       density
       Florida    170312    21538187    126.463121
      New York    141297    20201249    142.970120
```

이 두 규칙은 구문적으로 NumPy 배열과 유사하며, Pandas 규칙의 틀에 딱 들어맞지는 않지만 실제로 꽤 유용하다.

Pandas에서 데이터 연산하기

NumPy의 기본 중 하나는 기본 산술 연산(덧셈, 뺄셈, 곱셈 등)과 복잡한 연산(삼각함수, 지수와 로그 함수 등) 모두에서 요소 단위의 연산을 빠르게 수행할 수 있다는 점이다. Pandas는 NumPy로부터 이 기능의 대부분을 상속받았으며, 56쪽 'NumPy 배열 연산: 유니버설 함수'에서 소개했던 유니버설 함수 가 그 핵심이다.

Pandas는 몇 가지 유용한 특수 기능을 포함하고 있다. 부정 함수와 삼각함수 같은 단항 연산의 경우에는 이 유니버설 함수가 결과물에 인덱스와 열 레이블을 보존하고, 덧셈과 곱셈 같은 이항 연산의 경우에는 Pandas가 유니버설 함수에 객체를 전달할 때 자동으로 **인덱스를 정렬한다.** 다시 말해 Pandas를 이용하면 데이터의 맥락을 유지하고 다른 소스에서 가져온 데이터를 결합하는 작업(둘 다 원시 NumPy 배열로는 오류가 발생하기 쉬운 작업)을 근본적으로 실패할 일이 없다는 뜻이다. 이 밖에도 1차원 Series 구조체와 2차원 DataFrame 구조체 사이에 잘 정의된 연산에 대해 알아보겠다.

유니버설 함수: 인덱스 보존

Pandas는 NumPy와 함께 작업하도록 설계됐기 때문에 NumPy의 유니버설 함수가 Pandas Series 와 DataFrame 객체에 동작한다. 먼저 이를 보여줄 간단한 Series와 DataFrame을 정의하자.

```
In[1]: import pandas as pd
       import numpy as np
In[2]: rng = np.random.RandomState(42)
       ser = pd.Series(rng.randint(0, 10, 4))
       ser
Out[2]: 0    6
        1    3
        2    7
        3    4
        dtype: int64
In[3]: df = pd.DataFrame(rng.randint(0, 10, (3, 4)),
                         columns=['A', 'B', 'C', 'D'])
       df
Out[3]:    A  B  C  D
        0  6  9  2  6
        1  7  4  3  7
        2  7  2  5  4
```

NumPy 유니버설 함수를 이 객체 중 하나에 적용하면 그 결과는 인덱스가 그대로 **보존된** 다른 Pandas 객체가 될 것이다.

```
In[4]: np.exp(ser)
Out[4]: 0     403.428793
        1      20.085537
        2    1096.633158
```

```
          3    54.598150
     dtype: float64
```

다음은 약간 더 복잡한 계산이다.

```
In[5]: np.sin(df * np.pi / 4)
Out[5]:         A             B         C             D
     0 -1.000000  7.071068e-01  1.000000 -1.000000e+00
     1 -0.707107  1.224647e-16  0.707107 -7.071068e-01
     2 -0.707107  1.000000e+00 -0.707107  1.224647e-16
```

56쪽 'NumPy 배열 연산: 유니버설 함수'에서 논의한 유니버설 함수는 모두 비슷한 방식으로 사용할 수 있다.

유니버설 함수: 인덱스 정렬

두 개의 Series 또는 DataFrame 객체에 이항 연산을 적용하는 경우, Pandas는 연산을 수행하는 과정에서 인덱스를 정렬한다. 이는 다음에 나올 몇 가지 예제에서 보는 바와 같이 불완전한 데이터로 작업할 때 매우 편리하다.

Series에서 인덱스 정렬

두 개의 다른 데이터 소스를 결합해 미국 주에서 **면적 기준 상위 세 개의 주와 인구 기준 상위 세 개의 주**를 찾는다고 가정하자.

```
In[6]: area = pd.Series({'Alaska': 1723337, 'Texas': 695662,
                          'California': 423967}, name='area')
       population = pd.Series({'California': 38332521, 'Texas': 26448193,
                              'New York': 19651127}, name='population')
```

이제 이 둘을 나누어 인구 밀도를 계산하면 어떤 일이 일어나는지 보자.

```
In[7]: population / area
Out[7]: Alaska              NaN
        California    90.413926
        New York            NaN
        Texas         38.018740
        dtype: float64
```

결과 배열은 두 입력 배열의 인덱스의 **합집합**을 담고 있으며, 그 합집합은 이 인덱스에 표준 파이썬 집합 연산을 사용해 결정된다.

```
In[8]: area.index | population.index
Out[8]: Index(['Alaska', 'California', 'New York', 'Texas'], dtype='object')
```

둘 중 하나라도 값이 없는 항목은 Pandas가 누락된 데이터를 표시하는 방식(누락 데이터에 대한 더 자세한 내용은 135쪽 '누락된 데이터 처리하기' 참고)에 따라 NaN, 즉 '숫자가 아님(Not a Number)'으로 표시된다. 이 인덱스 매칭은 파이썬에 내장된 산술 표현식에 대해서도 같은 방식으로 구현돼 있다. 누락된 값은 기본으로 NaN으로 채워진다.

```
In[9]: A = pd.Series([2, 4, 6], index=[0, 1, 2])
       B = pd.Series([1, 3, 5], index=[1, 2, 3])
       A + B
Out[9]: 0    NaN
        1    5.0
        2    9.0
        3    NaN
        dtype: float64
```

NaN 값 사용을 원치 않을 경우, 연산자 대신에 적절한 객체 메서드를 사용해 채우기 값을 수정할 수 있다. 예를 들어, A.add(B)를 호출하면 A + B를 호출하는 것과 같지만, A나 B에서 누락된 요소의 채우기 값을 선택해 명시적으로 지정할 수 있다.

```
In[10]: A.add(B, fill_value=0)
Out[10]: 0    2.0
         1    5.0
         2    9.0
         3    5.0
         dtype: float64
```

DataFrame에서 인덱스 정렬

DataFrame에서 연산을 수행할 때 열과 인덱스 모두에서 비슷한 유형의 정렬이 발생한다.

```
In[11]: A = pd.DataFrame(rng.randint(0, 20, (2, 2)),
                         columns=list('AB'))
```

```
       A
Out[11]:    A   B
        0   1   11
        1   5   1
In[12]: B = pd.DataFrame(rng.randint(0, 10, (3, 3)),
                          columns=list('BAC'))
        B
Out[12]:    B   A   C
        0   4   0   9
        1   5   8   0
        2   9   2   6
In[13]: A + B
Out[13]:    A      B      C
        0   1.0    15.0   NaN
        1   13.0   6.0    NaN
        2   NaN    NaN    NaN
```

두 객체의 순서와 상관없이 인덱스가 올바르게 정렬되고 결과 인덱스가 정렬된다. Series와 마찬가지로 관련 객체의 산술 연산 메서드를 사용해 누락된 값 대신 원하는 fill_value를 전달할 수 있다. 여기서는 A에 있는 모든 값(먼저 A의 행을 쌓아서 계산한)의 평균값으로 채운다.

```
In[14]: fill = A.stack().mean()
        A.add(B, fill_value=fill)
Out[14]:    A      B      C
        0   1.0    15.0   13.5
        1   13.0   6.0    4.5
        2   6.5    13.5   10.5
```

표 3-1에 파이썬 연산자와 그에 상응하는 Pandas 객체 메서드를 정리했다.

표 3-1. 파이썬 연산자와 Pandas 메서드 매핑

파이썬 연산자	Pandas 메서드
+	add()
−	sub(), subtract()
*	mul(), multiply()
/	truediv(), div(), divide()

파이썬 연산자	Pandas 메서드
//	floordiv()
%	mod()
**	pow()

유니버설 함수: DataFrame과 Series 간의 연산

DataFrame과 Series 사이에서 연산할 때 인덱스와 열의 순서는 비슷하게 유지된다. DataFrame과 Series 사이의 연산은 2차원 NumPy 배열과 1차원 NumPy 배열 사이의 연산과 비슷하다. 2차원 배열과 그 배열의 행 하나와의 차이를 알아내는 일반적인 연산을 생각해 보자.

```
In[15]: A = rng.randint(10, size=(3, 4))
        A
Out[15]: array([[3, 8, 2, 4],
                [2, 6, 4, 8],
                [6, 1, 3, 8]])
In[16]: A - A[0]
Out[16]: array([[ 0,  0,  0,  0],
                [-1, -2,  2,  4],
                [ 3, -7,  1,  4]])
```

NumPy 브로드캐스팅 규칙에 따르면(72쪽 '배열 연산: 브로드캐스팅' 참고) 2차원 배열에서 그 배열의 행 하나를 빼는 것은 행 방향으로 적용된다.

Pandas에서도 연산 규칙이 기본적으로 행 방향으로 적용된다.

```
In[17]: df = pd.DataFrame(A, columns=list('QRST'))
        df - df.iloc[0]
Out[17]:    Q  R  S  T
        0   0  0  0  0
        1  -1 -2  2  4
        2   3 -7  1  4
```

열 방향으로 연산하고자 한다면 앞에서 언급한 객체 메서드를 사용하면서 axis 키워드를 지정하면 된다.

```
In[18]: df.subtract(df['R'], axis=0)
Out[18]:     Q   R   S   T
        0   -5   0  -6  -4
        1   -4   0  -2   2
        2    5   0   2   7
```

DataFrame/Series 연산은 앞에서 언급했던 연산과 마찬가지로 두 요소 간의 인덱스를 자동으로 맞춘다.

```
In[19]: halfrow = df.iloc[0, ::2]
        halfrow
Out[19]: Q    3
        S    2
        Name: 0, dtype: int64
In[20]: df - halfrow
Out[20]:     Q    R    S    T
        0  0.0  NaN  0.0  NaN
        1 -1.0  NaN  2.0  NaN
        2  3.0  NaN  1.0  NaN
```

이렇게 인덱스와 열을 맞추고 보존한다는 것은 Pandas에서의 데이터 연산이 항상 데이터 맥락을 유지하기 때문에 원시 NumPy 배열에서 이종의 정렬되지 않은 데이터로 작업할 때 발생할 수 있는 멍청한 오류를 방지할 수 있다는 뜻이다.

누락된 데이터 처리하기

많은 튜토리얼에서 보는 데이터와 현실 세계 데이터의 차이점은 현실 세계의 데이터는 깨끗하거나 형태가 단일한 경우가 드물다는 것이다. 특히 흥미로운 데이터세트는 데이터가 어느 정도 누락돼 있는 경우가 많다. 더 골치 아픈 것은 데이터 소스가 다르면 전혀 다른 방식으로 데이터가 누락됐다는 뜻일 수도 있다는 데 있다.

이번 절에서는 누락된 데이터에 대해 일반적으로 고려할 사항 몇 가지를 논의하고 Pandas가 그것을 어떻게 표현하는지 알아보고 누락 데이터를 처리하는 파이썬의 내장된 Pandas 도구 몇 가지를 설명하려고 한다. 이 책에서는 누락된 데이터를 null이나 NaN, NA 값으로 나타낸다.

누락된 데이터 처리 방식의 트레이드오프

표나 `DataFrame`의 누락된 데이터 존재를 나타내기 위해 여러 가지 방식이 개발됐다. 일반적으로 그 방식은 누락된 값을 전체적으로 가리키는 마스크를 사용하거나 누락된 항목 하나를 가리키는 센티널 값을 선택하는 두 전략 중 하나를 중심으로 한다.

마스킹 방식에서 마스크는 완전히 별개의 부울 배열일 수도 있고 지역적으로 값의 널 상태를 가리키기 위해 데이터 표현에서 1비트를 전용으로 사용할 수도 있다.

센티널 방식에서 센티널 값은 누락된 정숫값을 -9999나 보기 드문 비트 패턴으로 표시하는 등 데이터에 특화된 표시법일 수도 있고 누락된 부동 소수점 값을 IEEE 부동 소수점 표준을 따르는 특수 값인 NaN(Not a Number)으로 표시하는 것과 같은 좀 더 일반적인 표시법일 수도 있다.

이 방식들은 모두 장단점이 있다. 별도의 마스크 배열을 사용하면 추가적인 부울 배열 할당이 필요한데, 이는 스토리지와 연산에 있어 오버헤드를 일으킨다. 센티널 값은 표시할 수 있는 유횻값의 범위를 줄이고 CPU와 GPU 산술 연산에 별도의 (대체로 최적화되지 않은) 로직이 필요할 수도 있다. NaN과 같은 보편적인 특수 값은 모든 데이터 타입에서 사용할 수 있는 것은 아니다.

대부분의 경우 모두를 만족하는 답이 존재하지 않듯이 언어와 시스템에 따라 다른 규칙을 사용한다. 예를 들어, R 언어는 누락된 데이터를 가리키는 센티널 값으로 각 데이터 타입에 예약된 비트 패턴을 사용하고, SciDB 시스템은 NA 상태를 나타내기 위해 모든 셀에 추가 바이트를 더해 사용한다.

Pandas에서 누락된 데이터

Pandas에서 누락된 값을 처리하는 방식은 Pandas의 기반이 되는 NumPy 패키지가 부동 소수점이 아닌 다른 데이터 타입에는 NA 값 표기법이 기본으로 없다는 사실로 인해 제약을 받는다.

Pandas가 값없음을 표시하기 위해 각 데이터 타입에 비트 패턴을 지정하는 R의 방식을 따를 수 있었지만, 이 방식은 다루기가 까다롭다. R은 네 개의 기본 데이터 타입을 가지고 있는 반면, NumPy는 그보다 훨씬 더 많은 데이터 타입을 가지고 있기 때문이다. 예를 들어 R에는 정수형이 하나지만, NumPy는 인코딩 방식에 있어 정밀도, 부호, 엔디언까지 고려하면 무려 열네 가지의 기본 정수형을 지원한다. NumPy의 모든 데이터 타입에 대해 특정 비트 패턴을 예약하게 되면 다양한 데이터 타입에 대한 여러 가지 연산으로 많은 오버헤드가 발생해서 이를 해결하기 위해 새로운 유형의 NumPy 패키지가 필요할 수도 있다. 게다가 작은 데이터 타입(8비트 정수 같이)에서 마스크로 사용하기 위해 1비트를 별도로 뺀다면 표현할 수 있는 값의 범위가 상당히 줄어든다.

이러한 제약과 장단점 때문에 Pandas에는 다음과 같이 널 값을 저장하고 조작하는 두 가지 '모드'가 있다.

- 기본 모드는 센티널 기반 누락 데이터 체계를 사용하는 것으로, 데이터 타입에 따라 센티널 값이 NaN 또는 None으로 설정된다.

- 또 다른 모드는 Pandas에서 제공하는 널 값이 들어갈 수 있는 데이터 타입(dtypes)을 사용하는 것으로(이 절의 뒤에서 설명), 이 경우 마스크 배열이 함께 생성되어 누락된 항목을 추적한다. 이렇게 누락된 항목은 특수한 pd.NA 값으로 사용자에게 표시된다.

두 경우 모두 Pandas API가 제공하는 데이터 연산과 조작이 예측 가능한 방식으로 누락된 항목을 처리하고 전달한다. 하지만 왜 이러한 선택이 이루어지는지에 관한 직관력을 키우기 위해 None, NaN, NA에 내재된 장단점을 빠르게 살펴보자. 늘 그랬듯이 NumPy와 Pandas를 가져오는 것으로 시작한다.

```
In [1]: import numpy as np
        import pandas as pd
```

None: 센티널 값

일부 데이터 타입의 경우, Pandas는 None을 센티널 값으로 사용한다. None은 Python 객체이며, 이 말은 곧 None을 포함하는 모든 배열이 dtype=object를 가지고 있어야 한다는 뜻이다. 즉, Python 객체의 시퀀스여야 한다.

가령 NumPy 배열에 None을 전달하면 어떤 일이 일어나는지 살펴보자.

```
In [2]: vals1 = np.array([1, None, 2, 3])
        vals1
Out[2]: array([1, None, 2, 3], dtype=object)
```

이 dtype=object는 NumPy가 배열의 내용에 대해 추론할 수 있는 가장 일반적인 타입 표현이 파이썬 객체라는 것을 의미한다. 이 방식으로 None을 사용할 때의 단점은 데이터에 대한 연산이 파이썬 수준에서 수행되므로 네이티브 타입이 있는 배열에서 일반적으로 볼 수 있는 빠른 연산보다 훨씬 더 많은 오버헤드가 발생한다는 것이다.

```
In [3]: %timeit np.arange(1E6, dtype=int).sum()
Out[3]: 2.73 ms ± 288 µs per loop (mean ± std. dev. of 7 runs, 100 loops each)
In [4]: %timeit np.arange(1E6, dtype=object).sum()
Out[4]: 92.1 ms ± 3.42 ms per loop (mean ± std. dev. of 7 runs, 10 loops each)
```

게다가 파이썬은 None을 사용한 산술 연산을 지원하지 않으므로 sum 또는 min과 같은 집계는 일반적으로 오류가 발생한다.

```
In [5]: vals1.sum()
TypeError: unsupported operand type(s) for +: 'int' and 'NoneType'
```

이러한 이유로 Pandas는 숫자 배열에 None을 센터널로 사용하지 않는다.

NaN: 누락된 숫자 데이터

다른 누락된 데이터 표현인 NaN(Not a Number의 약칭)은 다르다. 이것은 표준 IEEE 부동 소수점 표기를 사용하는 모든 시스템이 인식하는 특수 부동 소수점 값이다.

```
In[5]: vals2 = np.array([1, np.nan, 3, 4])
        vals2.dtype
Out[5]: dtype('float64')
```

NumPy가 이 배열에 대해 기본 부동 소수점 타입을 선택했다는 사실에 주목하자. 이 말은 곧 앞에서 본 객체 배열과는 달리 이 배열은 컴파일된 코드에 삽입된 빠른 연산을 지원한다는 뜻이다. NaN은 데이터 바이러스와 약간 비슷하다는 사실을 알아야 한다. 말하자면 그것은 접촉한 모든 객체를 감염시킨다. 어떤 연산이든 상관없이 NaN이 포함된 산술 연산의 결과는 또 다른 NaN이 된다.

```
In[6]: 1 + np.nan
Out[6]: nan
In[7]: 0 *  np.nan
Out[7]: nan
```

값을 집계하는 방법은 잘 정의돼 있지만(즉, 오류를 내지 않는다) 그것이 항상 유용하지는 않다.

```
In[8]: vals2.sum(), vals2.min(), vals2.max()
Out[8]: (nan, nan, nan)
```

NumPy는 이 누락된 값을 무시하는 몇 가지 특별한 집계 연산을 제공한다.

```
In[9]: np.nansum(vals2), np.nanmin(vals2), np.nanmax(vals2)
Out[9]: (8.0, 1.0, 4.0)
```

특히 NaN은 부동 소수점 값이라는 것을 유념하자. 정수나 문자열 등 다른 타입에는 NaN에 해당하는 값이 없다.

Pandas에서 NaN과 None

NaN과 None은 각자가 맡은 역할이 있으며 Pandas는 이 둘을 거의 호환성 있게 처리하고 적절한 경우에는 서로 변환할 수 있게 했다.

```
In[10]: pd.Series([1, np.nan, 2, None])
Out[10]: 0    1.0
         1    NaN
         2    2.0
         3    NaN
         dtype: float64
```

사용할 수 있는 센티널 값이 없는 타입의 경우, NA 값이 있으면 Pandas가 자동으로 타입을 변환한다. 가령 정수 배열의 값을 np.nan으로 설정하면 NA를 수용할 수 있도록 부동 소수점 타입으로 자동 상향 변환한다.

```
In[11]: x = pd.Series(range(2), dtype=int)
        x
Out[11]: 0    0
         1    1
         dtype: int64
In[12]: x[0] = None
        x
Out[12]: 0    NaN
         1    1.0
         dtype: float64
```

Pandas는 정수 배열을 부동 소수점으로 변환하는 것 외에도 자동으로 None을 NaN 값으로 변환한다 (향후 기본 정수형 NA를 Pandas에 추가하자는 제안이 있지만, 아직 Pandas에 포함되지는 않았다).

이런 유형의 매직 함수가 R과 같이 영역 특화된 언어에서 NA 값에 접근하는 단일 방식에 비해 다소 독창적이라고 느낄 수 있지만, 사실상 Pandas의 센티널/타입 변환 방식은 상당히 잘 동작하며 개인적 경험을 바탕으로 봤을 때 문제가 거의 발생하지 않는다.

표 3-2에 NA 값이 도입될 때 Pandas의 상향 변환 규칙을 정리했다.

표 3-2. Pandas의 타입별 NA 값 처리 방식

타입 클래스	NA 값을 저장할 때의 변환	NA 센티널 값
floating	변경 없음	np.nan
object	변경 없음	None 또는 np.nan
integer	float64로 변환	np.nan
Boolean	object로 변환	None 또는 np.nan

Pandas에서 문자열 데이터는 항상 `object` dtype으로 저장된다는 사실을 기억하자.

Pandas의 널러블(Nullable) 데이터 타입

초기 버전의 Pandas에서는 **NaN**과 **None**을 센티널 값으로 사용하는 것이 누락 데이터를 표현하는 유일한 방법이었다. 이로 인해 발생한 가장 큰 어려움은 암시적 타입 캐스팅과 관련된 것이었다. 예를 들어, 누락된 데이터가 있는 실수 배열을 표현할 방법이 없었다.

이 문제를 해결하기 위해 Pandas는 나중에 **널러블 데이터 타입**을 추가했는데, 이름의 대소문자로 일반 데이터 타입과 널러블 데이터 타입을 구별하는 방식이었다(예: `np.int32` 대신 `pd.Int32` 사용). 이전 버전과의 호환성을 위해 이러한 널러블 데이터 타입은 특별히 요청한 경우에만 사용된다.

예를 들어, 다음은 누락 데이터를 표현할 수 있는 세 가지 표시기가 모두 포함된 리스트에서 만든 정수 배열 `Series`다.

```
In [14]: pd.Series([1, np.nan, 2, None, pd.NA], dtype='Int32')
Out[14]: 0 1
         1 <NA>
         2 2
         3 <NA>
         4 <NA>
         dtype: Int32
```

이 표현은 이 단원의 나머지 부분에서 살펴볼 모든 작업에서 다른 표현과 서로 바꿔가며 사용할 수 있다.

널 값 연산하기

앞에서 본 대로 Pandas는 None과 NaN을 근본적으로 누락된 값이나 널 값을 가리키기 위해 호환되는 값으로 처리한다. 이 규칙을 이용할 수 있게 Pandas 데이터 구조의 널 값을 감지하고 삭제하고 대체하는 몇 가지 유용한 메서드가 있다.

isnull()

누락 값을 가리키는 부울 마스크를 생성

notnull()

isnull()의 역

dropna()

데이터에 필터를 적용한 버전을 반환

fillna()

누락 값을 채우거나 전가된 데이터 사본을 반환

이 절의 마지막으로 이 루틴들에 대해 간략히 설명한다.

널 값 탐지

Pandas 데이터 구조에는 널 데이터를 탐지하기 위한 메서드로 isnull()과 notnull()의 두 가지가 있다. 둘 다 데이터에 대한 부울 마스크를 반환한다. 예를 들면 다음과 같다.

```
In[13]: data = pd.Series([1, np.nan, 'hello', None])
In[14]: data.isnull()
Out[14]: 0    False
         1     True
         2    False
         3     True
         dtype: bool
```

121쪽 '데이터 인덱싱과 선택'에서 언급했듯이 부울 마스크는 Series나 DataFrame 인덱스로 직접 사용될 수 있다.

```
In[15]: data[data.notnull()]
Out[15]: 0        1
         2    hello
         dtype: object
```

isnull()과 notnull() 메서드는 DataFrames와 비슷한 결과를 만들어낸다.

널 값 제거하기

앞에서 사용했던 마스킹 외에도 편리하게 사용할 수 있는 dropna()(NA 값 제거하기)와 fillna()(NA 값 채우기) 메서드가 있다. Series의 경우, 그 결과는 간단하다.

```
In[16]: data.dropna()
Out[16]: 0        1
         2    hello
         dtype: object
```

DataFrame의 경우에는 더 다양한 방식이 있다. 다음의 DataFrame을 생각해 보자.

```
In[17]: df = pd.DataFrame([[1,      np.nan, 2],
                           [2,      3,      5],
                           [np.nan, 4,      6]])
        df
Out[17]:      0    1  2
         0  1.0  NaN  2
         1  2.0  3.0  5
         2  NaN  4.0  6
```

DataFrame에서는 단일 값만 삭제할 수 없으며, 전체 행이나 전체 열을 삭제하는 것만 가능하다. 적용 분야에 따라 어느 하나의 방식이 필요하기 때문에 dropna()는 DataFrame에 대한 다양한 옵션을 제공한다.

기본적으로 dropna()는 널 값이 있는 모든 행을 삭제할 것이다.

```
In[18]: df.dropna()
Out[18]:      0    1  2
         1  2.0  3.0  5
```

또 다른 방식으로 다른 축에 따라 NA 값을 삭제할 수 있다. axis = 1은 널 값을 포함하는 모든 열을 삭제한다.

```
In[19]: df.dropna(axis='columns')
Out[19]:    2
         0  2
         1  5
         2  6
```

하지만 이 방식은 일부 유효한 데이터도 삭제한다. 모두 NA 값으로 채워져 있거나 NA 값이 대부분을 차지하는 행이나 열을 삭제하고 싶을 때도 있을 것이다. 이것은 how나 thresh 매개변수를 통해 지정할 수 있는데, 이 매개변수가 통과할 수 있는 널 값의 개수를 세밀하게 조절하게 해준다.

기본 설정값은 how = 'any'로, 널 값을 포함하는 행이나 열(axis 키워드에 따라 정해짐)을 모두 삭제한다. 또한, how = 'all'로 지정해 모두 널 값인 행이나 열만 삭제할 수도 있다.

```
In[20]: df[3] = np.nan
        df
Out[20]:      0    1  2    3
         0  1.0  NaN  2  NaN
         1  2.0  3.0  5  NaN
         2  NaN  4.0  6  NaN
In[21]: df.dropna(axis='columns', how='all')
Out[21]:      0    1  2
         0  1.0  NaN  2
         1  2.0  3.0  5
         2  NaN  4.0  6
```

좀 더 세부적으로 제어하기 위해 thresh 매개변수로 행이나 열에서 널이 아닌 값이 최소 몇 개가 있어야 하는지 지정할 수 있다.

```
In[22]: df.dropna(axis='rows', thresh=3)
Out[22]:      0    1  2    3
         1  2.0  3.0  5  NaN
```

여기에서는 첫 번째와 마지막 행이 삭제되는데, 거기에서 단 두 개의 값만이 널 값이 아니기 때문이다.

널 값 채우기

때때로 NA 값을 삭제하지 않고 유효한 값으로 대체해야 할 때도 있다. 그 값은 0과 같은 단일 숫자일 수도 있고 유효한 값으로부터 전가 혹은 보간된 값일 수도 있다. isnull() 메서드를 마스크로 직접 사용할 수도 있지만, Pandas는 이러한 연산을 위해 널 값을 대체한 배열의 사본을 반환하는 fillna() 메서드를 제공한다.

다음 Series를 보자.

```
In[23]: data = pd.Series([1, np.nan, 2, None, 3], index=list('abcde'))
        data
Out[23]: a    1.0
         b    NaN
         c    2.0
         d    NaN
         e    3.0
         dtype: float64
```

0과 같은 단일 값으로 NA 항목을 채울 수 있다.

```
In[24]: data.fillna(0)
Out[24]: a    1.0
         b    0.0
         c    2.0
         d    0.0
         e    3.0
         dtype: float64
```

이전 값으로 채우도록 지정할 수도 있다.

```
In[25]: # forward-fill(이전 값으로 채우기)
        data.fillna(method='ffill')
Out[25]: a    1.0
         b    1.0
         c    2.0
         d    2.0
         e    3.0
         dtype: float64
```

또는 뒤에 있는 값을 앞으로 전달하도록 지정할 수 있다.

```
In[26]: # back-fill(다음에 오는 값으로 채우기)
        data.fillna(method='bfill')
Out[26]: a    1.0
         b    2.0
         c    2.0
         d    3.0
         e    3.0
         dtype: float64
```

DataFrame의 경우 옵션은 유사하지만, 값을 어느 축에 따라 채울 것인지 **axis**를 이용해 지정할 수 있다.

```
In[27]: df
Out[27]:      0    1  2    3
        0  1.0  NaN  2  NaN
        1  2.0  3.0  5  NaN
        2  NaN  4.0  6  NaN
In[28]: df.fillna(method='ffill', axis=1)
Out[28]:      0    1    2    3
        0  1.0  1.0  2.0  2.0
        1  2.0  3.0  5.0  5.0
        2  NaN  4.0  6.0  6.0
```

뒤의 값을 채울 때 이전 값을 사용할 수 없다면 NA 값은 그대로 남는다는 점을 알아두자.

계층적 인덱싱

지금까지는 주로 Pandas Series와 DataFrame 객체에 저장되는 1차원과 2차원 데이터에 초점을 맞춰 알아봤다. 하지만 종종 한두 개보다 많은 키를 인덱스로 가지는 고차원 데이터를 저장하는 것이 유용할 때가 있다. Pandas는 기본적으로 3차원과 4차원 데이터를 처리할 수 있는 Panel과 Panel4D 객체를 제공하지만, 실제로 더 일반적으로 사용되는 패턴은 단일 인덱스 내에 여러 인덱스 레벨을 포함하는 **계층적 인덱싱**(hierarchical indexing, 다중 인덱싱(multi-indexing)이라고도 함)이다. 이 방식으로 고차원 데이터를 익숙한 1차원 Series와 2차원 DataFrame 객체로 간결하게 표현할 수 있다.

이번 절에서는 MultiIndex 객체를 직접 생성하고 다중 인덱스 데이터에서 인덱싱, 슬라이싱, 통계 연산을 수행하는 것과 함께 데이터에 대한 단순 인덱스 표현과 계층적 인덱스 표현 간 전환을 위해 사용하는 루틴을 알아보겠다.

먼저 표준 임포트로 시작해 보자.

```
In[1]: import pandas as pd
       import numpy as np
```

다중 인덱스된 Series

먼저 어떻게 하면 2차원 데이터를 1차원 Series에 표현할 수 있을지 생각해 보자. 구체적으로 각 점이 문자와 숫자로 이뤄진 키를 갖는 일련의 데이터를 생각해 보자.

나쁜 방식

두 연도에 대해 미국 주의 데이터를 추적한다고 가정해 보자. 앞에서 다룬 Pandas 도구를 사용해 간단하게 파이썬 튜플을 키 값으로 사용하려고 할 수도 있다.

```
In[2]: index = [('California', 2000), ('California', 2010),
                ('New York', 2000), ('New York', 2010),
                ('Texas', 2000), ('Texas', 2010)]
       populations = [33871648, 37253956,
                      18976457, 19378102,
                      20851820, 25145561]
       pop = pd.Series(populations, index=index)
       pop
Out[2]: (California, 2000)    33871648
        (California, 2010)    37253956
        (New York, 2000)     18976457
        (New York, 2010)     19378102
        (Texas, 2000)        20851820
        (Texas, 2010)        25145561
        dtype: int64
```

이 인덱싱 방식을 사용하면 간단하게 이 다중 인덱스를 기반으로 시리즈를 인덱싱하거나 슬라이싱할 수 있다.

```
In[3]: pop[('California', 2010):('Texas', 2000)]
Out[3]: (California, 2010)    37253956
        (New York, 2000)      18976457
        (New York, 2010)      19378102
        (Texas, 2000)         20851820
        dtype: int64
```

그러나 편리함은 거기까지다. 가령 2010년의 모든 값을 선택해야 한다면 다소 지저분하고 느리기까지한 데이터 먼징(munging)을 해야 할 것이다.

```
In[4]: pop[[i for i in pop.index if i[1] == 2010]]
Out[4]: (California, 2010)    37253956
        (New York, 2010)      19378102
        (Texas, 2010)         25145561
        dtype: int64
```

이 방식이 원하는 결과를 내주기는 하지만, 지금까지 정을 쌓아온 Pandas의 슬라이싱 구문만큼 깔끔하지도 않고 대규모 데이터의 경우에는 효율적이지도 않다.

더 나은 방식: Pandas MultiIndex

다행히도 Pandas는 더 나은 방식을 제공한다. 튜플을 기반으로 한 인덱싱은 근본적으로 가장 기초적인 다중 인덱스고, Pandas의 MultiIndex 타입이 원하는 유형의 연산을 제공한다. 다음과 같이 튜플로부터 다중 인덱스를 생성할 수 있다.

```
In[5]: index = pd.MultiIndex.from_tuples(index)
       index
Out[5]: MultiIndex(levels=[['California', 'New York', 'Texas'], [2000, 2010]],
                labels=[[0, 0, 1, 1, 2, 2], [0, 1, 0, 1, 0, 1]])
```

MultiIndex는 다중 레벨의 인덱싱을 포함하고 있음을 알아두자. 이 경우에는 주 이름과 연도는 물론이고 이 레벨을 인코딩하는 각 데이터 점에 대한 여러 레이블을 갖고 있다.

이 `MultiIndex`를 시리즈로 다시 인덱싱하면 데이터의 계층적 표현을 볼 수 있다.

```
In[6]: pop = pop.reindex(index)
       pop
Out[6]: California  2000    33871648
                    2010    37253956
        New York    2000    18976457
                    2010    19378102
        Texas       2000    20851820
                    2010    25145561
        dtype: int64
```

여기서 `Series` 표현의 첫 두 열은 다중 인덱스 값을 보여주고, 세 번째 열은 그 데이터를 보여준다. 첫 번째 열의 항목 몇 개가 누락돼 있다는 점에 주목하자. 이 다중 인덱스 표현에서 빈 항목은 윗줄과 같은 값을 가리킨다.

이제 두 번째 인덱스가 2010인 모든 데이터에 접근하려면 간단히 Pandas 슬라이싱 표기법을 사용하면 된다.

```
In[7]: pop[:, 2010]
Out[7]: California    37253956
        New York      19378102
        Texas         25145561
        dtype: int64
```

결과는 관심 있는 키 값 하나로 인덱스가 구성된다. 이 구문은 앞에서 알아본 단순한 튜플 기반의 다중 인덱싱 해법보다 훨씬 더 편리하며 연산도 훨씬 더 효율적이다! 계층적으로 색인된 데이터에 이러한 종류의 인덱싱 연산을 하는 법을 좀 더 알아보자.

MultiIndex: 추가 차원

여기서 아마 다른 점도 눈치챌 수 있을 것이다. 바로 인덱스와 열 레이블을 가진 간단한 `DataFrame`을 사용해 동일한 데이터를 쉽게 저장할 수 있다는 점이다. 실제로 Pandas는 이런 유사성을 염두에 두고 만들어졌다. `unstack()` 메서드는 다중 인덱스를 가진 `Series`를 전형적인 인덱스를 가진 `DataFrame`으로 빠르게 변환해준다.

```
In[8]: pop_df = pop.unstack()
       pop_df
Out[8]:                 2000        2010
       California   33871648    37253956
       New York     18976457    19378102
       Texas        20851820    25145561
```

당연히 stack() 메서드는 이와 반대되는 연산을 제공한다.

```
In[9]: pop_df.stack()
Out[9]: California  2000    33871648
                    2010    37253956
        New York    2000    18976457
                    2010    19378102
        Texas       2000    20851820
                    2010    25145561
        dtype: int64
```

이것을 보면 계층적 인덱싱을 왜 알아야 하는지 궁금할 것이다. 이유는 간단하다. 2차원 데이터를 1차원 Series에 표현하기 위해 다중 인덱싱을 사용할 수 있는 것처럼 3차원이나 4차원 데이터를 Series나 DataFrame에 표현할 때도 사용할 수 있기 때문이다. 다중 인덱스에서 각 추가 레벨은 데이터의 추가적인 차원을 표현한다. 이 속성을 활용하면 표현할 수 있는 데이터 타입에 훨씬 더 많은 유연성을 제공한다. 구체적으로 연도별 각 주의 인구통계 데이터(예를 들어 18세 이하 인구수)를 별도의 열로 추가하고 싶을 수도 있다. MultiIndex를 이용하면 이 방식이 DataFrame에 열을 하나 추가하는 것만큼 쉽다.

```
In[10]: pop_df = pd.DataFrame({'total': pop,
                               'under18': [9267089, 9284094,
                                           4687374, 4318033,
                                           5906301, 6879014]})
        pop_df
Out[10]:                       total    under18
        California  2000    33871648    9267089
                    2010    37253956    9284094
        New York    2000    18976457    4687374
                    2010    19378102    4318033
        Texas       2000    20851820    5906301
                    2010    25145561    6879014
```

게다가 129쪽 'Pandas에서 데이터 연산하기'에서 논의했던 모든 유니버설 함수와 다른 기능들도 계층적 인덱스와 잘 동작한다. 여기서는 위 데이터를 활용해 연도별로 18세 이하의 인구 비율을 계산한다.

```
In[11]: f_u18 = pop_df['under18'] / pop_df['total']
        f_u18.unstack()
Out[11]:                  2000      2010
        California    0.273594  0.249211
         New York     0.247010  0.222831
           Texas      0.283251  0.273568
```

이렇게 하면 고차원 데이터도 빠르고 쉽게 가공하고 탐색할 수 있다.

MultiIndex 생성 메서드

다중 인덱스를 가진 Series나 DataFrame을 생성하는 가장 간단한 방식은 생성자에 2개 이상의 인덱스 배열 리스트를 전달하는 것이다. 예를 들면 다음과 같다.

```
In[12]: df = pd.DataFrame(np.random.rand(4, 2),
                          index=[['a', 'a', 'b', 'b'], [1, 2, 1, 2]],
                          columns=['data1', 'data2'])
        df
Out[12]:         data1     data2
        a 1   0.554233  0.356072
          2   0.925244  0.219474
        b 1   0.441759  0.610054
          2   0.171495  0.886688
```

MultiIndex를 생성하는 작업은 백그라운드에서 일어난다.

이와 비슷하게 적당한 튜플을 키로 갖는 딕셔너리를 전달하면 Pandas는 자동으로 이것을 인식해 기본으로 MultiIndex를 사용한다.

```
In[13]: data = {('California', 2000): 33871648,
                ('California', 2010): 37253956,
                ('Texas', 2000): 20851820,
                ('Texas', 2010): 25145561,
                ('New York', 2000): 18976457,
                ('New York', 2010): 19378102}
        pd.Series(data)
```

```
Out[13]: California  2000    33871648
                     2010    37253956
         New York    2000    18976457
                     2010    19378102
         Texas       2000    20851820
                     2010    25145561
         dtype: int64
```

그렇지만 때로는 명시적으로 MultiIndex를 생성하는 것이 유용할 때가 있다. 이제부터 이 메서드 몇 가지를 알아보겠다.

명시적 MultiIndex 생성자

인덱스가 생성되는 방법에 더 많은 유연성을 제공하기 위해 pd.MultiIndex의 클래스 메서드 생성자를 사용할 수 있다. 예를 들어, 앞에서 했던 것처럼 각 레벨 내에 인덱스 값을 제공하는 간단한 배열 리스트로부터 MultiIndex를 생성할 수 있다.

```
In[14]: pd.MultiIndex.from_arrays([['a', 'a', 'b', 'b'], [1, 2, 1, 2]])
Out[14]: MultiIndex(levels=[['a', 'b'], [1, 2]],
                    labels=[[0, 0, 1, 1], [0, 1, 0, 1]])
```

그것은 각 점의 여러 인덱스 값을 제공하는 튜플 리스트로부터 생성할 수 있다.

```
In[15]: pd.MultiIndex.from_tuples([('a', 1), ('a', 2), ('b', 1), ('b', 2)])
Out[15]: MultiIndex(levels=[['a', 'b'], [1, 2]],
                    labels=[[0, 0, 1, 1], [0, 1, 0, 1]])
```

심지어 단일 인덱스의 데카르트 곱(Cartesian product)으로부터 MultiIndex를 생성할 수도 있다.

```
In[16]: pd.MultiIndex.from_product([['a', 'b'], [1, 2]])
Out[16]: MultiIndex(levels=[['a', 'b'], [1, 2]],
                    labels=[[0, 0, 1, 1], [0, 1, 0, 1]])
```

비슷한 방법으로, levels(각 레벨에서 사용할 수 있는 인덱스 값을 담고 있는 리스트의 리스트)와 labels(이 레이블을 참조하는 리스트의 리스트)를 전달함으로써 그 내부 인코딩을 사용해 직접 MultiIndex를 생성할 수도 있다.

```
In[17]: pd.MultiIndex(levels=[['a', 'b'], [1, 2]],
                       labels=[[0, 0, 1, 1], [0, 1, 0, 1]])
Out[17]: MultiIndex(levels=[['a', 'b'], [1, 2]],
                    labels=[[0, 0, 1, 1], [0, 1, 0, 1]])
```

Series나 DataFrame을 생성할 때 index 인수로 이 객체를 기존 Series나 DataFrame의 reindex 메서드에 전달할 수 있다.

MultiIndex 레벨 이름

MultiIndex의 레벨에 이름을 지정하는 것이 편리할 때가 있다. 위의 MultiIndex 생성자에 names 인수를 전달하거나 생성 후에 인덱스의 names 속성을 설정해 이름을 지정할 수 있다.

```
In[18]: pop.index.names = ['state', 'year']
        pop
Out[18]: state        year
         California    2000    33871648
                       2010    37253956
         New York      2000    18976457
                       2010    19378102
         Texas         2000    20851820
                       2010    25145561
          dtype: int64
```

관련 데이터세트가 많으면 이것이 다양한 인덱스 값의 의미를 파악할 수 있는 유용한 방식이 될 수 있다.

열의 MultiIndex

DataFrame에서 행과 열은 완전히 대칭적이며 행이 인덱스의 여러 레벨을 가질 수 있듯이 열도 여러 레벨을 가질 수 있다. 다음의 가상 의료 데이터를 생각해 보자.

```
In[19]:
# 계층적 인덱스와 열
index = pd.MultiIndex.from_product([[2013, 2014], [1, 2]],
                                   names=['year', 'visit'])
columns = pd.MultiIndex.from_product([['Bob', 'Guido', 'Sue'], ['HR', 'Temp']],
                                     names=['subject', 'type'])
```

```
# 일부 데이터 모형 만들기
data = np.round(np.random.randn(4, 6), 1)
data[:, ::2] *= 10
data += 37
# DataFrame 생성하기
health_data = pd.DataFrame(data, index=index, columns=columns)
health_data
Out[19]: subject        Bob           Guido          Sue
         type        HR   Temp     HR   Temp     HR   Temp
         year visit
         2013 1      31.0 38.7    32.0 36.7    35.0 37.2
              2      44.0 37.7    50.0 35.0    29.0 36.7
         2014 1      30.0 37.4    39.0 37.8    61.0 36.9
              2      47.0 37.8    48.0 37.3    51.0 36.5
```

이 코드를 통해 행과 열 모두에 대한 멀티 인덱싱이 어떤 경우에 매우 유용하게 쓰이는지 알 수 있다. 이 것은 기본적으로 4차원 데이터로, 여기서 차원은 대상(subject), 측정 유형(type), 연도(year), 방문 횟수(visit)다. 이것이 있으면 예를 들어 사람 이름으로 최상위 열의 인덱스를 지정하고 그 사람의 정보 를 포함하는 전체 DataFrame을 가져올 수 있다.

```
In[20]: health_data['Guido']
Out[20]: type          HR   Temp
         year visit
         2013 1        32.0 36.7
              2        50.0 35.0
         2014 1        39.0 37.8
              2        48.0 37.3
```

MultiIndex 인덱싱 및 슬라이싱

MultiIndex의 인덱싱과 슬라이싱은 직관적으로 설계됐으며, 인덱스를 추가된 차원으로 생각하면 이해 하기가 쉽다. 먼저 다중 인덱스를 가진 Series 인덱싱을 살펴본 다음, 다중 인덱스를 가진 DataFrame을 살펴보자.

다중 인덱스를 가진 Series

앞에서 본 다중 인덱스를 가진 주별 인구수 Series를 생각해 보자.

```
In[21]: pop
Out[21]: state       year
         California   2000    33871648
                      2010    37253956
         New York     2000    18976457
                      2010    19378102
         Texas        2000    20851820
                      2010    25145561
         dtype: int64
```

여러 용어로 인덱싱해서 단일 요소에 접근할 수 있다.

```
In[22]: pop['California', 2000]
Out[22]: 33871648
```

MultiIndex는 부분 인덱싱(partial indexing)이나 인덱스 레벨 중 하나만 인덱싱하는 것도 지원한다. 그 결과 더 낮은 수준의 인덱스를 유지하는 다른 Series를 얻게 된다.

```
In[23]: pop['California']
Out[23]: year
         2000    33871648
         2010    37253956
         dtype: int64
```

MultiIndex가 정렬돼 있다면 부분 슬라이싱도 가능하다(158쪽 '정렬된 인덱스와 정렬되지 않은 인덱스'의 내용 참고).

```
In[24]: pop.loc['California':'New York']
Out[24]: state       year
         California   2000    33871648
                      2010    37253956
         New York     2000    18976457
                      2010    19378102
         dtype: int64
```

인덱스가 정렬돼 있다면 첫 번째 인덱스에 빈 슬라이스를 전달함으로써 더 낮은 레벨에서 부분 인덱싱을 수행할 수 있다.

```
In[25]: pop[:, 2000]
Out[25]: state
         California    33871648
         New York      18976457
         Texas         20851820
         dtype: int64
```

121쪽 '데이터 인덱싱과 선택'에서 논의했던 다른 유형의 데이터 인덱싱과 선택 방식 역시 적용할 수 있다. 예를 들면, 부울 마스크를 이용해 데이터를 선택할 수 있다.

```
In[26]: pop[pop > 22000000]
Out[26]: state       year
         California   2000    33871648
                      2010    37253956
         Texas        2010    25145561
         dtype: int64
```

팬시 인덱싱(fancy Indexing)을 이용한 데이터 선택도 가능하다.

```
In[27]: pop[['California', 'Texas']]
Out[27]: state       year
         California   2000    33871648
                      2010    37253956
         Texas        2000    20851820
                      2010    25145561
            dtype: int64
```

다중 인덱스를 가진 DataFrame

다중 인덱스를 가진 DataFrame도 비슷한 방식으로 동작한다. 앞에서 만든 의료 DataFrame을 생각해보자.

```
In[28]: health_data
Out[28]: subject          Bob           Guido          Sue
         type          HR   Temp     HR   Temp     HR   Temp
         year  visit
         2013  1       31.0  38.7    32.0  36.7    35.0  37.2
               2       44.0  37.7    50.0  35.0    29.0  36.7
         2014  1       30.0  37.4    39.0  37.8    61.0  36.9
               2       47.0  37.8    48.0  37.3    51.0  36.5
```

열은 DataFrame의 기본 요소이며, 다중 인덱스를 가진 Series에서 사용된 구문이 열에 적용된다는 사실을 기억하라. 예를 들어, Guido의 심장박동 수 데이터를 간단한 연산으로 가져올 수 있다.

```
In[29]: health_data['Guido', 'HR']
Out[29]: year  visit
         2013  1        32.0
               2        50.0
         2014  1        39.0
               2        48.0
         Name: (Guido, HR), dtype: float64
```

또한, 단일 인덱스의 경우와 마찬가지로 121쪽 '데이터 인덱싱과 선택'에서 소개했던 loc, iloc, ix 인덱서를 사용할 수도 있다. 예를 들면 다음과 같다.

```
In[30]: health_data.iloc[:2, :2]
Out[30]: subject          Bob
         type          HR   Temp
         year  visit
         2013  1       31.0  38.7
               2       44.0  37.7
```

이 인덱서는 기반이 되는 2차원 데이터를 배열처럼 보여주지만, loc나 iloc에서 개별 인덱스는 다중 인덱스의 튜플로 전달될 수 있다. 예를 들면 다음과 같다.

```
In[31]: health_data.loc[:, ('Bob', 'HR')]
Out[31]: year  visit
         2013  1        31.0
               2        44.0
         2014  1        30.0
```

```
              2        47.0
        Name: (Bob, HR), dtype: float64
```

이 인덱스 튜플 내에서 슬라이스로 작업하는 것은 그다지 편리하지 않다. 튜플 내에 슬라이스를 생성하려고 하면 구문 에러가 발생할 것이다.

```
In[32]: health_data.loc[(:, 1), (:, 'HR')]
    File "<ipython-input-32-8e3cc151e316>", line 1
      health_data.loc[(:, 1), (:, 'HR')]
                       ^
SyntaxError: invalid syntax
```

파이썬 기본 함수인 slice()를 사용해 원하는 슬라이스를 명시적으로 만들면 이러한 에러를 피할 수 있지만 Pandas가 정확히 이러한 상황을 고려해 제공하는 IndexSlice 객체를 사용하는 것이 더 낫다. 예를 들면 다음과 같다.

```
In[33]: idx = pd.IndexSlice
        health_data.loc[idx[:, 1], idx[:, 'HR']]
Out[33]: subject       Bob  Guido  Sue
         type          HR   HR     HR
         year  visit
         2013  1        31.0 32.0   35.0
         2014  1        30.0 39.0   61.0
```

다중 인덱스를 가진 Series와 DataFrame의 데이터와 상호작용하는 방법은 많이 있으며 이 책에서 다루는 많은 도구처럼 그것들을 실제로 사용해 보면서 익숙해지는 것이 가장 좋다.

다중 인덱스 재정렬하기

다중 인덱스를 가진 데이터를 사용할 때 가장 중요한 점의 하나는 데이터를 효과적으로 변환하는 방법을 아는 것이다. 데이터세트의 모든 정보를 보존하지만 다양한 연산의 목적에 따라 그 정보를 재정렬하는 연산이 많이 있다. 이에 대한 간단한 예제로 이미 stack()과 unstack() 메서드를 살펴봤지만 그것 말고도 계층적 인덱스와 열 사이에서 데이터를 재정렬하는 방식을 세밀하게 조정할 수 있는 방법은 많이 있으며, 지금부터 그 이야기를 하려고 한다.

정렬된 인덱스와 정렬되지 않은 인덱스

앞에서 간략하게 경고했지만 여기서 한 번 더 강조하건대, 대부분의 **MultiIndex** 슬라이싱 연산은 인덱스가 정렬돼 있지 않으면 실패한다. 이제 좀 더 자세하게 살펴보자.

우선 인덱스가 사전적으로 정렬돼 있지 않은 다중 인덱스를 갖는 간단한 데이터를 만들어보자.

```
In[34]: index = pd.MultiIndex.from_product([['a', 'c', 'b'], [1, 2]])
        data = pd.Series(np.random.rand(6), index=index)
        data.index.names = ['char', 'int']
        data
Out[34]: char  int
         a     1      0.003001
               2      0.164974
         c     1      0.741650
               2      0.569264
         b     1      0.001693
               2      0.526226
         dtype: float64
```

이 인덱스를 부분 슬라이싱하려고 하면 오류가 발생한다.

```
In[35]: try:
            data['a':'b']
        except KeyError as e:
            print(type(e))
            print(e)
<class 'KeyError'>
'Key length (1) was greater than MultiIndex lexsort depth (0)'
```

에러 메시지에서 명확하게 드러나지는 않지만, 이것은 MultiIndex가 정렬되지 않아서 나타나는 결과다. 여러 가지 이유로 부분 슬라이스와 그와 유사한 다른 연산을 수행하려면 MultiIndex의 레벨이 정렬된(즉, 사전적) 순서를 가져야 한다. Pandas는 이러한 유형의 정렬을 수행하는 다수의 편리한 루틴을 제공한다. DataFrame의 sort_index()와 sortlevel() 메서드를 예로 들 수 있다. 여기서는 가장 간단한 sort_index()를 사용한다.

```
In[36]: data = data.sort_index()
        data
```

```
Out[36]: char  int
         a     1      0.003001
               2      0.164974
         b     1      0.001693
               2      0.526226
         c     1      0.741650
               2      0.569264
         dtype: float64
```

이 방식으로 정렬된 인덱스를 사용하면 부분 슬라이싱은 예상대로 동작한다.

```
In[37]: data['a':'b']
Out[37]: char  int
         a     1      0.003001
               2      0.164974
         b     1      0.001693
               2      0.526226
         dtype: float64
```

인덱스 스태킹 및 언스태킹

앞에서 간단히 살펴봤듯이 데이터를 정렬된 다중 인덱스에서 간단한 2차원 표현으로 변경할 수 있으며, 이때 선택적으로 사용할 레벨을 지정할 수 있다.

```
In[38]: pop.unstack(level=0)
Out[38]: state   California   New York      Texas
         year
         2000       33871648   18976457   20851820
         2010       37253956   19378102   25145561
In[39]: pop.unstack(level=1)
Out[39]: year             2000        2010
         state
         California   33871648   37253956
         New York     18976457   19378102
         Texas        20851820   25145561
```

unstack()의 역은 stack()으로, 원래 시리즈로 회복하는 데 사용할 수 있다.

```
In[40]: pop.unstack().stack()
Out[40]: state       year
         California  2000    33871648
                     2010    37253956
         New York    2000    18976457
                     2010    19378102
         Texas       2000    20851820
                     2010    25145561
         dtype: int64
```

인덱스 설정 및 재설정

계층적 데이터를 재정렬하는 또 다른 방법은 인덱스 레이블을 열로 바꾸는 것으로, reset_index 메서드로 수행할 수 있다. 인구 딕셔너리 pop에서 이 메서드를 호출하면 전에 인덱스에 있던 정보를 그대로 유지하는 state와 year 열을 가진 DataFrame을 얻게 된다. 명확성을 위해 선택적으로 열에 표현할 데이터의 이름을 지정할 수 있다.

```
In[41]: pop_flat = pop.reset_index(name='population')
        pop_flat
Out[41]:         state  year  population
        0  California  2000    33871648
        1  California  2010    37253956
        2    New York  2000    18976457
        3    New York  2010    19378102
        4      Texas  2000    20851820
        5      Texas  2010    25145561
```

종종 실제 데이터로 작업하다 보면 위와 같은 원시 입력 데이터를 만나기도 하는데, 이때 열 값으로부터 MultiIndex를 만드는 것이 유용하다. 이 작업은 다중 인덱스를 갖는 DataFrame을 반환하는 DataFrame의 set_index 메서드로 할 수 있다.

```
In[42]: pop_flat.set_index(['state', 'year'])
Out[42]:                   population
         state       year
         California  2000    33871648
                     2010    37253956
```

```
      New York    2000    18976457
                  2010    19378102
        Texas     2000    20851820
                  2010    25145561
```

실제로 이러한 유형의 인덱스 재정렬 작업은 현실 세계의 데이터세트를 만났을 때 매우 유용한 활용 패턴의 하나다.

데이터세트 결합: Concat과 Append

데이터의 가장 흥미로운 연구 중 일부는 서로 다른 데이터 소스를 결합하는 데서 나온다. 이 연산들은 두 개의 다른 데이터를 매우 간단하게 연결하는 것부터 데이터 간 겹치는 부분을 제대로 처리하는 복잡한 데이터베이스 스타일을 조인하고 병합하는 것까지 다양하게 사용될 수 있다. Series와 DataFrame은 이 유형의 연산을 염두에 두고 만들어진 것으로, Pandas는 이러한 유형의 데이터 랭글링(data wrangling)[1]을 빠르고 간단하게 할 수 있는 함수와 메서드를 제공한다.

여기서는 pd.concat 함수를 이용한 Series와 DataFrame의 간단한 연결에 대해 알아볼 것이며, 이어서 Pandas에 구현된 더 복잡한 인메모리 병합과 조인에 대해 자세히 살펴보겠다.

먼저 표준 임포트를 한다.

```
In[1]: import pandas as pd
       import numpy as np
```

편의상 앞으로 사용할 특정 형태의 DataFrame을 생성하는 함수를 다음과 같이 정의하겠다.

```
In[2]: def make_df(cols, ind):
           """빠르게 DataFrame 생성"""
           data = {c: [str(c) + str(i) for i in ind]
                   for c in cols}
           return pd.DataFrame(data, ind)

       # DataFrame 예제
```

---

1   원자료(raw data)를 또 다른 형태로 전환하거나 매핑하는 과정을 말하는 것으로, 데이터 먼징(data munging)이라고도 한다.

```
    make_df('ABC', range(3))

Out[2]:     A   B   C
        0  A0  B0  C0
        1  A1  B1  C1
        2  A2  B2  C2
```

또한, 여러 개의 데이터프레임을 나란히 표시할 수 있는 간단한 클래스를 만들어 보겠다. 이 코드는
IPython/Jupyter가 객체를 표시하는 데 사용하는 특수 _repr_html_ 메서드를 사용한다.

```
In [3]: class display(object):
            """Display HTML representation of multiple objects"""
            template = """<div style="float: left; padding: 10px;">
            <p style='font-family:"Courier New", Courier, monospace'>{0}{1}
            """
            def __init__(self, *args):
                self.args = args
            def _repr_html_(self):
                return '\n'.join(self.template.format(a, eval(a)._repr_html_())
                    for a in self.args)
            def __repr__(self):
                return '\n\n'.join(a + '\n' + repr(eval(a))
                    for a in self.args)
```

이 기능의 사용법은 이어서 계속 논의하면서 더 명확하게 알아볼 것이다.

복습: NumPy 배열 연결

Series와 DataFrame 객체의 연결은 47쪽 'NumPy 배열의 기초'에서 살펴본 np.concatenate 함수를
사용하는 NumPy 배열 연결과 매우 유사하다. 이 함수를 이용하면 두 개 이상의 배열의 콘텐츠를 하나
의 배열로 결합할 수 있다는 점을 기억하자.

```
In[4]: x = [1, 2, 3]
       y = [4, 5, 6]
       z = [7, 8, 9]
       np.concatenate([x, y, z])
Out[4]: array([1, 2, 3, 4, 5, 6, 7, 8, 9])
```

첫 번째 인수는 연결할 배열의 리스트나 튜플이다. 게다가 **axis** 키워드를 사용해 결과를 어느 축에 따라 연결할 것인지 지정할 수 있다.

```
In[5]: x = [[1, 2],
            [3, 4]]
       np.concatenate([x, x], axis=1)
Out[5]: array([[1, 2, 1, 2],
               [3, 4, 3, 4]])
```

pd.concat을 이용한 간단한 연결

Pandas에는 np.concatenate와 구문이 매우 비슷하지만 다양한 옵션을 가진 pd.concat() 함수가 있다. 옵션에 대해서는 잠시 후 알아보겠다.

```
# Pandas 0.19 버전에서 pd.concat() 함수 시그니처
pd.concat(objs, axis=0, join='outer', join_axes=None, ignore_index=False,
          keys=None, levels=None, names=None, verify_integrity=False,
          copy=True)
```

np.concatenate()를 배열을 간단하게 연결하는 데 사용할 수 있는 것처럼 pd.concat()은 Series나 DataFrame 객체를 간단하게 연결할 때 사용할 수 있다.

```
In[6]: ser1 = pd.Series(['A', 'B', 'C'], index=[1, 2, 3])
       ser2 = pd.Series(['D', 'E', 'F'], index=[4, 5, 6])
           pd.concat([ser1, ser2])
Out[6]: 1    A
        2    B
        3    C
        4    D
        5    E
        6    F
        dtype: object
```

pd.concat()을 이용하면 DataFrame 같은 고차원 객체를 연결할 수도 있다.

```
In[7]: df1 = make_df('AB', [1, 2])
       df2 = make_df('AB', [3, 4])
```

```
        print(df1); print(df2); print(pd.concat([df1, df2]))
df1             df2             pd.concat([df1, df2])
    A   B           A   B           A   B
1   A1  B1      3   A3  B3      1   A1  B1
2   A2  B2      4   A4  B4      2   A2  B2
3   A3  B3
4   A4  B4
```

기본적으로 연결은 DataFrame 내에서 행 단위(즉, axis = 0)로 일어난다. np.concatenate처럼 pd.concat도 어느 축을 따라 연결할 것인지 지정할 수 있다. 아래 예제를 생각해 보자.

```
In[8]: df3 = make_df('AB', [0, 1])
       df4 = make_df('CD', [0, 1])
       print(df3); print(df4); print(pd.concat([df3, df4], axis=1))
df3             df4             pd.concat([df3, df4], axis=1)
    A   B           C   D           A   B   C   D
0   A0  B0      0   C0  D0      0   A0  B0  C0  D0
1   A1  B1      1   C1  D1      1   A1  B1  C1  D1
```

인덱스 복제

np.concatenate와 pd.concat의 중요한 차이는 Pandas에서의 연결은 그 결과가 복제된 인덱스를 가지더라도 인덱스를 유지한다는 데 있다! 다음과 같은 간단한 예제를 보자.

```
In[9]: x = make_df('AB', [0, 1])
       y = make_df('AB', [2, 3])
       y.index = x.index # 복제 인덱스 생성!
       print(x); print(y); print(pd.concat([x, y]))
x               y               pd.concat([x, y])
    A   B           A   B           A   B
0   A0  B0      0   A2  B2      0   A0  B0
1   A1  B1      1   A3  B3      1   A1  B1
                                0   A2  B2
                                1   A3  B3
```

결과에서 인덱스가 반복되는 것을 주목하자. 이것은 DataFrame 내에서는 유효하지만 결과가 바람직하지 않은 경우가 종종 있다. pd.concat()은 이 문제를 처리하는 몇 가지 방법을 제공한다.

▪ 반복을 에러로 잡아낸다

pd.concat()의 결과에서 인덱스가 겹치지 않는지 간단히 검증하고 싶으면 verify_integrity 플래그를 지정하면 된다. 이 플래그를 True로 설정하면 연결 작업에서 중복 인덱스가 있을 때 예외가 발생한다. 확인을 위해 오류를 잡아내고 메시지를 출력하는 다음 예제를 보자.

```
In[10]: try:
            pd.concat([x, y], verify_integrity=True)
        except ValueError as e:
            print("ValueError:", e)
ValueError: Indexes have overlapping values: [0, 1]
```

▪ 인덱스를 무시한다

인덱스 자체가 중요하지 않은 경우에는 그냥 인덱스를 무시하고 싶을 것이다. ignore_index 플래그를 사용해 이 옵션을 지정할 수 있다. 이 플래그를 True로 설정하면 연결 작업은 결과 Series에 새로운 정수 인덱스를 생성한다.

```
In[11]: print(x); print(y); print(pd.concat([x, y], ignore_index=True))
x              y              pd.concat([x, y], ignore_index=True)
   A   B          A   B             A   B
0  A0  B0     0  A2  B2      0  A0  B0
1  A1  B1     1  A3  B3      1  A1  B1
                            2  A2  B2
                            3  A3  B3
```

▪ 다중 인덱스 키를 추가한다

또 다른 방법은 데이터 소스에 대한 레이블을 지정하는 데 keys 옵션을 사용하는 것이다. 결과는 그 데이터를 포함하는 계층적 인덱스를 가진 시리즈가 될 것이다.

```
In[12]: print(x); print(y); print(pd.concat([x, y], keys=['x', 'y']))
x              y              pd.concat([x, y], keys=['x', 'y'])
   A   B          A   B             A   B
0  A0  B0     0  A2  B2      x  0  A0  B0
1  A1  B1     1  A3  B3         1  A1  B1
                            y  0  A2  B2
                               1  A3  B3
```

결과는 다중 인덱스를 가지는 DataFrame이며, 145쪽 '계층적 인덱싱'에서 살펴본 도구를 사용해 이 데이터를 관심 있는 표현 방식으로 전환할 수 있다.

조인을 이용한 연결

방금 살펴본 간단한 예제에서는 주로 공유된 열 이름으로 DataFrame을 연결했다. 실무에서는 다른 소스에서 가져온 데이터는 다른 열 이름 집합을 가질 수도 있는데, pd.concat이 이 경우를 위한 몇 가지 옵션을 제공한다. 다음과 같이 공통적인 열 몇 개(전부 아님!)를 가지고 있는 두 개의 DataFrame을 연결하는 것을 생각해 보자.

```
In[13]: df5 = make_df('ABC', [1, 2])
        df6 = make_df('BCD', [3, 4])
        print(df5); print(df6); print(pd.concat([df5, df6]))
df5                df6                pd.concat([df5, df6])
    A   B   C          B   C   D          A    B   C   D
1  A1  B1  C1      3  B3  C3  D3      1  A1   B1  C1  NaN
2  A2  B2  C2      4  B4  C4  D4      2  A2   B2  C2  NaN
                                     3  NaN  B3  C3  D3
                                     4  NaN  B4  C4  D4
```

채울 값이 없는 항목은 기본적으로 NA 값으로 채워진다. 이 값을 바꾸려면 연결 함수의 join과 join_axes 매개변수에 대한 여러 옵션 중 하나를 지정하면 된다. 기본적으로 조인은 입력 열의 합집합(join = 'outer')이지만, join = 'inner'를 사용해 이를 열의 교집합으로 변경할 수 있다.

```
In[14]: print(df5); print(df6);
        print(pd.concat([df5, df6], join='inner'))
df5                df6                pd.concat([df5, df6], join='inner')
    A   B   C          B   C   D          B   C
1  A1  B1  C1      3  B3  C3  D3      1  B1  C1
2  A2  B2  C2      4  B4  C4  D4      2  B2  C2
                                     3  B3  C3
                                     4  B4  C4
```

다른 방식은 인덱스 객체의 목록을 취하는 join_axes 인수를 사용해 남은 열의 인덱스를 직접 지정하는 것이다. 이 예제에서는 반환된 열이 첫 번째 입력값의 열과 동일해야 한다고 지정할 것이다.

```
In[15]: print(df5); print(df6);
        print(pd.concat([df5, df6], join_axes=[df5.columns]))
df5                   df6                   pd.concat([df5, df6], join_axes=[df5.columns])
   A   B   C              B   C   D              A    B   C
1  A1  B1  C1          3  B3  C3  D3          1  A1   B1  C1
2  A2  B2  C2          4  B4  C4  D4          2  A2   B2  C2
                                             3  NaN  B3  C3
                                             4  NaN  B4  C4
```

pd.concat 함수의 옵션을 조합하면 두 데이터세트를 연결할 때 다양한 동작이 가능하다. 데이터에 이러한 도구를 사용할 때는 이 점을 염두에 두자.

append() 메서드

배열을 직접 연결하는 것이 매우 일반적이라서 Series와 DataFrame 객체는 더 적은 키 입력으로 똑같은 작업을 수행할 수 있는 append 메서드를 가지고 있다. 예를 들어, pd.concat([df1, df2])를 호출하지 않고 간단하게 df1.append(df2)를 호출할 수 있다.

```
In[16]: print(df1); print(df2); print(df1.append(df2))
df1              df2              df1.append(df2)
   A   B            A   B            A   B
1  A1  B1        3  A3  B3        1  A1  B1
2  A2  B2        4  A4  B4        2  A2  B2
                                 3  A3  B3
                                 4  A4  B4
```

파이썬 리스트의 append(), extend() 메서드와 달리 Pandas의 append() 메서드는 원래의 객체를 변경하지 않는 대신 결합된 데이터를 가지는 새로운 객체를 만든다는 사실을 유념하자. 이 방법 역시 새 인덱스와 데이터 버퍼를 생성하기 때문에 매우 효율적인 방식이라고 보기는 어렵다. 따라서 append 연산을 여러 번 수행할 계획이라면 일반적으로 DataFrame의 목록을 만들고 그것들을 concat() 함수에 한 번에 전달하는 것이 더 바람직하다.

다음 절에서는 다양한 소스에서 가져온 데이터를 결합하는 또 다른 강력한 방식인 pd.merge에 구현된 데이터베이스 스타일의 병합/연결에 대해 살펴보겠다. concat(), append() 및 관련 기능에 대한 더 많은 정보는 Pandas 문서의 '병합, 조인, 연결(Merge, Join and Concatenate)' 절을 참고하자.

데이터세트 결합하기: 병합과 조인

Pandas가 제공하는 기본 기능의 하나는 고성능 인메모리 조인과 병합 연산이다. 데이터베이스로 작업해 본 경험이 있다면 이러한 유형의 데이터 작업에 익숙할 것이다. 이를 위한 주요 인터페이스는 pd.merge 함수이며, 뒤에서 예제 몇 개를 통해 이 함수가 실제로 어떻게 동작하는지 살펴보겠다.

편의를 위해 일반적인 임포트 후에 앞에서 설명한 display 함수를 다시 정의하겠다.

```
In [1]: import pandas as pd
        import numpy as np

        class display(object):
            """Display HTML representation of multiple objects"""
            template = """<div style="float: left; padding: 10px;">
            <p style='font-family:"Courier New", Courier, monospace'>{0}{1}
            """
            def __init__(self, *args):
                self.args = args

            def _repr_html_(self):
                return '\n'.join(self.template.format(a, eval(a)._repr_html_())
                                 for a in self.args)

            def __repr__(self):
                return '\n\n'.join(a + '\n' + repr(eval(a))
                                   for a in self.args)
```

관계 대수

pd.merge()에는 관계 데이터(relational data)를 조작하는 규칙의 정형 집합이자 대부분의 데이터베이스에서 사용할 수 있는 연산의 개념적 기반을 형성하는 관계 대수(relational algebra)의 하위 집합에 해당하는 행위가 구현돼 있다. 관계 대수 방식의 강점은 그것이 데이터세트에 대한 복잡한 연산의 기본 구성요소가 되는 몇 가지 기초 연산을 제안한다는 것이다. 데이터베이스나 다른 프로그램에서 효율적으로 구현된 기초 연산의 어휘를 사용하면 매우 복잡한 복합 작업을 다양하게 수행할 수 있다.

Pandas에는 Series와 DataFrame의 pd.merge() 함수와 이와 관련된 join() 메서드의 기본 구성요소가 몇 가지 구현돼 있다. 앞으로 보겠지만, 이것들을 이용하면 서로 다른 소스에서 나온 데이터를 효율적으로 연결할 수 있다.

조인 작업의 분류

`pd.merge()` 함수는 일대일, 다대일, 다대다 조인 같은 여러 가지 조인 유형을 구현한다. 이 세 가지 유형의 조인은 모두 `pd.merge()` 인터페이스에서 동일한 호출을 통해 사용할 수 있다. 수행하는 조인의 유형은 입력 데이터의 형태에 따라 다르다. 여기서는 세 가지 유형의 병합에 대한 간단한 예제를 보여주고 이어서 자세한 옵션을 알아보겠다.

일대일 조인

아마 가장 간단한 유형의 병합 표현식은 161쪽 '데이터 세트 결합: Concat과 Append'에서 본 열 단위의 연결과 여러 면에서 매우 유사한 일대일 조인일 것이다. 구체적인 예로, 회사의 직원 몇 명에 대한 정보를 포함하는 다음 두 개의 DataFrame을 생각해 보자.

```
In[2]:
df1 = pd.DataFrame({'employee': ['Bob', 'Jake', 'Lisa', 'Sue'],
                    'group': ['Accounting', 'Engineering', 'Engineering', 'HR']})
df2 = pd.DataFrame({'employee': ['Lisa', 'Bob', 'Jake', 'Sue'],
                    'hire_date': [2004, 2008, 2012, 2014]})
print(df1); print(df2)
df1                          df2
  employee        group        employee   hire_date
0      Bob   Accounting      0      Lisa        2004
1     Jake  Engineering      1       Bob        2008
2     Lisa  Engineering      2      Jake        2012
3      Sue           HR      3       Sue        2014
```

이 정보를 하나의 DataFrame으로 결합하려면 `pd.merge()` 함수를 사용하면 된다.

```
In[3]: df3 = pd.merge(df1, df2)
       df3
Out[3]:     employee        group  hire_date
       0         Bob   Accounting       2008
       1        Jake  Engineering       2012
       2        Lisa  Engineering       2004
       3         Sue           HR       2014
```

`pd.merge()` 함수는 각 `DataFrame`이 'employee' 열을 가지고 있다는 것을 알고 자동으로 이 열을 키로 사용해 조인한다. 병합 결과로 두 입력값으로부터 얻은 정보를 결합한 새로운 `DataFrame`을 얻게 된다. 각 열의 항목 순서가 반드시 유지되는 것은 아니다. 이 경우, `df1`과 `df2`에서 'employee' 열의 순서가 다른데, `pd.merge()` 함수가 정확하게 이를 맞추어 연산한다. 아울러 병합은 인덱스별로 병합하는(172쪽 'left_index와 right_index 키워드' 참고) 특별한 경우를 제외하고는 일반적으로 인덱스를 버린다는 점을 명심하라.

다대일(Many-to-one) 조인

다대일 조인은 두 개의 키 열 중 하나가 중복된 항목을 포함하는 경우의 조인을 의미한다. 다대일 조인의 경우, 결과 `DataFrame`은 이 중복 항목을 타당한 것으로 보존한다. 다대일 조인에 대한 다음 예제를 생각해 보자.

```
In[4]: df4 = pd.DataFrame({'group': ['Accounting', 'Engineering', 'HR'],
                           'supervisor': ['Carly', 'Guido', 'Steve']})
       print(df3); print(df4); print(pd.merge(df3, df4))
df3                                 df4
    employee         group  hire_date         group  supervisor
0        Bob    Accounting       2008  0  Accounting       Carly
1       Jake   Engineering       2012  1  Engineering      Guido
2       Lisa   Engineering       2004  2          HR       Steve
3        Sue            HR       2014

pd.merge(df3, df4)
    employee         group  hire_date  supervisor
0        Bob    Accounting       2008       Carly
1       Jake   Engineering       2012       Guido
2       Lisa   Engineering       2004       Guido
3        Sue            HR       2014       Steve
```

결과 `DataFrame`에는 'supervisor' 정보를 담고 있는 추가 열이 있는데, 그 정보는 입력값에 따라 하나 이상의 위치에 반복해서 등장한다.

다대다(Many-to-many) 조인

다대다 조인은 개념적으로 조금 혼란을 주지만 그래도 잘 정의돼 있다. 왼쪽과 오른쪽 배열의 키 열에 모두 중복 항목이 존재하면 결과는 다대다 병합이 된다. 구체적인 예제를 보면 잘 이해할 수 있을 것이다. 특정 그룹과 연결된 하나 이상의 기술을 보여주는 다음 DataFrame을 생각해 보자.

다대다 조인을 수행함으로써 개인과 연결된 기술을 확보할 수 있다.

```
In[5]: df5 = pd.DataFrame({'group': ['Accounting', 'Accounting',
                                     'Engineering', 'Engineering', 'HR', 'HR'],
                           'skills': ['math', 'spreadsheets', 'coding', 'linux',
                                      'spreadsheets', 'organization']})
print(df1); print(df5); print(pd.merge(df1, df5))
df1                          df5
  employee        group               group        skills
0      Bob   Accounting       0   Accounting          math
1     Jake  Engineering       1   Accounting  spreadsheets
2     Lisa  Engineering       2  Engineering        coding
3      Sue           HR       3  Engineering         linux
                             4           HR  spreadsheets
                             5           HR  organization


pd.merge(df1, df5)
  employee        group        skills
0      Bob   Accounting          math
1      Bob   Accounting  spreadsheets
2     Jake  Engineering        coding
3     Jake  Engineering         linux
4     Lisa  Engineering        coding
5     Lisa  Engineering         linux
6      Sue           HR  spreadsheets
7      Sue           HR  organization
```

이 세 가지 유형의 조인은 다른 Pandas 도구와 함께 사용해 다양한 기능을 구현할 수 있다. 하지만 실제 데이터세트가 여기서 다룬 것만큼 깨끗한 경우는 드물다. 다음 절에서 조인 연산이 동작하는 방식을 조정할 수 있게 해주는 pd.merge()가 제공하는 몇 가지 옵션을 알아보겠다.

병합 키 지정

앞에서 **pd.merge()** 의 기본 동작 방식을 알아봤다. **pd.merge()** 는 두 개의 입력값 사이에 일치하는 하나 이상의 열 이름을 찾아 그것을 키로 사용한다. 그러나 열 이름이 그렇게 잘 일치하는 경우는 흔하지 않으며, **pd.merge()** 가 이 문제를 처리하기 위한 다양한 옵션을 제공한다.

on 키워드

가장 간단한 방법은 열 이름이나 열 이름의 리스트를 취하는 **on** 키워드를 사용해 키 열의 이름을 명시적으로 지정하는 것이다.

```
In[6]: print(df1); print(df2); print(pd.merge(df1, df2, on='employee'))
df1                      df2
  employee        group       employee  hire_date
0      Bob   Accounting    0      Lisa       2004
1     Jake  Engineering    1       Bob       2008
2     Lisa  Engineering    2      Jake       2012
3      Sue           HR    3       Sue       2014
pd.merge(df1, df2, on='employee')
  employee        group  hire_date
0      Bob   Accounting       2008
1     Jake  Engineering       2012
2     Lisa  Engineering       2004
3      Sue           HR       2014
```

이 옵션은 왼쪽과 오른쪽 **DataFrame** 이 모두 지정된 열 이름을 가진 경우에만 동작한다.

left_on과 right_on 키워드

때로는 다른 열 이름을 가진 두 데이터세트를 병합하고 싶을 수도 있다. 예를 들면, 직원 이름 레이블이 'employee'가 아니라 'name'인 데이터세트를 가지고 있는 경우가 그렇다. 이 경우, left_on과 right_on 키워드를 사용해 두 열 이름을 지정할 수 있다.

```
In[7]:
df3 = pd.DataFrame({'name': ['Bob', 'Jake', 'Lisa', 'Sue'],
'salary': [70000, 80000, 120000, 90000]})
print(df1); print(df3);
print(pd.merge(df1, df3, left_on="employee", right_on="name"))
```

```
df1                      df3
  employee        group          name   salary
0      Bob   Accounting      0    Bob    70000
1     Jake  Engineering      1   Jake    80000
2     Lisa  Engineering      2   Lisa   120000
3      Sue           HR      3    Sue    90000

pd.merge(df1, df3, left_on="employee", right_on="name")
  employee        group  name   salary
0      Bob   Accounting   Bob    70000
1     Jake  Engineering  Jake    80000
2     Lisa  Engineering  Lisa   120000
3      Sue           HR   Sue    90000
```

그 결과는 불필요하게 중복된 열을 갖게 되며, 원하는 경우 DataFrame의 drop() 메서드를 사용해 삭제할 수 있다.

```
In[8]:
pd.merge(df1, df3, left_on="employee", right_on="name").drop('name', axis=1)
Out[8]:    employee        group   salary
        0      Bob   Accounting    70000
        1     Jake  Engineering    80000
        2     Lisa  Engineering   120000
        3      Sue           HR    90000
```

left_index와 right_index 키워드

때로는 열을 병합하는 대신 인덱스로 병합해야 하는 경우도 있다. 예를 들어, 다음과 같은 데이터가 있다고 하자.

```
In[9]: df1a = df1.set_index('employee')
       df2a = df2.set_index('employee')
       print(df1a); print(df2a)
df1a                      df2a
                group                   hire_date
employee                  employee
Bob        Accounting     Lisa              2004
Jake      Engineering     Bob               2008
Lisa      Engineering     Jake              2012
Sue                HR     Sue               2014
```

여기서 pd.merge()의 left_index나 right_index를 지정해 병합 키로 인덱스를 사용할 수 있다.

```
In[10]:
print(df1a); print(df2a);
print(pd.merge(df1a, df2a, left_index=True, right_index=True))
df1a                      df2a
            group                      hire_date
employee                  employee
Bob         Accounting    Lisa         2004
Jake        Engineering   Bob          2008
Lisa        Engineering   Jake         2012
Sue                 HR    Sue          2014


pd.merge(df1a, df2a, left_index=True, right_index=True)
              group   hire_date
employee
Lisa          Engineering    2004
Bob           Accounting     2008
Jake          Engineering    2008
Sue                   HR     2014
```

편의를 위해 DataFrame은 기본적으로 인덱스 기반으로 조인하는 병합을 수행하는 join() 메서드를 구현한다.

```
In[11]: print(df1a); print(df2a); print(df1a.join(df2a))
df1a                      df2a
            group                      hire_date
employee                  employee
Bob         Accounting    Lisa         2004
Jake        Engineering   Bob          2008
Lisa        Engineering   Jake         2012
Sue                 HR    Sue          2014
df1a.join(df2a)
              group   hire_date
employee
Bob           Accounting     2008
Jake          Engineering    2012
Lisa          Engineering    2004
Sue                   HR     2014
```

인덱스와 열을 섞고자 한다면 `left_index`를 `right_on`과 결합하거나 `left_on`을 `right_index`와 결합해 원하는 결과를 얻을 수 있다.

```
In[12]:
print(df1a); print(df3);
print(pd.merge(df1a, df3, left_index=True, right_on='name'))
df1a                      df3
              group
employee                         name  salary
Bob        Accounting    0    Bob     70000
Jake       Engineering   1    Jake    80000
Lisa       Engineering   2    Lisa   120000
Sue                HR    3    Sue     90000


pd.merge(df1a, df3, left_index=True, right_on='name')
         group   name  salary
0    Accounting   Bob   70000
1   Engineering  Jake   80000
2   Engineering  Lisa  120000
3           HR    Sue   90000
```

이 옵션 모두 다중 인덱스나 다중 열에서도 동작한다. 이 행위에 대한 인터페이스는 매우 직관적이다. 더 자세한 내용은 Pandas 문서의 '병합, 조인, 연결'을 참고하라.

조인을 위한 집합 연산 지정하기

앞에서 소개한 모든 예제에서는 조인을 수행하는 데 있어 한 가지 중요한 고려사항인 조인에 사용되는 집합 연산 유형에 대해 얼버무리고 넘어갔다. 이것은 어떤 키 열에 등장하는 값이 다른 키 열에서는 등장하지 않는 경우 문제가 된다. 다음 예제를 고려해 보자.

```
In[13]: df6 = pd.DataFrame({'name': ['Peter', 'Paul', 'Mary'],
                            'food': ['fish', 'beans', 'bread']},
                           columns=['name', 'food'])
        df7 = pd.DataFrame({'name': ['Mary', 'Joseph'],
                            'drink': ['wine', 'beer']},
                           columns=['name', 'drink'])
        print(df6); print(df7); print(pd.merge(df6, df7))
df6              df7                   pd.merge(df6, df7)
```

```
      name    food              name drink        name    food  drink
0  Peter    fish      0     Mary  wine    0   Mary   bread   wine
1   Paul   beans      1  Joseph  beer
2   Mary   bread
```

여기서는 'name'에서 공통 항목으로 유일하게 Mary를 가지고 있는 두 데이터세트를 병합했다. 기본적으로 결과에는 입력값의 두 집합에 대한 **교집합**이 들어가는데, 이것이 바로 **내부 조인**(inner join)이다. 이것은 기본적으로 'inner'로 설정된 how 키워드를 사용해 명시적으로 지정할 수 있다.

```
In[14]: pd.merge(df6, df7, how='inner')
Out[14]:    name    food drink
        0  Mary  bread  wine
```

how 키워드의 다른 옵션으로 'outer', 'left', 'right'가 있다. 외부 조인(outer join)은 입력 데이터 열의 합집합으로 조인한 결과를 반환하고 누락된 값은 NA로 채운다.

```
In[15]: print(df6); print(df7); print(pd.merge(df6, df7, how='outer'))
df6                 df7               pd.merge(df6, df7, how='outer')
      name    food              name drink          name    food drink
0  Peter    fish      0     Mary  wine    0   Peter    fish   NaN
1   Paul   beans      1  Joseph  beer    1    Paul   beans   NaN
2   Mary   bread                         2    Mary   bread  wine
                                         3  Joseph     NaN  beer
```

왼쪽 조인(left join)과 오른쪽 조인(right join)은 각각 왼쪽 항목과 오른쪽 항목을 기준으로 조인한다. 예를 들면 다음과 같다.

```
In[16]: print(df6); print(df7); print(pd.merge(df6, df7, how='left'))
df6                 df7               pd.merge(df6, df7, how='left')
      name    food              name drink          name    food drink
0  Peter    fish      0     Mary  wine    0   Peter    fish   NaN
1   Paul   beans      1  Joseph  beer    1    Paul   beans   NaN
2   Mary   bread                         2    Mary   bread  wine
```

이번에는 결괏값의 행이 왼쪽 입력값의 항목에 대응한다. how = 'right'를 사용해도 비슷한 방식으로 동작한다.

이 옵션들 모두 이전 조인 유형에 간단하게 적용할 수 있다.

열 이름이 겹치는 경우: suffixes 키워드

마지막으로 두 개의 입력 DataFrame이 충돌하는 열 이름을 가진 경우를 살펴보자. 다음 예제를 보자.

```
In[17]: df8 = pd.DataFrame({'name': ['Bob', 'Jake', 'Lisa', 'Sue'],
                            'rank': [1, 2, 3, 4]})
        df9 = pd.DataFrame({'name': ['Bob', 'Jake', 'Lisa', 'Sue'],
                            'rank': [3, 1, 4, 2]})
        print(df8); print(df9); print(pd.merge(df8, df9, on="name"))
df8                df9                pd.merge(df8, df9, on="name")
    name  rank         name  rank         name  rank_x  rank_y
0    Bob     1     0    Bob     3     0    Bob       1       3
1   Jake     2     1   Jake     1     1   Jake       2       1
2   Lisa     3     2   Lisa     4     2   Lisa       3       4
3    Sue     4     3    Sue     2     3    Sue       4       2
```

결괏값에 두 개의 충돌하는 열 이름이 있기 때문에 병합 함수가 결과 열을 고유하게 만들려고 자동으로 접미사 _x나 _y를 덧붙인다. 이 기본값이 적절하지 않다면 suffixes 키워드를 사용해 접미사를 별도로 지정할 수 있다.

```
In[18]:
print(df8); print(df9);
print(pd.merge(df8, df9, on="name", suffixes=["_L", "_R"]))
df8                df9
    name  rank         name  rank
0    Bob     1     0    Bob     3
1   Jake     2     1   Jake     1
2   Lisa     3     2   Lisa     4
3    Sue     4     3    Sue     2

pd.merge(df8, df9, on="name", suffixes=["_L", "_R"])
    name  rank_L  rank_R
0    Bob       1       3
1   Jake       2       1
2   Lisa       3       4
3    Sue       4       2
```

이 접미사는 모든 조인 패턴에서 사용할 수 있으며 중첩된 열이 여러 개 있어도 동작한다.

이 패턴에 대한 더 많은 정보는 관계 대수에 대해 더 자세히 다루고 있는 183쪽 '집계와 분류'를 참고하라. 또 이 주제에 대한 더 많은 내용은 Pandas 문서의 '병합, 조인, 연결' 부분을 참고하면 된다.

예제: 미국 주 데이터

병합과 조인 연산은 서로 다른 소스에서 나온 데이터를 연결할 때 가장 자주 사용한다. 여기서는 미국 주와 주별 인구 데이터를 이용한 예제를 생각해 볼 것이다. 데이터 파일은 다음 URL에서 내려받을 수 있다.

- https://github.com/jakevdp/data-USstates/

```
In[19]:
# 아래는 데이터를 다운로드할 셀 명령어다.
# !curl -O https://raw.githubusercontent.com/jakevdp/
#    data-USstates/master/state-population.csv
# !curl -O https://raw.githubusercontent.com/jakevdp/
#    data-USstates/master/state-areas.csv
# !curl -O https://raw.githubusercontent.com/jakevdp/
#    data-USstates/master/state-abbrevs.csv
```

Pandas read_csv() 함수를 사용해 세 개의 데이터세트를 살펴보자.

```
In[20]: pop = pd.read_csv('state-population.csv')
        areas = pd.read_csv('state-areas.csv')
        abbrevs = pd.read_csv('state-abbrevs.csv')

        print(pop.head()); print(areas.head()); print(abbrevs.head())

pop.head()                                  areas.head()
    state/region   ages   year  population          state   area (sq. mi)
0             AL  under18  2012  1117489.0    0     Alabama          52423
1             AL    total  2012  4817528.0    1      Alaska         656425
2             AL  under18  2010  1130966.0    2     Arizona         114006
3             AL    total  2010  4785570.0    3    Arkansas          53182
4             AL  under18  2011  1125763.0    3    Arkansas          53182
                                             4  California         163707

abbrevs.head()
        state  abbreviation
```

```
0       Alabama      AL
1       Alaska       AK
2       Arizona      AZ
3      Arkansas      AR
4    California      CA
```

이 정보가 주어진 상태에서 비교적 간단하게 2010년 인구 밀도 기준으로 미국 주와 지역 순위를 계산하고 싶다고 하자. 이 결과를 얻을 수 있는 데이터는 확실히 있지만, 그 데이터세트를 결합해야 결과를 얻을 수 있다.

먼저 인구(population) DataFrame에 전체 주의 이름을 제공하는 다대일 병합으로 시작하자. 여기서는 pop의 state/region 열과 abbrevs의 abbreviation 열을 기준으로 병합하려고 한다. 레이블이 일치하지 않는다는 이유로 데이터가 제거되지 않도록 how = 'outer'를 사용할 것이다.

```
In[21]: merged = pd.merge(pop, abbrevs, how='outer',
                          left_on='state/region', right_on='abbreviation')
        merged = merged.drop('abbreviation', 1)  # 중복 정보 삭제
        merged.head()
Out[21]:    state/region    ages  year  population    state
        0             AL  under18  2012   1117489.0  Alabama
        1             AL    total  2012   4817528.0  Alabama
        2             AL  under18  2010   1130966.0  Alabama
        3             AL    total  2010   4785570.0  Alabama
        4             AL  under18  2011   1125763.0  Alabama
```

이 코드에 불일치하는 항목이 있는지 다시 한번 확인해 보자. 널 값을 가진 행을 찾으면 된다.

```
In[22]: merged.isnull().any()
Out[22]: state/region    False
         ages            False
         year            False
         population      True
         state           True
         dtype: bool
```

일부 population 정보가 널 값이다. 어떤 항목이 널인지 확인해 보자.

```
In[23]: merged[merged['population'].isnull()].head()
Out[23]:
        state/region    ages   year   population state
   2448           PR  under18   1990          NaN   NaN
   2449           PR    total   1990          NaN   NaN
   2450           PR    total   1991          NaN   NaN
   2451           PR  under18   1991          NaN   NaN
   2452           PR    total   1993          NaN   NaN
```

인구 데이터에서 널 값은 모두 2000년 이전의 푸에르토리코에서 비롯됐음을 알 수 있다. 이는 원본 소스에 사용할 수 있는 데이터가 없기 때문인 듯하다.

더 중요한 것은 일부 신규 state 항목도 널 값인 것을 볼 수 있으며, 이는 abbrevs 키에 해당 항목이 없음을 의미한다! 이 일치되는 값이 없는 지역이 어디인지 알아보자.

```
In[24]: merged.loc[merged['state'].isnull(), 'state/region'].unique()
Out[24]: array(['PR', 'USA'], dtype=object)
```

이 이슈는 신속하게 추론할 수 있다. 예제에 사용한 인구 데이터가 푸에르토리코(PR)와 전체 미국(USA)에 대한 항목을 포함하고 있지만, 이 항목들이 주 이름의 약어 키(abbreviation key)에는 등장하지 않는다. 이 문제는 적절한 항목을 채워 넣음으로써 쉽게 해결할 수 있다.

```
In[25]: merged.loc[merged['state/region'] == 'PR', 'state'] = 'Puerto Rico'
        merged.loc[merged['state/region'] == 'USA', 'state'] = 'United States'
        merged.isnull().any()
Out[25]: state/region    False
         ages           False
         year           False
         population      True
         state          False
         dtype: bool
```

state 열에 더 이상 널 값이 없으니 연산을 수행할 준비가 끝났다!

이제 비슷한 절차를 이용해 면적 데이터가 포함된 결과를 병합할 수 있다. 결괏값을 검사해 보면 양쪽의 state 열을 기준으로 조인하고 싶을 것이다.

```
In[26]: final = pd.merge(merged, areas, on='state', how='left')
        final.head()
Out[26]:    state/region  ages   year   population    state   area (sq. mi)
        0            AL  under18  2012  1117489.0   Alabama       52423.0
        1            AL    total  2012  4817528.0   Alabama       52423.0
        2            AL  under18  2010  1130966.0   Alabama       52423.0
        3            AL    total  2010  4785570.0   Alabama       52423.0
        4            AL  under18  2011  1125763.0   Alabama       52423.0
```

다시 말하지만, 일치하지 않는 항목이 있는지 보기 위해 널 값 여부를 확인하자.

```
In[27]: final.isnull().any()
Out[27]: state/region      False
         ages              False
         year              False
         population         True
         state             False
         area (sq. mi)      True
         dtype: bool
```

area 열에 널 값이 있다. 다음 코드로 어느 지역이 누락됐는지 찾을 수 있다.

```
In[28]: final['state'][final['area (sq. mi)'].isnull()].unique()
Out[28]: array(['United States'], dtype=object)
```

areas DataFrame이 전체 미국 면적을 담고 있지 않음을 알 수 있다. 적절한 값(예를 들어, 모든 주 면적의 합계 사용)을 삽입할 수도 있지만, 이 경우에는 미국 전체의 인구 밀도가 현재 논의하는 내용과 관련이 없기 때문에 그냥 널 값을 삭제할 것이다.

```
In[29]: final.dropna(inplace=True)
        final.head()
Out[29]:    state/region  ages   year   population    state   area (sq. mi)
        0            AL  under18  2012  1117489.0   Alabama       52423.0
        1            AL    total  2012  4817528.0   Alabama       52423.0
        2            AL  under18  2010  1130966.0   Alabama       52423.0
        3            AL    total  2010  4785570.0   Alabama       52423.0
        4            AL  under18  2011  1125763.0   Alabama       52423.0
```

이제 필요한 모든 데이터를 갖췄다. 궁금한 질문에 답변하기 위해 먼저 2010년과 전체 인구(total population)에 해당하는 데이터 부분을 선택하자. 이 작업을 신속히 처리하기 위해 여기서는 query() 함수를 사용하겠다(이 함수를 사용하려면 numexpr 패키지가 설치돼 있어야 한다. 241쪽 '고성능 Pandas: eval()과 query()' 참고).

```
In[30]: data2010 = final.query("year == 2010 & ages == 'total'")
        data2010.head()
Out[30]:    state/region  ages   year     population        state   area(sq. mi)
        3            AL   total  2010     4785570.0      Alabama       52423.0
        91           AK   total  2010      713868.0       Alaska      656425.0
        101          AZ   total  2010     6408790.0      Arizona      114006.0
        189          AR   total  2010     2922280.0     Arkansas       53182.0
        197          CA   total  2010    37333601.0   California      163707/0
```

이제 인구 밀도를 계산하고 그것을 순서대로 표시해 보자. 우선 주 기준으로 데이터 인덱스를 재배열하고 나서 결과를 계산할 것이다.

```
In[31]: data2010.set_index('state', inplace=True)
        density = data2010['population'] / data2010['area (sq. mi)']
In[32]: density.sort_values(ascending=False, inplace=True)
        density.head()
Out[32]: state
        District of Columbia     8898.897059
        Puerto Rico              1058.665149
        New Jersey               1009.253268
        Rhode Island              681.339159
        Connecticut               645.600649
        dtype: float64
```

결과는 미국 주와 워싱턴 DC, 푸에르토리코를 1제곱마일당 주민 수로 계산한 2010년 인구 밀도 기준으로 순위를 매겼다. 지금까지 이 데이터세트에서 가장 밀도가 높은 지역은 워싱턴 DC(즉, District of Columbia)이며, 가장 밀도가 높은 주는 뉴저지주임을 알 수 있다.

또한, 리스트의 마지막 부분도 확인할 수 있다.

```
In[33]: density.tail()
Out[33]: state
        South Dakota     10.583512
```

```
North Dakota      9.537565
Montana           6.736171
Wyoming           5.768079
Alaska            1.087509
dtype: float64
```

가장 밀도가 적은 주는 알래스카로 1제곱마일당 평균 주민 수가 1명이 조금 넘는다.

이러한 유형의 지저분한 데이터 병합이 현실 세계의 데이터 소스를 사용해 질문에 대한 답을 얻고자 하는 경우 일반적으로 수행하는 작업이다. 이 예제를 통해 데이터로부터 통찰력을 얻기 위해 앞에서 다룬 도구를 결합하는 방법에 대한 아이디어를 얻기 바란다.

집계와 분류

대용량 데이터 분석의 기본은 효율적으로 요약하는 데 있다. 이는 하나의 값으로 대용량 데이터세트의 기본 특성에 대한 통찰력을 제공하는 sum(), mean(), median(), min(), max()와 같은 집계 연산을 수행하는 것이다. 이번 절에서는 NumPy 배열에서 본 것과 유사한 간단한 연산부터 groupby 개념을 기반으로 하는 좀 더 복잡한 연산까지 Pandas에서 제공하는 집계 연산을 살펴본다.

편의를 위해 앞에서 사용했던 것과 동일한 display 매직 함수를 여기서도 사용하겠다.

```python
In [1]: import numpy as np
        import pandas as pd

        class display(object):
            """Display HTML representation of multiple objects"""
            template = """<div style="float: left; padding: 10px;">
            <p style='font-family:"Courier New", Courier, monospace'>{0}{1}
            """
            def __init__(self, *args):
                self.args = args

            def _repr_html_(self):
                return '\n'.join(self.template.format(a, eval(a)._repr_html_())
                                 for a in self.args)
```

```
      def __repr__(self):
          return '\n\n'.join(a + '\n' + repr(eval(a))
                             for a in self.args)
```

행성 데이터

이번에는 Seaborn 패키지(343쪽 'Seaborn을 활용한 시각화' 참고)를 통해 사용할 수 있는 행성 데이터 세트를 사용하겠다. 이 데이터는 천문학자가 다른 별(외계행성 또는 외행성이라고 함) 주변에서 발견한 행성에 대한 정보를 제공한다. 이 데이터는 간단한 Seaborn 명령어로 다운로드할 수 있다.

```
In[2]: import seaborn as sns
       planets = sns.load_dataset('planets')
       planets.shape

Out[2]: (1035, 6)

In[3]: planets.head()

Out[3]:    method            number  orbital_period  mass   distance  year
        0  Radial Velocity   1       269.300         7.10   77.40     2006
        1  Radial Velocity   1       874.774         2.21   56.95     2008
        2  Radial Velocity   1       763.000         2.60   19.84     2011
        3  Radial Velocity   1       326.030         19.40  110.62    2007
        4  Radial Velocity   1       516.220         10.50  119.47    2009
```

이 데이터는 2014년까지 발견된 1,000개 이상의 외계 행성에 대한 세부 정보를 담고 있다.

Pandas의 간단한 집계 연산

앞에서 NumPy 배열에서 사용할 수 있는 몇몇 데이터 집계 연산을 살펴봤다(66쪽 '집계: 최솟값, 최댓값, 그 사이의 모든 것'). 1차원 NumPy 배열에서와 마찬가지로 Pandas Series에 대해 이 집계 연산들은 하나의 값을 반환한다.

```
In[4]: rng = np.random.RandomState(42)
       ser = pd.Series(rng.rand(5))
       ser
```

```
Out[4]: 0    0.374540
        1    0.950714
        2    0.731994
        3    0.598658
        4    0.156019
        dtype: float64
In[5]: ser.sum()
Out[5]: 2.8119254917081569
In[6]: ser.mean()
Out[6]: 0.56238509834163142
```

DataFrame의 경우, 집계 함수는 기본적으로 각 열 내의 결과를 반환한다.

```
In[7]: df = pd.DataFrame({'A': rng.rand(5),
                          'B': rng.rand(5)})
       df
Out[7]:          A         B
        0    0.155995  0.020584
        1    0.058084  0.969910
        2    0.866176  0.832443
        3    0.601115  0.212339
        4    0.708073  0.181825
In[8]: df.mean()
Out[8]: A    0.477888
        B    0.443420
        dtype: float64
```

axis 인수를 지정하면 각 행에 대해 집계할 수 있다.

```
In[9]: df.mean(axis='columns')
Out[9]: 0    0.088290
        1    0.513997
        2    0.849309
        3    0.406727
        4    0.444949
        dtype: float64
```

Pandas `Series`와 `DataFrame`은 66쪽 '집계: 최솟값, 최댓값, 그리고 그사이의 모든 것'에서 언급했던 일반적인 집계 연산을 모두 포함하고 있으며, 그 밖에도 각 열에 대한 여러 일반적인 집계를 계산하고 그 결과를 반환하는 편리한 `describe()` 메서드가 있다. 행성 데이터에 이 메서드를 사용해 누락된 값이 있는 행을 삭제해 보자.

```
In[10]: planets.dropna().describe()
Out[10]:          number  orbital_period        mass    distance         year
         count  498.00000      498.000000  498.000000  498.000000   498.000000
         mean     1.73494      835.778671    2.509320   52.068213  2007.377510
         std      1.17572     1469.128259    3.636274   46.596041     4.167284
         min      1.00000        1.328300    0.003600    1.350000  1989.000000
         25%      1.00000       38.272250    0.212500   24.497500  2005.000000
         50%      1.00000      357.000000    1.245000   39.940000  2009.000000
         75%      2.00000      999.600000    2.867500   59.332500  2011.000000
         max      6.00000    17337.500000   25.000000  354.000000  2014.000000
```

이것은 데이터세트의 전반적인 속성을 이해하기 시작할 때 유용한 방법이다. 예를 들어, **year** 열을 보면 외계 행성이 1989년처럼 오래전에는 발견됐지만 알려진 외계 행성 중 절반은 2010년이나 그 이후까지 발견되지 않은 상태였다는 사실을 알 수 있다. 이는 다른 별들 때문에 가려지는 행성을 찾기 위해 특별히 설계된 우주 망원경인 케플러 미션(Kepler mission) 덕택이다.

표 3-3은 Pandas에서 기본으로 제공하는 집계 연산을 요약한 내용이다.

표 3-3. Pandas의 집계 메서드 목록

집계 연산	설명
count()	항목 전체 개수
first(), last()	첫 항목과 마지막 항목
mean(), median()	평균값과 중앙값
min(), max()	최솟값과 최댓값
std(), var()	표준편차와 분산
mad()	절대 평균 편차
prod()	전체 항목의 곱
sum()	전체 항목의 합

이것들은 모두 **DataFrame**과 **Series** 객체에서 제공하는 메서드다. 하지만 데이터를 더 깊이 살펴보려면 간단한 집계 연산만으로는 충분하지 않은 경우가 많다. 데이터 요약의 다음 단계로 데이터 부분 집합별로 빠르고 효율적으로 집계를 계산할 수 있는 groupby 연산이 있다.

GroupBy: 분할, 적용, 결합

간단한 집계는 데이터세트의 전반적인 특성을 알려주지만, 때에 따라서는 어떤 레이블이나 인덱스를 기준으로 조건부로 집계하고 싶은 경우가 있다. 이러한 작업은 groupby라는 연산으로 구현한다. 'group by'라는 명칭은 SQL 데이터베이스 언어의 명령어에서 유래했지만, R 분석 권위자인 해들리 위컴 (Hadley Wickham)이 최초로 고안한 용어인 분할(split), 적용(apply), 결합(combine)으로 생각하면 더 이해하기 빠를 것이다.

분할, 적용, 결합

분할-적용-결합 연산의 고전적인 예를 그림 3-1에 그림으로 나타냈다. 여기서 '적용'은 요약 집계를 말한다. 그림 3-1은 GroupBy가 하는 일을 분명하게 보여준다.

- **분할** 단계는 지정된 키 값을 기준으로 **DataFrame**을 나누고 분류하는 단계다.
- **적용** 단계는 개별 그룹 내에서 일반적으로 집계, 변환, 필터링 같은 함수를 계산한다.
- **결합** 단계는 이 연산의 결과를 결과 배열에 병합한다.

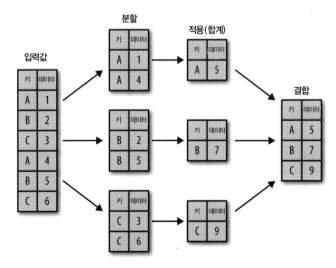

그림 3-1. groupby 연산의 시각적 표현

물론 이 작업을 앞에서 다룬 마스킹, 집계, 병합 명령어의 조합을 사용해 직접 수행할 수 있지만, 중간 단계의 분할은 명시적으로 설명할 필요가 없다는 사실을 깨닫는 것이 중요하다. 오히려 GroupBy는 데이터를 한 번에 처리해 각 그룹의 합계나 평균, 개수, 최솟값을 비롯한 다른 집계를 구할 수 있다. GroupBy의 힘은 이 단계들을 추상화한다는 데 있다. 사용자는 이 계산이 내부에서 **어떻게** 수행되는지에 대해 신경 쓸 필요 없이 전체 차원에서의 연산만 생각하면 된다.

구체적인 예로 그림 3-1에서 보여준 계산에 Pandas를 사용해 보자. 먼저 입력 DataFrame을 생성하자.

```
In[11]: df = pd.DataFrame({'key': ['A', 'B', 'C', 'A', 'B', 'C'],
                           'data' : range(6)}, columns = ['key', 'data'])
        df
Out[11]:    key data
        0    A    0
        1    B    1
        2    C    2
        3    A    3
        4    B    4
        5    C    5
```

DataFrame의 groupby() 메서드에 원하는 키 열의 이름을 전달해 가장 기본적인 분할-적용-결합 연산을 계산할 수 있다.

```
In[12]: df.groupby('key')
Out[12]: <pandas.core.groupby.DataFrameGroupBy object at 0x117272160>
```

여기서 DataFrame의 집합이 아니라 DataFrameGroupBy 객체가 반환된다는 데 주목하라. 이 객체에는 마법이 존재한다. 이 객체는 그룹을 세부적으로 조사할 만반의 준비는 돼 있으나 집계 로직이 적용되기까지는 사실상 아무 계산도 하지 않는 DataFrame의 특별한 뷰로 생각하면 된다. 이 '게으른 평가(lazy evaluation)' 방식은 일반 집계 연산이 사용자에게 거의 투명한 방식으로 매우 효율적으로 구현될 수 있음을 의미한다.

집계 연산을 이 DataFrameGroupBy 객체에 적용하면 적절한 적용/결합 단계를 수행해 예상한 결과를 만들어낼 것이다.

```
In[13]: df.groupby('key').sum()
Out[13]:        data
```

```
        key
        A    3
        B    5
        C    7
```

sum() 메서드는 하나의 예일 뿐이고, 이어지는 내용에서 보듯이 사실상 Pandas나 NumPy의 집계 함수를 비롯해 모든 유효한 DataFrame 연산을 적용할 수 있다.

GroupBy 객체

GroupBy 객체는 매우 유연한 추상화다. 여러 면에서 이 객체는 단순히 DataFrame 컬렉션처럼 취급할 수 있으며 내부적으로 어려운 일들을 처리한다. 행성 데이터를 사용해 몇 가지 예제를 살펴보자.

GroupBy에서 사용할 수 있는 가장 중요한 연산은 **집계**, **필터**, **변환**, **적용**일 것이다. 각 연산에 대해 192쪽 '집계, 필터, 변환, 적용'에서 자세히 알아보겠지만, 그 전에 기본 GroupBy 연산과 함께 사용할 수 있는 다른 몇 가지 기능을 먼저 살펴보자.

▪ 열 인덱싱

GroupBy 객체는 DataFrame과 동일한 방식으로 열 인덱싱을 지원하며 수정된 GroupBy 객체를 반환한다. 예를 들면 다음과 같다.

```
In[14]: planets.groupby('method')
Out[14]: <pandas.core.groupby.DataFrameGroupBy object at 0x1172727b8>
In[15]: planets.groupby('method')['orbital_period']
Out[15]: <pandas.core.groupby.SeriesGroupBy object at 0x117272da0>
```

이 예제에서는 열 이름을 참조해 원래 DataFrame 그룹으로부터 특정 Series 그룹을 선택했다. GroupBy 객체와 마찬가지로 해당 객체에서 몇 가지 집계 연산을 호출하기 전까지는 어떤 계산도 수행되지 않는다.

```
In[16]: planets.groupby('method')['orbital_period'].median()
Out[16]: method
        Astrometry                       631.180000
        Eclipse Timing Variations       4343.500000
        Imaging                        27500.000000
        Microlensing                    3300.000000
        Orbital Brightness Modulation      0.342887
```

```
Pulsar Timing                                   66.541900
        Pulsation Timing Variations           1170.000000
        Radial Velocity                        360.200000
        Transit                                  5.714932
        Transit Timing Variations               57.011000
        Name: orbital_period, dtype: float64
```

이 결과를 통해 각 방법이 예민하게 감지해내는 궤도 주기(일 단위)가 일반적으로 어느 정도인지 알 수 있다.

- **그룹 내 반복**

GroupBy 객체는 그룹을 직접 순회할 수 있도록 지원하며, 각 그룹을 Series나 DataFrame으로 반환한다.

```
In[17]: for (method, group) in planets.groupby('method'):
            print("{0:30s} shape={1}".format(method, group.shape))
Astrometry                     shape=(2, 6)
Eclipse Timing Variations      shape=(9, 6)
Imaging                        shape=(38, 6)
Microlensing                   shape=(23, 6)
Orbital Brightness Modulation  shape=(3, 6)
Pulsar Timing                  shape=(5, 6)
Pulsation Timing Variations    shape=(1, 6)
Radial Velocity                shape=(553, 6)
Transit                        shape=(397, 6)
Transit Timing Variations      shape=(4, 6)
```

이 방법이 특정 작업을 직접 수행할 때는 유용할 수 있지만, 잠시 후에 논의할 내장된 apply 기능을 사용하는 것이 대체로 훨씬 더 빠르다.

- **디스패치 메서드(Dispatch Method)**

GroupBy 객체가 명시적으로 구현하지 않은 메서드는 그것이 DataFrame 객체든 Series 객체든 상관없이 일부 파이썬 클래스 매직을 통해 그 그룹에 전달되고 호출될 것이다. 예를 들면, DataFrame의 describe() 메서드를 사용해 데이터의 각 그룹을 설명하는 일련의 집계 연산을 수행할 수 있다.

```
In[18]: planets.groupby('method')['year'].describe().unstack()
Out[18]:
method                            count          mean       std     min       25%  \\
Astrometry                          2.0   2011.500000  2.121320  2010.0   2010.75
Eclipse Timing Variations           9.0   2010.000000  1.414214  2008.0   2009.00
Imaging                            38.0   2009.131579  2.781901  2004.0   2008.00
Microlensing                       23.0   2009.782609  2.859697  2004.0   2008.00
Orbital Brightness Modulation       3.0   2011.666667  1.154701  2011.0   2011.00
Pulsar Timing                       5.0   1998.400000  8.384510  1992.0   1992.00
Pulsation Timing Variations         1.0   2007.000000       NaN  2007.0   2007.00
Radial Velocity                   553.0   2007.518987  4.249052  1989.0   2005.00
Transit                           397.0   2011.236776  2.077867  2002.0   2010.00
Transit Timing Variations           4.0   2012.500000  1.290994  2011.0   2011.75

                                   50%     75%     max
method
Astrometry                      2011.5  2012.25  2013.0
Eclipse Timing Variations       2010.0  2011.00  2012.0
Imaging                         2009.0  2011.00  2013.0
Microlensing                    2010.0  2012.00  2013.0
Orbital Brightness Modulation   2011.0  2012.00  2013.0
Pulsar Timing                   1994.0  2003.00  2011.0
Pulsation Timing Variations     2007.0  2007.00  2007.0
Radial Velocity                 2009.0  2011.00  2014.0
Transit                         2012.0  2013.00  2014.0
Transit Timing Variations       2012.5  2013.25  2014.0
```

이 표를 보면 데이터를 더 잘 이해할 수 있다. 예를 들어 대다수의 행성이 시선 속도법(Radial Velocity)과 통과법(Transit)에 의해 발견됐지만, 후자의 방법은 정확성이 향상된 망원경 덕분에 10년 전쯤에야 보편화됐다. 최신 방법은 2011년까지 새로운 행성을 발견하는 데 사용된 적이 없는 통과 시점 변화(Transit Timing Variations) 및 궤도 밝기 변조(Orbital Brightness Modulation) 방법일 것이다.

이 예제는 디스패치 메서드 사용법에 대한 하나의 예시일 뿐이다. 디스패치 메서드는 각 개별 그룹에 적용되고 그 결과는 GroupBy 내에서 결합돼 반환된다는 사실을 알아두자. 다시 말해, 모든 유효한 DataFrame/Series 메서드는 상응하는 GroupBy 객체에 사용되어 몇 가지 매우 유연하고 강력한 연산을 수행할 수 있다!

집계, 필터, 변환, 적용

앞에서는 결합 연산에서 집계에 초점을 맞춰 설명했지만, 그 밖에도 사용할 수 있는 더 많은 옵션이 있다. 특히 GroupBy 객체에는 그룹 데이터를 결합하기 전에 여러 유용한 연산을 효율적으로 구현하는 aggregate(), filter(), transform(), apply() 메서드가 있다.

다음 DataFrame을 사용해 설명하겠다.

```
In[19]: rng = np.random.RandomState(0)
        df = pd.DataFrame({'key': ['A', 'B', 'C', 'A', 'B', 'C'],
                           'data1': range(6),
                           'data2': rng.randint(0, 10, 6)},
                          columns = ['key', 'data1', 'data2'])
        df
Out[19]:    key   data1    data2
        0    A      0        5
        1    B      1        0
        2    C      2        3
        3    A      3        3
        4    B      4        7
        5    C      5        9
```

▪ 집계

이제 sum(), median() 등을 사용하는 GroupBy 집계 연산에 익숙해졌지만 aggregate() 메서드가 훨씬 더 많은 유연성을 제공한다. 이 메서드는 문자열, 함수, 리스트 등을 취해 한 번에 모든 집계를 계산할 수 있다. 이 모든 것을 결합하는 간단한 예제를 보자.

```
In[20]: df.groupby('key').aggregate(['min', np.median, max])
Out[20]:         data1              data2
                 min median max     min median max
          key
          A       0    1.5   3       3    4.0   5
          B       1    2.5   4       0    3.5   7
          C       2    3.5   5       3    6.0   9
```

다른 유용한 패턴은 열 이름을 해당 열에 적용될 연산에 매핑하는 딕셔너리를 전달하는 것이다.

```
In[21]: df.groupby('key').aggregate({'data1': 'min',
                                      'data2': 'max'})
Out[21]:       data1    data2
        key
        A         0        5
        B         1        7
        C         2        9
```

▪ 필터링

필터링 연산을 사용하면 그룹 속성을 기준으로 데이터를 걸러낼 수 있다. 예를 들어, 표준 편차가 어떤
임계 값보다 큰 그룹을 모두 유지할 수 있다.

```
In[22]:
def filter_func(x):
    return x['data2'].std() > 4

print(df); print(df.groupby('key').std());
print(df.groupby('key').filter(filter_func))
df                      df.groupby('key').std()
  key  data1  data2     key      data1      data2
0  A      0      5       A      2.12132    1.414214
1  B      1      0       B      2.12132    4.949747
2  C      2      3       C      2.12132    4.242641
3  A      3      3
4  B      4      7
5  C      5      9


df.groupby('key').filter(filter_func)
  key  data1  data2
1  B      1      0
2  C      2      3
4  B      4      7
5  C      5      9
```

filter() 함수는 그룹이 필터링을 통과하는지 아닌지를 지정하는 부울 값을 반환한다. 여기서는 그룹 A
의 표준편차가 4보다 작으므로 결과에서 그 그룹이 제거된다.

▪ 변환

집계는 데이터의 축소 버전을 반환해야 하지만, 변환은 재결합을 위해 전체 데이터의 변환된 버전을 반환할 수 있다. 그러한 변환의 경우 결과는 입력과 같은 형상을 가진다. 일반적인 예로 데이터에서 그룹별 평균값을 빼서 데이터를 중앙에 정렬하는 것을 들 수 있다.

```
In[23]: df.groupby('key').transform(lambda x: x - x.mean())
Out[23]:     data1  data2
         0   -1.5    1.0
         1   -1.5   -3.5
         2   -1.5   -3.0
         3    1.5   -1.0
         4    1.5    3.5
         5    1.5    3.0
```

▪ apply() 메서드

apply() 메서드는 임의의 함수를 그룹 결과에 적용할 때 사용한다. 이 함수는 DataFrame을 취해 Pandas 객체(즉, DataFrame, Series)나 스칼라를 반환한다. 결합 연산은 반환된 출력값 유형에 따라 조정된다.

예를 들어, 다음 예제에서 사용한 apply()는 첫 번째 열을 두 번째 열의 합계로 정규화한다.

```
In[24]: def norm_by_data2(x):
            # x는 그룹 값을 가지는 DataFrame
            x['data1'] /= x['data2'].sum()
            return x

        print(df); print(df.groupby('key').apply(norm_by_data2))
df                      df.groupby('key').apply(norm_by_data2)
   key  data1  data2       key      data1  data2
0   A      0      5     0    A   0.000000      5
1   B      1      0     1    B   0.142857      0
2   C      2      3     2    C   0.166667      3
3   A      3      3     3    A   0.375000      3
4   B      4      7     4    B   0.571429      7
5   C      5      9     5    C   0.416667      9
```

GroupBy 내에서 apply()는 상당히 유연하다. 함수가 DataFrame을 취하고 Pandas 객체나 스칼라를 반환한다는 것이 유일한 규칙이다. 그 중간에 무엇을 하든지 상관없다.

분할 키 지정하기

앞에서 소개한 간단한 예제에서 하나의 열 이름을 기준으로 DataFrame을 분할했다. 이것은 그룹을 정의하는 여러 방식 중 하나일 뿐이고 이제부터 그룹을 지정하는 다른 방식을 살펴보겠다.

▪ 분할 키를 제공하는 리스트, 배열, 시리즈, 인덱스

키는 DataFrame의 길이와 일치하는 길이의 시리즈나 리스트일 수 있다. 예를 들면 다음과 같다.

```
In[25]: L = [0, 1, 0, 1, 2, 0]
print(df); print(df.groupby(L).sum())
df                        df.groupby(L).sum()
   key   data1  data2            data1  data2
0   A        0      5     0          7     17
1   B        1      0     1          4      3
2   C        2      3     2          4      7
3   A        3      3
4   B        4      7
5   C        5      9
```

물론 이전의 **df.groupby('key')**를 구현하는 더 자세한 방식이 있다.

```
In[26]: print(df); print(df.groupby(df['key']).sum())
df                        df.groupby(df['key']).sum()
   key   data1  data2            data1  data2
0   A        0      5     A          3      8
1   B        1      0     B          5      7
2   C        2      3     C          7     12
3   A        3      3
4   B        4      7
5   C        5      9
```

▪ 인덱스를 그룹에 매핑한 딕셔너리나 시리즈

또 다른 방법은 인덱스 값을 그룹 키에 매핑하는 딕셔너리를 제공하는 것이다.

```
In[27]: df2 = df.set_index('key')
        mapping = {'A': 'vowel', 'B': 'consonant', 'C': 'consonant'}
        print(df2); print(df2.groupby(mapping).sum())
df2                       df2.groupby(mapping).sum()
key  data1 data2                   data1 data2
A        0     5         consonant    12    19
B        1     0         vowel         3     8
C        2     3
A        3     3
B        4     7
C        5     9
```

▪ 파이썬 함수

매핑과 유사하게 인덱스 값을 입력해서 그룹을 출력하는 파이썬 함수를 전달하면 된다.

```
In[28]: print(df2); print(df2.groupby(str.lower).mean())
df2                      df2.groupby(str.lower).mean()
key  data1 data2               data1 data2
A        0     5        a      1.5   4.0
B        1     0        b      2.5   3.5
C        2     3        c      3.5   6.0
A        3     3
B        4     7
C        5     9
```

▪ 유효한 키의 리스트

아울러 앞에서 다룬 모든 키 선택 방식은 다중 인덱스에서 그룹에 결합할 수 있다.

```
In[29]: df2.groupby([str.lower, mapping]).mean()
Out[29]:          data1 data2
        a vowel      1.5   4.0
        b consonant  2.5   3.5
        c consonant  3.5   6.0
```

분류(Grouping) 예제

이에 대한 예제로, 파이썬 코드 몇 줄에 이 모든 것을 집어넣어 방법 및 연대별로 발견된 행성의 개수를 셀 수 있다.

```
In[30]: decade = 10 * (planets['year'] // 10)
        decade = decade.astype(str) + 's'
        decade.name = 'decade'
        planets.groupby(['method', decade])['number'].sum().unstack().fillna(0)
Out[30]: decade                          1980s   1990s   2000s    2010s
         method
         Astrometry                       0.0     0.0     0.0      2.0
         Eclipse Timing Variations        0.0     0.0     5.0     10.0
         Imaging                          0.0     0.0    29.0     21.0
         Microlensing                     0.0     0.0    12.0     15.0
         Orbital Brightness Modulation    0.0     0.0     0.0      5.0
         Pulsar Timing                    0.0     9.0     1.0      1.0
         Pulsation Timing Variations      0.0     0.0     1.0      0.0
         Radial Velocity                  1.0    52.0   475.0    424.0
         Transit                          0.0     0.0    64.0    712.0
         Transit Timing Variations        0.0     0.0     0.0      9.0
```

이 코드는 현실적인 데이터세트를 살펴볼 때 지금까지 논의했던 다양한 연산을 결합했을 때의 힘을 보여준다. 지난 수십 년 동안 언제 어떻게 행성을 발견했는지에 대해 바로 대략 이해할 수 있다!

이 코드 몇 줄을 자세히 살펴보면서 결과가 나오기까지 정확히 어떤 작업을 하는지 이해하기 위해 단계별로 평가해 볼 것을 권한다. 다소 복잡한 예제인 것은 확실하지만, 이 코드를 이해하고 나면 자신의 데이터를 비슷하게 탐색할 수 있는 방법을 알게 될 것이다.

피벗 테이블

지금까지 GroupBy 요약으로 데이터세트 내의 관계를 탐색하는 방법을 알아봤다. 피벗 테이블(pivot table)은 표 형태의 데이터로 작업하는 스프레드시트와 다른 프로그램에서 일반적으로 볼 수 있는 유사한 작업이다. 피벗 테이블은 입력값으로 간단한 열 단위의 데이터를 취하고 그 데이터에 대한 다차원 요약을 제공하는 2차원 테이블로 항목을 그룹핑한다. 피벗 테이블과 GroupBy의 차이가 때때로 혼란을 일으킬 수도 있다. 피벗 테이블을 근본적으로 GroupBy 집계의 다차원 버전이라고 생각하면 도움이 된다.

다시 말해 분할 – 적용 – 결합 작업을 하면 분할과 결합 작업이 1차원 인덱스에서 발생하는 것이 아니라 2차원 그리드에서 발생한다.

피벗 테이블 시작

이번 절의 예제에서는 Seaborn 라이브러리(343쪽 'Seaborn을 활용한 시각화' 참고)에서 제공하는 타이타닉 승객의 데이터베이스를 사용할 것이다.

```
In[1]: import numpy as np
       import pandas as pd
       import seaborn as sns
       titanic = sns.load_dataset('titanic')
In[2]: titanic.head()
Out[2]:
   survived  pclass     sex   age  sibsp  parch     fare embarked  class  \\
0         0       3    male  22.0      1      0   7.2500        S  Third
1         1       1  female  38.0      1      0  71.2833        C  First
2         1       3  female  26.0      0      0   7.9250        S  Third
3         1       1  female  35.0      1      0  53.1000        S  First
4         0       3    male  35.0      0      0   8.0500        S  Third

     who  adult_male  deck  embark_town alive  alone
0    man        True   NaN  Southampton    no  False
1  woman       False     C    Cherbourg   yes  False
2  woman       False   NaN  Southampton   yes   True
3  woman       False     C  Southampton   yes  False
4    man        True   NaN  Southampton    no   True
```

이 데이터에는 불행하게 끝났던 여행의 각 승객에 대한 성별, 나이, 좌석 등급, 요금 등 다양한 정보가 담겨 있다.

피벗 테이블 등장 배경

이 데이터에 대해 더 알아보기 위해 성별이나 생존 여부, 또는 그 몇 가지 조합에 따라 분류하는 일부터 해보자. 앞 절을 읽은 사람이라면 GroupBy 연산을 적용하고 싶을 수도 있다. 예를 들어 성별에 따른 생존율을 알아보자.

```
In[3]: titanic.groupby('sex')[['survived']].mean()
Out[3]:         survived
        sex
        female  0.742038
        male    0.188908
```

이 결과는 몇 가지 사실을 알려준다. 전반적으로 승선하고 있던 여성의 네 명 중 세 명이 생존한 반면, 남성은 다섯 명 중 한 명만 생존했다!

이 정보도 유용하지만, 한 단계 더 들어가서 성별과 좌석 등급별 생존율을 보고 싶을 수도 있다. GroupBy를 이용해 다음과 같이 진행할 수도 있다. 좌석 등급과 성별 단위로 그룹을 나누고 생존율을 선택하고 평균 집계를 적용하고 결과 그룹을 결합한 후 숨겨진 다차원성을 드러내기 위해 계층적인 인덱스를 분할한다. 그 코드는 다음과 같다.

```
In[4]: titanic.groupby(['sex', 'class'])['survived'].aggregate('mean').unstack()
Out[4]: class   First     Second    Third
        sex
        female  0.968085  0.921053  0.500000
        male    0.368852  0.157407  0.135447
```

이 코드는 성별과 좌석 등급이 생존율에 얼마나 영향을 미치는지 더 잘 이해할 수 있게 해주지만 약간 복잡해지기 시작했다. 이 과정의 각 단계가 앞에서 논의했던 도구 관점에서는 타당해 보이지만, 이렇게 긴 코드를 읽거나 사용하기는 쉽지 않다. 이 2차원 GroupBy는 아주 보편적으로 사용되고 있어서 Pandas는 이러한 유형의 다차원 집계를 간결하게 처리할 수 있도록 pivot_table이라는 루틴을 제공한다.

피벗 테이블 구문

이번에는 DataFrame의 pivot_table 메서드를 사용해 앞의 연산을 동일하게 구현해 보자.

```
In[5]: titanic.pivot_table('survived', index='sex', columns='class')
Out[5]: class   First     Second    Third
        sex
        female  0.968085  0.921053  0.500000
        male    0.368852  0.157407  0.135447
```

이 코드는 GroupBy를 사용한 코드보다 훨씬 더 읽기 쉬우면서도 똑같은 결과를 만들어낸다. 20세기 초 대서양 횡단 크루즈를 떠올리면 예상할 수 있는 것처럼 여성이면서 좌석 등급이 높을수록 생존율이 높아지는 경향이 있다. 1등석에 탄 여성은 거의 확실하게 생존했지만, 3등석에 탄 남성은 열 명 중 한 명만 생존했다.

다단계 피벗 테이블

GroupBy에서와 마찬가지로 피벗 테이블의 그룹핑은 다단계로 여러 가지 옵션을 통해 지정할 수 있다. 예를 들어, 세 번째 차원으로 연령을 보고 싶을 수 있다. pd.cut 함수를 사용해 연령을 추가하자.

```
In[6]: age = pd.cut(titanic['age'], [0, 18, 80])
       titanic.pivot_table('survived', ['sex', age], 'class')
Out[6]: class                    First     Second      Third
        sex    age
        female (0, 18]        0.909091   1.000000   0.511628
               (18, 80]       0.972973   0.900000   0.423729
        male   (0, 18]        0.800000   0.600000   0.215686
               (18, 80]       0.375000   0.071429   0.133663
```

열 기준으로 동작할 때도 이와 같은 전략을 적용할 수 있다. 자동으로 분위 수를 계산하기 위해 pd.qcut를 사용해 지불된 비용에 대한 정보를 추가하자.

```
In[7]: fare = pd.qcut(titanic['fare'], 2)
       titanic.pivot_table('survived', ['sex', age], [fare, 'class'])
Out[7]:
fare             [0, 14.454]
class                  First     Second      Third      \\
sex    age
female (0, 18]           NaN   1.000000   0.714286
       (18, 80]          NaN   0.880000   0.444444
male   (0, 18]           NaN   0.000000   0.260870
       (18, 80]          0.0   0.098039   0.125000
fare             (14.454, 512.329]
class                  First     Second      Third
sex    age
female (0, 18]      0.909091   1.000000   0.318182
       (18, 80]     0.972973   0.914286   0.391304
male   (0, 18]      0.800000   0.818182   0.178571
       (18, 80]     0.391304   0.030303   0.192308
```

결과는 값 사이의 관계를 보여주는 그리드에 나타난 계층적 인덱스(145쪽 '계층적 인덱싱' 참조)를 가진 4차원 집계다.

기타 피벗 테이블 옵션

DataFrame의 pivot_table 메서드의 전체 호출 시그니처는 다음과 같다.

```
# Pandas 0.19 버전 기준 호출 시그니처
DataFrame.pivot_table(data, values=None, index=None, columns=None,
                      aggfunc='mean', fill_value=None, margins=False,
                      dropna=True, margins_name='All')
```

이미 첫 세 인수에 대해서는 살펴봤다. 여기서는 나머지 인수에 대해 간단히 살펴보겠다. fill_value와 dropna는 누락된 데이터와 관련된 옵션으로 매우 단순해서 따로 예제를 소개하지는 않겠다.

aggfunc 키워드는 어떤 유형의 집계를 적용할지 제어하며 기본으로는 평균이 적용된다. GroupBy에서와 마찬가지로 적용할 집계 연산은 몇 가지 일반적인 방식 중 하나를 표현하는 문자열('sum', 'mean', 'count', 'min', 'max' 등)이나 집계를 구현하는 함수(np.sum(), min(), sum() 등)로 지정할 수 있다. 아울러 열을 원하는 집계 방식에 매핑한 딕셔너리로 지정할 수도 있다.

```
In[8]: titanic.pivot_table(index='sex', columns='class',
                           aggfunc={'survived':sum, 'fare':'mean'})
ut[8]:             fare                        survived
       class     First     Second     Third    First Second Third
       sex
       female  106.125798  21.970121  16.118810   91.0   70.0   72.0
       male     67.226127  19.741782  12.661633   45.0   17.0   47.0
```

여기서 values 키워드는 생략했는데 aggfunc을 위한 매핑을 지정할 때 이 키워드가 자동으로 결정된다는 점도 알아두자.

때로는 그룹별 총합을 계산하는 것이 유용할 수 있다. 이 계산은 margins 키워드를 통해 수행할 수 있다.

```
In[9]: titanic.pivot_table('survived', index='sex', columns='class', margins=True)
Out[9]: class     First     Second     Third       All
        sex
        female  0.968085  0.921053  0.500000  0.742038
        male    0.368852  0.157407  0.135447  0.188908
        All     0.629630  0.472826  0.242363  0.383838
```

그 결과 좌석 등급과 무관한 성별에 따른 생존율과 성별과 무관한 좌석 등급별 생존율, 그리고 38%라는 전체 생존율을 알 수 있다. 이 가장자리 열과 행의 명칭은 `margins_name` 키워드로 지정할 수 있으며 지정하지 않으면 기본으로 'All'로 표시한다.

예제: 출생률 데이터

더 흥미로운 예제로 질병 대책 본부(CDC, Center for Disease Control)에서 제공하고 자유롭게 사용할 수 있는 미국의 출생률 데이터를 살펴보자. 이 데이터는 다음 URL에서 내려받을 수 있다.

- https://raw.githubusercontent.com/jakevdp/data-CDCbirths/master/births.csv

참고로 이 데이터세트는 앤드류 겔만(Andrew Gelman)과 그의 그룹이 광범위하게 분석했다. 일례로 앤드류 겔만의 블로그 글[2]을 참고하자.

```
In[10]:
# 데이터 다운로드를 위한 셀 명령어:
# !curl -O https://raw.githubusercontent.com/jakevdp/data-CDCbirths/
# master/births.csv

In[11]: births = pd.read_csv('births.csv')
```

데이터를 들여다보면 비교적 간단하다는 사실을 알 수 있다. 이 데이터는 날짜와 성별로 분류한 출생 수를 담고 있다.

```
In[12]: births.head()
Out[12]:
      year  month  day  gender  births
  0   1969      1    1       F    4046
  1   1969      1    1       M    4440
  2   1969      1    2       F    4454
  3   1969      1    2       M    4548
  4   1969      1    3       F    4548
```

---

2   http://andrewgelman.com/2012/06/14/cool-ass-signal-processing-using-gaussian-processes/

여기서 사용된 CDC 데이터세트는 출생 시 부여된 성별을 '성별'이라고 부르며 데이터를 남성과 여성으로 제한한다. 성별은 생물학적으로 독립적인 스펙트럼이지만, 일관성과 명확성을 위해 이 데이터세트를 논의하는 동안 동일한 용어를 사용한다. 일관성과 명확성을 위해 이 데이터세트에 대해 설명하는 동안에는 동일한 용어를 사용하겠다.

피벗 테이블을 사용해 이 데이터를 좀 더 잘 이해할 수 있다. 그러면 decade 함수로 연대 열을 추가하고 연대별 남녀의 출생 수를 살펴보자.

```
In[13]:
births['decade'] = 10 * (births['year'] // 10)
births.pivot_table('births', index='decade', columns='gender', aggfunc='sum')
Out[13]: gender          F          M
         decade
         1960     1753634    1846572
         1970    16263075   17121550
         1980    18310351   19243452
         1990    19479454   20420553
         2000    18229309   19106428
```

연대마다 항상 남성의 출생률이 여성보다 높았음을 바로 알 수 있다. 이 추세를 더 분명하게 확인하려면 Pandas에서 기본적으로 제공하는 플로팅 도구를 활용해 연도별 출생 수를 시각화하면 된다(그림 3-2). Matplotlib을 활용한 플로팅에 대해서는 4장에서 다룬다.

```
In[14]:
%matplotlib inline
import matplotlib.pyplot as plt
sns.set() # Seaborn 스타일 사용
births.pivot_table('births', index='year', columns='gender', aggfunc='sum').plot()
plt.ylabel('total births per year');
```

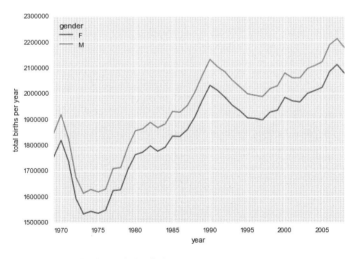

그림 3-2. 미국의 연도와 성별에 따른 출생 수

간단한 피벗 테이블과 plot() 메서드로 성별에 따른 연도별 출생 수의 추이를 바로 확인할 수 있다. 눈대중으로 보더라도 지난 50년 동안 남성의 출생 수가 여성보다 5% 정도 더 높았음을 알 수 있다.

피벗 테이블과 꼭 상관있는 것은 아니지만 지금까지 다룬 Pandas 도구를 사용해 이 데이터세트에서 뽑아낼 수 있는 몇 가지 흥미로운 특징이 있다. 먼저 데이터를 정제해야 하는데, 날짜 오타(예: June 31st)나 누락된 값(예: June 99th)으로 인한 이상치를 제거해야 한다. 이러한 데이터를 한 번에 제거하는 쉬운 방법은 이상치를 제거하는 것이다. 이 작업을 견고한 시그마 클리핑 연산[3]을 통해 할 것이다.

```
In[15]: quartiles = np.percentile(births['births'], [25, 50, 75])
        mu = quartiles[1]
        sig = 0.74 * (quartiles[2] - quartiles[0])
```

마지막 줄은 표본 평균의 견고한 추정치로, 0.74는 가우스 분포의 사분위 수에서 비롯한 것이다. 이와 함께 query() 메서드(241쪽 '고성능 Pandas: eval()과 query()'에서 더 논의하겠다)를 사용해 이 값에서 벗어난 출생 수를 가진 행을 걸러낼 수 있다.

```
In[16]:
births = births.query('(births > @mu - 5 * @sig) & (births < @mu + 5 * @sig)')
```

다음으로 day 열을 정수형으로 설정한다. 이전에는 데이터세트의 일부 열이 'null' 값을 포함했기 때문에 데이터 타입이 문자열이었다.

```
In[17]: # 'day'열을 정수형으로 설정; 원래는 널 값 때문에 문자열이었음
        births['day'] = births['day'].astype(int)
```

마지막으로 날짜, 월, 연도를 결합해 Date 인덱스를 생성할 수 있다(219쪽 '시계열 다루기' 참고). 이렇게 하면 각 행에 대응하는 요일을 빠르게 계산할 수 있다.

```
In[18]: # 년(year), 월(month), 일(day)로부터 날짜(datetime) 인덱스 생성
        births.index = pd.to_datetime(10000 * births.year +
                                      100 * births.month +
                                      births.day, format='%Y%m%d')
        births['dayofweek'] = births.index.dayofweek
```

---

3   시그마 클리핑 연산에 대해서는 저자가 제리코 이베직(Željko Ivezic), 앤드류 J. 코놀리(Andrew J. Connolly), 알렉산더 그레이(Alexander Gray)와 함께 쓴 《Statistics, Data Mining, and Machine Learning in Astronomy: A Practical Python Guide for the Analysis of Survey Data》(Princeton University Press, 2014)에서 더 많은 내용을 배울 수 있다.

이 인덱스를 이용해 수십 년 동안의 요일별 출생 수를 그래프로 그릴 수 있다(그림 3-3).

```
In[19]:
import matplotlib.pyplot as plt
import matplotlib as mpl

births.pivot_table('births', index='dayofweek',
                       columns='decade', aggfunc='mean').plot()
plt.gca().set_xticklabels(['Mon', 'Tues', 'Wed', 'Thurs', 'Fri', 'Sat', 'Sun'])
plt.ylabel('mean births by day');
```

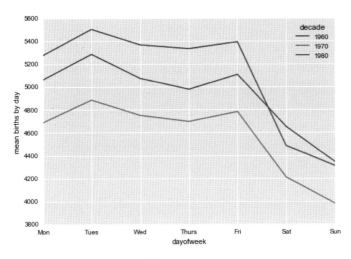

그림 3-3. 연대에 따른 요일별 평균 출생 수

출생 수가 주중보다 주말에 약간 더 낮은 것을 확인할 수 있다! 1990년대와 2000년대는 없는데, CDC 데이터가 1989년을 기점으로 태어난 년월만 포함하고 있기 때문이다.

또 다른 흥미로운 관점은 **연도 내 일별 평균 출생 수**를 그래프로 나타내는 것이다. 먼저 데이터를 월과 일별로 분류하자.

```
In[20]:
births_by_date = births.pivot_table('births',
                          [births.index.month, births.index.day])
births_by_date.head()
Out[20]: 1  1    4009.225
          2    4247.400
```

```
       3    4500.900
       4    4571.350
       5    4603.625
Name: births, dtype: float64
```

결과로 월과 일을 인덱스로 가지는 다중 인덱스를 얻게 된다. 그래프로 쉽게 표현하기 위해 이 월과 일을 더미 연도 변수와 결합해 연월일의 날짜로 변환해 보자(2월 29일을 올바르게 처리하도록 윤년을 선택해야 한다).

```
In[21]: births_by_date.index = [pd.datetime(2012, month, day)
                                 for (month, day) in births_by_date.index]
        births_by_date.head()
Out[21]: 2012-01-01    4009.225
         2012-01-02    4247.400
         2012-01-03    4500.900
         2012-01-04    4571.350
         2012-01-05    4603.625
        Name: births, dtype: float64
```

월과 일에만 초점을 맞춰 이제 해당 연도의 날짜별 평균 출생 수를 나타내는 시계열 데이터가 만들어졌다. 이로부터 데이터를 플로팅하기 위해 plot 메서드를 사용할 수 있다(그림 3-4). 이 그래프에서 몇 가지 흥미로운 추세를 확인할 수 있다.

```
In[22]: # 결과 그래프 그리기
        fig, ax = plt.subplots(figsize=(12, 4))
        births_by_date.plot(ax=ax);
```

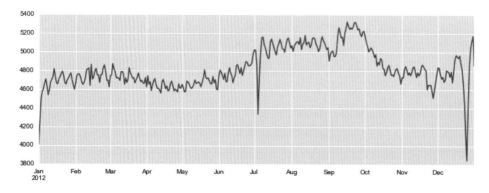

그림 3-4. 날짜별 일평균 출생 수

특히 이 그래프에서 확인할 수 있는 놀라운 점은 미국의 휴일(예: 독립 기념일, 노동절, 추수감사절, 크리스마스, 새해)에는 출생률이 급감했다는 것이다. 이 현상은 자연 분만에 대한 깊은 정신적, 신체적 효과라기보다는 예정 분만 및 유도 분만을 선호했던 경향이 반영된 것으로 보인다. 이 추세에 대한 더 많은 내용은 앤드류 겔만의 블로그 글[4]에서 해당 주제에 관한 분석 내용과 링크를 참고한다. 310쪽 '예제: 미국 출생률에 휴일이 미치는 영향'에서 이 그래프에 주석을 달기 위해 Matplotlib 도구를 사용할 때 이 그래프를 다시 볼 것이다.

이 간단한 예제를 보면 다양한 데이터세트로부터 통찰력을 얻기 위해 지금까지 살펴본 다양한 파이썬과 Pandas 도구를 결합해 사용할 수 있다는 것을 알 수 있다. 앞으로 이 데이터 가공 방법을 더 정교하게 응용하는 것을 보게 될 것이다.

벡터화된 문자열 연산

파이썬의 강점 중 하나는 문자열 데이터를 처리하고 가공하기가 비교적 쉽다는 것이다. Pandas는 파이썬을 기반으로 만들어져 현실 세계의 데이터로 작업할 때(작업이라 쓰고 정제라 읽는다) 필요한 먼징 유형의 핵심 부분인 **벡터화된 문자열 연산**을 종합적으로 제공한다. 이번 절에서는 몇 가지 Pandas 문자열 연산을 검토하고 나서 그것들을 활용해 인터넷에서 수집한 아주 지저분한 조리법 데이터세트를 부분적으로 정제하는 과정을 소개할 것이다.

Pandas 문자열 연산 소개

앞에서 NumPy와 Pandas 같은 도구가 산술 연산을 어떻게 일반화해서 수많은 배열 요소에 동일한 연산을 쉽고 빠르게 수행하는지 살펴봤다. 예를 들면 다음과 같다.

```
In[1]: import numpy as np
       x = np.array([2, 3, 5, 7, 11, 13])
       x * 2
Out[1]: array([ 4,  6, 10, 14, 22, 26])
```

4　http://andrewgelman.com/2012/06/14/cool-ass-signal-processing-using-gaussian-processes/

이렇게 연산을 **벡터화**하면 데이터 배열에서 동작하는 구문이 단순해진다. 더는 배열의 크기나 모양을 걱정할 필요 없이 하고자 하는 연산이 무엇인지만 신경 쓰면 된다. NumPy에서는 문자열 배열에 그렇게 간단히 접근할 수 없으므로 계속해서 장황한 루프 구문을 사용해야 한다.

```
In[2]: data = ['peter', 'Paul', 'MARY', 'gUIDO']
       [s.capitalize() for s in data]
Out[2]: ['Peter', 'Paul', 'Mary', 'Guido']
```

일부 데이터에서는 이것만으로도 충분하겠지만 누락된 값이 있다면 에러가 발생할 것이다. 예를 들어보자.

```
In[3]: data = ['peter', 'Paul', None, 'MARY', 'gUIDO']
       [s.capitalize() for s in data]
---------------------------------------------------------------------------
---------------------------------------------------------------------------

AttributeError                          Traceback (most recent call last)

<ipython-input-3-fc1d891ab539> in <module>()
      1 data = ['peter', 'Paul', None, 'MARY', 'gUIDO']
----> 2 [s.capitalize() for s in data]

<ipython-input-3-fc1d891ab539> in <listcomp>(.0)
      1 data = ['peter', 'Paul', None, 'MARY', 'gUIDO']
----> 2 [s.capitalize() for s in data]


AttributeError: 'NoneType' object has no attribute 'capitalize'
---------------------------------------------------------------------------
```

Pandas는 문자열을 담고 있는 Pandas Series와 Index 객체의 `str` 속성을 통해 벡터화된 문자열 연산을 수행하고 누락된 데이터를 올바르게 처리하기 위한 기능을 제공한다. 그렇다면 예를 들어 이 데이터로 Pandas Series를 생성했다고 가정하자.

```
In[4]: import pandas as pd
       names = pd.Series(data)
       names
```

```
Out[4]: 0   peter
        1    Paul
        2    None
        3    MARY
        4   gUIDO
        dtype: object
```

Pandas 문자열 메서드 목록

파이썬에서 문자열 조작 방법을 잘 알고 있다면 Pandas의 문자열 구문 대부분은 직관적이어서 사용할
수 있는 메서드 목록만 제공해도 충분할 것이다. 몇 가지 중요한 세부사항에 대해 자세히 알아보기 전에
전체 목록을 먼저 살펴보자. 이 절에 나오는 예제는 다음 이름으로 구성된 시리즈를 사용한다.

```
In[6]: monte = pd.Series(['Graham Chapman', 'John Cleese', 'Terry Gilliam',
                          'Eric Idle', 'Terry Jones', 'Michael Palin'])
```

파이썬 문자열 메서드와 유사한 메서드

거의 모든 파이썬의 내장 문자열 메서드는 Pandas의 벡터화된 문자열 메서드에도 반영돼 있다. 다음은
파이썬의 문자열 메서드를 반영한 Pandas str 메서드의 목록이다.

len()	lower()	translate()	islower()
ljust()	upper()	startswith()	isupper()
rjust()	find()	endswith()	isnumeric()
center()	rfind()	isalnum()	isdecimal()
zfill()	index()	isalpha()	split()
strip()	rindex()	isdigit()	rsplit()
rstrip()	capitalize()	isspace()	partition()
lstrip()	swapcase()	istitle()	rpartition()

이 메서드들은 다양한 반환 값을 가진다는 점을 알아두자. lower() 같은 일부 메서드는 일련의 문자열
을 반환한다.

```
In[7]: monte.str.lower()
Out[7]: 0    graham chapman
        1       john cleese
        2     terry gilliam
```

```
3          eric idle
4        terry jones
5      michael palin
dtype: object
```

그러나 일부 다른 메서드는 숫자를 반환한다.

```
In[8]: monte.str.len()
Out[8]: 0    14
        1    11
        2    13
        3     9
        4    11
        5    13
        dtype: int64
```

또는 부울 값을 반환한다.

```
In[9]: monte.str.startswith('T')
Out[9]: 0    False
        1    False
        2     True
        3    False
        4     True
        5    False
        dtype: bool
```

또 다른 메서드는 각 요소에 대한 리스트나 다른 복합 값을 반환한다.

```
In[10]: monte.str.split()
Out[10]: 0    [Graham, Chapman]
         1        [John, Cleese]
         2      [Terry, Gilliam]
         3          [Eric, Idle]
         4         [Terry, Jones]
         5      [Michael, Palin]
         dtype: object
```

앞으로도 이런 리스트 시리즈로 된 객체를 처리하는 법을 더 보게 될 것이다.

정규 표현식을 활용하는 메서드

그 밖에도 각 문자열 요소의 내용을 검사하는 데 정규 표현식을 활용하고 파이썬에서 기본적으로 제공하는 re 모듈의 API 규칙을 일부 따르는 메서드도 있다(표 3-4 참고).

표 3-4. Pandas 메서드와 파이썬 re 모듈 함수 사이의 매핑

메서드	설명
match()	각 요소에 re.match()를 호출, 부울 값을 반환
extract()	각 요소에 re.match()를 호출, 문자열로 매칭된 그룹을 반환
findall()	각 요소에 re.findall()을 호출
replace()	패턴이 발생한 곳을 다른 문자열로 대체
contains()	각 요소에 re.search()를 호출, 부울 값을 반환
count()	패턴의 발생 건수를 집계
split()	str.split()과 동일하지만 정규 표현식을 취함
rsplit()	str.rsplit()과 동일하지만 정규 표현식을 취함

이 메서드를 사용하면 흥미로운 연산을 다양하게 수행할 수 있다. 예를 들어, 각 요소의 시작 문자와 붙어 있는 그룹을 요청해 각 요소로부터 이름 부분을 추출할 수 있다.

```
In[11]: monte.str.extract('([A-Za-z]+)')
Out[11]: 0    Graham
         1      John
         2     Terry
         3      Eric
         4     Terry
         5   Michael
         dtype: object
```

또는 문자열 시작(^)과 문자열 끝($)을 나타내는 정규 표현식을 사용해 자음으로 시작하고 끝나는 모든 이름을 찾는 것과 같은 더 복잡한 일을 할 수도 있다.

```
In[12]: monte.str.findall(r'^[^AEIOU].*[^aeiou]$')
Out[12]: 0    [Graham Chapman]
         1                  []
         2    [Terry Gilliam]
```

```
3                []
4     [Terry Jones]
5   [Michael Palin]
dtype: object
```

Series나 DataFrame 항목에 정규 표현식을 간결하게 적용할 수 있게 되면서 데이터 정제와 분석에 있어 많은 가능성이 열렸다.

기타 메서드

마지막으로 다른 편리한 연산이 가능한 메서드가 몇 가지 있다(표 3–5 참고).

표 3–5. 그 밖의 Pandas 문자열 메서드

메서드	설명
get()	각 요소에 인덱스를 지정
slice()	각 요소에 슬라이스를 적용
slice_replace()	각 요소의 슬라이스를 전달된 값으로 대체
cat()	문자열을 연결
repeat()	값을 반복
normalize()	문자열의 유니코드 형태를 반환
pad()	문자열 왼쪽, 오른쪽, 또는 양쪽에 공백을 추가
wrap()	긴 문자열을 주어진 너비보다 짧은 길이의 여러 줄로 나눔
join()	Series의 각 요소에 있는 문자열을 전달된 구분자와 결합
get_dummies()	DataFrame으로 가변수(dummy variable)를 추출

▪ 벡터화된 항목의 접근 및 슬라이싱

get()과 slice() 연산은 특히 각 배열에서 벡터화된 요소에 접근하게 해준다. 예를 들어, str.slice(0, 3)을 사용하면 각 배열의 첫 세 문자의 슬라이스를 얻을 수 있다. 이 행위는 파이썬의 일반 인덱싱 구문으로도 수행할 수 있다. 예를 들면, df.str.slice(0, 3)은 df.str[0:3]과 동일하다.

```
In[13]: monte.str[0:3]
Out[13]: 0    Gra
         1    Joh
```

```
          2    Ter
          3    Eri
          4    Ter
          5    Mic
          dtype: object
```

df.str.get(i)와 df.str[i]를 통한 인덱싱은 유사하다.

이 get()과 slice() 메서드를 이용하면 split()이 반환한 배열의 요소에 접근할 수도 있다. 예를 들어, 각 요소의 성을 추출하려면 split()과 get()을 결합하면 된다.

```
In[14]: monte.str.split().str.get(-1)
Out[14]: 0    Chapman
         1     Cleese
         2    Gilliam
         3       Idle
         4      Jones
         5      Palin
         dtype: object
```

■ **지시 변수**

별도의 설명이 약간 필요한 또 다른 메서드로 get_dummies() 메서드가 있다. 이 메서드는 데이터가 일종의 코딩된 지시자를 포함한 열을 가지고 있을 때 유용하다. 예를 들어, 데이터세트가 A = "born in America", B = "born in the United Kingdom", C = "likes cheese", D = "likes spam"과 같이 코드 형태의 정보를 포함할 수도 있다.

```
In[15]:
full_monte = pd.DataFrame({'name': monte,
'name': ['B|C|D', 'B|D', 'A|C',
       'B|D', 'B|C', 'B|C|D']})
full_monte
Out[15]:    info          name
         0  B|C|D  Graham Chapman
         1  B|D      John Cleese
         2  A|C    Terry Gilliam
         3  B|D        Eric Idle
         4  B|C      Terry Jones
         5  B|C|D  Michael Palin
```

get_dummies() 루틴을 이용하면 이 지시 변수를 DataFrame으로 신속하게 나눌 수 있다.

```
In[16]: full_monte['info'].str.get_dummies('|')
Out[16]:    A  B  C  D
        0  0  1  1  1
        1  0  1  0  1
        2  1  0  1  0
        3  0  1  0  1
        4  0  1  1  0
        5  0  1  1  1
```

이 연산을 기본 구성요소로 하면 데이터를 정제할 때 끊임없는 문자열 처리 절차를 구성할 수 있다.

이 메서드에 대해서는 더 이상 깊이 다루지 않겠지만, Pandas 온라인 문서의 '텍스트 데이터로 작업하기[5]'를 읽어보거나 249쪽 '추가 자료'에 열거된 자료를 보면 도움될 것이다.

예제: 조리법 데이터베이스

이 벡터화된 문자열 연산은 지저분한 실제 데이터를 정제하는 절차에 가장 쓸모가 있다. 이번에는 웹상의 다양한 소스로부터 가져와 엮은 공개된 조리법 데이터베이스 사용 예제를 살펴보겠다. 목표는 조리법 데이터를 재료 목록으로 분석함으로써 몇몇 가지고 있는 재료로 할 수 있는 조리법을 쉽게 찾는 것이다.

이 데이터를 엮는 데 사용할 스크립트는 다음 깃허브 저장소에 있다.

- https://github.com/fictivekin/openrecipes

그리고 최신 버전의 데이터베이스 링크도 이곳에서 찾을 수 있다.

이 데이터베이스의 크기는 약 30MB이며 다음 명령어로 내려받아서 압축을 풀면 된다(2017년 봄을 기준으로 OpenRecipe 사이트의 DB는 사용할 수 없다. 따라서 이 절에서 보여주는 예제를 직접 따라할 수는 없다 – 옮긴이).

```
In[17]: # !curl -O http://openrecipes.s3.amazonaws.com/recipeitems-latest.json.gz
        # !gunzip recipeitems-latest.json.gz
```

---

5 http://pandas.pydata.org/pandas-docs/stable/text.html

데이터베이스가 JSON 포맷이라서 **pd.read_json**을 사용해 그것을 읽어 들일 것이다.

```
In[18]: try:
            recipes = pd.read_json('recipeitems-latest.json')
        except ValueError as e:
            print("ValueError:", e)
ValueError: Trailing data
```

이런! '후행 데이터(Trailing data)'가 있다는 언급과 함께 **ValueError**가 발생했다. 인터넷에서 이 에러를 찾아보니 파일을 사용할 때 그 파일 내 각각의 줄은 유효한 JSON이지만 전체 파일은 그렇지 않기 때문으로 보인다. 이 해석이 사실인지 확인해 보자.

```
In[19]: with open('recipeitems-latest.json') as f:
            line = f.readline()
        pd.read_json(line).shape
Out[19]: (2, 12)
```

각 줄은 유효한 JSON이므로 이것들을 함께 묶어야 한다. 이렇게 하는 한 가지 방법은 실제로 이 모든 JSON 항목을 포함하는 문자열 표현을 구성하고 나서 그 전체를 **pd.read_json**으로 적재하는 것이다.

```
In[20]: # 전체 파일을 파이썬 배열에 읽어 들임
        with open('recipeitems-latest.json', 'r') as f:
            # 각 줄을 추출
            data = (line.strip() for line in f)
            # 각 줄이 리스트의 요소가 되도록 포맷을 재구성
            data_json = "[{0}]".format(','.join(data))
        # JSON으로 결과를 읽어 들임
        recipes = pd.read_json(data_json)
In[21]: recipes.shape
Out[21]: (173278, 17)
```

이 결과를 통해 거의 20만 가지 조리법과 17개 열이 있음을 알 수 있다. 행 하나를 선택해 어떤 데이터가 있는지 알아보자.

```
In[22]: recipes.iloc[0]
Out[22]:
_id                          {'$oid': '5160756b96cc62079cc2db15'}
cookTime                                                    PT30M
```

```
creator                                              NaN
dateModified                                         NaN
datePublished                                 2013-03-11
description            Late Saturday afternoon, after Marlboro Man ha...
image                 http://static.thepioneerwoman.com/cooking/file...
ingredients           Biscuits\n3 cups All-purpose Flour\n2 Tablespo...
name                      Drop Biscuits and Sausage Gravy
prepTime                                           PT10M
recipeCategory                                       NaN
recipeInstructions                                   NaN
recipeYield                                           12
source                               thepioneerwoman
totalTime                                            NaN
ts                                {'$date': 1365276011104}
url                   http://thepioneerwoman.com/cooking/2013/03/dro...
Name: 0, dtype: object
```

매우 많은 정보가 있지만, 웹에서 긁어온 데이터에서 흔히 볼 수 있는 것처럼 대부분 매우 난잡한 형태를 띠고 있다. 특히 재료 목록이 문자열 형태인데, 관심 있는 정보를 신중하게 추출해야 한다. 우선 재료를 좀 더 자세히 살펴보자.

```
In[23]: recipes.ingredients.str.len().describe()
Out[23]: count    173278.000000
         mean        244.617926
         std         146.705285
         min           0.000000
         25%         147.000000
         50%         221.000000
         75%         314.000000
         max        9067.000000
         Name: ingredients, dtype: float64
```

재료 목록은 평균 길이가 250자고, 최소 0자부터 최대 거의 1만 자까지로 구성돼 있다!

그냥 궁금하니 가장 긴 재료 목록을 가진 조리법이 무엇인지 알아보자.

```
In[24]: recipes.name[np.argmax(recipes.ingredients.str.len())]
Out[24]: 'Carrot Pineapple Spice &amp; Brownie Layer Cake with Whipped Cream
&amp; Cream Cheese Frosting and Marzipan Carrots'
```

확실히 복잡한 조리법 같아 보인다.

다른 집계도 가능하다. 예를 들어, 아침 식사용으로 얼마나 많은 조리법이 있는지 보자.

```
In[25]: recipes.description.str.contains('[Bb]reakfast').sum()
Out[25]: 3524
```

또는 계피가 재료로 들어간 조리법이 얼마나 많은지 알아보자.

```
In[26]: recipes.ingredients.str.contains('[Cc]innamon').sum()
Out[26]: 10526
```

재료의 철자가 'cinamon'으로 잘못 기재된 조리법이 있는지도 확인할 수 있다.

```
In[27]: recipes.ingredients.str.contains('[Cc]inamon').sum()
Out[27]: 11
```

이것이 Pandas 문자열 도구로 할 수 있는 핵심 데이터 탐색 유형이다. 이것이 바로 파이썬이 정말 잘하는 데이터 먼징이다.

간단한 조리법 추천 시스템

좀 더 나아가 재료 목록이 주어졌을 때 그 재료를 모두 사용하는 조리법을 찾아내는 간단한 조리법 추천 시스템을 만들어보자. 개념적으로는 간단하지만, 데이터 형태가 제각각이어서 실제 작업은 복잡하다. 예를 들어, 각 행에서 재료 목록을 깔끔하게 추출하기 위한 쉬운 작업은 없다. 그래서 약간의 편법을 사용할 것이다. 즉, 공통 재료 목록을 가지고 간단히 검색해서 각 조리법의 재료 목록에 그 목록이 포함돼 있는지 확인할 것이다. 문제를 간단하게 만들기 위해 당분간은 허브와 향신료에만 집중하자.

```
In[28]: spice_list = ['salt', 'pepper', 'oregano', 'sage', 'parsley',
                      'rosemary', 'tarragon', 'thyme', 'paprika', 'cumin']
```

이번에는 목록에 해당 재료가 있는지를 가리키는 True와 False 값으로 구성된 부울 형태의 DataFrame을 만든다.

```
In[29]:
import re
spice_df = pd.DataFrame(
```

```
            dict((spice, recipes.ingredients.str.contains(spice, re.IGNORECASE))
                                                        for spice in spice_list))
spice_df.head()
Out[29]:
   cumin oregano paprika parsley pepper rosemary  sage  salt tarragon thyme
0  False  False  False  False  False  False  True  False  False  False
1  False  False  False  False  False  False False  False  False  False
2   True  False  False  False   True  False False   True  False  False
3  False  False  False  False  False  False False  False  False  False
4  False  False  False  False  False  False False  False  False  False
```

이제 가령 파슬리, 파프리카, 타라곤을 사용하는 조리법을 찾는다고 하자. 241쪽 '고성능 Pandas: eval()과 query()'에서 살펴본 DataFrame의 query() 메서드를 사용해 이 작업을 매우 빠르게 수행할 수 있다.

```
In[30]: selection = spice_df.query('parsley & paprika & tarragon')
        len(selection)
Out[30]: 10
```

이 조합으로 단 10개의 조리법을 찾았다. 이 조합을 가진 조리법 이름을 찾기 위해 이 선택이 반환한 인덱스를 사용해 보자.

```
In[31]: recipes.name[selection.index]
Out[31]: 2069          All cremat with a Little Gem, dandelion and wa...
         74964                    Lobster with Thermidor butter
         93768    Burton's Southern Fried Chicken with White Gravy
         113926             Mijo's Slow Cooker Shredded Beef
         137686            Asparagus Soup with Poached Eggs
         140530                      Fried Oyster Po'boys
         158475        Lamb shank tagine with herb tabbouleh
         158486         Southern fried chicken in buttermilk
         163175     Fried Chicken Sliders with Pickles + Slaw
         165243             Bar Tartine Cauliflower Salad
         Name: name, dtype: object
```

이제 거의 2만 분의 1로 레시피 선택 범위를 좁혔으므로 정보에 따라 저녁 식사로 무엇을 요리할지 결정을 내릴 수 있게 됐다.

조리법 더 분석하기

이 예제를 통해 Pandas 문자열 메서드로 효율적으로 사용할 수 있는 데이터 정제 작업 유형을 조금이라도 이해했기를 바란다. 물론 아주 안정적인 조리법 추천 시스템을 구축하려면 훨씬 더 많은 작업이 필요할 것이다! 각 조리법에서 전체 재료 목록을 추출하는 것이 작업의 중요한 부분이 될 것이다. 안타깝게도 매우 다양한 포맷이 사용되어 이 작업에 비교적 많은 시간이 소요되기 때문이다. 이것은 데이터 과학에서 현실 세계의 데이터에 대한 정제와 먼징이 대부분의 작업을 차지하며 Pandas는 이 작업을 효율적으로 수행하는 도구를 제공한다는 사실을 말해준다.

시계열 다루기

Pandas는 금융 모델링을 위해 개발돼 예상대로 날짜, 시간, 시간 인덱스를 가진 데이터를 다루는 매우 다양한 도구를 갖고 있다. 날짜와 시간 데이터에는 다음과 같이 몇 가지 종류가 있다.

- **타임스탬프**는 특정 시점을 말한다(예: 2015년 6월 4일 오전 7시).

- **시간 간격과 기간**은 특정 시작점과 종료점 사이의 시간의 길이를 말한다. 예를 들어, 2015년이 여기에 해당한다. 기간은 일반적으로 각 간격이 일정하고 서로 겹치지 않는 특별한 경우의 시간 간격을 말한다(예: 하루를 구성하는 24시간이라는 기간).

- **시간 델타(time delta)**나 **지속 기간(duration)**은 정확한 시간 길이를 말한다(예: 22.56초의 시간).

이번 절에서는 이러한 Pandas의 각 날짜/시간 유형으로 작업하는 법을 소개한다. 이 짧은 절에서 파이썬이나 Pandas에서 사용할 수 있는 시계열 도구를 완전하게 다룰 수는 없겠지만, 사용자가 시계열을 다루는 방법은 개략적으로 설명한다. Pandas가 제공하는 도구에 대해 더 구체적으로 알아보기 전에 우선 파이썬에서 날짜와 시간을 처리하는 도구에 대해 간단히 알아볼 것이다. 좀 더 깊이 있는 자료에는 어떤 것이 있는지 알아보고 나서 Pandas에서 시계열 데이터로 작업하는 간단한 예를 몇 가지 소개한다.

파이썬에서의 날짜와 시간

파이썬 세계에는 여러 가지 날짜, 시간, 델타, 시간 간격을 표현하는 다양한 방식이 있다. Pandas가 제공하는 시계열 도구는 데이터 과학 애플리케이션에서 가장 유용하지만, 파이썬에서 사용하는 다른 패키지와의 관계를 알아보는 것이 도움이 된다.

기본 파이썬 날짜와 시간: datetime과 dateutil

날짜와 시간으로 작업하는 파이썬 기본 객체는 내장 모듈인 datetime에 존재한다. 제3자 모듈인 dateutil과 함께 datetime 모듈을 사용해 날짜와 시간에 여러 가지 유용한 기능을 신속하게 수행할 수 있다. 예를 들어, datetime 타입을 사용해 날짜를 직접 구성할 수 있다.

```
In[1]: from datetime import datetime
       datetime(year=2021, month=7, day=4)
Out[1]: datetime.datetime(2021, 7, 4, 0, 0)
```

또는 dateutil 모듈을 이용해 다양한 문자열 형태로부터 날짜를 해석할 수 있다.

```
In[2]: from dateutil import parser
       date = parser.parse("4th of July, 2021")
       date
Out[2]: datetime.datetime(2021, 7, 4, 0, 0)
```

datetime 객체를 갖고 나면 요일을 출력하는 등의 작업을 할 수 있다.

```
In[3]: date.strftime('%A')
Out[3]: 'Sunday'
```

마지막 줄에서 날짜를 출력하기 위한 표준 문자열 포맷 코드 중 하나('%A')를 사용했는데, 이에 대해서는 파이썬 datetime 문서의 strftime 절에서 확인할 수 있다. 다른 유용한 날짜 유틸리티에 대한 내용은 dateutil 온라인 문서[6]에서 찾을 수 있다. 관련 패키지로 pytz가 있는데, 이 패키지에는 시계열 데이터 (시간대)의 가장 골치 아픈 부분을 작업하기 위한 도구가 들어 있다.

datetime과 dateutil의 능력은 유연성과 쉬운 구문에 있다. 관심이 있을 만한 거의 모든 연산은 이 객체와 그 내장된 메서드를 사용해 쉽게 수행할 수 있다. 문제는 큰 규모의 날짜와 시간 배열로 작업할 때 발생한다. NumPy 스타일 타입이 지정된 숫자 배열이 파이썬 숫자 변수 리스트보다 나은 것처럼 인코딩된 날짜의 타입 지정 배열이 파이썬 datetime 객체의 리스트보다 낫다.

---

6 http://labix.org/python-dateutil

타입이 지정된 시간 배열: NumPy의 datetime64

파이썬의 datetime 포맷의 약점에서 영감을 받아 NumPy 팀은 NumPy에 몇 가지 기본 시계열 데이터 타입을 추가했다. datetime64 dtype은 날짜를 64비트 정수로 인코딩해 날짜 배열을 매우 간결하게 표현하게 해준다. datetime64는 매우 구체적인 입력 형식이 필요하다.

```
In[4]: import numpy as np
       date = np.array('2021-07-04', dtype=np.datetime64)
       date
Out[4]: array(datetime.date(2021, 7, 4), dtype='datetime64[D]')
```

하지만 이 날짜 포맷이 정해지고 나면 거기에 벡터화된 연산을 빠르게 수행할 수 있다.

```
In[5]: date + np.arange(12)
Out[5]:
array(['2021-07-04', '2021-07-05', '2021-07-06', '2021-07-07',
       '2021-07-08', '2021-07-09', '2021-07-10', '2021-07-11',
       '2021-07-12', '2021-07-13', '2021-07-14', '2021-07-15'],
      dtype='datetime64[D]')
```

NumPy datetime64 배열은 하나의 타입을 가지고 있기 때문에 이 유형의 연산이 파이썬의 datetime 객체로 직접 작업하는 것보다 훨씬 더 빨리 수행될 수 있다. 특히 배열 크기가 커질수록 더 빠르다(이 타입의 벡터화는 56쪽 'NumPy 배열 연산: 유니버설 함수'에 소개했다).

datetime64와 timedelta64 객체의 세부사항 중 하나는 기본 시간 단위 기반으로 만들어졌다는 것이다. datetime64 객체는 64비트 정밀도에 제한되기 때문에 인코딩할 수 있는 시간의 범위가 이 기본 단위의 배다. 다시 말해 datetime64는 시간 분해능(time resolution)과 최대 시간 사이의 절충점을 도입한다.

가령 시간 분해를 1나노초 단위로 하고 싶다면 최대 나노초 또는 600년 이하로만 인코딩할 수 있다. NumPy는 입력값으로부터 원하는 단위를 추론한다. 예를 들어, 다음은 하루 단위의 datetime이다.

```
In[6]: np.datetime64('2021-07-04')
Out[6]: numpy.datetime64('2021-07-04')
```

다음은 분 단위의 datetime이다.

```
In[7]: np.datetime64('2021-07-04 12:00')
Out[7]: numpy.datetime64('2021-07-04T12:00')
```

시간대는 코드를 실행하는 컴퓨터의 지역 시간으로 자동으로 설정된다는 사실에 주목하자. 다양한 포맷 코드 중 하나를 사용해 원하는 기본 단위를 정할 수 있다. 예를 들면, 다음은 시간의 단위를 나노초로 정한 것이다.

```
In[8]: np.datetime64('2021-07-04 12:59:59.50', 'ns')
Out[8]: numpy.datetime64('2021-07-04T12:59:59.500000000')
```

NumPy datetime64 문서에서 가져온 표 3-6은 사용 가능한 포맷 코드와 NumPy datetime64가 인코딩할 수 있는 상대적이자 절대적인 시간 범위를 정리한 것이다.

표 3-6. 날짜와 시간 코드의 설명

코드	의미	상대적 시간 범위	절대적 시간 범위
Y	연	± 9.2e18년	[9.2e18 BC, 9.2e18 AD]
M	월	± 7.6e17년	[7.6e17 BC, 7.6e17 AD]
W	주	± 1.7e17년	[1.7e17 BC, 1.7e17 AD]
D	일	± 2.5e16년	[2.5e16 BC, 2.5e16 AD]
h	시	± 1.0e15년	[1.0e15 BC, 1.0e15 AD]
m	분	± 1.7e13년	[1.7e13 BC, 1.7e13 AD]
s	초	± 2.9e12년	[2.9e9 BC, 2.9e9 AD]
ms	밀리초	± 2.9e9년	[2.9e6 BC, 2.9e6 AD]
us	마이크로초	± 2.9e6년	[290301 BC, 294241 AD]
ns	나노초	± 292년	[1678 AD, 2262 AD]
ps	피코초	± 106일	[1969 AD, 1970 AD]
fs	펨토초	± 2.6시간	[1969 AD, 1970 AD]
as	아토초	± 9.2초	[1969 AD, 1970 AD]

현실 세계의 데이터 타입인 경우 유용한 기본값은 datetime64[ns]이다. 이 값이 적절한 정밀도로 현대 날짜의 유용한 범위를 인코딩할 수 있기 때문이다.

마지막으로 datetime64 데이터 타입은 파이썬의 내장 타입인 datetime의 결함을 어느 정도 해결해 주지만, datetime과 특히 dateutil이 제공하는 여러 가지 편리한 메서드와 함수가 없다. 더 자세한 내용은 NumPy datetime64 문서를 확인하자.

Pandas에서의 날짜와 시간: 두 세계의 최선

Pandas는 Timestamp 객체를 제공하기 위해 방금 논의했던 모든 도구를 기반으로 만들어졌다. 그 객체는 datetime과 dateutil의 사용 편의성과 numpy.datetime64의 효율적인 저장소와 벡터화된 인터페이스를 결합한 것이다. Pandas는 이 Timestamp 객체 그룹으로부터 Series나 DataFrame 데이터에 인덱스를 지정하는 데 사용할 수 있는 DatetimeIndex를 구성할 수 있다.

예를 들면, Pandas 도구를 사용해 앞에서 보여준 코드를 다시 구현할 수 있다. 다양한 포맷을 사용하는 문자열 날짜 데이터를 해석하고 포맷 코드를 이용해 요일을 출력할 수 있다.

```
In[9]: import pandas as pd
       date = pd.to_datetime("4th of July, 2021")
       date
Out[9]: Timestamp('2021-07-04 00:00:00')
In[10]: date.strftime('%A')
Out[10]: 'Sunday'
```

게다가 같은 객체에 NumPy 스타일의 벡터화된 연산을 직접 수행할 수도 있다.

```
In[11]: date + pd.to_timedelta(np.arange(12), 'D')
Out[11]: DatetimeIndex(['2021-07-04', '2021-07-05', '2021-07-06', '2021-07-07',
                        '2021-07-08', '2021-07-09', '2021-07-10', '2021-07-11',
                        '2021-07-12', '2021-07-13', '2021-07-14', '2021-07-15'],
                       dtype='datetime64[ns]', freq=None)
```

다음 절에서는 Pandas에서 제공하는 도구로 시계열 데이터를 조작하는 법을 자세히 살펴보겠다.

Pandas 시계열: 시간으로 인덱싱하기

Pandas 시계열 도구는 실제로 **타임스탬프로 데이터를 인덱싱**할 때 아주 유용하다. 예를 들어, 시간 인덱스를 가진 데이터의 Series 객체를 구성할 수 있다.

```
In[12]: index = pd.DatetimeIndex(['2020-07-04', '2020-08-04',
                                  '2021-07-04', '2021-08-04'])
        data = pd.Series([0, 1, 2, 3], index=index)
        data
Out[12]: 2020-07-04    0
         2020-08-04    1
```

```
           2021-07-04    2
           2021-08-04    3
           dtype: int64
```

이 데이터를 Series에 저장했으니 이제 날짜로 변환될 수 있는 값을 전달해 앞에서 살펴본 모든 Series 인덱싱 패턴에 사용할 수 있다.

```
In[13]: data['2020-07-04':'2021-07-04']
Out[13]: 2020-07-04    0
         2020-08-04    1
         2021-07-04    2
         dtype: int64
```

그 밖에도 해당 연도의 모든 데이터 슬라이스를 얻기 위해 연도를 전달하는 것과 같은 특별한 날짜 전용 인덱싱 연산이 있다.

```
In[14]: data['2021']
Out[14]: 2021-07-04    2
         2021-08-04    3
         dtype: int64
```

나중에 날짜 인덱스 사용의 편리함을 보여주는 다른 예제를 보게 될 것이다. 하지만 여기서는 우선 사용할 수 있는 시계열 데이터 구조에 대해 더 자세히 알아보자.

Pandas 시계열 데이터 구조

이번 절에서는 시계열 데이터 작업을 위한 기본적인 Pandas 데이터 구조를 소개한다.

- 타임스탬프(time stamp)의 경우, Pandas는 `Timestamp` 타입을 제공한다. 앞에서 언급했듯이 이것은 근본적으로 파이썬의 기본 `datetime`의 대체 타입이지만 좀 더 효율적인 `numpy.datetime64` 데이터 타입을 기반으로 한다. 관련 인덱스 구조는 `DatetimeIndex`다.

- 기간(time period)의 경우, Pandas는 `Period` 타입을 제공한다. 이것은 `numpy.datetime64`를 기반으로 고정 주파수 간격을 인코딩한다. 관련 인덱스 구조는 `PeriodIndex`다.

- 시간 델타 또는 지속 기간의 경우, Pandas는 `Timedelta` 타입을 제공한다. `Timedelta`는 파이썬의 기본 `datetime.timedelta` 타입의 좀 더 효율적인 대체 타입이며 `numpy.timedelta64`를 기반으로 한다. 관련 인덱스 구조는 `TimedeltaIndex`다.

이 날짜/시간 객체의 가장 기본은 Timestamp와 DatetimeIndex 객체다. 이 클래스 객체는 직접 호출될 수 있지만, 다양한 형식을 분석할 수 있는 pd.to_datetime() 함수를 사용하는 것이 더 일반적이다. 단일 날짜를 pd.to_datetime()에 전달하면 Timestamp를 생성하고, 일련의 날짜를 전달하면 DatetimeIndex를 생성하는 것이 기본이다.

```
In[15]: dates = pd.to_datetime([datetime(2021, 7, 3), '4th of July, 2021',
                                '2021-Jul-6', '07-07-2021', '20210708'])
        dates
Out[15]: DatetimeIndex(['2021-07-03', '2021-07-04', '2021-07-06', '2021-07-07',
                        '2021-07-08'],
                       dtype='datetime64[ns]', freq=None)
```

DatetimeIndex는 to_period() 함수에 주기(frequency) 코드를 추가해 PeriodIndex로 전환할 수 있다. 여기서는 일별 주기를 가리키는 'D'를 사용할 것이다.

```
In[16]: dates.to_period('D')
Out[16]: PeriodIndex(['2021-07-03', '2021-07-04', '2021-07-06', '2021-07-07',
                      '2021-07-08'],
                     dtype='period[D]')
```

예를 들어, 어떤 날짜에서 다른 날짜를 빼면 TimedeltaIndex가 생성된다.

```
In[17]: dates - dates[0]
Out[17]:
TimedeltaIndex(['0 days', '1 days', '3 days', '4 days', '5 days'],
               dtype='timedelta64[ns]', freq=None)
```

정규 시퀀스: pd.date_range()

Pandas는 정규 날짜 시퀀스를 더 편리하게 만들 수 있도록 몇 가지 함수를 제공한다. 타임 스탬프를 위한 pd.date_range(), 기간을 위한 pd.period_range(), 시간 델타를 위한 pd.timedelta_range()가 여기에 해당한다. 앞에서 본 파이썬의 range()와 NumPy의 np.arange()는 시작점, 종료점, 선택적 간격을 시퀀스로 전환한다. 마찬가지로 pd.date_range()는 시작일, 종료일, 선택적 주기 코드를 받아서 정규 날짜 시퀀스를 생성한다. 기본적으로 주기는 하루로 설정돼 있다.

```
In[18]: pd.date_range('2015-07-03', '2015-07-10')
Out[18]: DatetimeIndex(['2015-07-03', '2015-07-04', '2015-07-05', '2015-07-06',
                         '2015-07-07', '2015-07-08', '2015-07-09', '2015-07-10'],
                        dtype='datetime64[ns]', freq='D')
```

이와 다르게 날짜 범위를 시작점과 종료점이 아니라 시작점과 기간의 수로 지정할 수도 있다.

```
In[19]: pd.date_range('2015-07-03', periods=8)
Out[19]: DatetimeIndex(['2015-07-03', '2015-07-04', '2015-07-05', '2015-07-06',
                         '2015-07-07', '2015-07-08', '2015-07-09', '2015-07-10'],
                        dtype='datetime64[ns]', freq='D')
```

freq 인수를 바꿔서 간격을 조정할 수 있는데, 기본값은 D로 설정돼 있다. 예를 들어, 시간 단위의 타임스탬프 범위를 만들어 보자.

```
In[20]: pd.date_range('2015-07-03', periods=8, freq='H')
Out[20]: DatetimeIndex(['2015-07-03 00:00:00', '2015-07-03 01:00:00',
                         '2015-07-03 02:00:00', '2015-07-03 03:00:00',
                         '2015-07-03 04:00:00', '2015-07-03 05:00:00',
                         '2015-07-03 06:00:00', '2015-07-03 07:00:00'],
                        dtype='datetime64[ns]', freq='H')
```

이와 매우 유사한 pd.period_range()와 pd.timedelta_range() 함수는 기간이나 타임 델타값의 정규 시퀀스를 생성하는 데 유용하다. 다음은 월 단위 기간을 예로 든 것이다.

```
In[21]: pd.period_range('2015-07', periods=8, freq='M')
Out[21]:
PeriodIndex(['2015-07', '2015-08', '2015-09', '2015-10', '2015-11', '2015-12',
             '2016-01', '2016-02'],
            dtype='int64', freq='M')
```

그리고 다음은 시간 단위로 증가하는 기간의 시퀀스를 생성한 것이다.

```
In[22]: pd.timedelta_range(0, periods=10, freq='H')
Out[22]:
TimedeltaIndex(['00:00:00', '01:00:00', '02:00:00', '03:00:00', '04:00:00',
                '05:00:00', '06:00:00', '07:00:00', '08:00:00', '09:00:00'],
               dtype='timedelta64[ns]', freq='H')
```

이 시퀀스는 모두 Pandas 주기 코드를 이해해야 하는데, 이에 대해서는 다음 절에서 설명하겠다.

주기와 오프셋

이 Pandas 시계열 도구는 주기나 날짜 오프셋 개념을 기반으로 한다. 앞에서 본 D(day)와 H(hour) 코드처럼 그러한 코드를 사용해 원하는 주기 간격을 지정할 수 있다. 표 3-7에 주로 사용하는 코드를 정리했다.

표 3-7. Pandas 주기 코드

코드	설명	코드	설명
D	달력상 일	B	영업일
W	주		
M	월말	BM	영업일 기준 월말
Q	분기말	BQ	영업일 기준 분기말
A	연말	BA	영업일 기준 연말
H	시간	BH	영업 시간
T	분		
S	초		
L	밀리초		
U	마이크로초		
N	나노초		

월, 분기, 연 단위의 주기는 모두 지정한 기간의 종료 시점을 표시한다. 이 표시에 접미사 S를 추가하면 종료가 아니라 시작 시점으로 표시된다(표 3-8).

표 3-8. 주기 코드의 시작 시점을 표시하는 목록

코드	설명
MS	월초
BMS	영업일 기준 월초
QS	분기초
BQS	영업일 기준 분기초
AS	연초
BAS	영업일 기준 연초

이 밖에도 세 글자로 구성된 월 코드를 접미사로 추가해 분기나 년 코드를 표시하는 데 사용되는 월을 바꿀 수 있다.

- Q-JAN, BQ-FEB, QS-MAR, BQS-APR 등

- A-JAN, BA-FEB, AS-MAR, BAS-APR 등

같은 방법으로 세 글자로 구성된 요일 코드를 추가해서 주를 나누는 분할 점을 수정할 수 있다.

- W-SUN, W-MON, W-TUE, W-WED 등

게다가 이 코드를 숫자와 결합해 다른 주기를 지정할 수도 있다. 예를 들면, 2시간 30분 간격의 주기를 지정하려면 시간(H)과 분(T) 코드를 다음과 같이 결합하면 된다.

```
In[23]: pd.timedelta_range(0, periods=9, freq="2H30T")
Out[23]:
TimedeltaIndex(['00:00:00', '02:30:00', '05:00:00', '07:30:00', '10:00:00',
                '12:30:00', '15:00:00', '17:30:00', '20:00:00'],
               dtype='timedelta64[ns]', freq='150T')
```

여기에 사용된 짧은 코드는 모두 **pd.tseries.offsets** 모듈에서 찾아볼 수 있는 Pandas 시계열 오프셋의 특정 인스턴스를 가리킨다. 예를 들어, 다음과 같이 영업일 오프셋을 바로 만들 수 있다.

```
In[24]: from pandas.tseries.offsets import BDay
        pd.date_range('2015-07-01', periods=5, freq=BDay())
Out[24]: DatetimeIndex(['2015-07-01', '2015-07-02', '2015-07-03', '2015-07-06',
                        '2015-07-07'],
                       dtype='datetime64[ns]', freq='B')
```

주기와 오프셋의 사용법에 대해 더 알아보고 싶으면 Pandas 온라인 문서의 'DateOffset 객체' 절을 참고한다.

리샘플링, 시프팅, 윈도잉

데이터를 직관적으로 구성하고 접근하기 위해 날짜와 시간을 인덱스로 사용하는 능력은 Pandas 시계열 도구의 중요한 부분이다. 일반적으로 인덱스를 가진 데이터의 이점(연산하는 동안 자동 정렬, 직관적인 데이터 슬라이싱 및 접근 등)과 함께 Pandas는 몇 가지 추가적인 시계열 전용 연산을 제공한다.

여기서는 그러한 연산 몇 가지에 대해 주가 데이터를 예로 들어 살펴보겠다. Pandas는 주로 금융 환경에서 개발됐기 때문에 몇몇 금융 데이터에 특화된 전용 도구를 포함하고 있다. 예를 들면, pandas-datareader 패키지(conda install pandas-datareader를 통해 설치할 수 있다)는 야후 파이낸스, 구글 파이낸스 등을 포함한 다양한 소스로부터 금융 데이터를 임포트하는 데 능숙하다. 다음 예제에서는 구글의 종가 이력을 적재할 것이다.[7]

```
In[25]: from pandas_datareader import data
        import yfinance as yf

        yf.pdr_override()
        sp500 = data.DataReader('^GSPC', start='2018-01-01', end='2021-12-31')

        sp500.head()
```

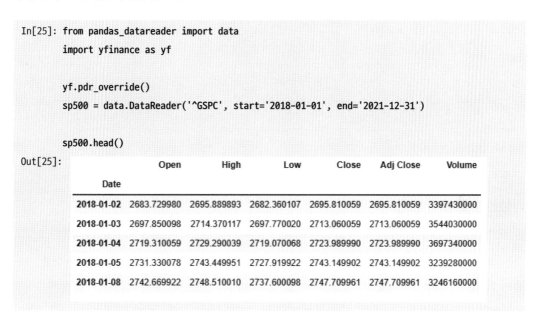

Date	Open	High	Low	Close	Adj Close	Volume
2018-01-02	2683.729980	2695.889893	2682.360107	2695.810059	2695.810059	3397430000
2018-01-03	2697.850098	2714.370117	2697.770020	2713.060059	2713.060059	3544030000
2018-01-04	2719.310059	2729.290039	2719.070068	2723.989990	2723.989990	3697340000
2018-01-05	2731.330078	2743.449951	2727.919922	2743.149902	2743.149902	3239280000
2018-01-08	2742.669922	2748.510010	2737.600098	2747.709961	2747.709961	3246160000

문제를 간단하게 만들기 위해 종가만 사용한다.

```
In[26]: sp500 = sp500['Close']
```

이 데이터를 일반적인 표준 Matplotlib 설정 구문 다음에 plot() 메서드를 사용해 시각화할 수 있다 (그림 3-5).

```
In[27]: %matplotlib inline
        import matplotlib.pyplot as plt
        import seaborn; seaborn.set()
        sp500.plot();
```

---

7   (엮은이) 야후 파이낸스를 이용할 때 오류가 발생하는 것을 막기 위해 yfinance 패키지를 추가로 설치해서 사용한다.

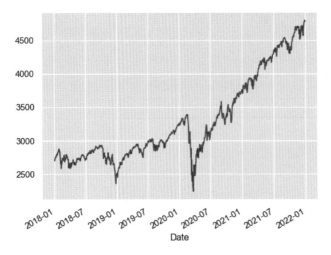

그림 3-5. S&P 500 종가 추이

리샘플링 및 주기 변경

시계열 데이터에서 일반적으로 필요한 작업은 더 높거나 낮은 주기로 표본을 다시 추출(resampling)하는 것이다. 이 작업은 resample() 메서드를 사용하거나 훨씬 더 간단한 asfreq() 메서드를 사용해 수행할 수 있다. 이 두 메서드의 주요 차이점은 resample()은 기본적으로 데이터를 집계하지만 asfreq()는 기본적으로 데이터를 선택한다는 것이다.

S&P 500 종가를 살펴보면서 데이터를 다운 샘플링(down-sampling)할 때 이 두 개의 메서드가 반환하는 값을 비교해 보자. 여기서는 영업일 기준 연말 데이터를 리샘플링할 것이다(그림 3-6).

```
In[28]: sp500.plot(alpha=0.5, style='-')
        sp500.resample('BA').mean().plot(style=':')
        sp500.asfreq('BA').plot(style='--');
        plt.legend(['input', 'resample', 'asfreq'],
                   loc='upper left');
```

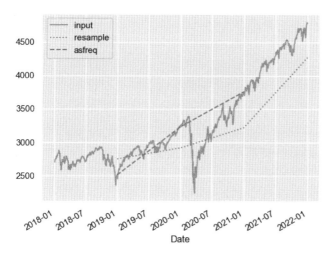

그림 3-6. S&P 500 종가 리샘플링

차이점은 각 점에서 resample은 전년도 평균을 보여주지만, asfreq는 연말 주가를 보여준다는 것이다.

업샘플링(upsampling)의 경우 resample()과 asfreq()가 대체로 유사하지만, resample 메서드에서 더 많은 옵션을 사용할 수 있다. 이 경우에 두 메서드의 기본값은 업샘플링된 점을 빈 값으로 두는 것이다. 즉, NA 값으로 채운다. 앞에서 본 pd.fillna() 함수와 마찬가지로 asfreq()는 값을 어떤 방식으로 채울 것인지를 지정하기 위해 method 인수를 받는다. 여기서는 영업일 데이터를 일별 주기로(주말 포함) 리샘플링할 것이다. 그림 3-7을 보자.

```
In[29]: fig, ax = plt.subplots(2, sharex=True)
        data = sp500.iloc[:20]

        data.asfreq('D').plot(ax=ax[0], marker='o')

        data.asfreq('D', method='bfill').plot(ax=ax[1], style='-o')
        data.asfreq('D', method='ffill').plot(ax=ax[1], style='--o')
        ax[1].legend(["back-fill", "forward-fill"]);
```

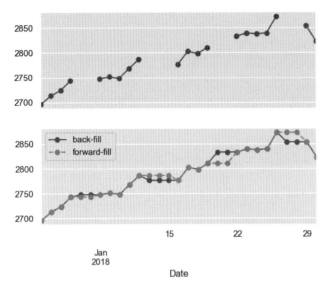

그림 3-7. 순방향 채우기 보간법과 역방향 채우기 보간법 비교

위 그림은 기본 그래프로, 영업일이 아닌 날은 NA 값으로 두기 때문에 그래프 상에 표시되지 않는다. 아래 그림은 그 틈을 채우기 위한 두 가지 전략인 순방향 채우기와 역방향 채우기의 차이를 보여준다.

시간 이동(Time-shift)

시계열과 관련된 또 다른 일반적인 작업은 데이터의 시간 이동이다. 이를 위해 판다스는 주어진 항목 수만큼 데이터를 이동하는 데 사용할 수 있는 shift 메서드를 제공한다. 일정한 빈도로 샘플링된 시계열 데이터를 사용하면 시간 경과에 따른 추세를 탐색할 수 있다.

예를 들어, 여기서는 데이터를 일별 값으로 리샘플링하고 364씩 이동하여 시간 경과에 따른 S&P 500의 1년 투자 수익률을 계산한다(그림 3-8 참조).

```
In[30]: sp500 = sp500.asfreq('D', method='pad')

        ROI = 100 * (sp500.shift(-365) - sp500) / sp500
        ROI.plot()
        plt.ylabel('% Return on Investment after 1 year');
```

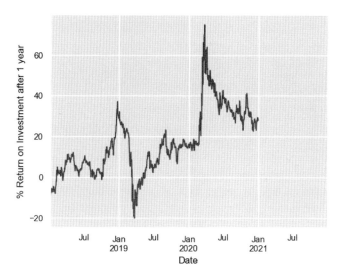

그림 3-8. 1년간 투자했을 때의 수익

최악의 1년 수익률은 2019년 3월경인데, 정확히 1년 후 코로나 바이러스와 관련된 시장 폭락으로 인한 것이다. 예상대로 1년 수익률이 가장 좋았던 시기는 선견지명이 있거나 운이 좋아서 저점 매수할 수 있었던 2020년 3월이었다.

롤링 윈도우(rolling windows)

Pandas에 구현된 시계열 전용 연산의 세 번째 유형으로는 롤링 통계가 있다. 이 롤링 통계는 Series와 DataFrame 객체의 rolling() 속성을 통해 수행할 수 있는데, 이 속성은 groupby 연산(183쪽 '집계와 분류' 참고)에서 본 것과 유사한 뷰를 반환한다. 이 롤링 뷰에서는 여러 집계 연산을 기본으로 사용할 수 있다.

예를 들어, 다음은 S&P 500 인덱스의 1년 중심 롤링 평균과 표준 편차를 구한 것이다(그림 3-9).

```
In[31]: rolling = sp500.rolling(365, center=True)

        data = pd.DataFrame({'input': sp500,
                             'one-year rolling_mean': rolling.mean(),
                             'one-year rolling_median': rolling.median()})
        ax = data.plot(style=['-', '--', ':'])
        ax.lines[0].set_alpha(0.3)
```

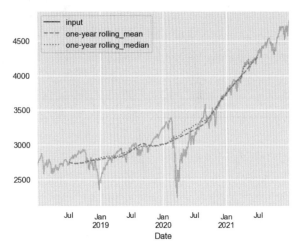

그림 3-9. S&P 500 인덱스에 대한 롤링 통계

groupby 연산과 마찬가지로 사용자 정의 롤링 계산을 위해 aggregate()와 apply() 메서드를 사용할 수 있다.

> **추가 학습 자료**
>
> 이번 절에서는 Pandas에서 제공하는 시계열 도구의 가장 기본적인 기능 중 일부만 요약했다. 더 자세한 내용은 Pandas 온라인 문서의 '시계열/날짜(Time Series/Date)' 절을 참고하면 된다.
>
> 또 다른 탁월한 자료로 웨스 맥키니(Wes McKinney)가 쓴 『파이썬 라이브러리를 활용한 데이터 분석』(한빛미디어, 2013)이 있다. 출판된 지 몇 년 됐지만, Pandas 사용법을 배울 수 있는 탁월한 자료다. 특히 이 책은 비즈니스와 재무 환경에서의 시계열 도구를 강조하며 업무 달력과 표준 시간대, 관련 주제에 대해 세부 사항까지 훨씬 더 집중적으로 다뤘다.
>
> 늘 그렇듯이 IPython 도움말 기능을 이용하면 여기서 논의했던 함수와 메서드에서 사용할 수 있는 옵션에 대해 더 살펴보고 시도해 볼 수 있다. 도움말 기능은 새로운 파이썬 도구를 배우는 최고의 방법이다.

예제: 시애틀 자전거 수 시각화

시계열 데이터로 작업하는 좀 더 복잡한 예제로 시애틀의 프리몬트 다리(Fremont Bridge)를 통행하는 자전거 수를 살펴보자. 이 데이터는 2012년 후반에 설치된 다리의 동쪽과 서쪽 보도에 유도 센서를 가지

고 있는 자동 자전거 계수기에 의해 집계된다. 시간별 자전거 수는 다음 URL에서 다운로드할 수 있으며,

- https://data.seattle.gov/

해당 데이터세트는 다음 URL을 통해 바로 확인할 수 있다.

- https://data.seattle.gov/Transportation/Fremont-Bridge-Hourly-Bicycle-Counts-by-Month-Octo/65db-xm6k

이 책에서 사용하는 CSV 파일은 다음과 같이 내려받을 수 있다.

```
In[32]:
url = ('https://raw.githubusercontent.com/jakevdp/'
       'bicycle-data/main/FremontBridge.csv')
!curl -O {url}
```

이 데이터세트를 내려받고 나면 Pandas를 사용해 CSV를 `DataFrame`으로 읽어 들일 수 있다. 인덱스로 `Date`를 사용하고 이 날짜를 자동 분석하는 것으로 지정할 것이다.

```
In[33]:
data = pd.read_csv('FremontBridge.csv', index_col='Date', parse_dates=True)
data.head()
Out[33]:
```

Date	Fremont Bridge Total	Fremont Bridge East Sidewalk	Fremont Bridge West Sidewalk
2012-10-03 00:00:00	13.0	4.0	9.0
2012-10-03 01:00:00	10.0	4.0	6.0
2012-10-03 02:00:00	2.0	1.0	1.0
2012-10-03 03:00:00	5.0	2.0	3.0
2012-10-03 04:00:00	7.0	6.0	1.0

편의상 이 데이터세트의 열 이름을 짧게 바꾸자.

```
In[34]: data.columns = ['Total', 'West', 'East']
```

이제 이 데이터의 요약 통계를 살펴보자.

```
In[35]: data.dropna().describe()
Out[35]:
```

	Total	West	East
count	90538.000000	90538.000000	90538.000000
mean	105.941837	47.374892	58.566944
std	133.581904	60.933511	82.815485
min	0.000000	0.000000	0.000000
25%	13.000000	6.000000	7.000000
50%	59.000000	27.000000	30.000000
75%	142.000000	65.000000	75.000000
max	1097.000000	698.000000	850.000000

데이터 시각화하기

이 데이터세트를 시각화해 보면 몇 가지 통찰력을 얻을 수 있다. 우선 원시 데이터를 그래프로 나타내보
자(그림 3-10).

```
In[36]: data.plot()
        plt.ylabel('Hourly Bicycle Count');
```

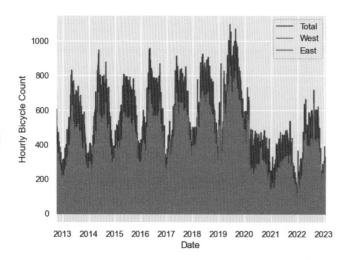

그림 3-10. 시애틀 프리몬트 다리를 통과하는 시간별 자전거 수

25,000개까지의 시간별 표본은 너무 밀집돼 있어서 이해하기가 어렵다. 좀 더 성긴 그리드에 데이터를
리샘플링하면 더 많은 통찰력을 얻을 수 있다. 주 단위로 리샘플링해 보자(그림 3-12).

```
In[37]: weekly = data.resample('W').sum()
        weekly.plot(style=[':', '--', '-'])
        plt.ylabel('Weekly bicycle count');
```

이 코드는 몇 가지 흥미로운 계절성을 보여준다. 예상했듯이 사람들은 겨울보다 여름에 자전거를 더 많이 타며 특정 계절에는 자전거 사용 횟수가 주마다 달라진다(날씨에 따른 차이로 보이는데, 이에 대해서는 425쪽 '심화 학습: 선형 회귀' 참고).

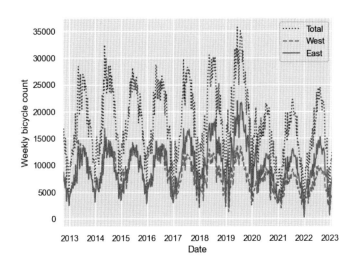

그림 3-11. 시애틀 프리몬트 다리의 주별 자전거 통행량

데이터를 집계하는 데 도움이 되는 다른 방법은 pd.rolling_mean() 함수를 활용하는 롤링 평균을 사용하는 것이다. 이때 데이터의 30일 롤링 평균을 구해 해당 기간의 데이터가 중심에 오게 할 것이다(그림 3-12).

```
In[38]: daily = data.resample('D').sum()
        daily.rolling(30, center=True).sum().plot(style=[':', '--', '-'])
        plt.ylabel('mean hourly count');
```

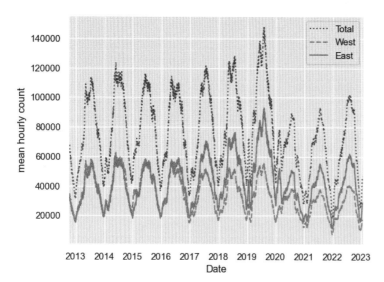

그림 3-12. 주별 자전거 수의 롤링 평균

결과가 들쑥날쑥한 것은 기간을 잘라서 표기했기 때문이다. 가우스 윈도우(Gaussian window) 같은 윈도우 함수를 사용해 롤링 평균을 부드럽게 표현할 수 있다. 다음 코드는 윈도우 폭(50일로 선택)과 윈도우 내 가우스 폭(10일로 선택)을 모두 지정한다(결과 그래프: 그림 3-13).

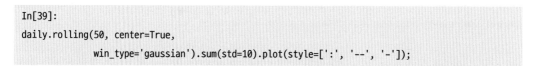

```
In[39]:
daily.rolling(50, center=True,
          win_type='gaussian').sum(std=10).plot(style=[':', '--', '-']);
```

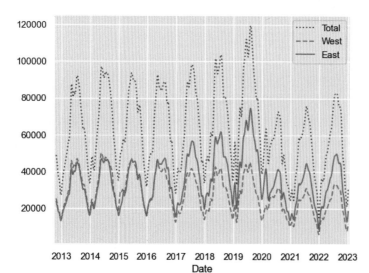

그림 3-13. 가우스 평활(Gaussian smoothing)을 적용한 주별 자전거 수

데이터 파헤쳐 보기

그림 3-14의 평활된 데이터 뷰는 데이터의 일반적인 추세를 살펴보는 데는 유용하지만 많은 흥미로운 구조를 보여주지 않는다. 예를 들어, 하루의 시간대를 기준으로 한 함수로 평균 통행량을 보고 싶다고 하자. 이 작업은 183쪽 '집계와 분류'에서 소개한 GroupBy 기능을 사용해 수행할 수 있다(그림 3-14).

```
In[40]: by_time = data.groupby(data.index.time).mean()
        hourly_ticks = 4 * 60 * 60 * np.arange(6)
        by_time.plot(xticks=hourly_ticks, style=[':', '--', '-']);
```

시간대별 통행량은 아침 8시와 저녁 5시 무렵에 정점을 이루는 강한 양봉 분포를 보인다. 이는 다리를 건너는 출퇴근 통행량인 것으로 보인다. 이 추측의 또 다른 근거로 서쪽 보도(시애틀 도심으로 이동할 때 주로 사용됨)의 교통량이 아침에 정점을 이루고 동쪽 보도(시애틀 도심에서 벗어날 때 주로 사용됨)가 저녁에 정점을 찍는다는 사실을 들 수 있다.

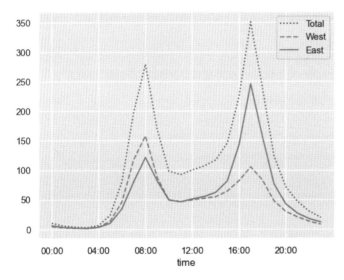

그림 3-14. 시간대별 평균 자전거 수

요일에 따라 통행량이 어떻게 변하는지 궁금할 수도 있다. 이 문제 역시 간단한 groupby로 답을 구할 수 있다(그림 3-15).

```
In[41]: by_weekday = data.groupby(data.index.dayofweek).mean()
        by_weekday.index = ['Mon', 'Tues', 'Wed', 'Thurs', 'Fri', 'Sat', 'Sun']
        by_weekday.plot(style=[':', '--', '-']);
```

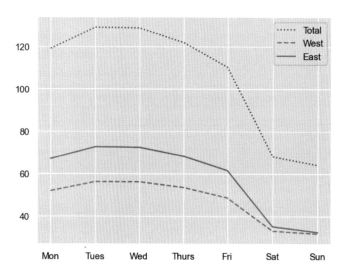

그림 3-15. 일일 평균 자전거 수

여기서 주중과 주말 총합 사이에 차이가 뚜렷하게 드러난다. 월요일부터 금요일까지의 평균 통행량이 토요일과 일요일의 평균 통행량의 두 배 정도다.

이 사실을 염두에 두고 복합적인 **groupby**를 사용해 주중과 주말의 시간대별 추이를 살펴보자. 먼저 데이터를 주말을 표시하는 플래그와 시간대별로 분류하자.

```
In[42]: weekend = np.where(data.index.weekday < 5, 'Weekday', 'Weekend')
        by_time = data.groupby([weekend, data.index.time]).mean()
```

이제 302쪽 '다중 서브플롯'에서 설명한 Matplotlib 도구의 일부를 사용해 두 그래프를 나란히 그려볼 것이다(그림 3-16).

```
In[43]: import matplotlib.pyplot as plt
        fig, ax = plt.subplots(1, 2, figsize=(14, 5))
        by_time.loc['Weekday'].plot(ax=ax[0], title='Weekdays',
                                    xticks=hourly_ticks, style=[':', '--', '-'])
        by_time.loc['Weekend'].plot(ax=ax[1], title='Weekends',
                                    xticks=hourly_ticks, style=[':', '--', '-']);
```

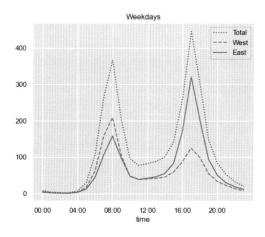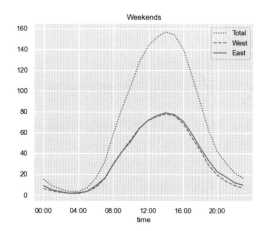

그림 3-16. 주중과 주말의 시간대별 자전거 통행량

결과는 매우 흥미롭다. 그래프가 주중에는 양봉 형태의 출퇴근 패턴을 보이고 주말에는 단봉의 여가를 즐기는 패턴을 보인다. 이 데이터를 더 자세히 분석해 사람들의 출퇴근 패턴에 영향을 미치는 날씨와 온도, 연중 시기 등 기타 요인의 효과를 알아보면 흥미로울 것이다. 더 많은 내용은 이 데이터세트의 하위 집합을 사용한 저자의 블로그 포스트 '시애틀의 자전거 이용자가 정말 늘어나고 있는 걸까?(Is Seattle Really Seeing an Uptick In Cycling?)'[8]를 참고한다. 425쪽 '심화 학습: 선형 회귀'에서 모델링을 다룰 때도 이 데이터세트를 다시 보게 될 것이다.

고성능 Pandas: eval()과 query()

앞 장에서 이미 봤듯이 파이데이터(PyData) 스택의 능력은 NumPy와 Pandas가 직관적인 구문을 통해 기본 연산을 C로 풀어내는 능력을 기반으로 한다. 그 예로 NumPy의 벡터화/브로드캐스팅된 연산과 Pandas의 그룹화 유형의 연산을 들 수 있다. 이 추상화가 일반적인 경우에 대체로 효율적이고 효과적이기는 하지만, 임시 중간 객체 생성에 의존하는 경우가 종종 있어 계산 시간과 메모리 사용에 과도한 오버헤드를 일으킬 수 있다.

이 문제를 처리하기 위해 Pandas는 비용이 많이 드는 중간 배열의 할당 없이 속도가 빠른 C 연산에 직접 접근할 수 있는 일부 실험적인 도구를 도입했다. 이 도구에는 Numexpr 패키지를 기반으로 하는

---

8   https://jakevdp.github.io/blog/2014/06/10/is-seattle-really-seeing-an-uptick-in-cycling/

eval ( )과 query ( ) 함수가 있다. 여기서는 그것들의 활용법을 알아보고 이것들을 언제 사용해야 하는지에 대한 경험 법칙을 제공한다.

query()와 eval()의 등장 배경: 복합 표현식

NumPy와 Pandas가 속도가 빠른 벡터화된 연산을 지원하는 것은 앞에서 봤다. 예를 들어, 두 배열의 요소를 더할 때의 코드는 다음과 같다.

```
In[1]: import numpy as np
       rng = np.random.RandomState(42)
       x = rng.rand(1000000)
       y = rng.rand(1000000)
       %timeit x + y


100 loops, best of 3: 3.39 ms per loop
```

56쪽 'NumPy 배열 연산: 유니버설 함수'에서 논의했듯이 이렇게 계산하는 것이 다음과 같은 파이썬 루프나 컴프리헨션으로 더하는 것보다 훨씬 빠르다.

```
In[2]:
%timeit np.fromiter((xi + yi for xi, yi in zip(x, y)),
                    dtype=x.dtype, count=len(x))


412 ms ± 32.5 ms per loop (mean ± std. dev. of 7 runs, 1 loop each)
```

그러나 이 추상화는 복합 표현식을 계산할 때는 효율성이 떨어질 수 있다. 예를 들어, 다음 표현식을 생각해 보자.

```
In[3]:mask = (x > 0.5) & (y < 0.5)
```

NumPy는 각 하위 표현식을 평가하기 때문에 위 표현식은 다음 하위 표현식과 거의 동일하다.

```
In[4]: tmp1 = (x > 0.5)
       tmp2 = (y < 0.5)
       mask = tmp1 & tmp2
```

즉, 모든 중간 단계가 명시적으로 메모리에 할당된다. x와 y 배열의 규모가 매우 크면 메모리와 계산 능력에 심각한 오버헤드가 발생할 수 있다. Numexpr 라이브러리를 사용하면 이러한 중간 배열을 할당하지 않고도 요소별로 이러한 유형의 복합 표현식을 계산할 수 있다. Numexpr 문서[9]에서 더 자세한 내용을 확인할 수 있다. 하지만 지금은 이 라이브러리가 계산하고자 하는 NumPy 스타일 표현식을 문자열로 받는다는 사실만 알아도 충분하다.

```
In[5]: import numexpr
       mask_numexpr = numexpr.evaluate('(x > 0.5) & (y < 0.5)')
       np.allclose(mask, mask_numexpr)
Out[5]: True
```

이 방법의 이점은 Numexpr가 전체 크기의 임시 배열을 사용하지 않고서 표현식을 평가한다는 점이다. 그래서 특히 큰 배열의 경우에는 이것이 NumPy보다 훨씬 더 효율적이다. 이어서 다룰 Pandas `eval()`과 `query()` 도구는 개념적으로 유사하며 Numexpr 패키지에 의존한다.

효율적인 연산을 위한 pandas.eval()

Pandas의 `eval()` 함수는 `DataFrame`을 사용하는 연산을 효율적으로 계산하기 위해 문자열 표현식을 사용한다. 예를 들어, 다음 `DataFrame`을 생각해 보자.

```
In[6]: import pandas as pd
       nrows, ncols = 100000, 100
       rng = np.random.RandomState(42)
       df1, df2, df3, df4 = (pd.DataFrame(rng.rand(nrows, ncols))
                             for i in range(4))
```

전형적인 Pandas 접근 방식을 사용해 네 개의 `DataFrame` 모두의 합을 계산하려면 그 합을 쓰기만 하면 된다.

```
In[7]: %timeit df1 + df2 + df3 + df4
106 ms ± 2.45 ms per loop (mean ± std. dev. of 7 runs, 10 loops each)
```

---

9 https://github.com/pydata/numexpr

표현식을 문자열로 구성함으로써 pd.eval을 통해 같은 계산 결과를 얻을 수 있다.

```
In[8]: %timeit pd.eval('df1 + df2 + df3 + df4')
53.2 ms ± 866 µs per loop (mean ± std. dev. of 7 runs, 10 loops each)
```

이 표현식의 eval() 버전은 같은 결과를 주면서 50% 더 빠르고 메모리도 훨씬 더 적게 사용한다.

```
In[9]: np.allclose(df1 + df2 + df3 + df4,
                   pd.eval('df1 + df2 + df3 + df4'))
Out[9]: True
```

pd.eval()은 다양한 연산을 지원한다. 이 연산을 보여주기 위해 다음의 정수 DataFrame을 사용할 것이다.

```
In[10]: df1, df2, df3, df4, df5 = (pd.DataFrame(rng.randint(0, 1000, (100, 3)))
                                  for i in range(5))
```

다음은 pd.eval()이 지원하는 연산을 정리한 것이다.

▪ 산술 연산자
pd.eval()은 모든 산술 연산자를 지원한다. 예를 들면 다음과 같다.

```
In[11]: result1 = -df1 * df2 / (df3 + df4) - df5
        result2 = pd.eval('-df1 * df2 / (df3 + df4) - df5')
        np.allclose(result1, result2)
Out[11]: True
```

▪ 비교 연산자
pd.eval()은 연쇄 표현식을 포함한 모든 비교 연산자를 지원한다.

```
In[12]: result1 = (df1 < df2) & (df2 <= df3) & (df3 != df4)
        result2 = pd.eval('df1 < df2 <= df3 != df4')
        np.allclose(result1, result2)
Out[12]: True
```

비트 단위 연산자

pd.eval()은 &와 | 비트 단위 연산자를 지원한다.

```
In[13]: result1 = (df1 < 0.5) & (df2 < 0.5) | (df3 < df4)
        result2 = pd.eval('(df1 < 0.5) & (df2 < 0.5) | (df3 < df4)')
        np.allclose(result1, result2)
Out[13]: True
```

그 밖에 부울 표현식에서 리터럴 and와 or 사용을 지원한다.

```
In[14]: result3 = pd.eval('(df1 < 0.5) and (df2 < 0.5) or (df3 < df4)')
        np.allclose(result1, result3)
Out[14]: True
```

객체 속성과 인덱스

pd.eval()은 obj.attr 구문을 통해 객체 속성에 접근하는 것을 지원하고 obj[index] 구문을 통해 인덱스에 접근하는 것을 지원한다.

```
In[15]: result1 = df2.T[0] + df3.iloc[1]
        result2 = pd.eval('df2.T[0] + df3.iloc[1]')
        np.allclose(result1, result2)
Out[15]: True
```

기타 연산

함수 호출, 조건문, 루프를 포함해 그 밖의 복잡한 생성과 같은 다른 연산은 현재 pd.eval()에 구현돼 있지 않다. 이처럼 더 복잡한 유형의 표현식을 실행하고 싶을 때는 Numexpr 라이브러리를 사용하면 된다.

열 단위의 연산을 위한 DataFrame.eval()

Pandas의 최상위 레벨에 pd.eval() 함수가 있듯이 DataFrame에도 비슷한 방식으로 동작하는 eval() 메서드가 있다. eval() 메서드의 이점은 열을 이름으로 부를 수 있다는 것이다. 예제를 위해 다음의 레이블을 가진 배열을 사용할 것이다.

```
In[16]: df = pd.DataFrame(rng.rand(1000, 3), columns=['A', 'B', 'C'])
        df.head()
Out[16]:          A          B          C
        0   0.375506   0.406939   0.069938
        1   0.069087   0.235615   0.154374
        2   0.677945   0.433839   0.652324
        3   0.264038   0.808055   0.347197
        4   0.589161   0.252418   0.557789
```

위와 같이 pd.eval()을 사용하면 다음과 같이 세 개의 열이 있는 표현식을 계산할 수 있다.

```
In[17]: result1 = (df['A'] + df['B']) / (df['C'] - 1)
        result2 = pd.eval("(df.A + df.B) / (df.C - 1)")
        np.allclose(result1, result2)
Out[17]: True
```

DataFrame.eval() 메서드를 사용하면 열을 사용하는 표현식을 훨씬 더 간결하게 평가할 수 있다.

```
In[18]: result3 = df.eval('(A + B) / (C - 1)')
        np.allclose(result1, result3)
Out[18]: True
```

평가된 표현식에서는 열 이름을 변수로 취급하며 바라는 것을 결과로 얻게 된다는 점에 주목하자.

DataFrame.eval()에서의 할당

방금 이야기한 옵션과 더불어 DataFrame.eval()을 사용해 열을 할당할 수도 있다. 앞에서 사용한 'A', 'B', 'C' 열을 갖는 DataFrame을 사용하자.

```
In[19]: df.head()
Out[19]:          A          B          C
        0   0.375506   0.406939   0.069938
        1   0.069087   0.235615   0.154374
        2   0.677945   0.433839   0.652324
        3   0.264038   0.808055   0.347197
        4   0.589161   0.252418   0.557789
```

새로운 열 'D'를 생성하고 거기에 다른 열로부터 계산된 값을 할당하는 데 `df.eval()`을 사용할 수 있다.

```
In[20]: df.eval('D = (A + B) / C', inplace=True)
        df.head()
Out[20]:          A         B         C          D
        0  0.375506  0.406939  0.069938  11.187620
        1  0.069087  0.235615  0.154374   1.973796
        2  0.677945  0.433839  0.652324   1.704344
        3  0.264038  0.808055  0.347197   3.087857
        4  0.589161  0.252418  0.557789   1.508776
```

같은 방식으로 어느 기존 열이든 수정할 수 있다.

```
In[21]: df.eval('D = (A - B) / C', inplace=True)
        df.head()
Out[21]:          A         B         C          D
        0  0.375506  0.406939  0.069938  -0.449425
        1  0.069087  0.235615  0.154374  -1.078728
        2  0.677945  0.433839  0.652324   0.374209
        3  0.264038  0.808055  0.347197  -1.566886
        4  0.589161  0.252418  0.557789   0.603708
```

DataFrame.eval()의 지역 변수

DataFrame.eval() 메서드는 지역 파이썬 변수와 함께 작업할 수 있도록 추가적인 구문을 지원한다. 다음 예제를 생각해 보자.

```
In[22]: column_mean = df.mean(1)
        result1 = df['A'] + column_mean
        result2 = df.eval('A + @column_mean')
        np.allclose(result1, result2)
Out[22]: True
```

@ 기호는 열 이름이 아닌 변수 이름을 표시해서 두 개의 '네임스페이스(namespace)', 즉 열의 네임스페이스와 파이썬 객체의 네임스페이스를 포함하는 표현식을 효율적으로 평가할 수 있게 해준다. 이 @ 기호는 pandas.eval() 함수가 아닌 DataFrame.eval() 메서드에서만 지원되는데, pandas.eval() 함수는 하나의 (파이썬) 네임스페이스에만 접근할 수 있기 때문이다.

DataFrame.query() 메서드

DataFrame에는 평가된 문자열을 기반으로 하는 다른 메서드로 query() 메서드가 있다. 다음을 생각해 보자.

```
In[23]: result1 = df[(df.A < 0.5) & (df.B < 0.5)]
        result2 = pd.eval('df[(df.A < 0.5) & (df.B < 0.5)]')
        np.allclose(result1, result2)
Out[23]: True
```

DataFrame.eval()을 살펴볼 때 사용했던 예제에서와 마찬가지로 이것은 DataFrame의 열을 포함하는 표현식이다. 그렇지만 그것을 DataFrame.eval() 구문을 사용해 표현할 수는 없다! 대신 이러한 유형의 필터링 연산에서는 query() 메서드를 사용할 수 있다.

```
In[24]: result2 = df.query('A < 0.5 and B < 0.5')
        np.allclose(result1, result2)
Out[24]: True
```

마스킹 표현식에 비해 계산이 더 효율적인 것 외에도 이 방법이 훨씬 더 읽고 이해하기 쉽다. query() 메서드도 지역 변수를 표시하기 위해 @ 플래그를 받는다.

```
In[25]: Cmean = df['C'].mean()
        result1 = df[(df.A < Cmean) & (df.B < Cmean)]
        result2 = df.query('A < @Cmean and B < @Cmean')
        np.allclose(result1, result2)
Out[25]: True
```

성능: 이 함수를 사용해야 하는 경우

이 함수의 사용 여부를 고려할 때는 계산 시간과 메모리 사용의 두 가지 사항을 고려해야 한다. 메모리 사용은 가장 예측하기 쉬운 부분이다. 이미 언급했듯이, NumPy 배열이나 Pandas DataFrame을 포함하는 모든 복합 표현식은 암묵적으로 임시 배열을 생성한다. 예를 들면, 다음은

```
In[26]: x = df[(df.A < 0.5) & (df.B < 0.5)]
```

대략 다음과 같다.

```
In[27]: tmp1 = df.A < 0.5
        tmp2 = df.B < 0.5
        tmp3 = tmp1 & tmp2
        x = df[tmp3]
```

임시 DataFrame의 크기가 사용 가능한 시스템 메모리(일반적으로 수 기가바이트)에 비해 상당히 크다면 eval()이나 query() 표현식을 사용하는 것이 좋다. 다음 코드를 활용해 배열의 대략적인 크기를 바이트 단위로 확인할 수 있다.

```
In[28]: df.values.nbytes
Out[28]: 32000
```

성능 측면에서 볼 때 시스템 메모리를 넘어서지 않는다면 eval()이 더 빠를 수 있다. 문제는 임시 DataFrame을 시스템의 L1이나 L2 CPU 캐시 규모(2017년 기준으로 일반적으로 몇 메가바이트)와 비교하는 방법에 있다. 캐시 크기가 훨씬 더 크다면 eval()이 서로 다른 메모리 캐시 간에 값을 천천히 이동하는 것을 피할 수 있다. 실제로 전형적인 메서드와 eval/query 메서드 간의 계산 시간의 차이는 일반적으로 중요하지 않다. 오히려 작은 배열에서는 전형적인 메서드가 더 빠르다! eval/query의 이점은 주로 메모리를 절약하는 데 있으며, 때때로 구문이 더 깔끔하다는 것이다.

지금까지 eval()과 query()의 세부 사항 대부분을 다뤘다. 더 자세한 내용은 Pandas 문서를 참고하면 된다. 특히 이 쿼리를 실행하기 위해 다양한 해석기와 엔진을 지정할 수 있다. 자세한 내용은 '성능 강화' 절[10]의 내용을 참고하라.

추가 자료

이번 장에서는 데이터 분석을 위해 효율적으로 Pandas를 사용하는 방법의 기초를 다뤘다. 하지만 여전히 여기서 다루지 못한 내용이 많다. Pandas에 대해 더 알고 싶은 분들은 다음 자료를 참고하길 권한다.

Pandas 온라인 문서: http://pandas.pydata.org

이것은 패키지의 완전한 문서화를 위한 참고 자료다. 이 문서의 예제는 작은 데이터세트를 사용하지만 옵션에 대해 완전하게 설명하고 있어 다양한 함수 사용법을 익히기에 매우 유용하다.

---

10 http://pandas-docs.github.io/pandas-docs-travis/enhancingperf.html

『파이썬 라이브러리를 활용한 데이터 분석』(한빛미디어, 2019)

Pandas 창시자인 웨스 맥키니(Wes McKinney)가 쓴 이 책은 Pandas 패키지에 대해 이번 장에서 할애한 내용보다 훨씬 더 자세한 내용을 담고 있다. 특히 금융 컨설턴트였던 그에게 가장 중요했던 시계열 도구에 대해 깊이 있게 다룬다. 이 책은 실제 데이터세트에서 통찰력을 얻기 위해 Pandas를 적용하는 수많은 재미있는 예제도 제공한다.

『Effective Pandas』(https://oreil.ly/cn1ls)

Pandas 개발자 톰 오그스퍼거(Tom Augspurger)가 쓴 이 짧은 전자책은 Pandas 라이브러리의 모든 기능을 효과적이고 자연스러운 방식으로 사용하는 방법에 대한 간결한 개요를 제공한다.

파이비디오(PyVideo)의 Pandas: http://pyvideo.org/tag/pandas/

PyCon부터 SciPy, PyData에 이르기까지 수많은 컨퍼런스에서 Pandas 개발자와 파워 유저의 튜토리얼을 제공한다. PyCon 튜토리얼은 특히 매우 잘 준비된 발표자들이 제공하는 편이다.

이번 장에서 다룬 내용과 함께 여기서 소개한 자료를 활용해 어떤 데이터 분석 문제든 Pandas를 이용해 해결해낼 수 있기를 바란다.

04장

Matplotlib을 활용한 시각화

이제 파이썬의 시각화 도구인 Matplotlib을 자세히 살펴보자. Matplotlib은 NumPy 배열을 기반으로 만들어진 다중 플랫폼 데이터 시각화 라이브러리로서 광범위한 사이파이(SciPy) 스택과 함께 작업하기 위해 설계됐다. 원래 2002년 존 헌터(John Hunter)가 IPython 명령줄의 gnuplot을 통해 매트랩(MATLAB) 방식의 대화형 플로팅을 사용할 수 있도록 IPython의 패치 형태로 고안한 것이다. 아이파이썬의 제작자인 페르난도 페레즈(Fernando Perez)는 박사 과정을 마무리하느라 시간이 부족해 존 헌터에게 앞으로 몇 개월 동안은 이 패치를 검토할 시간이 없을 거라고 알렸다. 존은 이를 자신만의 패키지를 시작하라는 신호로 여겼으며, 2003년 Matplotlib 패키지 버전 0.1이 탄생했다. Matplotlib 개발을 재정적으로 지원하고 그 기능을 크게 확장한 우주망원경과학연구소(허블 망원경 뒤에 있는 사람들)에서 플로팅 패키지로 이 패키지를 선택하면서 초기부터 각광을 받았다.

Matplotlib의 가장 중요한 특징 중 하나는 다양한 운영체제와 그래픽 백엔드에서 잘 동작한다는 점이다. Matplotlib은 수십 개의 백엔드와 출력 타입을 지원하므로 사용하는 운영체제나 원하는 출력 형식이 무엇이든 상관없이 작업하려면 이 패키지를 활용하면 된다. 이처럼 플랫폼과 상관없이 모든 것을 모두에게 제공하는 방식이 Matplotlib의 가장 큰 강점이다. 덕분에 Matplotlib의 사용자층이 커지고, 그에 따라 활발한 개발자층이 형성되어 Matplotlib의 강력한 도구들이 만들어지면서 결국 파이썬 세계 어디서나 활용될 수 있게 됐다.

그러나 최근에는 Matplotlib의 인터페이스와 스타일도 나이가 들기 시작했다. D3js와 HTML5 캔버스를 기반으로 한 웹 시각화 툴킷과 함께 R 언어의 ggplot과 ggvis 같은 새로운 도구와 비교해 보면 종종 Matplotlib이 투박하고 구식으로 느껴진다. 그래도 여전히 테스트가 잘 된 교차 플랫폼 그래픽 엔진으로서의 Matplotlib의 강점을 무시할 수 없다는 게 개인적인 의견이다. 최신 버전의 Matplotlib은 새로운 플로팅 스타일을 설정하기가 비교적 쉽고(325쪽 'Matplotlib 맞춤변경하기: 설정과 스타일시트' 참고), 더 깔끔하고 현대적인 API를 통해 Matplotlib을 구동하기 위해 막강한 내부 로직을 기반으로 한 새로운 패키지가 개발되고 있다. 예를 들면, Seaborn(343쪽 'Seaborn을 활용한 시각화' 참고), ggplot, HoloViews, Altair는 물론 Pandas 자체도 Matplotlib API의 래퍼(wrapper)로 사용될 수 있다. 이러한 래퍼를 사용해도 최종 산출된 플롯을 조정하기 위해 Matplotlib의 구문을 탐구하는 것이 유용할 때가 많다. 이렇기 때문에 새로운 도구가 등장하면서 커뮤니티에서 점차 Matplotlib API를 직접 사용하지 않게 되더라도 Matplotlib 자체는 여전히 데이터 시각화 스택의 필수적인 부분이라고 믿는다.

일반적인 Matplotlib 사용법

Matplotlib으로 시각화하는 방법에 대한 세부사항을 알아보기 전에 패키지 활용 측면에서 알아야 할 몇 가지 유용한 것이 있다.

matplotlib 임포트하기

NumPy에 대한 약어로 np를 사용하고 Pandas에 대한 약어로 pd를 사용하는 것과 마찬가지로 Matplotlib을 임포트할 때도 몇 가지 약어를 사용한다.

```
In[1]: import matplotlib as mpl
       import matplotlib.pyplot as plt
```

이번 장 전반에 걸쳐 plt 인터페이스를 가장 자주 사용할 것이다.

스타일 설정하기

plt.style 지시어를 사용해 그림에 적합한 미적 스타일을 선택할 것이다. 여기서는 생성한 플롯이 전형적인 Matplotlib 스타일을 사용하도록 classic 스타일을 설정하겠다.

```
In[2]: plt.style.use('classic')
```

이번 절에서는 필요에 따라 이 스타일을 조정할 것이다. 스타일시트에 대한 더 많은 정보는 325쪽 'Matplotlib 맞춤변경하기: 설정과 스타일시트'를 참고한다.

show()를 사용할 것인가, 말 것인가 – 플롯 표현 방법

볼 수 없는 시각화라고 하면 별로 유용하지 않을 것 같지만, Matplotlib 플롯을 보는 방법은 상황에 따라 다르다. Matplotlib을 가장 잘 사용하는 방법은 그것을 어떻게 사용하느냐에 따라 달라진다. 대략적으로 Matplotlib은 스크립트나 IPython 터미널, IPython 노트북에서 사용할 수 있다.

스크립트에서 플로팅하기

스크립트에서 Matplotlib을 사용하고 있다면 함수 `plt.show()`를 많이 사용하게 될 것이다. `plt.show()`는 이벤트 루프를 시작해 현재 활성화된 모든 그림 객체를 찾아서 그림을 표시하는 하나 이상의 대화창을 연다.

예를 들면, 다음 코드를 담고 있는 myplot.py라는 파일이 있다고 하자.

```
# ------- file: myplot.py ------
import matplotlib.pyplot as plt
import numpy as np

x = np.linspace(0, 10, 100)

plt.plot(x, np.sin(x))
plt.plot(x, np.cos(x))

plt.show()
```

이 스크립트를 명령줄 프롬프트에서 실행하면 그 결과 그림이 표시된 창이 열린다.

```
$ python myplot.py
```

`plt.show()` 명령어는 시스템의 대화형 그래픽 백엔드와 상호작용해야 하기 때문에 내부에서 많은 작업을 수행한다. 이 세부적인 동작은 시스템과 설치본에 따라 크게 다를 수 있지만 Matplotlib은 최선을 다해 이 모든 세부사항을 숨긴다.

한 가지 알아둘 것은 plt.show() 명령어는 파이썬 세션당 **한 번만** 사용할 수 있어서 대체로 스크립트의 맨 마지막에 사용된다는 점이다. show() 명령어를 여러 번 사용하면 예기치 않은 백엔드 종속적인 동작을 일으킬 수 있으므로 일반적으로 피해야 한다.

IPython 셸에서 플로팅하기

IPython 셸(1장 참고)에서 대화식으로 Matplotlib을 사용하는 것은 매우 편리할 수 있다. IPython은 Matplotlib 모드를 지정하면 Matplotlib과 잘 작동하도록 만들어졌다. 이 모드를 활성화하려면 ipython을 시작한 후 %matplotlib 매직 명령어를 사용하면 된다.

```
In [1]: %matplotlib
Using matplotlib backend: TkAgg

In [2]: import matplotlib.pyplot as plt
```

여기서 plt 플롯 명령어는 그림 창을 열고 그 이후 명령어는 그 플롯을 수정하기 위해 실행될 수 있다. 이미 그려진 선의 속성을 수정하는 등의 변경사항은 자동으로 그려지지 않는다. 업데이트를 적용하려면 plt.draw()를 사용해야 한다. Matplotlib 모드에서는 plt.show()를 사용할 필요가 없다.

Jupyter 노트북에서 플로팅하기

Jupyter 노트북은 설명, 코드, 그래픽, HTML 요소 등을 하나의 실행 가능한 문서에 결합할 수 있는 브라우저 기반의 대화형 데이터 분석 도구다(1장 참고).

Jupyter 노트북 내에서의 대화형 플로팅은 %matplotlib으로 할 수 있고 IPython 셸과 유사한 방식으로 동작한다. IPython 노트북에서 그래픽을 노트북에 직접 삽입할 수 있는 옵션이 두 가지 있다.

- %matplotlib notebook은 노트북 내에 **대화형** 플롯을 삽입할 수 있다.
- %matplotlib inline은 노트북에 플롯의 **정적** 이미지를 삽입할 수 있다.

이 책에서는 일반적으로 %matplotlib inline을 사용할 것이다.

```
In[3]: %matplotlib inline
```

이 명령어를 실행하면(커널/세션당 한 번만 실행해야 함) 플롯을 생성하는 노트북 내의 셀이 결과 그래픽의 PNG 이미지를 삽입할 것이다(그림 4-1).

```
In[4]: import numpy as np
       x = np.linspace(0, 10, 100)

       fig = plt.figure()
       plt.plot(x, np.sin(x), '-')
       plt.plot(x, np.cos(x), '--');
```

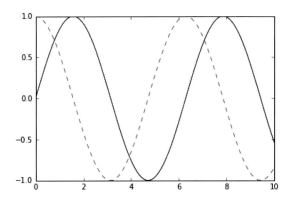

그림 4-1. 기본 플로팅 예제

그림을 파일로 저장하기

Matplotlib의 좋은 점은 다양한 형식의 그림을 저장할 수 있다는 것이다. savefig() 명령어를 사용해 그림을 저장할 수 있다. 예를 들어, 앞에서 본 그림을 PNG 파일로 저장하려면 다음 명령어를 실행하면 된다.

```
In[5]: fig.savefig('my_figure.png')
```

이제 현재 작업 디렉터리에 my_figure.png 파일이 생겼다.

```
In[6]: !ls -lh my_figure.png
-rw-r--r-- 1 jakevdp staff 16K Aug 11 10:59 my_figure.png
```

이 파일이 예상했던 정보를 담고 있는지 확인하기 위해 IPython Image 객체를 사용해 이 파일의 내용을 표시해 보자(그림 4-2).

```
In[7]: from IPython.display import Image
       Image('my_figure.png')
```

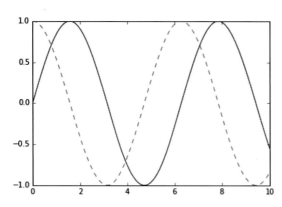

그림 4-2. 기본 플롯의 PNG 버전

savefig()에서 파일 형식은 지정한 파일명의 확장자로 추론한다. 패키지를 어느 백엔드에 설치했느냐에 따라 여러 가지 파일 형식을 사용할 수 있다. figure canvas 객체의 다음 메서드를 사용하면 시스템에서 지원하는 파일 형식을 확인할 수 있다.

```
In[8]: fig.canvas.get_supported_filetypes()
Out[8]: {'eps': 'Encapsulated Postscript',
         'jpeg': 'Joint Photographic Experts Group',
         'jpg': 'Joint Photographic Experts Group',
         'pdf': 'Portable Document Format',
         'pgf': 'PGF code for LaTeX',
         'png': 'Portable Network Graphics',
         'ps': 'Postscript',
         'raw': 'Raw RGBA bitmap',
         'rgba': 'Raw RGBA bitmap',
         'svg': 'Scalable Vector Graphics',
         'svgz': 'Scalable Vector Graphics',
         'tif': 'Tagged Image File Format',
         'tiff': 'Tagged Image File Format'}
```

그림을 저장할 때는 plt.show()나 앞에서 살펴본 관련 명령어를 사용할 필요가 없다.

하나 가격에 인터페이스 두 개

Matplotlib은 편리한 매트랩 스타일의 상태 기반 인터페이스와 더 강력한 객체지향 인터페이스라는 두 개의 인터페이스를 제공하기 때문에 혼란스러울 수 있다. 이 두 인터페이스 간의 차이점을 간단하게 살펴보겠다.

▪ 매트랩 스타일의 인터페이스

Matplotlib은 원래 매트랩(MATLAB) 사용자를 위한 파이썬 대안으로 제작됐으며, Matplotlib이 제공하는 구문의 대부분이 그 사실을 반영한다. 매트랩 스타일 도구는 파이플롯(pyplot, plt) 인터페이스에 포함돼 있다. 예를 들어, 다음 코드는 매트랩 사용자들에게 매우 친숙해 보일 것이다(그림 4-3).

```
In[9]: plt.figure() # 플롯 그림을 생성
       # 두 개의 패널 중 첫 번째 패널을 생성하고 현재 축(axis)을 설정
       plt.subplot(2, 1, 1) # (rows, columns, panel number)
       plt.plot(x, np.sin(x))

       # 두 번째 패널을 생성하고 현재 축(axis)을 설정
       plt.subplot(2, 1, 2)
       plt.plot(x, np.cos(x));
```

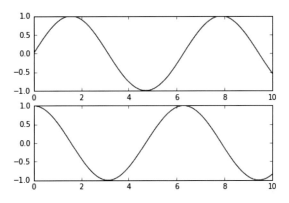

그림 4-3. 매트랩 스타일 인터페이스를 사용한 서브플롯

이 인터페이스가 **상태를 저장한다**는 것이 중요하다. 그 덕분에 모든 plt 명령어가 적용되는 곳에 있는 "현재" 그림과 축을 기록한다. plt.gcf()(get current figure, 현재 그림을 읽음)과 plt.gca()(get current axes, 현재 축을 읽음)를 사용해 이를 참조할 수 있다.

이 상태를 저장하는 인터페이스는 간단한 플롯에서는 빠르고 편리하지만 문제가 발생할 소지가 많다. 예를 들면 두 번째 패널이 생성되고 나면 어떻게 첫 번째 패널로 돌아가 뭔가를 추가할 수 있을까? 매트랩 스타일 인터페이스 내에서 가능하긴 하지만 그 방법은 다소 투박하다. 다행스럽게도 더 나은 방식이 있다.

■ 객체지향 인터페이스

이러한 복잡한 상황과 그림을 좀 더 많이 제어하고 싶을 때는 객체지향 인터페이스를 사용할 수 있다. 객체지향 인터페이스에서 플로팅 함수는 '활성화된' 그림이나 축의 개념에 의존하지 않는 명시적인 Figure와 Axes 객체의 메서드다. 이 플로팅 스타일을 이용해 앞에서 본 플롯을 다시 만들려면 다음 코드를 실행하면 된다(그림 4-4).

```
In[10]: # 먼저 플롯 그리드를 생성
        # ax는 두 개의 축 객체의 배열이 됨
        fig, ax = plt.subplots(2)

        # 적절한 객체에서 plot() 메서드를 호출
        ax[0].plot(x, np.sin(x))
        ax[1].plot(x, np.cos(x));
```

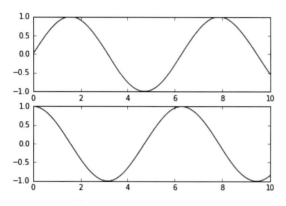

그림 4-4. 객체지향 인터페이스를 사용한 서브플롯

간단한 플롯의 경우, 어떤 스타일을 사용할지 선택하는 것은 대체로 취향의 문제지만, 플롯이 복잡해질수록 객체지향 방식을 채택할 수밖에 없다. 이번 장에서는 매트랩 스타일과 객체지향 인터페이스 중 더 편리한 것을 번갈아 사용할 것이다. 대부분의 경우, 그 차이는 plt.plot()을 ax.plot()으로 바꿔 쓰는 정도로 사소하지만 몇 가지 주의할 사항이 있다. 이에 대해서는 조만간 다루겠다.

간단한 라인 플롯

가장 간단한 플롯은 아마 단일 함수 $y=f(x)$를 시각화한 플롯일 것이다. 우선 이 유형의 간단한 플롯을 만드는 방법을 살펴보자. 앞으로 나오는 예제에서 함수를 플로팅하고 임포팅하기 위한 노트북부터 설정할 것이다.

```
In[1]: %matplotlib inline
       import matplotlib.pyplot as plt
       plt.style.use('seaborn-whitegrid')
       import numpy as np
```

모든 Matplotlib 플롯은 그림(figure)과 축(axes)을 만드는 것으로 시작한다. 가장 단순한 형태로 그림과 축을 다음과 같이 만들 수 있다(그림 4-5).

```
In[2]: fig = plt.figure()
       ax = plt.axes()
```

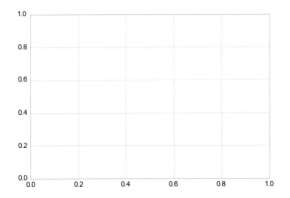

그림 4-5. 빈 그리드를 가진 축

Matplotlib에서 그림(`plt.Figure` 클래스의 인스턴스)은 축과 그래픽, 텍스트, 레이블을 표시하는 모든 객체를 포함하는 하나의 컨테이너로 생각하면 된다. 축(`plt.Axes` 클래스의 인스턴스)은 위에서 본 것처럼 눈금과 레이블이 있는 테두리 상자로 나중에 시각화를 형성하는 플롯 요소를 포함하게 된다. 이 책에서 변수 이름 **fig**는 그림 인스턴스, **ax**는 축 인스턴스를 말할 때 사용한다.

축을 만들고 나면 **ax.plot** 함수를 사용해 일부 데이터를 플로팅할 수 있다. 간단한 사인 곡선으로 시작해 보자(그림 4-6).

```
In[3]: fig = plt.figure()
       ax = plt.axes()

       x = np.linspace(0, 10, 1000)
       ax.plot(x, np.sin(x));
```

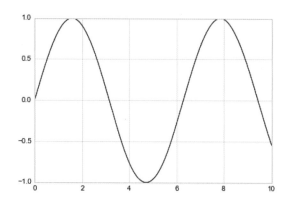

그림 4-6. 간단한 사인 곡선

코드 마지막 줄의 세미콜론은 의도적으로 넣은 것으로, 출력에서 플롯의 텍스트 부분을 숨긴다.

다른 방법으로 파이랩(pylab) 인터페이스를 사용해 그림과 축이 백그라운드에 만들어지게 할 수 있다 (그림 4-7). 이 두 가지 인터페이스에 대해 알고 싶으면 '하나 가격에 인터페이스 두 개' 부분을 참고하라.

```
In[4]: plt.plot(x, np.sin(x));
```

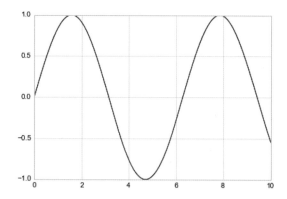

그림 4-7. 객체지향 인터페이스를 이용한 간단한 사인 곡선

여러 개의 선을 가진 그림 하나를 만들고 싶으면 plot 함수를 여러 번 호출하기만 하면 된다(그림 4-8).

```
In[5]: plt.plot(x, np.sin(x))
       plt.plot(x, np.cos(x));
```

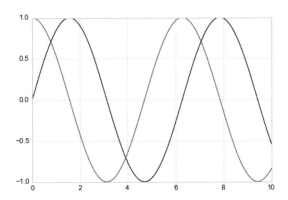

그림 4-8. 여러 줄 중복 플로팅

Matplotlib에서 간단한 함수를 플로팅하는 방법은 이것이 전부다! 이제 축과 줄의 모양을 제어하는 방법을 자세히 알아보자.

플롯 수정하기: 선 색상과 스타일

플롯에서 가장 먼저 수정하고 싶은 부분은 선의 색상과 스타일일 것이다. 이를 지정할 수 있도록 plt.plot() 함수는 추가 인수를 받는다. 색상을 조정하려면 color 키워드를 사용하면 되는데, 이 키워드는 사실상 상상할 수 있는 모든 색상을 나타내는 문자열 인수를 받는다. 색상은 다양한 방식으로 지정할 수 있다(그림 4-9).

```
In[6]:
plt.plot(x, np.sin(x - 0), color='blue')     # 색상을 이름으로 지정
plt.plot(x, np.sin(x - 1), color='g')        # 짧은 색상 코드(rgbcmyk)
plt.plot(x, np.sin(x - 2), color='0.75')     # 0과 1 사이로 회색조 지정
plt.plot(x, np.sin(x - 3), color='#FFDD44')  # 16진수 코드(RRGGBB, 00~FF 사이)
plt.plot(x, np.sin(x - 4), color=(1.0,0.2,0.3)) # RGB 튜플, 0과 1 값
plt.plot(x, np.sin(x - 5), color='chartreuse'); # 모든 HTML 색상 이름을 지원
```

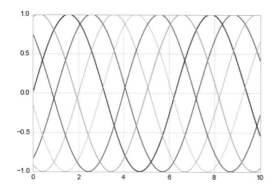

그림 4-9. 플롯 요소의 색상 제어하기

아무 색도 지정하지 않으면 Matplotlib이 여러 줄에 대해 자동으로 기본 색상 집합을 돌아가며 색상을 채택한다.

이와 비슷하게 linestyle 키워드를 사용하면 선 스타일을 조정할 수 있다(그림 4-10).

```
In[7]: plt.plot(x, x + 0, linestyle='solid')
       plt.plot(x, x + 1, linestyle='dashed')
       plt.plot(x, x + 2, linestyle='dashdot')
       plt.plot(x, x + 3, linestyle='dotted');

       # 축약형으로 다음 코드를 사용할 수 있음
       plt.plot(x, x + 4, linestyle='-')  # solid
       plt.plot(x, x + 5, linestyle='--') # dashed
       plt.plot(x, x + 6, linestyle='-.') # dashdot
       plt.plot(x, x + 7, linestyle=':'); # dotted
```

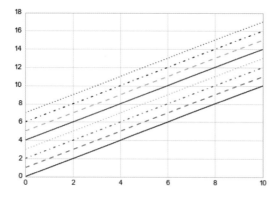

그림 4-10. 다양한 라인 스타일의 예제

정말 간결하게 지정하고 싶다면 이 linestyle과 color 코드를 키워드가 없는 단일 인수로 결합해서 plt.plot() 함수에 전달하면 된다(그림 4-11).

```
In[8]: plt.plot(x, x + 0, '-g')  # solid green
       plt.plot(x, x + 1, '--c')  # dashed cyan
       plt.plot(x, x + 2, '-.k')  # dashdot black
       plt.plot(x, x + 3, ':r');  # dotted red
```

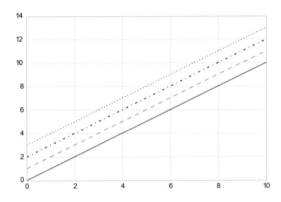

그림 4-11. 간결한 구문으로 색상과 스타일 제어하기

이 단일 문자로 된 색상 코드는 디지털 색상 그래픽에 보편적으로 사용되는 RGB(Red, 빨강 / Green, 녹색 / Blue, 파랑)와 CMYK(Cyan, 청록 / Magenta, 자홍 / Yellow, 노랑 / blacK, 검정) 색상 체계의 표준 약어를 반영한다.

플롯의 모양을 세밀하게 조정하는 데 사용할 수 있는 다른 키워드 인수도 많다. 더 자세한 내용은 아이파이썬의 도움말 도구를 사용해 plt.plot() 함수의 독스트링을 확인하는 것이 좋다(4쪽 'IPython의 도움말과 문서' 참고).

플롯 조정하기: 축 경계

Matplotlib은 기본적으로 축 경계를 적절하게 선택하지만, 때로는 좀 더 세밀한 제어가 필요할 때가 있다. 축 경계를 조정하는 가장 기본적인 방식은 plt.xlim()과 plt.ylim() 메서드를 사용하는 것이다(그림 4-12).

```
In[9]: plt.plot(x, np.sin(x))
```

```
    plt.xlim(-1, 11)
    plt.ylim(-1.5, 1.5);
```

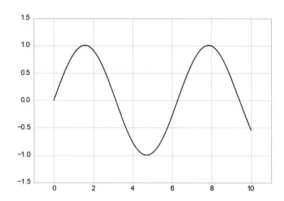

그림 4-12. 축 경계를 설정한 예

두 축 중 하나를 역으로 표시해야 한다면 단순히 인수의 순서를 바꾸기만 하면 된다(그림 4-13).

```
In[10]: plt.plot(x, np.sin(x))

        plt.xlim(10, 0)
        plt.ylim(1.2, -1.2);
```

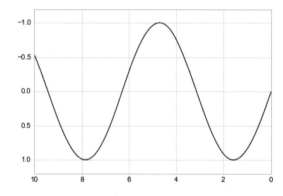

그림 4-13. y 축을 역으로 바꾼 예

이와 관련한 유용한 메서드는 plt.axis()다(여기서 axes와 axis를 혼동하지 말자). plt.axis() 메서드는 [x축 최솟값, x축 최댓값, y축 최솟값, y축 최댓값]을 지정하는 리스트를 전달해 한 번의 호출로 x와 y 축의 경계를 설정하게 해준다(그림 4-14).

```
In[11]: plt.plot(x, np.sin(x))
        plt.axis([-1, 11, -1.5, 1.5]);
```

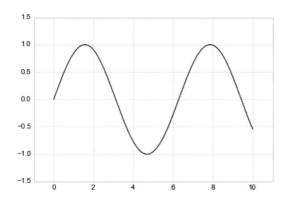

그림 4-14. plt.axis를 이용해 축 경계 설정하기

`plt.axis()` 메서드를 이용하면 이를 넘어서 현재 플롯 주변의 경계를 자동으로 더 밀착시키는 등의 작업도 할 수 있다.

```
In[12]: plt.plot(x, np.sin(x))
        plt.axis('tight');
```

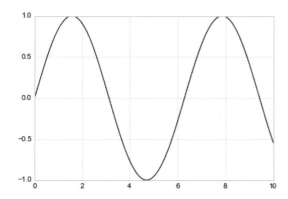

그림 4-15. 'tight' 레이아웃

이 메서드를 이용하면 좀 더 높은 단계의 지정도 가능해서 가로세로 비율을 균등하게 설정해 화면상에 x축의 한 단위와 y축의 한 단위가 똑같게 설정하는 등의 작업을 할 수 있다(그림 4-16).

```
In[13]: plt.plot(x, np.sin(x))
        plt.axis('equal');
```

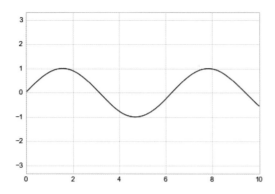

그림 4-16. 결과 해상도에 맞춘 단위를 가지는 'equal' 레이아웃

축 경계와 plt.axis() 메서드의 다른 기능에 대해 더 자세히 알아보려면 plt.axis() 독스트링을 참고하라.

플롯에 레이블 붙이기

마지막으로 플롯에 제목이나 축 레이블, 간단한 범례와 같은 레이블을 붙이는 법을 살펴보자.

제목과 축 레이블은 가장 간단한 레이블이다. 그것들을 신속하게 설정하는 데 사용할 수 있는 메서드가 있다(그림 4-17).

```
In[14]: plt.plot(x, np.sin(x))
        plt.title("A Sine Curve")
        plt.xlabel("x")
        plt.ylabel("sin(x)");
```

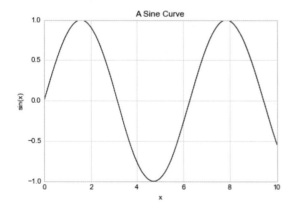

그림 4-17. 축 레이블과 제목

이러한 레이블의 위치와 크기, 스타일을 수정하려면 그 함수에 선택적인 인수를 사용하면 된다. 더 많은 정보는 Matplotlib 문서와 각 함수의 독스트링을 참고한다.

하나의 축 안에 여러 선을 표시하는 경우 각 선의 유형에 레이블을 붙이는 플롯 범례를 생성하는 것이 유용하다. 다시 말하지만 Matplotlib은 이러한 범례를 쉽게 생성할 수 있는 기본 방식을 가지고 있다. 예상했겠지만, `plt.legend()` 메서드를 사용하면 된다. 이 메서드를 사용하는 방식에는 여러 가지가 있지만, 개인적으로 플롯 함수의 `label` 키워드를 사용해 각 라인의 레이블을 지정하는 것이 가장 쉽다고 생각한다(그림 4-18).

```
In[15]: plt.plot(x, np.sin(x), '-g', label='sin(x)')
        plt.plot(x, np.cos(x), ':b', label='cos(x)')
        plt.axis('equal')

        plt.legend();
```

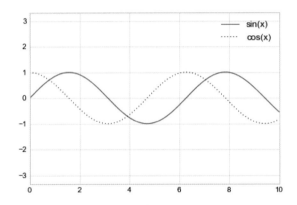

그림 4-18. 플롯 범례

보다시피 `plt.legend()` 함수가 라인 스타일과 색상을 기록하고 이를 정확한 레이블과 매칭한다. 플롯 범례를 지정하고 포맷을 지정하는 작업에 대한 더 많은 정보는 `plt.legend()` 독스트링에서 찾을 수 있다. 아울러 287쪽 '플롯 범례 맞춤 변경하기'에서 더 향상된 범례 옵션에 대해 다룰 것이다.

Matplotlib 주의사항

대부분의 plt 함수는 plt.plot() → ax.plot(), plt.legend() → ax.legend()처럼 바로 ax 메서드로 바꿀 수 있지만 이것이 모든 명령어에 해당하지는 않는다. 특히 축의 경계와 레이블, 제목을 설정하는 함수는 약간 수정된다.

매트랩 스타일 함수와 객체지향 메서드 사이에서 전환할 때는 다음과 같이 바꿔야 한다.

- plt.xlabel() → ax.set_xlabel()

- plt.ylabel() → ax.set_ylabel()

- plt.xlim() → ax.set_xlim()

- plt.ylim() → ax.set_ylim()

- plt.title() → ax.set_title()

플로팅을 위한 객체지향 인터페이스에서는 이 함수들을 개별적으로 호출하는 대신 ax.set() 메서드를 사용해 한 번에 이 모든 속성을 설정하는 것이 더 편리하다(그림 4-19).

```
In[16]: ax = plt.axes()
        ax.plot(x, np.sin(x))
        ax.set(xlim=(0, 10), ylim=(-2, 2),
               xlabel='x', ylabel='sin(x)',
               title='A Simple Plot');
```

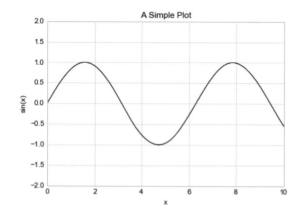

그림 4-19. ax.set을 이용해 한 번에 여러 속성을 설정

간단한 산점도

보편적으로 사용되는 또 다른 플롯 유형은 라인 플롯의 사촌 격인 간단한 산점도(scatter plot)다. 산점도에서의 점(point)은 선으로 연결되는 대신 개별적으로 점(dot)이나 원, 또는 다른 모양으로 표현된다. 우선 사용할 함수를 임포트하고 플로팅할 노트북을 설정하는 것부터 시작하자.

```
In[1]: %matplotlib inline
       import matplotlib.pyplot as plt
       plt.style.use('seaborn-whitegrid')
       import numpy as np
```

plt.plot을 사용한 산점도

앞에서 라인 플롯을 만드는 plt.plot/ax.plot을 살펴봤다. 똑같은 함수로 산점도도 만들 수 있다(그림 4-20).

```
In[2]: x = np.linspace(0, 10, 30)
       y = np.sin(x)

       plt.plot(x, y, 'o', color='black');
```

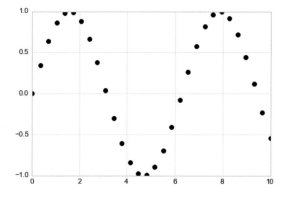

그림 4-20. 산점도

함수 호출의 세 번째 인수는 플로팅에 사용될 기호 유형을 나타내는 문자다. '-'와 '--'와 같은 옵션을 지정해 선 스타일을 제어할 수 있듯이 표시자(marker) 스타일도 짧은 문자열 코드를 가지고 있다. 여기에 사용할 수 있는 전체 기호 목록은 `plt.plot` 문서나 Matplotlib의 온라인 문서에서 확인할 수 있다. 대부분의 기호는 꽤 직관적이며 여기서는 좀 더 보편적으로 사용되는 기호를 보여주겠다(그림 4-21).

```
In[3]: rng = np.random.RandomState(0)
       for marker in ['o', '.', ',', 'x', '+', 'v', '^', '<', '>', 's', 'd']:
           plt.plot(rng.rand(5), rng.rand(5), marker,
                    label="marker='{0}'".format(marker))
       plt.legend(numpoints=1)
       plt.xlim(0, 1.8);
```

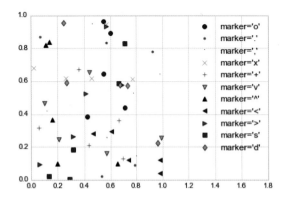

그림 4-21. 점의 형태

이보다 더 많이 사용되는 방식은 이 문자 코드를 선과 색상 코드와 함께 사용해 점들을 그 연결선과 함께 플로팅하는 것이다(그림 4-22).

```
In[4]: plt.plot(x, y, '-ok'); # 선(-), 원 표시 기호(o), 검정색(k)
```

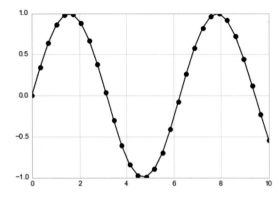

그림 4-22. 선과 점 표시를 결합

그 밖에 plt.plot의 키워드 인수는 다양한 선과 표시 속성을 지정한다(그림 4-23).

```
In[5]: plt.plot(x, y, '-p', color='gray',
              markersize=15, linewidth=4,
              markerfacecolor='white',
              markeredgecolor='gray',
              markeredgewidth=2)
       plt.ylim(-1.2, 1.2);
```

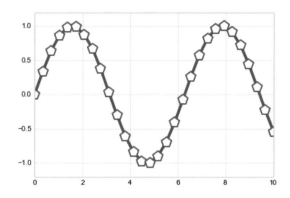

그림 4-23. 선과 점 맞춤 설정하기

plt.plot 함수의 이러한 유연성 덕분에 다양한 시각화 옵션을 가질 수 있다. 사용 가능한 모든 옵션에 대한 설명은 plt.plot 문서를 참고하라.

plt.scatter를 활용한 산점도

두 번째로 산점도를 만들어내는 더 강력한 메서드로 plt.plot 함수와 매우 비슷하게 사용할 수 있는 plt.scatter 함수가 있다(그림 4-24).

```
In[6]: plt.scatter(x, y, marker='o');
```

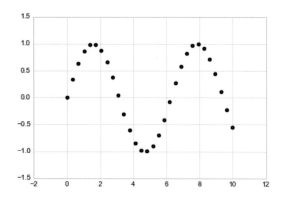

그림 4-24. 간단한 산점도

plt.scatter와 plt.plot의 주요 차이점은 plt.scatter의 경우 각 점의 속성(크기, 표면 색상, 테두리 색상 등)을 개별적으로 제어하거나 데이터에 매핑할 수 있는 산점도를 만드는 데 사용할 수 있다는 것이다.

다양한 색상과 크기를 갖는 점으로 이뤄진 임의의 산점도를 만들어서 이 특징을 살펴보자. 겹친 결과를 더 잘 보여주기 위해 alpha 키워드를 사용해 투명도를 조정하겠다(그림 4-25).

```
In[7]: rng = np.random.RandomState(0)
       x = rng.randn(100)
       y = rng.randn(100)
       colors = rng.rand(100)
       sizes = 1000 * rng.rand(100)

       plt.scatter(x, y, c=colors, s=sizes, alpha=0.3,
                   cmap='viridis')
       plt.colorbar(); # 색상 척도 표시
```

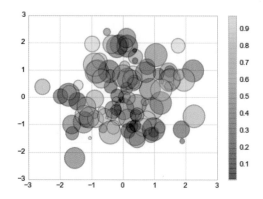

그림 4-25. 산점도 점의 크기, 색상, 투명도 바꾸기

색상 인수는 색상 척도에 자동으로 매핑(colorbar() 명령어에서 보여줌)되며 크기 인수는 픽셀 단위로 주어진다. 이러한 방식으로 다차원 데이터를 표시하기 위해 점의 색상과 크기를 사용해 정보를 전달할 수 있다.

예를 들어, Scikit-Learn에서 제공하는 붓꽃 데이터를 사용해 보자. 이 데이터에서 각 표본은 세 가지 유형의 꽃 중 하나로 그 꽃잎과 꽃받침의 크기를 세밀하게 측정한 값을 가지고 있다(그림 4-26).

```
In[8]: from sklearn.datasets import load_iris
       iris = load_iris()
       features = iris.data.T

       plt.scatter(features[0], features[1], alpha=0.2,
                   s=100*features[3], c=iris.target, cmap='viridis')
       plt.xlabel(iris.feature_names[0])
       plt.ylabel(iris.feature_names[1]);
```

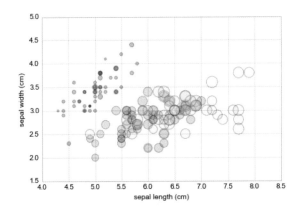

그림 4-26. 점 속성을 사용해 붓꽃 데이터의 특징을 표현

이 산점도로 데이터의 네 가지 차원을 동시에 탐색할 수 있다는 것을 알 수 있다. 각 점의 (x, y) 위치는 꽃받침의 길이와 폭에 해당하며, 점의 크기는 꽃잎의 폭, 색상은 꽃의 종에 해당한다. 이처럼 여러 색상과 특징을 나타내는 산점도는 데이터의 탐색과 표현이라는 두 가지 측면에서 모두 유용하다.

plot과 scatter의 차이: 효율성 측면에서 유의할 점

plt.plot과 plt.scatter에서 사용할 수 있는 특징이 서로 다르다는 점을 제외하고, 하나 대신 다른 하나를 사용하기로 선택하는 이유는 무엇일까? 데이터의 양이 적은 경우에는 그렇게 중요하지 않지만, 데이터세트가 수천 개가 넘어가는 경우에는 `plt.plot`이 `plt.scatter`보다 확실히 더 효율적이다. 그 이유는 `plt.scatter`는 각 점에 대한 다양한 크기와 색상을 나타내는 능력이 있어서 렌더러가 각 점을 개별적으로 구성하는 추가 작업을 해야 하기 때문이다. 반면 `plt.plot`에서는 점이 기본적으로 항상 서로 복제되므로 점의 모양을 결정하는 작업이 전체 데이터 집합에 대해 한 번만 수행된다. 데이터가 큰 경우에는 이 두 차이점이 성능에 큰 차이를 가져오기 때문에 대용량의 데이터에서는 `plt.plot`을 사용하는 것이 `plt.scatter`를 사용하는 것보다 낫다.

오차 시각화하기

과학 측정의 경우에는 오차를 정확하게 계산하는 것이 수치 자체를 정확하게 보고하는 것만큼이나 중요하거나 더 중요하다. 예를 들어, 우주 팽창률의 국소 측정치인 허블 상수(Hubble Constant)를 추정하기 위해 천체물리 관측치를 사용한다고 해 보자. 현재까지는 약 71 (km/s)/Mpc라는 값으로 밝혀졌다고 알고 있으며, 개인적으로 나름의 방법을 써서 측정한 결과는 74 (km/s)/Mpc다. 이것이 일관성 있는 값일까? 이 정보가 주어졌을 때 유일한 정답은 알 방법이 없다는 것이다.

이 정보를 기록상 불확실성으로 보완한다고 해 보자. 현재 문헌은 약 71±2.5 (km/s)/Mpc의 값을 제시하고 내가 사용한 방법의 측정값은 74±5 (km/s)/Mpc이다. 그렇다면 이 값은 일관성 있는 값일까? 이 질문의 답은 정량적으로 구할 수 있다.

데이터와 결과의 시각화에서 이 오차를 효과적으로 보여주면 그림으로 훨씬 더 완전한 정보를 전달할 수 있다.

기본 오차 막대

기본 오차 막대(errorbar)는 단일 Matplotlib 함수 호출로 만들 수 있다(그림 4-27).

```
In[1]: %matplotlib inline
       import matplotlib.pyplot as plt
       plt.style.use('seaborn-whitegrid')
       import numpy as np

In[2]: x = np.linspace(0, 10, 50)
       dy = 0.8
       y = np.sin(x) + dy * np.random.randn(50)

       plt.errorbar(x, y, yerr=dy, fmt='.k');
```

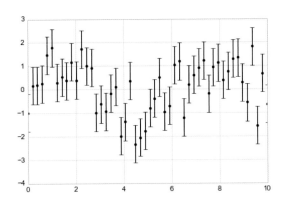

그림 4-27. 오차 막대의 예

여기서 fmt는 선과 점의 모양을 제어하는 포맷 코드로서 259쪽 '간단한 라인 플롯'과 269쪽 '간단한 산점도'에서 설명한 plt.plot에서 사용했던 약칭과 똑같은 구문을 갖는다.

이 기본적인 옵션 외에 errorbar 함수는 결과를 세밀하게 조정하는 다양한 옵션을 제공한다. 이 추가 옵션을 사용하면 오차 막대 그림의 모양을 쉽게 맞춤 설정할 수 있다. 특히 데이터가 빼곡히 들어 있는 복잡한 그림에서 오차 막대를 점보다 더 밝게 만들 때 이 기능이 유용하다(그림 4-28).

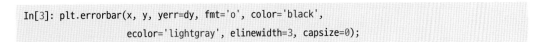

```
In[3]: plt.errorbar(x, y, yerr=dy, fmt='o', color='black',
                     ecolor='lightgray', elinewidth=3, capsize=0);
```

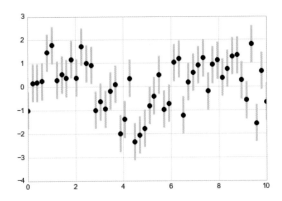

그림 4-28. 오차 막대 맞춤 설정하기

이 옵션 외에도 수평적 오차 막대(xerr)와 단방향 오차 막대를 비롯해 그 밖의 여러 변형을 지정할 수 있다. 옵션에 대한 정보는 plt.errorbar의 독스트링을 참고한다.

연속 오차

때로는 연속적인 값에 대한 오차 막대를 보여주는 것이 바람직할 때가 있다. Matplotlib에 이러한 유형의 애플리케이션을 위한 기본 루틴은 없지만, `plt.plot`과 `plt.fill_between` 같은 기본 함수를 결합해 비교적 쉽게 쓸만한 결과를 얻을 수 있다.

여기서는 Scikit-Learn API (374쪽 'Scikit-Learn 소개' 참고)를 사용해 간단한 가우시안 프로세스 회귀 모델(GPR, Gaussian process regression)을 수행할 것이다. 이 모델은 불확실한 연속 측정치를 가진 데이터에 매우 유연한 비모수 함수를 적합시키는 방법이다. 여기서 가우시안 프로세스 회귀 모델의 세부 내용을 검토하지는 않겠지만, 대신 그러한 연속 오차 측정을 시각화하는 방법에 집중할 것이다.

```
In[4]: from sklearn.gaussian_process import GaussianProcess

       # 모델을 정의하고 일부 데이터를 그림
       model = lambda x: x * np.sin(x)
       xdata = np.array([1, 3, 5, 6, 8])
       ydata = model(xdata)

       # 가우시안 프로세스 적합 계산
       gp = GaussianProcess(corr='cubic', theta0=1e-2, thetaL=1e-4, thetaU=1E-1,
                            random_start=100)
       gp.fit(xdata[:, np.newaxis], ydata)
       xfit = np.linspace(0, 10, 1000)
       yfit, MSE = gp.predict(xfit[:, np.newaxis], eval_MSE=True)
       dyfit = 2 * np.sqrt(MSE) # 2 * 시그마 ~ 95% 신뢰 영역
```

이제 데이터에 연속적인 적합을 샘플링할 `xfit`, `yfit`, `dyfit`이 확보됐다. 이것들을 위와 같이 `plt.errorbar`에 전달할 수도 있지만 1,000개의 점을 1,000개의 오차 막대와 함께 플로팅하는 것은 바람직하지 않다. 그 대신 `plt.fill_between` 함수를 사용해 이 연속적인 오차를 옅은 색으로 시각화할 수 있다 (그림 4-29).

```
In[5]: # 결과를 시각화
       plt.plot(xdata, ydata, 'or')
       plt.plot(xfit, yfit, '-', color='gray')

       plt.fill_between(xfit, yfit - dyfit, yfit + dyfit,
                        color='gray', alpha=0.2)
       plt.xlim(0, 10);
```

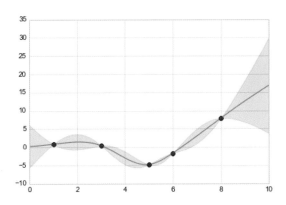

그림 4-29. 영역을 채워서 연속적인 불확실성을 표현

여기서 `fill_between` 함수로 무엇을 했는지 주목하자. x값과 y의 하한값, y의 상한값을 순서대로 전달해서 그사이 영역이 채워진 결과를 얻는다.

결과 그림에서 가우시안 프로세스 회귀 알고리즘이 하는 일을 매우 직관적으로 볼 수 있다. 측정된 데이터 점 근처 영역에서 이 모델은 강력하게 구속되고 모델 오차가 작아진다. 측정된 데이터 점에서 멀리 떨어진 영역에서 모델은 강하게 구속되지 않고 모델 오차는 증가한다.

`plt.fill_between()`과 이와 밀접하게 관련된 `plt.fill()` 함수에서 사용할 수 있는 옵션에 대한 더 자세한 내용은 함수 독스트링이나 Matplotlib 문서를 참고하자.

마지막으로 이 그림이 수준이 너무 낮아 보인다면 이러한 유형의 연속적인 오차 막대를 시각화하기 위한 좀 더 세련된 API를 제공하는 Seaborn 패키지에 관해 설명한 343쪽 'Seaborn을 활용한 시각화'를 참고하라.

밀도 플롯과 등고선 플롯

때로는 3차원 데이터를 등고선이나 색으로 구분한 영역을 사용해 2차원으로 표시하는 것이 유용하다. Matplotlib에서는 이 작업을 수행하는 데 도움이 되는 세 가지 함수를 다음과 같이 제공한다. `plt.contour`는 등고선 플롯, `plt.contourf`는 색이 채워진 등고선 플롯을 그리며, `plt.imshow`는 이미지를 보여준다. 이번 절에서는 이 함수를 활용하는 몇 가지 예제를 살펴본다. 먼저 사용할 함수를 임포트하고 플로팅할 노트북을 설정하자.

```
In[1]: %matplotlib inline
       import matplotlib.pyplot as plt
       plt.style.use('seaborn-white')
       import numpy as np
```

3차원 함수 시각화하기

먼저 다음과 같은 특정 *f*를 선택한 함수 $z = f(x, y)$를 사용해 등고선 플롯을 그려보자(72쪽 '배열 연산: 브로드캐스팅'에서 배열 브로드캐스팅 예제에서 이 함수를 사용했다).

```
In[2]: def f(x, y):
           return np.sin(x) ** 10 + np.cos(10 + y * x) * np.cos(x)
```

등고선 플롯은 plt.contour 함수로 만들 수 있다. 이 함수는 *x*값의 격자, *y*값의 격자, *z*값의 격자라는 세 개의 인수를 취한다. *x*와 *y*값은 플롯에서 위치를 나타내고 *z*값은 등고선 높이를 나타낸다. 이러한 데이터를 준비하는 가장 간단한 방식은 1차원 배열로부터 2차원 그리드를 만드는 np.meshgrid 함수를 사용하는 것이다.

```
In[3]: x = np.linspace(0, 5, 50)
       y = np.linspace(0, 5, 40)

       X, Y = np.meshgrid(x, y)
       Z = f (X, Y)
```

이번에는 선으로만 구성된 표준 등고선 플롯을 그리는 다음 코드를 살펴보자(그림 4-30).

```
In[4]: plt.contour(X, Y, Z, colors='black');
```

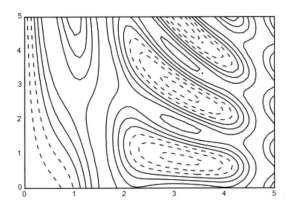

그림 4-30. 등고선으로 3차원 데이터를 시각화

기본적으로 단색이 사용되면 음수 값은 점선으로, 양수 값은 실선으로 표시된다는 사실을 알아두자. 다른 방법으로 cmap 인수로 색상표를 지정해 선에 색을 입힐 수 있다. 여기서는 데이터 범위 내에 20개의 동일한 간격으로 더 많은 선을 그리도록 지정하겠다(그림 4-31).

```
In[5]: plt.contour(X, Y, Z, 20, cmap='RdGy');
```

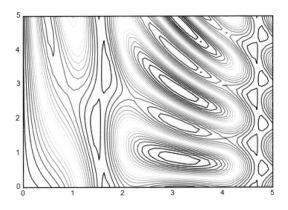

그림 4-31. 3차원 데이터를 색을 입힌 등고선으로 시각화

위 예제에서는 중심화된 데이터에 좋은 방식인 **RdGy**(Red-Gray의 약어) 색상 지도를 선택했다. Matplotlib에서는 다양한 색상 지도를 사용할 수 있으며, IPython에서 `plt.cm` 모듈에 탭 완성 기능을 이용하면 어떤 색상 지도를 사용할 수 있는지 쉽게 확인할 수 있다.

```
plt.cm.<TAB>
```

위 그림이 보기에는 더 낫지만, 선 사이의 공간이 다소 어지러워 보일 수 있다. `plt.contour()`와 대체로 같은 구문을 사용하는 `plt.contourf()` 함수(함수명 끝에 f가 붙어 있는 것을 주의하자)를 사용하면 색으로 채워진 등고선 플롯으로 바꿀 수 있다.

아울러 자동으로 플롯의 색상 정보 레이블을 나타내는 축을 추가로 생성하는 `plt.colorbar()` 명령어를 추가할 것이다(그림 4-32).

```
In[6]: plt.contourf(X, Y, Z, 20, cmap='RdGy')
       plt.colorbar();
```

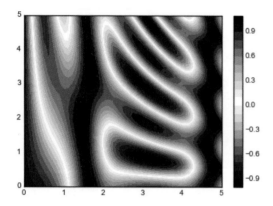

그림 4-32. 색을 채운 등고선으로 3차원 데이터 시각화

색상 막대가 검은색 영역은 '높은 지점'이고 붉은색 영역은 '낮은 지점'을 의미한다는 것을 분명히 보여 준다.

이 플롯은 약간 '얼룩덜룩해 보인다'는 문제가 있을 수 있다. 달리 말하면 색상 단계가 연속적이 아니라 불연속적인데, 이것이 항상 바람직한 것은 아니다. 이 문제는 등고선의 개수를 아주 큰 숫자로 설정해 완화할 수 있지만, 그 결과로 비효율적인 그림을 얻게 된다. 왜냐하면 Matplotlib은 레벨의 단계마다 새로운 다각형을 렌더링해야 하기 때문이다. 이 문제를 처리하는 더 나은 방식은 2차원 데이터 그리드를 이미지로 해석하는 `plt.imshow()` 함수를 사용하는 것이다.

그림 4-33은 다음 코드의 결과를 보여준다.

```
In[7]: plt.imshow(Z, extent=[0, 5, 0, 5], origin='lower',
                  cmap='RdGy')
       plt.colorbar()
       plt.axis(aspect='image');
```

그러나 imshow()에는 몇 가지 주의할 사항이 있다.

- plt.imshow()는 x와 y그리드를 받지 않으므로 플롯에 이미지의 extent [*xmin,xmax,ymin,ymax*]를 직접 지정해야 한다.

- 기본적으로 plt.imshow()는 대부분의 등고선 플롯과 같이 원점이 왼쪽 아래가 아니라 왼쪽 위에 위치한 표준 이미지 배열 정의를 따른다. 그리드 데이터를 보여줄 때는 이를 반드시 변경해야 한다.

- plt.imshow()는 입력 데이터에 매칭하기 위해 자동으로 축의 가로세로 비율을 조정한다. 예를 들면 plt.axis(aspect='image')를 설정해 x와 y 단위를 일치시켜 이것을 바꿀 수 있다.

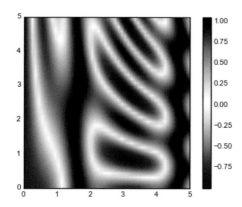

그림 4-33. 3차원 데이터를 이미지로 표현

마지막으로 등고선 플롯과 이미지 플롯을 결합하는 것이 유용할 때가 종종 있다. 예를 들어, 그림 4-34의 효과를 만들기 위해 alpha 매개변수로 투명도를 설정해서 부분적으로 투명한 백그라운드 이미지를 사용하고 plt.clabel() 함수를 이용해 등고선 자체에 레이블을 추가할 것이다.

```
In[8]: contours = plt.contour(X, Y, Z, 3, colors='black')
       plt.clabel(contours, inline=True, fontsize=8)

       plt.imshow(Z, extent=[0, 5, 0, 5], origin='lower',
                 cmap='RdGy', alpha=0.5)
       plt.colorbar();
```

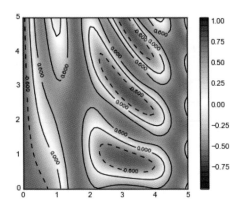

그림 4-34. 이미지 위에 레이블을 추가한 등고선

`plt.contour`, `plt.contourf`, `plt.imshow`라는 이 세 가지 함수의 결합은 2차원 플롯 내에 이러한 3차원 데이터를 표시하는 데 거의 무한한 가능성을 제공한다. 이 함수로 사용할 수 있는 옵션에 대한 더 자세한 정보는 함수의 독스트링을 참고한다. 이러한 유형의 데이터를 3차원으로 시각화하는 것에 관심이 있다면 334쪽 'Matplotlib에서 3차원 플로팅하기'을 참고한다.

히스토그램, 구간화, 밀도

데이터세트를 이해하는 가장 좋은 첫걸음은 간단히 히스토그램을 그려보는 것이다. 앞에서 일반적인 표준 임포트를 수행하고 나서 한 줄짜리 기본 히스토그램을 만드는 Matplotlib의 히스토그램 함수(79쪽 '비교, 마스크, 부울 로직' 참고)를 미리 살펴봤다(그림 4-35).

```
In[1]: %matplotlib inline
       import numpy as np
       import matplotlib.pyplot as plt
       plt.style.use('seaborn-white')

       data = np.random.randn(1000)

In[2]: plt.hist(data);
```

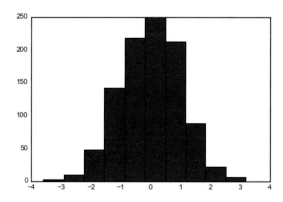

그림 4-35. 간단한 히스토그램

hist() 함수는 계산과 표현 모두 조정할 수 있는 많은 옵션을 제공한다. 다음은 위 히스토그램을 좀 더 맞춤 변경한 예다(그림 4-36).

```
In[3]: plt.hist(data, bins=30, normed=True, alpha=0.5,
               histtype='stepfilled', color='steelblue',
               edgecolor='none');
```

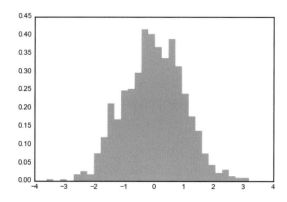

그림 4-36. 맞춤 설정한 히스토그램

plt.hist 독스트링에 그 밖의 사용할 수 있는 맞춤 설정 옵션에 관한 정보가 더 많이 있다. 다양한 분포에 대한 히스토그램을 비교할 때는 histtype = 'stepfilled'와 몇몇 투명도 alpha를 결합하는 것이 매우 유용하다(그림 4-37).

```
In[4]: x1 = np.random.normal(0, 0.8, 1000)
       x2 = np.random.normal(-2, 1, 1000)
```

```
        x3 = np.random.normal(3, 2, 1000)

        kwargs = dict(histtype='stepfilled', alpha=0.3, normed=True, bins=40)

        plt.hist(x1, **kwargs)
        plt.hist(x2, **kwargs)
        plt.hist(x3, **kwargs);
```

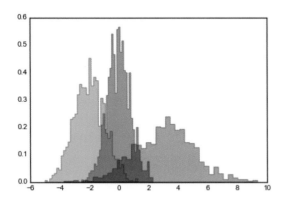

그림 4-37. 다중 히스토그램을 겹쳐서 표현한 플로팅

이 히스토그램을 계산만 하고 표시할 생각은 없다면(특정 구간에 해당하는 점의 개수를 세고 싶다면)
np.histogram() 함수를 사용하면 된다.

```
In[5]: counts, bin_edges = np.histogram(data, bins=5)
       print(counts)

[ 12 190 468 301  29]
```

2차원 히스토그램과 구간화

숫자 선을 구간(bin)으로 나누어 1차원에 히스토그램을 만드는 것처럼 점을 2차원 구간에 나누어 2차원
에서도 히스토그램을 만들 수 있다. 이렇게 하는 몇 가지 방법을 간략하게 살펴보자. 먼저 다변량 가우스
분포를 띄는 x와 y 배열을 정의하자.

```
In[6]: mean = [0, 0]
       cov = [[1, 1], [1, 2]]
       x, y = np.random.multivariate_normal(mean, cov, 10000).T
```

plt.hist2d: 2차원 히스토그램

2차원 히스토그램을 그리는 한 가지 간단한 방식은 Matplotlib의 `plt.hist2d` 함수를 사용하는 것이다 (그림 4–38).

```
In[12]: plt.hist2d(x, y, bins=30, cmap='Blues')
        cb = plt.colorbar()
        cb.set_label('counts in bin')
```

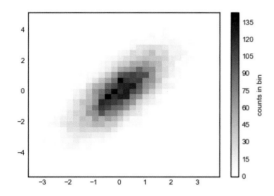

그림 4–38. plt.hist2d로 그린 2차원 히스토그램

`plt.hist`와 마찬가지로 `plt.hist2d`는 플롯과 구간화를 세밀하게 조정하는 다양한 추가 옵션을 가지고 있으며, 그 옵션은 함수 독스트링에 잘 설명돼 있다. 또한, `plt.hist`가 `np.histogram`에 대응하는 것처럼 `plt.hist2d`는 다음과 같이 사용할 수 있는 `np.histogram2d`에 대응한다.

```
In[8]: counts, xedges, yedges = np.histogram2d(x, y, bins=30)
```

2차원보다 큰 차원에서 이 히스토그램 구간화를 일반화하는 것은 `np.histogramdd` 함수를 참고하자.

plt.hexbin: 육각형 구간화

2차원 히스토그램은 축에 사각형 모자이크를 만든다. 이러한 모자이크에 사용할 만한 자연스러운 모양으로 정육각형도 있다. 이 목적으로 Matplotlib은 2차원 데이터세트를 육각형 그리드 내에 구간화해서 표현하는 `plt.hexbin` 루틴을 제공한다(그림 4–39).

```
In[9]: plt.hexbin(x, y, gridsize=30, cmap='Blues')
       cb = plt.colorbar(label='count in bin')
```

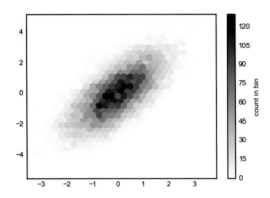

그림 4-39. plt.hexbin을 이용한 2차원 히스토그램

plt.hexbin은 여러 가지 흥미로운 옵션을 제공한다. 여기에는 각 점에 대한 가중치를 지정하고 각 구간의 결과를 NumPy 집계(가중치 평균, 가중치 표준편차 등)로 변경하는 옵션이 있다.

커널 밀도 추정

다차원에서 밀도를 측정하는 또 다른 보편적인 방식으로 커널 밀도 추정(KDE, kernel density estimation)이 있다. 자세한 내용은 533쪽 '심화 학습: 커널 밀도 추정'에서 살펴보겠지만, 우선 KDE를 간단하게 공간상의 점들을 '문질러서' 그 결과로 부드러운 함수를 얻는 방식으로 생각해 보자. 매우 빠르고 간단한 KDE 구현 방법의 하나는 scipy.stats 패키지에 있다. 다음은 이 데이터에 KDE를 사용하는 간단한 예다(그림 4-40).

```
In[10]: from scipy.stats import gaussian_kde
        # 배열 크기 맞추기 [Ndim, Nsamples]
        data = np.vstack([x, y])
        kde = gaussian_kde(data)

        # 정규 그리드 평가
        xgrid = np.linspace(-3.5, 3.5, 40)
        ygrid = np.linspace(-6, 6, 40)
        Xgrid, Ygrid = np.meshgrid(xgrid, ygrid)
        Z = kde.evaluate(np.vstack([Xgrid.ravel(), Ygrid.ravel()]))

        # 결과를 이미지로 그리기
        plt.imshow(Z.reshape(Xgrid.shape),
                   origin='lower', aspect='auto',
```

```
                    extent=[-3.5, 3.5, -6, 6],
                    cmap='Blues')
    cb = plt.colorbar()
    cb.set_label("density")
```

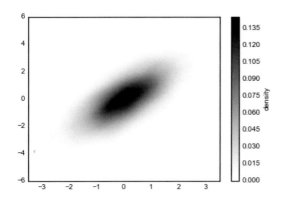

그림 4-40. 분포의 커널 밀도 표현

KDE는 세부 정보와 평활 사이의 손잡이를 효율적으로 조절하는 평활 길이를 가지고 있다(편향–분산 트레이드오프의 대표적인 예). 적합한 평활 길이를 선택하는 것에 관한 문헌은 아주 방대하다. gaussian_kde는 경험 법칙을 사용해 입력 데이터에 대해 최적에 가까운 평활 길이를 찾으려고 한다.

다른 KDE 구현도 SciPy 생태계 안에서 사용할 수 있으며 각 방식은 여러 가지 장단점을 갖고 있다. 예를 들어, sklearn.neighbors.KernelDensity와 statmodels.nonparametric.kernel_density.KDEMultivariate를 보라. KDE 기반의 시각화에서 Matplotlib을 사용하는 것은 지나치게 장황한 경향이 있다. 343쪽 'Seaborn을 활용한 시각화'에서 논의한 Seaborn 라이브러리는 KDE 기반의 시각화를 만들기 위한 훨씬 더 간결한 API를 제공한다.

플롯 범례 맞춤 변경하기

플롯 범례는 다양한 플롯 요소에 레이블을 할당해 시각화에 의미를 부여한다. 간단한 범례를 만드는 방법은 이미 봤으니 여기서는 Matplotlib에서 범례의 모양과 위치를 맞춤 변경하는 것을 살펴보자.

가장 간단한 범례는 레이블이 추가된 플롯 요소에 범례를 자동으로 만들어주는 plt.legend() 명령어로 만들 수 있다(그림 4-41).

```
In[1]: import matplotlib.pyplot as plt
       plt.style.use('classic')

In[2]: %matplotlib inline
       import numpy as np

In[3]: x = np.linspace(0, 10, 1000)
       fig, ax = plt.subplots()
       ax.plot(x, np.sin(x), '-b', label='Sine')
       ax.plot(x, np.cos(x), '--r', label='Cosine')
       ax.axis('equal')
       leg = ax.legend();
```

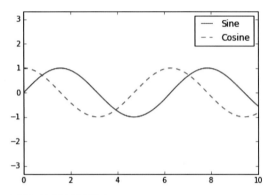

그림 4-41. 기본 플롯 범례

하지만 그러한 범례를 맞춤 변경하는 다양한 방법이 있다. 예를 들어, 범례 테두리를 없애고 그 위치를 지정할 수 있다(그림 4-42).

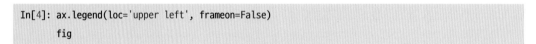

```
In[4]: ax.legend(loc='upper left', frameon=False)
       fig
```

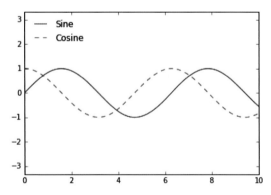

그림 4-42. 플롯 범례의 맞춤 설정

범례에 사용되는 열의 개수를 지정하는 데는 ncol 명령어를 사용하면 된다(그림 4-43).

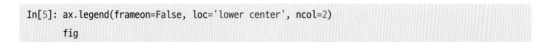

```
In[5]: ax.legend(frameon=False, loc='lower center', ncol=2)
       fig
```

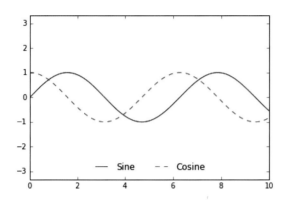

그림 4-43. 두 개의 열로 구성된 플롯 범례

둥근 모서리 박스(fancybox)를 테두리로 사용하거나 음영을 추가하고 테두리의 투명도(alpha 값)를 변경하거나 텍스트 굵기를 변경할 수 있다(그림 4-44).

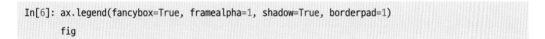

```
In[6]: ax.legend(fancybox=True, framealpha=1, shadow=True, borderpad=1)
       fig
```

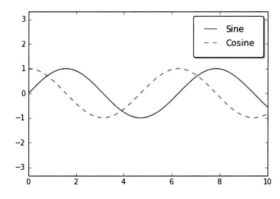

그림 4-44. 팬시박스 플롯 범례

범례 옵션에 대한 더 많은 정보는 plt.legend 독스트링을 참고하자.

범례에 사용할 요소 선택하기

이미 봤듯이 범례에는 기본으로 레이블을 가진 요소가 모두 포함된다. 이를 원하지 않는다면 plot 명령어가 반환하는 객체를 사용해 어떤 요소와 레이블을 범례에 나타나게 할지 조정하면 된다. `plt.plot()` 명령어는 한 번에 여러 라인을 만들 수 있고 만들어진 라인 인스턴스의 목록을 반환한다. 이를 `plt.legend()`에 전달하면 지정하고자 하는 레이블과 함께 무엇을 식별할 것인지 알려줄 것이다(그림 4-45).

```
In[7]: y = np.sin(x[:, np.newaxis] + np.pi * np.arange(0, 2, 0.5))
       lines = plt.plot(x, y)

       # 라인은 plt.line2D 인스턴스의 목록이다.
       plt.legend(lines[:2], ['first', 'second']);
```

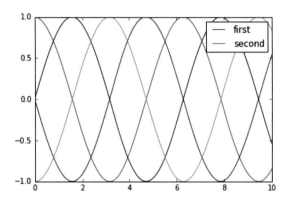

그림 4-45. 범례 요소의 맞춤 설정

일반적으로 범례에 보여주고 싶은 플롯 요소에 레이블을 적용하는 첫 번째 방법이 대체로 더 명확하다 (그림 4-46).

```
In[8]: plt.plot(x, y[:, 0], label='first')
       plt.plot(x, y[:, 1], label='second')
       plt.plot(x, y[:, 2:])
       plt.legend(framealpha=1, frameon=True);
```

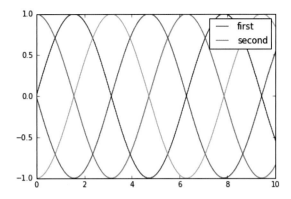

그림 4-46. 범례 요소를 맞춤 변경하는 다른 방식

기본적으로 범례는 label 속성 집합을 가지지 않은 요소는 모두 무시한다.

점 크기에 대한 범례

때로는 기본 범례가 주어진 시각화에 대한 정보를 제공하기에 충분하지 않을 수 있다. 가령 데이터의 어떤 특징을 점 크기로 표시하고 그 사실을 반영한 범례를 만든다고 하자. 여기서는 점의 크기를 사용해 캘리포니아주 도시들의 인구를 표시하는 예제를 볼 것이다. 점 크기의 척도를 지정하는 범례가 필요하며, 이 작업은 항목 없는 레이블을 가진 데이터를 플로팅함으로써 수행할 수 있다(그림 4-47).

```
In[9]: import pandas as pd
       cities = pd.read_csv('data/california_cities.csv')

       # 관심 있는 데이터 추출
       lat, lon = cities['latd'], cities['longd']
       population, area = cities['population_total'], cities['area_total_km2']

       # 레이블은 없지만 크기와 색상을 사용해 점을 뿌림
       plt.scatter(lon, lat, label=None,
                   c=np.log10(population), cmap='viridis',
                   s=area, linewidth=0, alpha=0.5)
       plt.axis(aspect='equal')
       plt.xlabel('longitude')
       plt.ylabel('latitude')
       plt.colorbar(label='log$_{10}$(population)')
       plt.clim(3, 7)
```

```
# 범례 생성
# 원하는 크기와 레이블로 빈 리스트를 플로팅
for area in [100, 300, 500]:
    plt.scatter([], [], c='k', alpha=0.3, s=area,
                label=str(area) + ' km$^2$')
plt.legend(scatterpoints=1, frameon=False,
           labelspacing=1, title='City Area')

plt.title('California Cities: Area and Population');
```

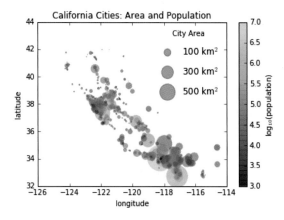

그림 4-47. 캘리포니아주 도시의 위치와 지리적 크기, 인구

범례는 항상 플롯상의 객체를 참조하므로 특정 모양을 표시하려면 그것을 플로팅해야 한다. 이 경우에는 원하는 객체(회색 원)가 플롯상에 없어서 빈 리스트를 플로팅해 가짜로 객체를 만든다. 또한, 범례가 지정된 레이블을 가진 플롯 요소만 나열한다는 점도 더불어 알아두자.

빈 리스트를 플로팅해서 범례에서 수집한 레이블을 가진 플롯 객체를 만들고 이로써 범례에서 몇 가지 유용한 정보를 얻을 수 있다. 이 전략은 더 복잡한 시각화를 만들 때 유용하다.

다중 범례

플롯을 디자인할 때 동일한 축에 여러 범례를 추가하고 싶을 때가 있다. 안타깝게도 Matplotlib에서는 이 작업을 쉽게 할 수 없다. 표준 `legend` 인터페이스를 통해서는 전체 플롯에 하나의 범례만 만들 수 있기 때문이다. `plt.legend()`나 `ax.legend()`를 사용해 두 번째 범례를 만들려고 하면 두 번째 범례가 첫 번째 범례를 덮어쓸 것이다. 새로운 범례 아티스트를 처음부터 만들고 나서 하위 수준의 `ax.add_artist()` 메서드를 사용해 두 번째 아티스트를 플롯에 직접 추가하는 방식으로 해야 한다(그림 4-48).

```
In[10]: fig, ax = plt.subplots()

        lines = []
        styles = ['-', '--', '-.', ':']
        x = np.linspace(0, 10, 1000)
        for i in range(4):
            lines += ax.plot(x, np.sin(x - i * np.pi / 2), styles[i], color='black')
        ax.axis('equal')

        # 첫 번째 범례의 라인과 레이블을 지정
        ax.legend(lines[:2], ['line A', 'line B'],
                  loc='upper right', frameon=False)
        # 두 번째 범례를 만들고 직접 아티스트를 추가
        from matplotlib.legend import Legend
        leg = Legend(ax, lines[2:], ['line C', 'line D'], loc='lower right', frameon=False)
        ax.add_artist(leg);
```

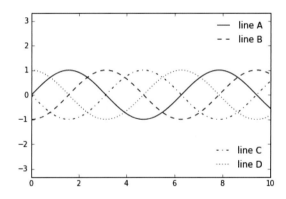

그림 4-48. 두 개로 나뉜 플롯 범례

이는 Matplotlib 플롯을 구성하는 하위 수준의 아티스트 객체를 들여다보면 알 수 있다. ax.legend()
의 소스코드를 확인하면(코드는 IPython 노트북에서 **ax.legend??**를 사용해 확인할 수 있다는 것을
배웠다) 이 함수가 단순히 적절한 Legend 아티스트를 만들기 위한 로직으로 구성됐음을 볼 수 있다. 이
Legend 아티스트는 legend_ 속성에 저장되고 플롯이 그려질 때 그림에 추가된다.

색상 막대 맞춤 변경하기

플롯 범례는 불연속 점에 대한 불연속적인 레이블이다. 점이나 선, 영역의 색상을 기반으로 한 연속적인 레이블의 경우, 레이블이 지정된 색상 막대가 훌륭한 도구가 될 수 있다. Matplotlib에서는 색상 막대가 플롯에서 색상의 의미를 이해하는 열쇠를 제공할 수 있는 별도의 축이다. 먼저 사용할 함수를 임포트하고 플로팅할 노트북을 설정한다.

```
In[1]: import matplotlib.pyplot as plt
       plt.style.use('classic')

In[2]: %matplotlib inline
       import numpy as np
```

이번 절에서 몇 차례 봤던 것처럼 가장 단순한 색상 막대는 `plt.colorbar` 함수로 생성할 수 있다(그림 4-49).

```
In[3]: x = np.linspace(0, 10, 1000)
       I = np.sin(x) * np.cos(x[:, np.newaxis])

       plt.imshow(I)
       plt.colorbar();
```

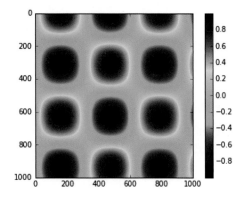

그림 4-49. 단순한 색상 막대 범례

이제 이 색상 막대를 맞춤 변경하고 그것들을 다양한 상황에서 효율적으로 사용할 수 있는 몇 가지 아이디어를 논의해 보자.

색상 막대 맞춤 변경하기

시각화 결과를 만들 플로팅 함수에 cmap 인수를 사용해 색상 지도를 지정할 수 있다(그림 4-50).

```
In[4]: plt.imshow(I, cmap='gray');
```

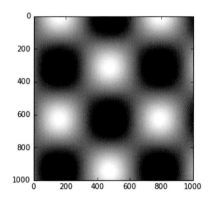

그림 4-50. 회색 조의 색상 지도

사용할 수 있는 모든 색상 지도는 plt.cm 네임스페이스에 있다. IPython의 탭 완성 기능을 사용하면 기본으로 사용할 수 있는 색상 지도의 전체 목록을 확인할 수 있다.

```
plt.cm.<TAB>
```

그러나 색상 지도를 선택할 수 있다는 것은 시작일 뿐이다. 더 중요한 것은 무엇을 선택할지 결정하는 방법이다. 선택 방식은 애초 예상했던 것보다 훨씬 더 미묘하다.

색상 지도 선택하기

시각화할 때 색상을 선택하는 것에 관해 전체적으로 다루는 것은 이 책의 범위를 넘어서지만, 이 주제를 비롯한 다른 주제에 관한 재미있는 읽을거리를 찾고 있다면 '더 나은 그림을 위한 10가지 간단한 규칙(Ten Simple Rules for Better Figures)'이라는 기사를 참고하자. Matplotlib의 온라인 문서에도 색상 지도 선택에 관한 흥미로운 논의가 있다.

크게 보면 색상 지도에는 세 가지 다른 범주가 있다.

순차적 색상 지도

이것은 하나의 연속적인 순서를 가지는 색상으로 구성돼 있다(예: binary 또는 viridis).

발산적 색상 지도

이것은 일반적으로 평균을 기준으로 양수 및 음수 편차를 나타내는 두 가지 구별된 색상을 포함한다(예: RdBu 또는 PuOr).

정성적 색상 지도

이것은 특정 순서 없이 색을 혼합한다(예: rainbow 또는 jet)

버전 2.0 이전까지 Matplotlib의 기본 색상 지도였던 jet 색상 지도는 정성적 색상 지도에 해당한다. 정성적 지도는 정량적 데이터를 표현하기에 그다지 좋은 선택이 아니라서 기본값으로 설정됐을 때 아주 유감스러웠다. 많은 문제가 있지만, 특히 정성적 지도는 일반적으로 척도가 증가함에 따라 밝기가 균일하게 진행되는 것을 보여주지 못한다는 것이 문제다.

이 문제는 jet 색상 막대를 흑백으로 전환할 때 확인할 수 있다(그림 4–51).

```
In[5]:
from matplotlib.colors import LinearSegmentedColormap


def grayscale_cmap(cmap):
    """색상 지도의 회색 조 버전을 반환"""
    cmap = plt.cm.get_cmap(cmap)
    colors = cmap(np.arange(cmap.N))

    # RGBA를 감지할 수 있는 회색 조 밝기로 전환
    # 비교: http://alienryderflex.com/hsp.html
    RGB_weight = [0.299, 0.587, 0.114]
    luminance = np.sqrt(np.dot(colors[:, :3] ** 2, RGB_weight))
    colors[:, :3] = luminance[:, np.newaxis]

    return LinearSegmentedColormap.from_list(cmap.name + "_gray", colors, cmap.N)

def view_colormap(cmap):
    """색상 지도를 그에 상응하는 회색 조 버전과 함께 플로팅"""
    cmap = plt.cm.get_cmap(cmap)
    colors = cmap(np.arange(cmap.N))
```

```
    cmap = grayscale_cmap(cmap)
    grayscale = cmap(np.arange(cmap.N))

    fig, ax = plt.subplots(2, figsize=(6, 2),
                           subplot_kw=dict(xticks=[], yticks=[]))
    ax[0].imshow([colors], extent=[0, 10, 0, 1])
    ax[1].imshow([grayscale], extent=[0, 10, 0, 1])

In[6]: view_colormap('jet')
```

그림 4-51. jet 색상 지도와 균일하지 않은 휘도

회색 조 이미지의 밝은 줄무늬를 확인하자. 풀컬러에서조차 균일하지 않은 이 밝기는 눈이 색상 범위의 특정 부분에 끌려 데이터세트의 중요하지 않은 부분을 강조하게 된다는 뜻이다. 해당 범위 전반에 균일한 밝기 변화를 가지도록 특별히 제작된 **viridis**(Matplotlib 2.0의 기본값)와 같은 색상 지도를 사용하는 것이 더 낫다. 그렇게 하면 색상 개념에서 잘 동작할 뿐만 아니라 회색 조로 인쇄해도 잘 변환된다 (그림 4-52).

```
In[7]: view_colormap('viridis')
```

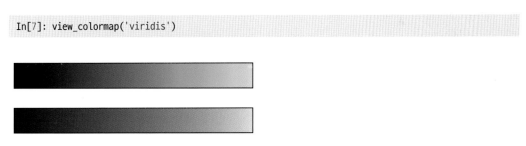

그림 4-52. viridis 색상 지도와 균일한 휘도

무지개 색채 조합을 좋아한다면 연속적인 데이터에 대한 또 다른 옵션으로 **cubehelix** 색상표가 있다 (그림 4-53).

```
In[8]: view_colormap('cubehelix')
```

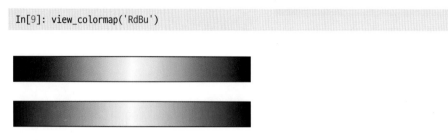

그림 4-53. cubehelix 색상 지도와 휘도

평균을 기준으로 양수와 음수 편차를 보여주는 것과 같은 상황에서는 **RdBu**(Red-Blue의 약어)와 같은 이중 색상의 색상 막대를 사용하는 것이 좋다. 그러나 그림 4-54에서 볼 수 있듯이, 양수-음수 정보는 회색 조로 전환하는 순간 잃게 된다는 점을 꼭 알아두자!

```
In[9]: view_colormap('RdBu')
```

그림 4-54. RdBu(Red-Blue) 색상 지도와 휘도

앞으로도 여기서 소개한 몇몇 색상 지도를 사용하는 예제를 보게 될 것이다.

Matplotlib에서는 색상 지도를 매우 다양하게 사용할 수 있다. 그 목록을 보려면 IPython을 사용해 `plt.cm` 서브모듈을 탐색하면 된다. IPython의 색상에 접근하는 더 원칙적인 방식에 대해서는 Seaborn 라이브러리(343쪽 'Seaborn을 활용한 시각화')의 도구와 문서를 참고한다.

색상 한계 및 확장

Matplotlib에서는 색상 막대를 광범위하게 맞춤 변경할 수 있다. 색상 막대 자체가 단순히 `plt.Axes`의 인스턴스이기 때문에 지금까지 배운 축과 눈금의 포맷을 지정하는 방식을 모두 적용할 수 있다. 색상 막대는 몇 가지 흥미로운 유연성을 가지고 있다. 예를 들어, **extend** 속성을 설정해서 위아래에 삼각형 화살표로 색 한계를 좁히고 범위를 벗어난 값을 표시할 수 있다. 이 기능은 노이즈에 영향을 받는 이미지를 표시하는 경우에 유용할 수 있다(그림 4-55).

```
In[10]: # 이미지 픽셀의 1%의 노이즈 생성
        speckles = (np.random.random(I.shape) < 0.01)
        I[speckles] = np.random.normal(0, 3, np.count_nonzero(speckles))
```

```
plt.figure(figsize=(10, 3.5))

plt.subplot(1, 2, 1)
plt.imshow(I, cmap='RdBu')
plt.colorbar()

plt.subplot(1, 2, 2)
plt.imshow(I, cmap='RdBu')
plt.colorbar(extend='both')
plt.clim(-1, 1);
```

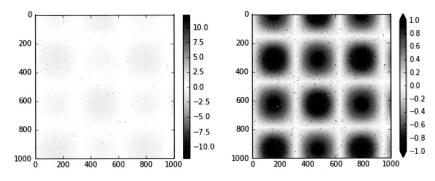

그림 4-55. 색상 지도 확장 지정하기

왼쪽 패널에서 기본 색상 경계값은 노이즈가 낀 픽셀에 대응하며 노이즈 범위로 인해 관심 있는 패턴이 완전히 흐릿해지는 것을 볼 수 있다. 오른쪽 패널에서는 색상 경계값을 직접 설정하고 그 한계의 위나 아래 값을 표시하는 확장을 추가한다. 그 결과로 데이터에 대해 훨씬 더 유용한 시각화를 얻을 수 있다.

불연속적인 색상 막대

색상 지도는 연속적인 게 기본이지만, 때로는 불연속적인 값을 표현하고 싶을 수도 있다. 그렇게 하는 가장 쉬운 방법은 `plt.cm.get_cmap()` 함수를 사용하고 적합한 색상 지도의 이름과 함께 원하는 구간 (bin)의 개수를 전달하는 것이다(그림 4-56).

```
In[11]: plt.imshow(I, cmap=plt.cm.get_cmap('Blues', 6))
        plt.colorbar()
        plt.clim(-1, 1);
```

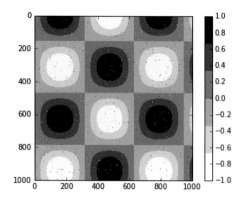

그림 4-56. 불연속적인 색상 지도

불연속적인 색상 지도도 다른 색상 지도와 똑같이 사용할 수 있다.

예제: 손으로 쓴 숫자

불연속적인 색상 지도가 유용하게 사용되는 예제로 손으로 쓴 숫자 데이터를 시각화해 보자. 이 데이터는 Scikit-Learn에 포함돼 있으며 다양한 손으로 쓴 숫자를 보여주는 2,000여 개의 8×8 썸네일로 구성돼 있다.

우선 숫자 데이터를 다운로드하고 `plt.imshow()`로 예제 이미지 몇 가지를 시각화하는 것으로 시작하자 (그림 4-57).

```
In[12]: # 0~5까지 숫자의 이미지를 적재하고 그중 몇 가지를 시각화
        from sklearn.datasets import load_digits
        digits = load_digits(n_class=6)

        fig, ax = plt.subplots(8, 8, figsize=(6, 6))
        for i, axi in enumerate(ax.flat):
            axi.imshow(digits.images[i], cmap='binary')
            axi.set(xticks=[], yticks=[])
```

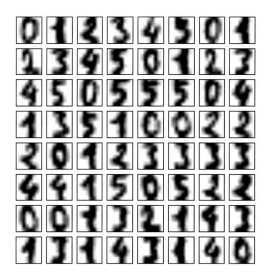

그림 4-57. 손으로 쓴 숫자 데이터 샘플

각 숫자가 64픽셀의 색조로 정의되므로 각 숫자를 64차원 공간에 놓인 점으로 생각할 수 있다. 여기서 각 차원은 픽셀 하나의 밝기를 나타낸다. 하지만 이렇게 고차원 공간에서의 관계를 시각화하는 것은 매우 어려울 수 있다. 이에 접근하는 한 가지 방법은 관심 있는 관계는 유지하되 데이터의 차원을 축소하기 위해 다양체 학습(또는 매니폴드 학습(manifold learning))과 같은 **차원 축소** 기법을 사용하는 것이다. 차원 축소는 비지도 기계 학습의 한 예로, 이에 대해서는 364쪽 '머신러닝이란 무엇인가?'에서 더 자세히 다루겠다.

모델의 세부사항에 대한 논의는 뒤로 미루기로 하고, 이 숫자 데이터의 2차원 다양체 학습 사영(manifold learning projection)에 대해 먼저 살펴보자(더 자세한 내용은 485쪽 '심화 학습: 다양체 학습' 참고).

```
In[13]: # IsoMap을 사용해 숫자를 2차원에 사영
        from sklearn.manifold import Isomap
        iso = Isomap(n_components=2)
        projection = iso.fit_transform(digits.data)
```

ticks와 clim을 설정해 결과로 얻은 색상 막대의 모양을 개선한 후 불연속적인 색상표를 사용해 결과를 보여줄 것이다(그림 4-58).

```
In[14]: # 결과 플롯 그리기
        plt.scatter(projection[:, 0], projection[:, 1], lw=0.1,
```

```
                    c=digits.target, cmap=plt.cm.get_cmap('cubehelix', 6))
    plt.colorbar(ticks=range(6), label='digit value')
    plt.clim(-0.5, 5.5)
```

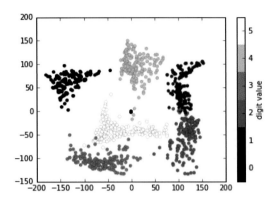

그림 4-58. 손으로 쓴 숫자 픽셀의 매니폴드 끼워 넣기

사영은 데이터세트 내의 관계에 대한 몇 가지 흥미로운 통찰력을 제공하기도 한다. 예를 들어, 이 사영에서 5와 3의 범위가 거의 겹치는데, 이는 손으로 쓴 숫자 5와 3을 구분하기 어렵기 때문에 자동화된 분류 알고리즘으로는 구분하기 더 어려울 것이라는 점을 알려준다. 0과 1 같은 다른 값은 좀 더 멀리 떨어져 있어 혼동할 리가 거의 없다. 5와 3이 0과 1보다 훨씬 더 비슷해 보이기 때문에 이 관찰은 직관에 부응한다.

다양체 학습과 숫자 분류에 대해서는 5장에서 다시 살펴보겠다.

다중 서브플롯

때로는 서로 다른 데이터 뷰를 나란히 비교하는 것이 유용할 때가 있다. 이것 때문에 Matplotlib에는 서브플롯(subplot)이라는 개념이 있다. 서브플롯은 하나의 그림 내에 공존할 수 있는 더 작은 축의 그룹을 말한다. 이 서브플롯은 삽입된 플롯(inset)이나 플롯의 그리드, 그 밖의 더 복잡한 레이아웃일 수 있다. 이번 절에서는 Matplotlib에서 서브플롯을 생성하는 네 가지 루틴을 살펴본다. 먼저 사용할 함수를 임포트하고 플로팅할 노트북을 설정하자.

```
In[1]: %matplotlib inline
       import matplotlib.pyplot as plt
```

```
plt.style.use('seaborn-white')
import numpy as np
```

plt.axes: 직접 만든 서브플롯

축을 생성하는 가장 기본적인 방법은 plt.axes 함수를 사용하는 것이다. 앞에서 봤듯이 기본적으로 이 함수는 전체 그림을 채우는 표준 축 객체를 생성한다. plt.axes는 선택적으로 그림 좌표계의 네 개의 숫자 목록을 인수로 취할 수도 있다. 이 숫자는 그림 좌표계의 [아래, 왼쪽, 너비, 높이]를 나타내는 것으로서, 그림 왼쪽 하단의 0부터 오른쪽 상단의 1까지의 범위를 가진다.

예를 들어, x와 y의 위치를 0.65로 설정하고(즉, 그림 너비의 65%와 높이의 65%에서 시작함을 의미) x와 y 범위를 0.2로 설정해서(즉, 축의 크기는 그림 너비와 높이의 각 20%가 된다) 다른 축의 오른쪽 상단 구석에 삽입된 축을 만들 수 있다. 그림 4-59는 다음 코드를 실행한 결과를 보여준다.

```
In[2]: ax1 = plt.axes() # 표준 축
       ax2 = plt.axes([0.65, 0.65, 0.2, 0.2])
```

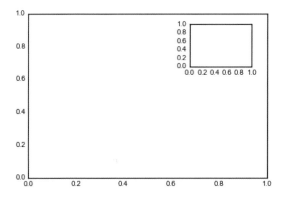

그림 4-59. 삽입된 축 예제

객체지향 인터페이스에서 이 명령어와 유사한 것은 fig.add_axes()다. 이 명령어를 사용해 두 개의 세로로 배치된 축을 만들어보자(그림 4-60).

```
In[3]: fig = plt.figure()
       ax1 = fig.add_axes([0.1, 0.5, 0.8, 0.4],
                          xticklabels=[], ylim=(-1.2, 1.2))
       ax2 = fig.add_axes([0.1, 0.1, 0.8, 0.4],
```

```
                        ylim=(-1.2, 1.2))

x = np.linspace(0, 10)
ax1.plot(np.sin(x))
ax2.plot(np.cos(x));
```

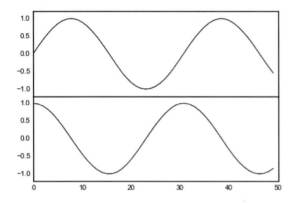

그림 4-60. 세로로 배치한 축

이제 서로 맞닿은 두 개의 축(위축에는 눈금 레이블이 없음)이 만들어졌다. 위 패널의 하단(위치 0.5)이
아래 패널의 상단(위치 0.1+0.4)과 일치한다.

plt.subplot: 간단한 서브플롯의 그리드

정렬된 서브플롯의 열이나 행은 Matplotlib이 그것들을 쉽게 만들 수 있도록 편의 루틴을 몇 가지 제공
할 만큼 보편적으로 사용된다. 그중 가장 낮은 수준의 루틴은 plt.subplot()으로, 그리드 안에 하나의
서브플롯을 만든다. 보다시피 이 명령어는 세 개의 정수 인수를 취하는데, 각각은 왼쪽 상단에서 오른쪽
하단으로 이어지는 도식에서 만들 행 개수와 열 개수, 플롯의 인덱스를 의미한다(그림 4-61).

```
In[4]: for i in range(1, 7):
           plt.subplot(2, 3, i)
           plt.text(0.5, 0.5, str((2, 3, i)),
                    fontsize=18, ha='center')
```

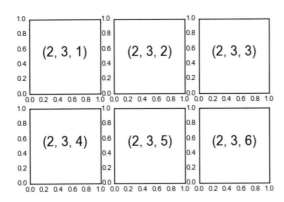

그림 4-61. plt.subplot() 예제

plt.subplots_adjust 명령어는 이 플롯들 사이의 간격을 조정하는 데 사용된다. 다음 코드는 이와 유사한 객체지향 명령어인 fig.add_subplot()을 사용한 것으로서 결과는 그림 4-62와 같다.

```
In[5]: fig = plt.figure()
       fig.subplots_adjust(hspace=0.4, wspace=0.4)
       for i in range(1, 7):
           ax = fig.add_subplot(2, 3, i)
           ax.text(0.5, 0.5, str((2, 3, i)),
                   fontsize=18, ha='center')
```

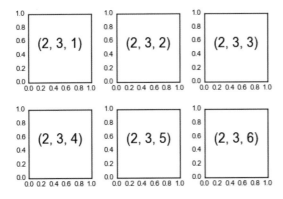

그림 4-62. 여백을 조정한 plt.subplot()

그림의 높이와 너비를 따라 서브플롯의 크기 단위로 간격을 지정하기 위해 plt.subplots_adjust의 hspace와 wspace 인수를 사용했다(이 경우 간격은 서브플롯의 너비와 높이의 40%로 설정했다).

plt.subplots: 한 번에 전체 그리드 만들기

방금 설명한 방식은 큰 그리드의 서브플롯을 만들 때는 매우 지루한 일이 될 수 있다. 특히 내부 플롯상의 x와 y 축 레이블을 숨기고자 할 때 더욱 그렇다. 이 경우에는 `plt.subplots()`를 사용하는 것이 더 쉽다(subplots의 마지막이 s로 끝난다). 이 함수는 단일 서브플롯을 만들지 않고 전체 그리드의 서브플롯을 한 줄로 만들어 이를 NumPy 배열로 반환한다. 인수로는 행과 열의 개수와 함께 선택적으로 서로 다른 축과의 관계를 지정하는 sharex와 sharey를 취한다.

이번에는 같은 행의 모든 축이 y 축의 척도를 공유하고 같은 열의 모든 축은 x축의 척도를 공유하는 2x3 그리드의 서브플롯을 만들겠다(그림 4-63).

```
In[6]: fig, ax = plt.subplots(2, 3, sharex='col', sharey='row')
```

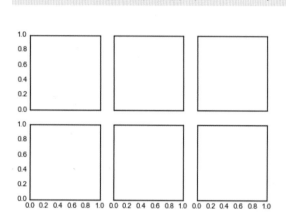

그림 4-63. plt.subplots()에서 x축과 y축 공유

sharex와 sharey를 지정함으로써 그리드 내부의 레이블을 자동으로 제거해 플롯을 더 깔끔하게 만들었다. 결과로 얻은 축 인스턴스의 그리드는 NumPy 배열로 반환되기 때문에 표준 배열 인덱싱 표기법을 사용해 원하는 축을 쉽게 지정할 수 있다(그림 4-64).

```
In[7]: # 축이 2차원 배열 안에 있어 [행, 열]로 인덱싱할 수 있음
       for i in range(2):
           for j in range(3):
               ax[i, j].text(0.5, 0.5, str((i, j)),
                             fontsize=18, ha='center')
       fig
```

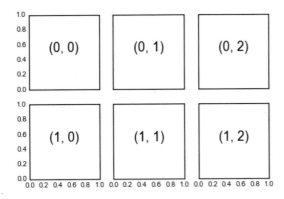

그림 4-64. 서브플롯 그리드에서 플롯 식별하기

`plt.subplot()`에 비해 `plt.subplots()`는 파이썬의 전통적인 0부터 시작하는 인덱싱에 더 부합한다.

plt.GridSpec: 복잡한 배치

서브플롯을 규칙적으로 배치하는 그리드를 넘어 여러 행과 열로 확장하려면 `plt.GridSpec()`을 사용하는 것이 좋다. `plt.GridSpec()` 객체가 플롯을 만들지는 않는다. 이 객체는 단순히 `plt.subplot()` 명령어가 인식하는 편리한 인터페이스일 뿐이다. 예를 들어, 너비와 높이 여백을 지정한 두 개의 행과 세 개의 열로 이뤄진 그리드에 대한 `gridspec`은 다음과 같다.

```
In[8]: grid = plt.GridSpec(2, 3, wspace=0.4, hspace=0.3)
```

이를 토대로 익숙한 파이썬 슬라이싱 구문을 사용해 각 서브플롯의 위치와 범위를 지정할 수 있다(그림 4-65).

```
In[9]: plt.subplot(grid[0, 0])
       plt.subplot(grid[0, 1:])
       plt.subplot(grid[1, :2])
       plt.subplot(grid[1, 2]);
```

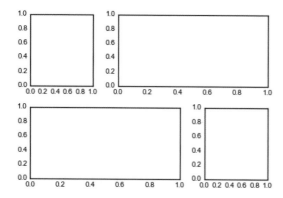

그림 4-65. plt.GridSpec을 활용한 불규칙한 서브플롯

이러한 유형의 유연한 그리드 정렬은 광범위한 용도로 쓰인다. 개인적으로는 아래에 보여준 것 같은 다중 축 히스토그램을 만들 때 가장 자주 사용한다(그림 4-66).

```
In[10]: # 정규 분포 데이터 만들기
        mean = [0, 0]
        cov = [[1, 1], [1, 2]]
        x, y = np.random.multivariate_normal(mean, cov, 3000).T

        # gridspec으로 축 설정하기
        fig = plt.figure(figsize=(6, 6))
        grid = plt.GridSpec(4, 4, hspace=0.2, wspace=0.2)
        main_ax = fig.add_subplot(grid[:-1, 1:])
        y_hist = fig.add_subplot(grid[:-1, 0], xticklabels=[], sharey=main_ax)
        x_hist = fig.add_subplot(grid[-1, 1:], yticklabels=[], sharex=main_ax)

        # 메인 축에 점 산포하기
        main_ax.plot(x, y, 'ok', markersize=3, alpha=0.2)

        # 보조 축상에 히스토그램 만들기
        x_hist.hist(x, 40, histtype='stepfilled',
                    orientation='vertical', color='gray')
        x_hist.invert_yaxis()
        y_hist.hist(y, 40, histtype='stepfilled',
                    orientation='horizontal', color='gray')
        y_hist.invert_xaxis()
```

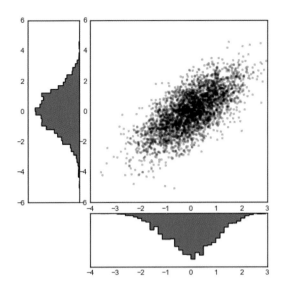

그림 4-66. plt.GridSpec을 활용한 다차원 분포 시각화

여백을 따라 플로팅된 이러한 유형의 분포는 Seaborn 패키지에서 별도의 플로팅 API를 제공할 정도로 일반적이다. 더 자세한 내용은 343쪽 'Seaborn을 활용한 시각화'를 참고하자.

텍스트와 주석

훌륭한 시각화 자료를 만든다는 것은 그림이 하는 이야기를 독자들이 들을 수 있게 안내하는 것이다. 그 이야기를 별도의 텍스트를 추가하지 않고 시각적인 방법만으로 전달할 수 있는 경우도 있지만, 어떤 경우에는 작은 텍스트 큐와 레이블이 필요하다. 가장 기본적인 유형의 주석은 축 레이블과 제목이겠지만, 그 밖의 주석을 옵션으로 지정할 수도 있다. 데이터를 보면서 어떻게 시각화하고 주석을 달면 흥미로운 정보를 전달하는 데 도움이 될지 살펴보자. 먼저 사용할 함수를 임포트하고 플로팅할 노트북부터 설정하자.

```
In[1]: %matplotlib inline
       import matplotlib.pyplot as plt
       import matplotlib as mpl
       plt.style.use('seaborn-whitegrid')
       import numpy as np
       import pandas as pd
```

예제: 미국 출생률에 휴일이 미치는 영향

한 해 동안의 평균 출생자 수 플롯을 만들었던 202쪽 '예제: 출생률 데이터'에서 작업했던 데이터로 돌아가 보자. 이미 언급했듯이, 이 데이터는 다음 URL에서 다운로드할 수 있다.

- https://raw.githubusercontent.com/jakevdp/data-CDCbirths/master/births.csv

먼저 앞에서 사용했던 것과 같이 데이터를 정제하고 그 결과를 플로팅하자(그림 4–67).

```
In[2]:
births = pd.read_csv('births.csv')

quartiles = np.percentile(births['births'], [25, 50, 75])
mu, sig = quartiles[1], 0.74 * (quartiles[2] - quartiles[0])
births = births.query('(births > @mu - 5 * @sig) & (births < @mu + 5 * @sig)')

births['day'] = births['day'].astype(int)

births.index = pd.to_datetime(10000 * births.year +
                              100 * births.month +
                              births.day, format='%Y%m%d')
births_by_date = births.pivot_table('births',
                              [births.index.month, births.index.day])
births_by_date.index = [pd.datetime(2012, month, day)
                        for (month, day) in births_by_date.index]

In[3]: fig, ax = plt.subplots(figsize=(12, 4))
       births_by_date.plot(ax=ax);
```

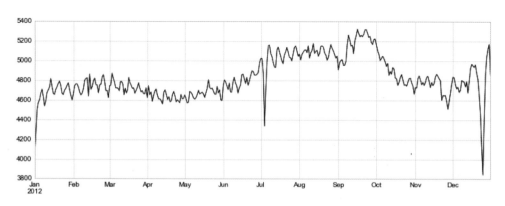

그림 4–67. 날짜별 일평균 출생자 수

이런 데이터로 의사소통할 때는 독자들의 관심을 끌기 위해 플롯의 특정 특징에 대해 주석을 다는 것이 유용할 때가 많다. 이때 특정 x/y값에 텍스트를 위치시키는 plt.text나 ax.text 명령어로 직접 주석을 달 수 있다(그림 4-68).

```
In[4]: fig, ax = plt.subplots(figsize=(12, 4))
       births_by_date.plot(ax=ax)

       # 플롯에 레이블 추가
       style = dict(size=10, color='gray')

       ax.text('2012-1-1', 3950, "New Year's Day", **style)
       ax.text('2012-7-4', 4250, "Independence Day", ha='center', **style)
       ax.text('2012-9-4', 4850, "Labor Day", ha='center', **style)
       ax.text('2012-10-31', 4600, "Halloween", ha='right', **style)
       ax.text('2012-11-25', 4450, "Thanksgiving", ha='center', **style)
       ax.text('2012-12-25', 3850, "Christmas ", ha='right', **style)

       # 축에 레이블 추가
       ax.set(title='USA births by day of year (1969-1988)', ylabel='average daily births')

       # 중앙 정렬한 월 레이블로 x축의 포맷 지정
       ax.xaxis.set_major_locator(mpl.dates.MonthLocator())
       ax.xaxis.set_minor_locator(mpl.dates.MonthLocator(bymonthday=15))
       ax.xaxis.set_major_formatter(plt.NullFormatter())
       ax.xaxis.set_minor_formatter(mpl.dates.DateFormatter('%h'));
```

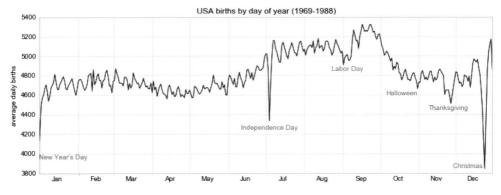

그림 4-68. 주석을 덧붙인 날짜별 일평균 출생자 수

ax.text 메서드는 x 위치, y 위치, 문자열, 그리고 텍스트의 색상, 크기, 스타일, 배치 방식 및 다른 속성을 지정하는 키워드를 취한다. 여기서는 ha = 'right'와 ha = 'center'를 사용했는데, ha는

horizontal alignment(수평 배치)의 약어다. 사용 가능한 옵션에 대한 더 자세한 내용은 `plt.text()`와 `mpl.text.Text()`의 독스트링을 참고하라.

변환 및 텍스트 위치

앞의 예제에서는 데이터 위치에 텍스트 주석을 고정시켰다. 때로는 텍스트를 데이터와 독립적으로 축이나 그림 상의 위치에 고정시키는 것이 나을 때가 있다. Matplotlib에서는 **변환**(transform)을 수정해이 작업을 수행한다.

모든 그래픽 디스플레이 프레임워크는 좌표계 사이에 변환을 위한 체계가 필요하다. 예를 들어, $(x, y) = (1, 1)$의 데이터 점은 어떻게든 그림 상의 특정 위치에 표시돼야 하므로 결국 화면에 픽셀로 표시해야 한다. 수학적으로 그러한 좌표 변환은 비교적 간단하며, Matplotlib은 내부적으로 그 작업을 수행하는 데 사용하는 잘 구현된 일련의 도구를 가지고 있다(그 도구는 `matplotlib.transforms` 서브모듈에서 확인할 수 있다).

일반적인 사용자는 이러한 변환의 세부내역에 대해 고민할 필요가 거의 없지만, 그림 상에서 텍스트 위치를 고려할 때는 그 정보를 아는 게 도움될 것이다. 이러한 상황에서 유용하게 사용할 수 있는 세 가지 변환이 미리 정의돼 있다.

ax.transData
데이터 좌표와 관련된 변환

ax.transAxes
축과 관련된 변환(축 차원의 단위로)

fig.transFigure
그림과 관련된 변환(그림 차원의 단위로)

위 변환을 사용해 다양한 위치로 텍스트를 이동시키는 예제를 살펴보자.

```
In[5]: fig, ax = plt.subplots(facecolor='lightgray')
       ax.axis([0, 10, 0, 10])

       # transform=ax.transData가 기본값이지만 그래도 직접 지정하겠다.
       ax.text(1, 5, ". Data: (1, 5)", transform=ax.transData)
       ax.text(0.5, 0.1, ". Axes: (0.5, 0.1)", transform=ax.transAxes)
       ax.text(0.2, 0.2, ". Figure: (0.2, 0.2)", transform=fig.transFigure);
```

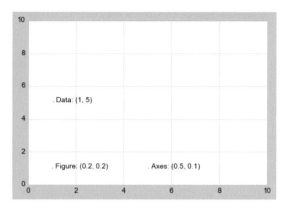

그림 4-69. Matplotlib의 좌표계 비교

기본적으로 텍스트는 지정된 좌표의 왼쪽 상단에 배치된다. 여기서 각 문자열 시작 부분에 있는 ‘.’이 해당 좌표 위치를 거의 정확하게 표시한다.

transData 좌표는 x축과 y축 레이블과 관련된 일반적인 데이터 좌표를 제공한다. transAxes 좌표는 축의 왼쪽 아래로부터의 위치(여기서는 하얀 박스)를 축 크기의 분수로 제공한다. transFigure 좌표는 비슷하지만, 그림의 왼쪽 아래로부터의 위치(여기에서는 회색 박스)를 그림 크기의 분수로 지정한다.

여기서 축 한곗값을 바꾸면 transData 좌표만 영향을 받으며, 나머지 좌표는 그대로 유지된다(그림 4-70).

```
In[6]: ax.set_xlim(0, 2)
       ax.set_ylim(-6, 6)
       fig
```

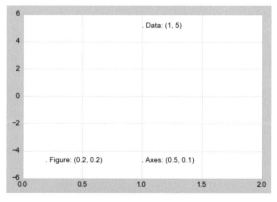

그림 4-70. Matplotlib의 좌표계 비교

이 행위는 축 한곗값을 대화식으로 바꿈으로써 좀 더 명확하게 확인할 수 있다. 노트북에서 이 코드를 실행하고 있다면 %matplotlib inline을 %matplotlib notebook으로 바꾸고 플롯과 상호작용하기 위해 각 플롯의 메뉴를 사용하면 확인할 수 있다.

화살표와 주석

눈금 표시와 텍스트 외에 유용한 주석 표시로는 단순한 화살표가 있다. Matplotlib에서 화살표를 그리는 것은 예상보다 훨씬 더 어렵다. plt.arrow() 함수가 있지만, 개인적으로 사용하지 않는 것이 낫다고 생각한다. 이 함수가 생성한 화살표는 플롯의 가로세로 비율이 바뀔 때마다 영향을 받는 SVG 객체여서 원하는 결과를 얻기 어렵기 때문이다. 그 대신 plt.annotate() 함수를 사용하는 것이 낫다. 이 함수는 텍스트와 화살표를 만들며, 화살표를 매우 유연하게 지정할 수 있다.

몇 가지 옵션을 가지고 annotate를 사용해 보자(그림 4-71).

```
In[7]: %matplotlib inline

       fig, ax = plt.subplots()

       x = np.linspace(0, 20, 1000)
       ax.plot(x, np.cos(x))
       ax.axis('equal')

       ax.annotate('local maximum', xy=(6.28, 1), xytext=(10, 4),
                   arrowprops=dict(facecolor='black', shrink=0.05))
       ax.annotate('local minimum', xy=(5 * np.pi, -1), xytext=(2, -6),
                   arrowprops=dict(arrowstyle="->",
                                   connectionstyle="angle3,angleA=0,angleB=-90"));
```

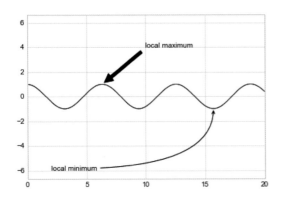

그림 4-71. 주석 예제

화살표 스타일은 다양한 옵션을 제공하는 `arrowprops` 딕셔너리를 통해 제어한다. 이 옵션들은 Matplotlib 온라인 문서에 매우 잘 정리돼 있으므로 여기서는 그 내용을 다시 반복하기보다 몇 가지 사용 방법을 간단히 보여주는 것으로 대신하겠다. 전에 만들었던 출생률 플롯을 사용해 가능한 옵션을 몇 가지 살펴보자(그림 4-72).

```
In[8]:
fig, ax = plt.subplots(figsize=(12, 4))
births_by_date.plot(ax=ax)

# 플롯에 레이블 추가
ax.annotate("New Year's Day", xy=('2012-1-1', 4100),  xycoords='data',
            xytext=(50, -30), textcoords='offset points',
            arrowprops=dict(arrowstyle="->",
                            connectionstyle="arc3,rad=-0.2"))
ax.annotate("Independence Day", xy=('2012-7-4', 4250),  xycoords='data',
            bbox=dict(boxstyle="round", fc="none", ec="gray"),
            xytext=(10, -40), textcoords='offset points', ha='center',
            arrowprops=dict(arrowstyle="->"))

ax.annotate('Labor Day', xy=('2012-9-4', 4850), xycoords='data', ha='center',
             xytext=(0, -20), textcoords='offset points')
ax.annotate('', xy=('2012-9-1', 4850), xytext=('2012-9-7', 4850),
            xycoords='data', textcoords='data',
            arrowprops={'arrowstyle': '|-|',widthA=0.2,widthB=0.2', })

ax.annotate('Halloween', xy=('2012-10-31', 4600),  xycoords='data',
            xytext=(-80, -40), textcoords='offset points',
            arrowprops=dict(arrowstyle="fancy",
                            fc="0.6", ec="none",
                            connectionstyle="angle3,angleA=0,angleB=-90"))

ax.annotate('Thanksgiving', xy=('2012-11-25', 4500),  xycoords='data',
            xytext=(-120, -60), textcoords='offset points',
            bbox=dict(boxstyle="round4,pad=.5", fc="0.9"),
            arrowprops=dict(arrowstyle="->",
                            connectionstyle="angle,angleA=0,angleB=80,rad=20"))

ax.annotate('Christmas', xy=('2012-12-25', 3850),  xycoords='data',
```

```
                xytext=(-30, 0), textcoords='offset points',
                size=13, ha='right', va="center",
                bbox=dict(boxstyle="round", alpha=0.1),
                arrowprops=dict(arrowstyle="wedge,tail_width=0.5", alpha=0.1));

# 축에 레이블 달기
ax.set(title='USA births by day of year (1969-1988)',
       ylabel='average daily births')

# x 축의 포맷을 중앙 정렬된 월 레이블로 지정
ax.xaxis.set_major_locator(mpl.dates.MonthLocator())
ax.xaxis.set_minor_locator(mpl.dates.MonthLocator(bymonthday=15))
ax.xaxis.set_major_formatter(plt.NullFormatter())
ax.xaxis.set_minor_formatter(mpl.dates.DateFormatter('%h'));

ax.set_ylim(3600, 5400);
```

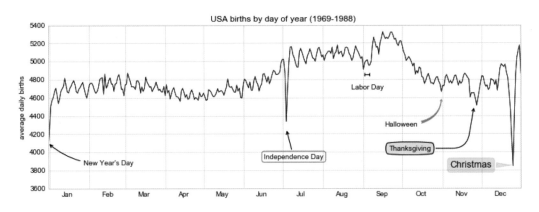

그림 4-72. 주석이 달린 날짜별 평균 출생률

보다시피 화살표와 텍스트박스를 매우 자세히 지정할 수 있어 어떤 화살표 스타일이든 거의 원하는 대로 만들 수 있다. 이 말은 곧 안타깝게도 이러한 특성을 종종 직접 변경해야 하며, 출판 품질의 그래픽을 만들 때는 그것이 시간이 꽤 오래 걸리는 절차일 수 있다는 뜻이기도 하다! 마지막으로 앞에서 본 스타일의 조합이 데이터를 표시하는 최고의 방식은 아니며 사용 가능한 방식의 일부를 보여주기 위한 예시로 보여준 것임을 밝혀둔다.

사용 가능한 화살표와 주석 스타일에 대한 더 많은 논의와 예제는 Matplotlib 갤러리에서 확인할 수 있다. 특히 다음 URL을 참고한다.

- http://matplotlib.org/examples/pylab_examples/annotation_demo2.html

눈금 맞춤 변경하기

Matplotlib의 기본 눈금 위치 지시자와 포맷 지시자는 일반적인 상황에서는 그냥 사용해도 충분하도록 설계됐지만 모든 플롯에 최적의 방식은 아니다. 이번 절에서는 관심 있는 특정 플롯 유형의 눈금 위치와 포맷을 조정하는 몇 가지 예제를 살펴보겠다.

예제로 들어가기 전에 Matplotlib 플롯의 객체 계층구조에 대해 좀 더 이해하고 넘어가는 게 좋을 것 같다. Matplotlib은 플롯에 등장하는 모든 것을 나타내는 파이썬 객체를 갖는 것을 목표로 한다. 예를 들어, figure는 내부에 플롯 요소들이 등장하는 테두리 쳐진 박스라는 사실을 기억하자. 각 Matplotlib 객체는 하위 객체의 컨테이너 역할을 할 수도 있다. 예를 들어, 각 figure는 하나 이상의 axes 객체를 포함할 수 있으며, 이 각각의 axes 객체는 다시 플롯 내용을 표시하는 다른 객체를 포함한다.

눈금 표시도 예외가 아니다. 각 axes는 xaxis와 yaxis 속성(attribute)을 가지고 있으며 이 속성은 다시 축을 구성하는 선, 눈금, 레이블의 모든 특성을 포함하는 속성을 가지고 있다.

주 눈금과 보조 눈금

각 축에는 주 눈금 표시와 보조 눈금 표시 개념이 있다. 이름이 의미하는 것처럼 주 눈금은 대체로 더 크고 확연히 드러나지만, 보조 눈금은 대개 더 작다. 기본적으로 Matplotlib은 보조 눈금을 거의 사용하지 않지만 로그 차트에서는 보조 눈금을 확인할 수 있다(그림 4-73).

```
In[1]: %matplotlib inline
       import matplotlib.pyplot as plt
       plt.style.use('seaborn-whitegrid')
       import numpy as np

In[2]: ax = plt.axes(xscale='log', yscale='log')
```

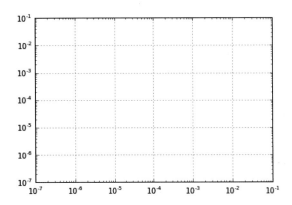

그림 4-73. 로그 척도와 레이블 예시

위 그림에서 볼 수 있듯이 주 눈금은 각각 큰 눈금 표시와 레이블을 보여주지만, 보조 눈금은 레이블 없이 더 작은 눈금 표시로 보여준다.

이 눈금 속성, 즉 위치와 레이블은 각 축의 formatter와 locator 객체를 설정해 맞춤 설정할 수 있다. 방금 본 플롯의 x 축에 대해 이 속성들을 바꿔보자.

```
In[3]: print(ax.xaxis.get_major_locator())
       print(ax.xaxis.get_minor_locator())


<matplotlib.ticker.LogLocator object at 0x107530cc0>
<matplotlib.ticker.LogLocator object at 0x107530198>

In[4]: print(ax.xaxis.get_major_formatter())
       print(ax.xaxis.get_minor_formatter())


<matplotlib.ticker.LogFormatterMathtext object at 0x107512780>
<matplotlib.ticker.NullFormatter object at 0x10752dc18>
```

주 눈금과 보조 눈금 레이블 모두 LogLocator로 지정된 위치를 가지고 있음을 볼 수 있다(로그 차트에서는 당연한 일이다). 그렇지만 보조 눈금은 NullFormatter가 포맷을 지정한 레이블을 가진다. 즉, 레이블이 표시되지 않는다.

이제 다양한 플롯에서 이 위치 지시자와 포맷 지시자를 설정하는 몇 가지 예제를 보자.

눈금 또는 레이블 숨기기

아마 가장 보편적으로 수행하는 눈금/레이블 형식 지정 작업은 눈금이나 레이블을 감추는 일일 것이다. 그 작업은 다음과 같이 `plt.NullLocator()`와 `plt.NullFormatter()`를 사용하면 된다(그림 4-74).

```
In[5]: ax = plt.axes()
       ax.plot(np.random.rand(50))
       ax.yaxis.set_major_locator(plt.NullLocator())
       ax.xaxis.set_major_formatter(plt.NullFormatter())
```

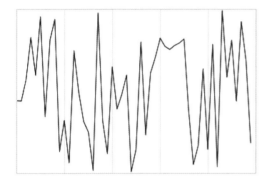

그림 4-74. x 축 눈금 레이블과 y축 눈금을 감춘 플롯

x축에서는 눈금/그리드 선은 유지하고 레이블을 제거했으며 y축에서는 눈금을 없앴고 따라서 레이블도 함께 제거됐다. 눈금이 전혀 없으면 많은 경우에 유용하다. 예를 들어, 여러 이미지를 그리드로 구성해 보여주고자 할 때 그렇다. 그 예로 그림 4-75를 생각해 보자. 이 그림은 머신러닝 중 지도 학습 문제에 종종 사용되는 예제인 서로 다른 얼굴 이미지를 포함하고 있다(더 자세한 정보는 442쪽 '심화 학습: 서포트 벡터 머신' 참고).

```
In[6]: fig, ax = plt.subplots(5, 5, figsize=(5, 5))
       fig.subplots_adjust(hspace=0, wspace=0)

       # Scikit-Learn에서 얼굴 데이터 가져오기
       from sklearn.datasets import fetch_olivetti_faces
       faces = fetch_olivetti_faces().images

       for i in range(5):
           for j in range(5):
               ax[i, j].xaxis.set_major_locator(plt.NullLocator())
```

```
        ax[i, j].yaxis.set_major_locator(plt.NullLocator())
        ax[i, j].imshow(faces[10 * i + j], cmap="bone")
```

그림 4-75. 이미지 플롯에서 눈금 감추기

각 이미지는 자신만의 축을 가지고 있고, 눈금 값(이 경우 픽셀 번호)이 이 특정 시각화와 관련된 정보를
전달하지 않기 때문에 위치 지시자를 널 값으로 설정했다.

눈금 개수 줄이기와 늘리기

기본 설정값이 가지고 있는 흔한 문제 중 하나는 서브플롯이 작아지면 레이블이 빽빽하게 들어선다는 것
이다. 이 문제를 그림 4-76에서 확인할 수 있다.

```
In[7]: fig, ax = plt.subplots(4, 4, sharex=True, sharey=True)
```

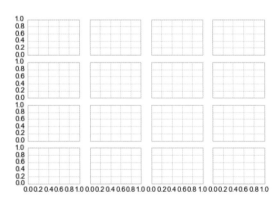

그림 4-76. 빽빽한 눈금을 가진 기본 플롯

특히 x축 눈금은 숫자가 거의 겹쳐서 읽기가 몹시 어려울 정도다. 이 문제는 표시할 최대 눈금 개수를 지정하게 해주는 plt.MaxNLocator()를 사용해 바로잡을 수 있다. 이 최대 개수가 지정되면 Matplotlib은 내부 로직을 사용해 특정 눈금 위치를 고른다(그림 4-77).

```
In[8]: # 모든 축에 대해 x와 y의 주 눈금의 위치 지시자를 설정
       for axi in ax.flat:
           axi.xaxis.set_major_locator(plt.MaxNLocator(3))
           axi.yaxis.set_major_locator(plt.MaxNLocator(3))
       fig
```

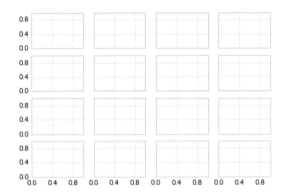

그림 4-77. 눈금 개수 변경하기

이렇게 하면 플롯이 훨씬 더 깔끔해진다. 눈금 위치를 일정한 간격으로 좀 더 제어하고 싶다면 다음 절에서 논의할 plt.MultipleLocator를 사용할 수도 있다.

팬시 눈금 포맷

Matplotlib의 기본 눈금 포맷을 사용하면 부족함을 느낄 수도 있다. 일반적인 기본 설정으로도 잘 작동하지만, 때로는 더 많은 것을 하고 싶을 것이다. 그림 4-78에 있는 사인과 코사인 플롯을 생각해 보자.

```
In[9]: # 사인과 코사인 곡선 플로팅하기
       fig, ax = plt.subplots()
       x = np.linspace(0, 3 * np.pi, 1000)
       ax.plot(x, np.sin(x), lw=3, label='Sine')
       ax.plot(x, np.cos(x), lw=3, label='Cosine')
```

```
# 그리드, 범례, 한곗값 설정
ax.grid(True)
ax.legend(frameon=False)
ax.axis('equal')
ax.set_xlim(0, 3 * np.pi);
```

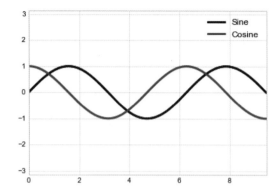

그림 4-78. 정수 눈금을 가지는 기본 플롯

이 플롯에 몇 가지 변화를 주자. 우선 이 데이터의 경우 눈금과 그리드 선의 간격을 π의 배수로 바꾸는
것이 더 자연스럽다. 이는 지정하는 수의 배수로 눈금을 위치시키는 MultipleLocator로 설정하면 된
다. 추가로 주 눈금과 보조 눈금을 π/4의 배수로 추가할 것이다(그림 4-79).

```
In[10]: ax.xaxis.set_major_locator(plt.MultipleLocator(np.pi / 2))
        ax.xaxis.set_minor_locator(plt.MultipleLocator(np.pi / 4))
        fig
```

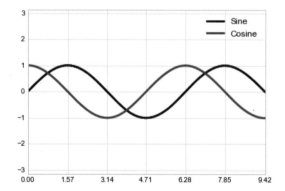

그림 4-79. pi/2의 배수 단위 눈금

그런데 이제 눈금 레이블이 다소 우스꽝스러워 보인다. 이 값들이 π의 배수라는 것은 알 수 있지만 소숫점 표시가 이 사실을 즉각적으로 전달하지는 못한다. 이 문제를 해결하기 위해 눈금 포맷 지시자를 바꿀 수 있다. 여기서 하려는 바에 적합한 기본 포맷 지시자가 없으므로 대신 눈금 표시를 세밀하게 조정할 수 있는 사용자 정의 함수를 받는 `plt.FuncFormatter`를 사용하자(그림 4-80).

```
In[11]: def format_func(value, tick_number):
            # pi/2 배수 구하기
            N = int(np.round(2 * value / np.pi))
            if N == 0:
                return "0"
            elif N == 1:
                return r"$\pi/2$"
            elif N == 2:
                return r"$\pi$"
            elif N % 2 > 0:
                return r"${0}\pi/2$".format(N)
            else:
                return r"${0}\pi$".format(N // 2)
        ax.xaxis.set_major_formatter(plt.FuncFormatter(format_func))
        fig
```

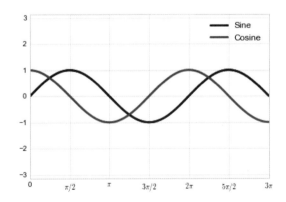

그림 4-80. 맞춤 레이블을 가진 눈금

이 플롯이 훨씬 보기 좋다! 위 코드에서 달러 기호 안에 문자열을 감싸서 지정하는 Matplotlib의 LaTex 지원 기능을 사용했다는 점을 알아두자. 이 기능은 수학 기호와 수식을 표시하기에 매우 편리하다. 예제에서는 '`$\pi$`'가 그리스 문자 π로 렌더링된다.

위치 지시자와 서식 지시자 요약

앞에서 이미 사용 가능한 포맷 지시자와 위치 지시자 몇 가지를 언급했다. 간단히 기본으로 제공되는 위치 지시자와 포맷 지시자 옵션을 모두 정리하는 것으로 이번 절을 마무리하고자 한다. 이와 관련된 더 자세한 정보는 Matplotlib 온라인 문서나 독스트링을 참고하자. 다음 클래스는 모두 `plt` 네임스페이스에서 사용할 수 있다.

표 4-1. Matplotlib 위치 지시자

위치 지시자 클래스	설명
NullLocator	눈금이 없음
FixedLocator	눈금 위치가 고정됨
IndexLocator	인덱스 플롯을 위한 위치 지시자(예: where x = range(len(y)))
LinearLocator	min부터 max까지 일정한 간격을 두고 눈금을 위치시킴
LogLocator	min부터 max까지 로그 단위로 눈금을 위치시킴
MultipleLocator	눈금과 범위가 기본값의 배수임
MaxNLocator	눈금 최대 숫자에 맞게 적절한 위치를 찾음
AutoLocator	(기본 설정) 간단한 기본값을 가지는 MaxNLocator
AutoMinorLocator	보조 눈금에 대한 위치 지시자

표 4-2. Matplotlib 서식 지시자

서식 지시자 클래스	설명
NullFormatter	눈금 레이블이 없음
IndexFormatter	레이블 목록에서 문자열을 설정함
FixedFormatter	레이블에 직접 문자열을 설정함
FuncFormatter	사용자 정의 함수가 레이블을 설정함
FormatStrFormatter	각 값에 대한 포맷 문자열을 사용함
ScalarFormatter	(기본 설정) 스칼라값에 대한 포맷 지시자
LogFormatter	로그 축에 대한 기본 포맷 지시자

이 책의 나머지 부분에서 이 클래스에 대한 추가적인 예제를 보게 될 것이다.

Matplotlib 맞춤변경하기: 설정과 스타일시트

Matplotlib의 기본 플롯 설정은 종종 사용자들 사이에서 불만의 대상이다. 대부분은 Matplotlib 2.0 버전에서 바뀔 예정이지만, 기본 설정을 변경할 수 있다면 미적으로 선호하는 환경설정 패키지를 가져올수 있다. 여기서 Matplotlib의 런타임 설정(rc, runtime configuration) 옵션 몇 가지를 검토하고 몇몇 훌륭한 기본 설정을 가지고 있는 새로운 스타일시트(stylesheets) 기능을 살펴보자.

직접 플롯 변경하기

이번 장에서는 전체적으로 기본 설정보다 좀 더 보기 좋은 결과물을 내놓는 개별 플롯 설정을 변경하는 방법을 알아봤다. 개별 플롯에 대해 이러한 변경을 수행할 수 있다. 예를 들어, 다음과 같이 매우 단조로운 기본 히스토그램이 있다고 하자(그림 4-81).

```
In[1]: import matplotlib.pyplot as plt
       plt.style.use('classic')
       import numpy as np

       %matplotlib inline

In[2]: x = np.random.randn(1000)
       plt.hist(x);
```

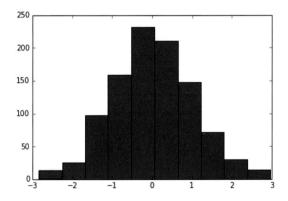

그림 4-81. Matplotlib 기본 스타일로 구성한 히스토그램

이 플롯을 직접 조정해서 그림 4-82처럼 시각적으로 훨씬 더 만족스럽게 만들 수 있다.

```
In[3]: # 회색 배경 사용
       ax = plt.axes(facecolor='#E6E6E6')
       ax.set_axisbelow(True)

       # 그리드 선을 하얀 실선으로 그림
       plt.grid(color='w', linestyle='solid')

       # 축 선(spine) 숨김
       for spine in ax.spines.values():
           spine.set_visible(False)

       # 위쪽, 오른쪽 눈금 숨김
       ax.xaxis.tick_bottom()
       ax.yaxis.tick_left()

       # 눈금과 레이블 색을 밝게 변경
       ax.tick_params(colors='gray', direction='out')
       for tick in ax.get_xticklabels():
           tick.set_color('gray')
       for tick in ax.get_yticklabels():
           tick.set_color('gray')

       # 히스토그램 면과 테두리 색 조절
       ax.hist(x, edgecolor='#E6E6E6', color='#EE6666');
```

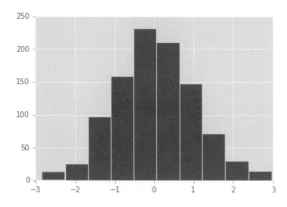

그림 4-82. 직접 맞춤 설정한 히스토그램

이 플롯이 확실히 더 보기 좋다. 플롯 모양이 R 언어의 **ggplot** 시각화 패키지의 모습에서 영감을 받은 것 같다고 생각할지도 모르겠다. 그러나 이렇게 만들기까지 엄청난 노력을 했다. 플롯을 만들 때마다 이러한 수정 작업을 하고 싶지는 않을 것이다. 다행히도 모든 플롯에서 통하는 방식으로 이 기본값들을 한 번에 수정하는 방법이 있다.

기본값 변경하기: rcParams

Matplotlib은 로딩할 때마다 코드에서 생성하는 모든 플롯 요소의 기본 스타일을 포함하고 있는 런타임 설정(rc)을 정의한다. 이 설정은 언제나 **plt.rc** 루틴을 사용해 조정할 수 있다. 기본 플롯이 전에 했던 것과 유사해 보이도록 rc 매개변수를 수정하는 것을 살펴보자.

먼저 현재 세션에서 이 변경사항을 쉽게 초기화할 수 있도록 현재 **rcParams** 딕셔너리의 사본을 저장한다.

```
In[4]: IPython_default = plt.rcParams.copy()
```

이제 **plt.rc** 함수를 사용해 이 설정 중 일부를 바꿀 수 있다.

```
In[5]: from matplotlib import cycler
       colors = cycler('color',
                       ['#EE6666', '#3388BB', '#9988DD',
                        '#EECC55', '#88BB44', '#FFBBBB'])
       plt.rc('axes', facecolor='#E6E6E6', edgecolor='none',
              axisbelow=True, grid=True, prop_cycle=colors)
       plt.rc('grid', color='w', linestyle='solid')
       plt.rc('xtick', direction='out', color='gray')
       plt.rc('ytick', direction='out', color='gray')
       plt.rc('patch', edgecolor='#E6E6E6')
       plt.rc('lines', linewidth=2)
```

이렇게 정의된 설정을 이용하여 플롯을 만들어서 설정이 실제로 어떤 모습을 보여주는지 확인할 수 있다 (그림 4-83).

```
In[6]: plt.hist(x);
```

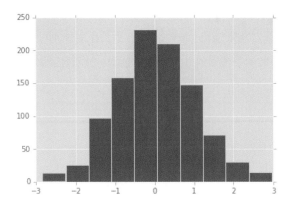

그림 4-83. rc 설정을 활용해 맞춤 설정한 히스토그램

이 rc 매개변수를 활용했을 때 간단한 라인 플롯이 어떻게 보이는지 확인해 보자(그림 4-84).

```
In[7]: for i in range(4):
           plt.plot(np.random.rand(10))
```

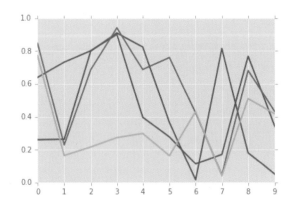

그림 4-84. 맞춤 설정 스타일을 활용한 라인 플롯

이 플롯이 확실히 기본 스타일보다는 미적으로 더 만족스럽다. 개인적으로 자신의 미적 감각과 맞지 않는다면 자기 입맛에 맞게 rc 매개변수를 조정하면 된다! 이 설정은 .matplotlibrc 파일에 저장할 수 있는데, 그 파일에 대해서는 Matplotlib 문서를 읽어보자. 개인적으로는 Matplotlib의 기본 스타일시트를 사용해 맞춤 설정하는 방식을 선호한다.

스타일시트

2014년 8월 Matplotlib 버전 1.4가 출시될 때 매우 편리한 **style** 모듈이 추가됐다. 이 모듈에는 다양한 기본 스타일시트와 함께 자기만의 스타일을 만들고 패키징할 수 있는 기능이 포함돼 있다. 이 스타일시트는 앞에서 언급했던 .matplotlibrc 파일과 형식이 유사하지만 확장자는 .mplstyle로 지정해야 한다.

자기만의 스타일을 만들지 않더라도 기본으로 제공되는 스타일시트는 굉장히 유용하다. 사용할 수 있는 스타일은 `plt.style.available`에서 확인할 수 있다. 여기서는 간략하게 처음 다섯 개만 보여주겠다.

```
In[8]: plt.style.available[:5]

Out[8]: ['fivethirtyeight',
         'seaborn-pastel',
         'seaborn-whitegrid',
         'ggplot',
         'grayscale']
```

스타일시트를 교체하는 기본 방식은 다음을 호출하는 것이다.

```
plt.style.use('스타일 이름')
```

하지만 이렇게 하면 세션의 나머지 부분에 대한 스타일을 모두 변경한다는 사실을 명심하자! 아니면 스타일을 일시적으로 설정하는 스타일 컨텍스트 관리자(style context manager)를 사용할 수도 있다.

```
with plt.style.context('스타일 이름'):
    make_a_plot()
```

두 개의 기본 유형 플롯을 만드는 함수를 생성해 보자.

```
In[9]: def hist_and_lines():
           np.random.seed(0)
           fig, ax = plt.subplots(1, 2, figsize=(11, 4))
           ax[0].hist(np.random.randn(1000))
           for i in range(3):
               ax[1].plot(np.random.rand(10))
           ax[1].legend(['a', 'b', 'c'], loc='lower left')
```

이 함수를 이용해 다양한 기본 스타일을 사용할 때 이 플롯이 어떻게 보이는지 확인해 보겠다.

기본 스타일

기본 스타일은 이 책에서 지금까지 봤다. 이 스타일부터 보자. 우선 런타임 설정을 노트북 기본값으로 초기화한다.

```
In[10]: # rcParams 초기화
        plt.rcParams.update(IPython_default);
```

이제 플롯이 어떻게 보이는지 확인하자(그림 4-85).

```
In[11]: hist_and_lines()
```

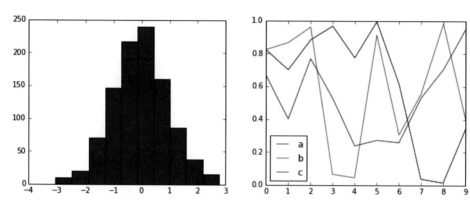

그림 4-85. Matplotlib 기본 스타일

FiveThirtyEight 스타일

FiveThirtyEight 스타일은 인기 있는 웹사이트인 FiveThirtyEight의 그래픽 디자인을 모방한다. 그림 4-86에서 볼 수 있듯이 원색의 굵은 선, 투명한 축을 특징으로 한다.

```
In[12]: with plt.style.context('fivethirtyeight'):
            hist_and_lines()
```

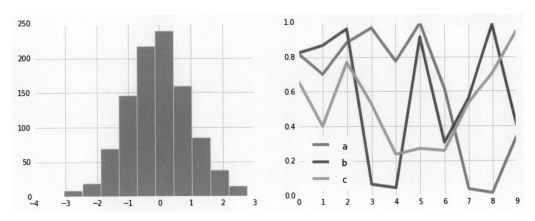

그림 4-86. FiveThirtyEight 스타일

ggplot 스타일

R 언어의 ggplot 패키지는 매우 유명한 시각화 도구다. Matplotlib의 ggplot 스타일은 해당 패키지의 기본 스타일을 본뜬 것이다(그림 4-87).

```
In[13]: with plt.style.context('ggplot'):
            hist_and_lines()
```

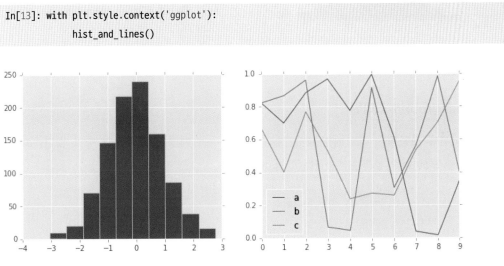

그림 4-87. ggplot 스타일

Bayesian Methods for Hackers 스타일

『Probabilistic Programming and Bayesian Methods for Hackers(해커들을 위한 확률 프로그래밍과 베이지안 기법)』라는 짧지만 훌륭한 온라인 책이 있다. 여기에는 Matplotlib으로 작성한 그림이 삽입돼 있으며, 책 전체에서 일관성 있고 시각적으로 매력적인 스타일을 만드는 훌륭한 rc 매개변수를 사용한다. 이 스타일이 bmh 스타일시트로 재탄생했다(그림 4-88).

```
In[14]: with plt.style.context('bmh'):
            hist_and_lines()
```

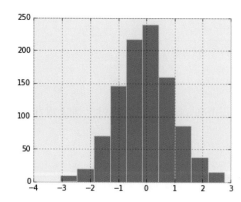
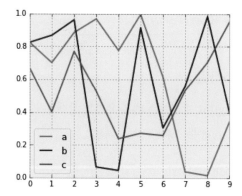

그림 4-88. bmh 스타일

Dark background 스타일

프레젠테이션에 사용되는 그림에는 밝은 배경보다 어두운 배경이 효과적일 때가 많다. dark_background 스타일이 이 효과를 제공한다(그림 4-89).

```
In[15]: with plt.style.context('dark_background'):
            hist_and_lines()
```

---

1   http://camdavidsonpilon.github.io/Probabilistic-Programming-and-Bayesian-Methods-for-Hackers/

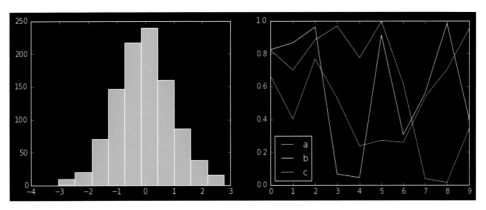

그림 4-89. dark_background 스타일

Grayscale 스타일

때에 따라서는 흑백 출력용 그림을 준비해야 할 수도 있다. 이러한 경우에는 그림 4-90의 grayscale 스타일이 매우 유용하다.

```
In[16]: with plt.style.context('grayscale'):
            hist_and_lines()
```

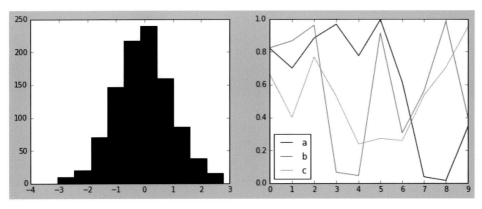

그림 4-90. grayscale 스타일

Seaborn 스타일

Matplotlib은 Seaborn 라이브러리(343쪽 'Seaborn을 활용한 시각화'에서 더 자세히 논의)에서 영감을 받은 스타일시트도 가지고 있다. 앞으로 보겠지만, 이 스타일은 노트북에 Seaborn을 임포트할 때 자

동으로 적재된다. 개인적으로 이 설정이 훌륭하다고 생각해서 데이터 탐색 시 그것을 기본값으로 자주
사용한다(그림 4-91).

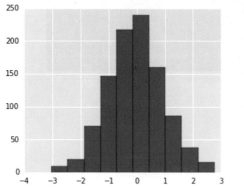
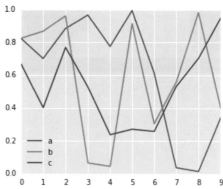

그림 4-91. Seaborn의 플로팅 스타일

다양한 플롯 스타일을 위한 기본 옵션을 모두 활용하면 대화형 시각화와 출판용 그림을 만드는 작업 모
두에서 Matplotlib이 훨씬 더 유용해진다. 이 책에서는 플롯을 생성할 때 일반적으로 이 스타일 규칙 중
하나 이상을 사용할 것이다.

Matplotlib에서 3차원 플로팅하기

원래 Matplotlib은 2차원 플로팅만 염두에 두고 설계됐다. 1.0 버전이 출시될 즈음에 Matplotlib의 2
차원 디스플레이를 기반으로 몇 개의 3차원 플로팅 유틸리티가 구축됐고, 그 결과 3차원 데이터 시각화
를 위한 다소 제한적이지만 편리한 도구 집합을 얻게 됐다. 메인 Matplotlib 설치본에 포함된 `mplot3d`
툴킷을 임포트해서 3차원 플롯을 만들 수 있다(그림 4-92).

```
In[1]: from mpl_toolkits import mplot3d
```

이 서브모듈을 임포트하고 나면 일반 축 생성 루틴에 `projection='3d'` 키워드를 전달해서 3차원 축을
만들 수 있다.

```
In[2]: %matplotlib inline
       import numpy as np
       import matplotlib.pyplot as plt

In[3]: fig = plt.figure()
       ax = plt.axes(projection='3d')
```

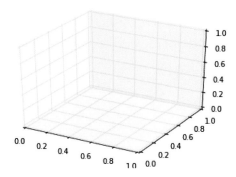

그림 4-92. 빈 3차원 축

3D 축을 만들었으니 이제 다양한 3차원 플롯 유형을 플로팅할 수 있다. 3차원 플로팅은 노트북에서 정적이 아니라 대화식으로 그림을 볼 수 있다는 특징 덕에 엄청난 이익을 얻는 기능 중 하나다. 대화식 그림을 사용하려면 이 코드를 실행할 때 **%matplotlib inline**이 아닌 **%matplotlib notebook**을 사용하면 된다는 사실을 기억하자.

3차원 점과 선

가장 기본적인 3차원 플롯은 (x, y, z) 트리플 집합으로부터 만들어지는 선이나 산점도다. 앞에서 논의한 좀 더 보편적인 2차원 플롯과 유사하게 **ax.plot3D**와 **ax.scatter3D** 함수를 사용해 3차원 플롯을 만들 수 있다. 이 함수에 대한 호출 시그니처는 그에 대응하는 2차원 함수와 거의 똑같아서 최종 결과를 제어하는 것에 관한 자세한 정보는 259쪽 '간단한 라인 플롯'과 269쪽 '간단한 산점도'를 참고하면 된다. 여기서는 삼각함수 나선을 그린 후 선 근처에 무작위로 점을 함께 그릴 것이다(그림 4-93).

```
In[4]: ax = plt.axes(projection='3d')

       # 3차원 선을 위한 데이터
       zline = np.linspace(0, 15, 1000)
       xline = np.sin(zline)
       yline = np.cos(zline)
        ax.plot3D(xline, yline, zline, 'gray')
```

```
# 3차원 산점도를 위한 데이터
zdata = 15 * np.random.random(100)

xdata = np.sin(zdata) + 0.1 * np.random.randn(100)

ydata = np.cos(zdata) + 0.1 * np.random.randn(100)

ax.scatter3D(xdata, ydata, zdata, c=zdata, cmap='Greens');
```

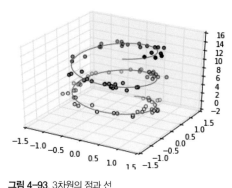

그림 4-93. 3차원의 점과 선

기본적으로 산포된 점은 페이지 상에서 깊이감이 느껴지도록 투명도를 조정했다. 3차원 효과를 정적인 이미지에서는 보기 어려울 때도 있지만, 대화식 보기에서는 점의 배치에 대한 훌륭한 직관을 얻을 수 있다.

3차원 등고선 플롯

277쪽 '밀도 플롯과 등고선 플롯'에서 살펴본 등고선 플롯과 마찬가지로 mplot3d에는 같은 입력값을 사용해 3차원으로 고저를 나타내는 플롯을 만드는 도구들이 있다. 2차원 ax.contour 플롯과 비슷하게 ax.contour3D도 모든 입력 데이터가 2차원 정규 그리드 형태여야 하고 각 점에서 평가된 Z 데이터를 가져야 한다. 여기서는 3차원 사인 함수처럼 생긴 3차원 등고선 다이어그램을 살펴보겠다(그림 4-94).

```
In[5]: def f(x, y):
          return np.sin(np.sqrt(x ** 2 + y ** 2))

    x = np.linspace(-6, 6, 30)
    y = np.linspace(-6, 6, 30)

    X, Y = np.meshgrid(x, y)
    Z=f(X,Y)
```

```
In[6]: fig = plt.figure()
       ax = plt.axes(projection='3d')
       ax.contour3D(X, Y, Z, 50, cmap='binary')
       ax.set_xlabel('x')
       ax.set_ylabel('y')
       ax.set_zlabel('z');
```

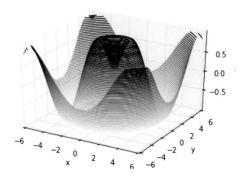

그림 4-94. 3차원 등고선 그림

때로는 기본 시야각이 적절하지 않을 수 있는데, 이 경우 view_init 메서드를 사용해 고도와 방위각을 설정할 수 있다. 이 예제(그 결과는 그림 4-95에 있다)에서는 고도 60도(즉, x-y 평면 위로 60도)와 방위각 35도(즉, z 축을 기준으로 시계 반대 방향으로 35도 회전)를 사용할 것이다.

```
In[7]: ax.view_init(60, 35)
       fig
```

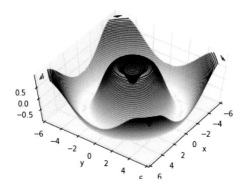

그림 4-95. 3차원 플롯의 시야각 조정

다시 말하지만, Matplotlib의 대화형 백엔드 중 하나를 사용하면 마우스 클릭과 드래그로 이러한 유형의 전환을 대화식으로 수행할 수 있다.

와이어프레임과 표면도

그리드 데이터 상에서 작동하는 또 다른 유형의 3차원 플롯으로 와이어프레임(wireframe)과 표면도가 있다. 이것들은 값의 그리드를 취해서 지정된 3차원 표면에 사영함으로써 3차원 형태의 결과를 아주 쉽게 시각화할 수 있다. 다음은 와이어프레임을 사용한 예제다(그림 4-96).

```
In[8]: fig = plt.figure()
       ax = plt.axes(projection='3d')
       ax.plot_wireframe(X, Y, Z, color='black')
       ax.set_title('wireframe');
```

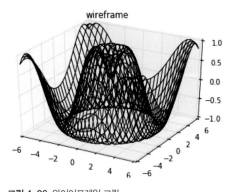

그림 4-96. 와이어프레임 그림

표면도는 와이어프레임 그림과 비슷하지만 와어어프레임의 각 면이 다각형으로 채워져 있다. 채워진 다각형에 색상 지도를 추가하면 시각화된 표면의 위상(topology)을 파악할 수 있다(그림 4-97).

```
In[9]: ax = plt.axes(projection='3d')
       ax.plot_surface(X, Y, Z, rstride=1, cstride=1,
                       cmap='viridis', edgecolor='none')
       ax.set_title('surface');
```

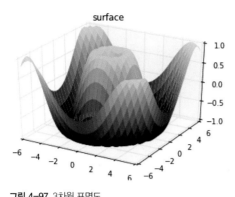

그림 4-97. 3차원 표면도

표면도를 위한 값 그리드는 2차원이어야 하지만 직선일 필요는 없다. 이번에는 surface3D 그림과 함께 사용할 때 시각화하는 함수에 슬라이스를 줄 수 있는 부분 극좌표 그리드(partial polar grid)를 만드는 예제를 보자(그림 4-98).

```
In[10]: r = np.linspace(0, 6, 20)
        theta = np.linspace(-0.9 * np.pi, 0.8 * np.pi, 40)
        r, theta = np.meshgrid(r, theta)

        X = r * np.sin(theta)
        Y = r * np.cos(theta)
        Z=f(X,Y)

        ax = plt.axes(projection='3d')
        ax.plot_surface(X, Y, Z, rstride=1, cstride=1,
                        cmap='viridis', edgecolor='none');
```

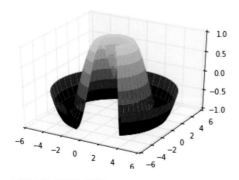

그림 4-98. 극좌표 표면도

표면 삼각측량법

어떤 애플리케이션에서는 앞의 루틴들이 필요로 하는 균일하게 샘플링된 그리드가 과하게 제한적이며 불편할 때가 있다. 이러한 상황에서는 삼각측량법 기반의 플롯이 매우 유용할 수 있다. 직교 좌표계나 극 좌표 그리드에서 균일하게 추출하는 대신 무작위로 추출하면 어떻게 될까?

```
In[11]: theta = 2 * np.pi * np.random.random(1000)
        r = 6 * np.random.random(1000)
        x = np.ravel(r * np.sin(theta))
        y = np.ravel(r * np.cos(theta))
        z = f(x, y)
```

샘플링한 표면에 대한 아이디어를 얻기 위해 점으로 산점도를 만들었다(그림 4-99).

```
In[12]: ax = plt.axes(projection='3d')
        ax.scatter(x, y, z, c=z, cmap='viridis', linewidth=0.5);
```

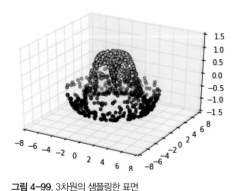

그림 4-99. 3차원의 샘플링한 표면

이 플롯은 아쉬운 점이 많다. 이 경우에는 인접한 점들 사이에 형성된 삼각형 집합을 먼저 구해 표면을 구성하는 ax.plot_trisurf 함수가 도움이 된다(결과는 그림 4-100에서 볼 수 있다. x, y, z가 1차원 배열이라는 점을 기억하라).

```
In[13]: ax = plt.axes(projection='3d')
        ax.plot_trisurf(x, y, z, cmap='viridis', edgecolor='none');
```

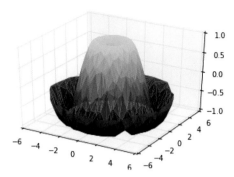

그림 4-100. 삼각측량된 표면도

결과가 확실히 그리드로 그린 것만큼 분명하게 보이지는 않지만, 삼각측량의 유연성 덕분에 몇 가지 정말 흥미로운 3차원 그림을 그릴 수 있다. 예를 들어, 실제로 이것을 활용해 3차원 뫼비우스 띠를 그릴 수 있다. 자세한 내용은 다음 절에서 확인할 수 있다.

예제: 뫼비우스 띠 시각화하기

뫼비우스 띠는 종이 띠의 양 끝을 비틀어서 붙인 것과 같다. 이 띠는 그 모양에도 불구하고 위상학적으로는 한 면만 가지고 있어 매우 흥미롭다! 여기서는 Matplotlib의 3차원 도구를 활용해 이 객체를 시각화해 보겠다. 뫼비우스의 띠를 만드는 핵심은 어떻게 모수화할지 고민하는 데 있다. 2차원 띠이므로 두 개의 고유 차원이 필요하다. 그것들을 고리의 주위를 두르는 0부터 2π까지의 범위를 가지는 θ와 띠의 폭으로 -1부터 1까지 범위를 가지는 ω라고 부르자.

```
In[14]: theta = np.linspace(0, 2 * np.pi, 30)
        w = np.linspace(-0.25, 0.25, 8)
        w, theta = np.meshgrid(w, theta)
```

이제 이 모수화로부터 내장된 띠의 (x, y, z) 위치를 결정해야 한다. 이에 대해 생각하다 보면 두 번의 회전이 발생한다는 것을 깨닫게 될 것이다. 하나는 중심에 대한 고리의 위치고(이것이 θ다) 다른 하나는 축을 중심으로 한 띠의 꼬임이다(이것을 ϕ라고 할 것이다). 뫼비우스 띠의 경우 전체 고리에서 띠가 반만 꼬이게 하거나 $\Delta\phi = \Delta\theta/2$가 되게 해야 한다.

```
In[15]: phi = 0.5 * theta
```

이번에는 3차원 임베딩을 도출하기 위해 삼각법을 사용할 것이다. r을 중심으로부터 각 점 사이의 거리로 정의하고 이것을 이용해 임베딩된 (x, y, z) 좌표를 구할 것이다.

```
In[16]: # x-y 평면의 반지름
        r = 1 + w * np.cos(phi)

        x = np.ravel(r * np.cos(theta))
        y = np.ravel(r * np.sin(theta))
        z = np.ravel(w * np.sin(phi))
```

객체를 그리려면 삼각측량이 정확해야 한다. 가장 좋은 방법은 삼각측량법을 기본 모수화 내에 정의하고 Matplotlib이 그 삼각측량을 뫼비우스 띠의 3차원 공간에 사영하게 하는 것이다. 다음 코드를 활용하면 된다(그림 4-101).

```
In[17]: # 기본 모수화에서 삼각 측량법 정의
        from matplotlib.tri import Triangulation
        tri = Triangulation(np.ravel(w), np.ravel(theta))

        ax = plt.axes(projection='3d')
        ax.plot_trisurf(x, y, z, triangles=tri.triangles, cmap='viridis', linewidths=0.2);

        ax.set_xlim(-1, 1); ax.set_ylim(-1, 1); ax.set_zlim(-1, 1);
```

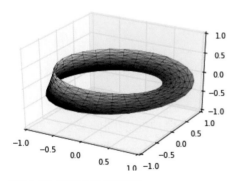

그림 4-101. 뫼비우스 띠 시각화하기

이 기법을 모두 결합하면 Matplotlib에서 매우 다양한 3차원 객체와 패턴을 만들고 표시할 수 있다.

Seaborn을 활용한 시각화

Matplotlib이 대단히 유용하고 보편적으로 사용하는 시각화 도구라는 것은 판명됐지만, 이 도구의 열렬한 팬들조차도 아쉬운 점이 많다는 점은 인정한다. Matplotlib에 대한 주요 불만 사항을 정리하면 다음과 같다.

- 버전 2.0 이전에는 Matplotlib의 기본 설정이 최선의 선택이 아니다. 그것은 1999년경 MATLAB을 기반으로 하고 있으며 종종 그 연식이 드러난다.

- Matplotlib의 API는 비교적 저수준이다. 복잡한 통계 시각화를 할 수는 있지만 종종 수많은 상용구 코드가 필요하다.

- Matplotlib은 Pandas보다 10년 이상 앞서 개발됐기 때문에 Pandas DataFrame과 함께 사용할 수 있게 설계돼 있지 않다. Pandas DataFrame 데이터를 시각화하려면 각 Series를 추출하고 그것들을 적절한 형태로 연결해야 하는 경우가 많다. 플롯에 DataFrame 레이블을 똑똑하게 사용할 수 있는 플로팅 라이브러리가 필요하다.

이러한 문제에 대한 해답이 바로 Seaborn[2]이다. Seaborn은 적절한 플롯 스타일과 색상 기본값을 제공하고 일반적인 통계 플롯 유형을 위한 간단한 고차원 함수를 정의하며 Pandas DataFrame이 제공하는 기능과 통합하는 API를 Matplotlib 위에 제공한다.

오해가 없도록 Matplotlib 팀도 이를 해결하고 있다는 점을 밝혀둔다. 최근 plt.style 도구(325쪽 'Matplotlib 맞춤변경하기: 설정과 스타일시트' 참고)가 추가됐고 Pandas 데이터를 더 완벽하게 처리하기 시작했다. 그러나 바로 앞에서 말한 이유로 Seaborn은 여전히 매우 유용한 애드온 패키지다.

관례상 Seaborn은 sns로 임포트된다.

```
In [1]: %matplotlib inline
        import matplotlib.pyplot as plt
        import seaborn as sns
        import numpy as np
        import pandas as pd

        sns.set()  # 차트 스타일을 설정하는 seaborn 메서드
```

---

2 http://seaborn.pydata.org

Seaborn 플롯 탐색하기

Seaborn의 주요 목적은 통계 데이터 탐색과 몇 가지 통계 모델 적합에 유용한 다양한 플롯 유형을 생성할 수 있도록 고차원 명령어를 제공하는 것이다.

Seaborn에서 사용할 수 있는 데이터세트와 플롯 유형을 몇 가지 살펴보자. 다음에 나오는 내용은 모두 Matplotlib의 원시 명령어를 사용해도 되지만(사실상 내부적으로는 Seaborn이 수행하는 것이다), Seaborn API가 훨씬 더 편리하다.

히스토그램, KDE, 밀도

대체로 통계 데이터 시각화에서 하고자 하는 바는 히스토그램과 변수의 결합 분포(joint distribution)를 그리는 것이다(그림 4-102).

```
In[2]: data = np.random.multivariate_normal([0, 0], [[5, 2], [2, 2]], size=2000)
       data = pd.DataFrame(data, columns=['x', 'y'])
       for col in 'xy':
           plt.hist(data[col], density=True, alpha=0.5)
```

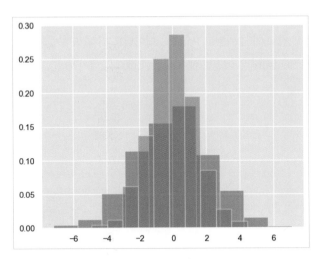

그림 4-102. 분포를 시각화하기 위한 히스토그램

단순히 히스토그램을 시각적 출력으로 제공하는 대신, 커널 밀도 추정(533쪽 '심화 학습: 커널 밀도 추정' 참고)을 사용하여 분포를 부드럽게 추정할 수 있으며, Seaborn은 `sns.kdeplot`으로 이를 수행한다(그림 4-103 참조).

```
In [3]: sns.kdeplot(data=data, fill=True);
```

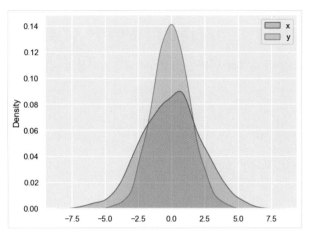

그림 4-103. 분포 시각화를 위한 커널 밀도 추정치

x 및 y 열을 kdeplot에 전달하면 대신 2차원으로 시각화된 결합 밀도를 얻을 수 있다(그림 4-104 참조).

```
In [4]: sns.kdeplot(data=data, x='x', y='y');
```

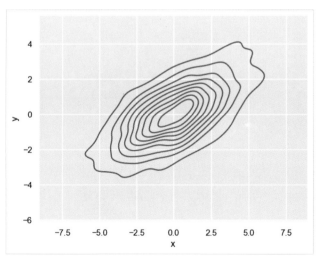

그림 4-104. 2차원 커널 밀도 그래프

이 단원 뒷부분에서 살펴볼 sns.jointplot을 사용하여 결합 분포와 주변 분포를 함께 확인할 수 있다.

페어 플롯

큰 차원의 데이터세트에 결합 플롯을 일반화할 때는 결국 **페어 플롯**(pair plot)을 사용한다. 이 방식은 다차원 데이터에서 모든 쌍의 값을 서로 플로팅하고자 하는 경우 상관관계를 탐색하기에 매우 유용하다.

세 가지 붓꽃 종의 꽃잎과 꽃받침 측정치를 나열한 유명한 붓꽃(Iris) 데이터세트를 사용해 예를 들 것이다.

```
In[5]: iris = sns.load_dataset("iris")
       iris.head()
Out[5]:      sepal_length  sepal_width  petal_length  petal_width  species
        0             5.1          3.5           1.4          0.2   setosa
        1             4.9          3.0           1.4          0.2   setosa
        2             4.7          3.2           1.3          0.2   setosa
        3             4.6          3.1           1.5          0.2   setosa
        4             5.0          3.6           1.4          0.2   setosa
```

표본 사이의 다차원 관계를 시각화하는 것은 `sns.pairplot`을 호출하는 것만큼 쉽다(그림 4-105).

```
In[6]: sns.pairplot(iris, hue='species', height=2.5);
```

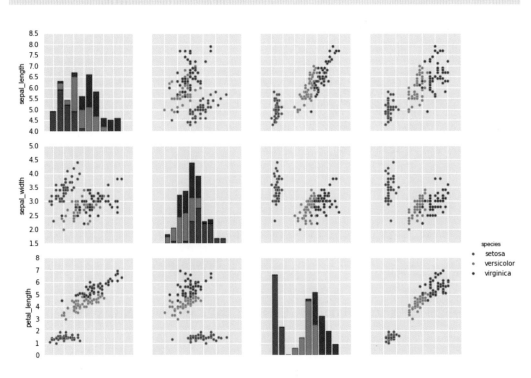

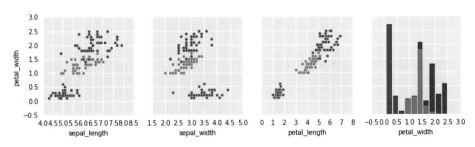

그림 4-105. 네 개의 변수 간의 관계를 보여주는 페어 플롯

다면 히스토그램

때때로 데이터를 보는 가장 좋은 방법은 부분 집합의 히스토그램을 통해 보는 것이다. Seaborn의 FacetGrid가 이 작업을 매우 간단하게 만들어준다. 다양한 지표 데이터를 기반으로 식당 직원이 받는 팁을 보여주는 데이터를 살펴보자(그림 4-106).

```
In[7]: tips = sns.load_dataset('tips')
       tips.head()
Out[7]:    total_bill  tip     sex smoker  day    time  size
       0        16.99  1.01  Female     No  Sun  Dinner     2
       1        10.34  1.66    Male     No  Sun  Dinner     3
       2        21.01  3.50    Male     No  Sun  Dinner     3
       3        23.68  3.31    Male     No  Sun  Dinner     2
       4        24.59  3.61  Female     No  Sun  Dinner     4
In[8]: tips['tip_pct'] = 100 * tips['tip'] / tips['total_bill']
       grid = sns.FacetGrid(tips, row="sex", col="time", margin_titles=True)
       grid.map(plt.hist, "tip_pct", bins=np.linspace(0, 40, 15));
```

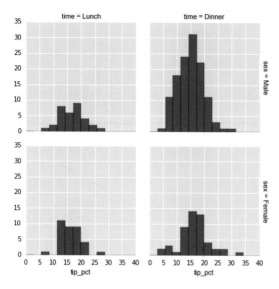

그림 4-106. 다면 히스토그램의 예

범주형 플롯

범주형 플롯 역시 이러한 종류의 시각화에 유용할 수 있다. 다음 그림에 있는 것처럼 범주형 플롯을 사용하면 다른 매개변수가 정의한 구간 내에서 매개변수의 분포를 볼 수 있다.

```
In [9]: with sns.axes_style(style='ticks'):
            g = sns.catplot(x="day", y="total_bill", hue="sex", data=tips, kind="box")
            g.set_axis_labels("Day", "Total Bill");
```

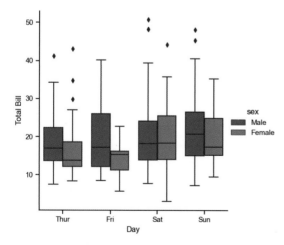

그림 4-107. 다양한 불연속형 요인이 주어졌을 때 분포를 비교하는 범주형 플롯의 예시

결합 분포

앞에서 본 페어 플롯과 유사하게 관련된 주변 분포와 함께 다양한 데이터세트 간의 결합 분포를 보여주는 데는 sns.jointplot을 사용할 수 있다(그림 4-108).

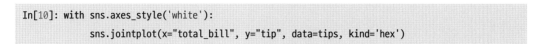

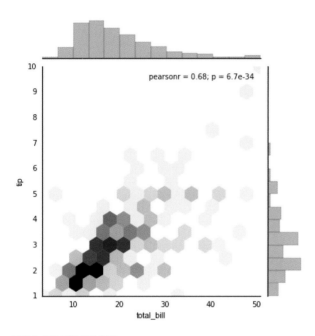

그림 4-108. 결합 분포 플롯

결합 플롯은 약간의 자동 커널 밀도 추정과 회귀 분석을 수행할 수도 있다(그림 4-109).

```
In[11]: sns.jointplot(x="total_bill", y="tip", data=tips, kind='reg');
```

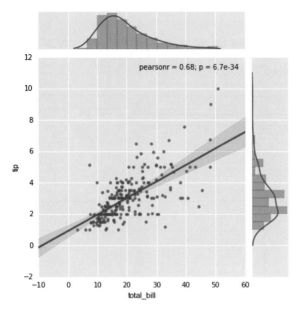

그림 4-109. 회귀모형 적합으로 그린 결합 분포 플롯

막대 플롯

시계열은 `sns.factorplot`으로 플로팅할 수 있다. 다음 예제에서는(그림 4-110 참고) 183쪽 '집계와 분류'에서 나왔던 행성 데이터를 사용하겠다.

```
In[12]: planets = sns.load_dataset('planets')
        planets.head()
Out[12]:            method  number  orbital_period   mass  distance  year
        0  Radial Velocity       1         269.300   7.10     77.40  2006
        1  Radial Velocity       1         874.774   2.21     56.95  2008
        2  Radial Velocity       1         763.000   2.60     19.84  2011
        3  Radial Velocity       1         326.030  19.40    110.62  2007
        4  Radial Velocity       1         516.220  10.50    119.47  2009
In[13]: with sns.axes_style('white'):
            g = sns.catplot(x="year", data=planets, aspect=2,
                            kind="count", color='steelblue')
            g.set_xticklabels(step=5)
```

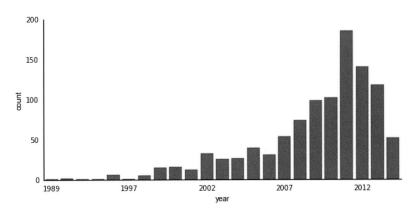

그림 4-110. 요인 플롯의 특별한 경우로 사용된 히스토그램

그림 4-111에서처럼 이 각각의 행성을 발견한 **방법**(method)을 살펴봄으로써 더 많은 사실을 알아낼 수 있다.

```
In[14]: with sns.axes_style('white'):
            g = sns.catplot(x="year", data=planets, aspect=4.0, kind='count',
                            hue='method', order=range(2001, 2015))
            g.set_ylabels('Number of Planets Discovered')
```

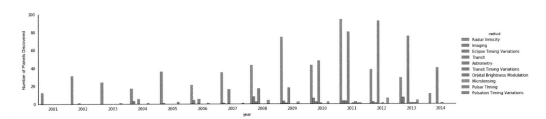

그림 4-111. 연도 및 유형별로 발견된 행성 수(전체 그림은 온라인 부록을 참고할 것)

Seaborn을 활용한 플로팅에 대한 더 많은 정보는 Seaborn 문서[3]와 튜토리얼[4], Seaborn 갤러리[5]를 참고한다.

---

3 http://seaborn.pydata.org

4 http://seaborn.pydata.org/tutorial.html

5 http://seaborn.pydata.org/examples/index.html

예제: 마라톤 완주 시간 탐색

이번에는 Seaborn을 사용해 마라톤 완주 결과를 시각화하고 이해해 보자. 예제에 사용할 데이터는 웹에서 스크랩한 뒤 합쳐서 개인 식별 정보를 제거한 다음 다운로드할 수 있도록 깃허브(GitHub)에 올려졌다. 먼저 데이터를 웹에서 다운로드해서 Pandas에 적재하자.

```
In[15]:
# url = ('https://raw.githubusercontent.com/jakevdp/'
#        'marathon-data/master/marathon-data.csv')
# !cd data && curl -O {url}
In[16]: data = pd.read_csv('data/marathon-data.csv')
        data.head()
Out[16]:    age gender    split    final
        0    33      M  01:05:38  02:08:51
        1    32      M  01:06:26  02:09:28
        2    31      M  01:06:49  02:10:42
        3    38      M  01:06:16  02:13:45
        4    31      M  01:06:32  02:13:59
```

기본적으로 Pandas는 시간 열을 파이썬 문자열(타입 object)로 적재한다. DataFrame의 dtypes를 보면 이를 확인할 수 있다.

```
In[17]: data.dtypes
Out[17]: age        int64
         gender    object
         split     object
         final     object
         dtype: object
```

시간 데이터 변환기를 제공해 이 문제를 해결해 보자.

```
In[18]: from datetime import timedelta
        def convert_time(s):
            h, m, s = map(int, s.split(':'))
            return datetime.timedelta(hours=h, minutes=m, seconds=s)
        data = pd.read_csv('data/marathon-data.csv',
                    converters={'split':convert_time, 'final':convert_time})
        data.head()
```

```
Out[18]:    age gender    split      final
         0   33       M 01:05:38  02:08:51
         1   32       M 01:06:26  02:09:28
         2   31       M 01:06:49  02:10:42
         3   38       M 01:06:16  02:13:45
         4   31       M 01:06:32  02:13:59
In[19]: data.dtypes
Out[19]: age                   int64
         gender               object
         split       timedelta64[ns]
         final       timedelta64[ns]
         dtype: object
```

훨씬 좋아졌다. 다음으로 Seaborn 플로팅을 목적으로 시간을 초로 제공하는 열을 추가하자.

```
In[20]: data['split_sec'] = data['split'].dt.total_seconds()
        data['final_sec'] = data['final'].dt.total_seconds()
        data.head()
Out[20]:    age gender    split      final  split_sec  final_sec
         0   33       M 01:05:38  02:08:51     3938.0     7731.0
         1   32       M 01:06:26  02:09:28     3986.0     7768.0
         2   31       M 01:06:49  02:10:42     4009.0     7842.0
         3   38       M 01:06:16  02:13:45     3976.0     8025.0
         4   31       M 01:06:32  02:13:59     3992.0     8039.0
```

이 데이터가 어떻게 보이는지 확인하려면 데이터에 jointplot을 플로팅하면 된다(그림 4-112).

```
In[21]: with sns.axes_style('white'):
            g = sns.jointplot(x="split_sec", y="final_sec", data=data, kind='hex')
            g.ax_joint.plot(np.linspace(4000, 16000),
                            np.linspace(8000, 32000), ':k')
```

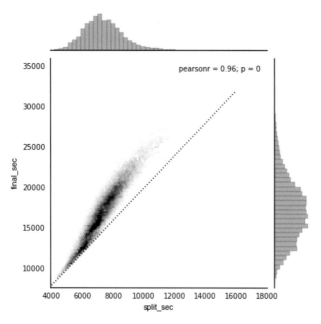

그림 4-112. 전반부 마라톤의 스플릿 시간과 전체 마라톤 완주 시간의 상관관계

점선은 완벽하게 일정한 속도로 마라톤을 달리는 경우에 시간이 어디에 기록되는지 보여준다. 예상했겠지만, 이 위에 놓인 분포를 보면 대부분의 사람이 마라톤 코스가 진행되면서 속도가 줄어드는 것을 알 수 있다. 경쟁적으로 달리는 사람이라면 정반대 방식을 따르는(경기 후반부에 더 빨리 달림) 사람들을 '네거티브 스플릿(negative-split)'으로 달린다고 하는 것을 알 것이다.

데이터에 각 주자가 네거티브 스플릿 주자인지 또는 포지티브 스플릿(positive-split) 주자인지의 정도를 측정하는 스플릿 정도(split fraction) 열을 만들어보자.

```
In[22]: data['split_frac'] = 1 - 2 * data['split_sec'] / data['final_sec']
        data.head()
```

Out[22]:

	age	gender	split	final	split_sec	final_sec	split_frac
0	33	M	0 days 01:05:38	0 days 02:08:51	3938.0	7731.0	-0.018756
1	32	M	0 days 01:06:26	0 days 02:09:28	3986.0	7768.0	-0.026262
2	31	M	0 days 01:06:49	0 days 02:10:42	4009.0	7842.0	-0.022443
3	38	M	0 days 01:06:16	0 days 02:13:45	3976.0	8025.0	0.009097
4	31	M	0 days 01:06:32	0 days 02:13:59	3992.0	8039.0	0.006842

이 스플릿 차이가 0보다 작은 사람은 그 수치만큼 네거티브 스플릿으로 달린다고 볼 수 있다. 이 스플릿 정도를 가지고 분포도를 그려보자(그림 4–113).

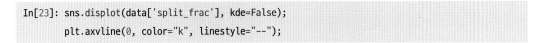

```
In[23]: sns.displot(data['split_frac'], kde=False);
        plt.axvline(0, color="k", linestyle="--");
```

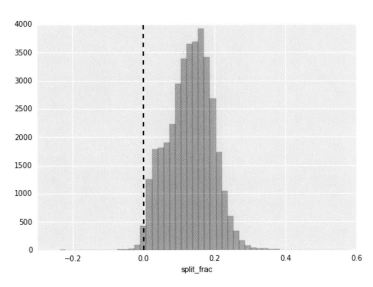

그림 4–113. 스플릿 정도의 분포. 0.0은 전반부와 후반부를 같은 시간으로 완주한 주자들을 가리킨다.

```
In [24]: sum(data.split_frac < 0)
Out[24]: 251
```

거의 40,000명의 참가자 중에 250명만 네거티브 스플릿으로 달렸다.

이 스플릿 정도와 다른 변수들 사이에 상관관계가 있는지 알아보자. 이를 위해 이 모든 상관관계 플롯을 그려주는 **pairgrid**를 사용하겠다(그림 4–114).

```
In[25]:
g = sns.PairGrid(data, vars=['age', 'split_sec', 'final_sec', 'split_frac'],
                 hue='gender', palette='RdBu_r')
g.map(plt.scatter, alpha=0.8)
g.add_legend();
```

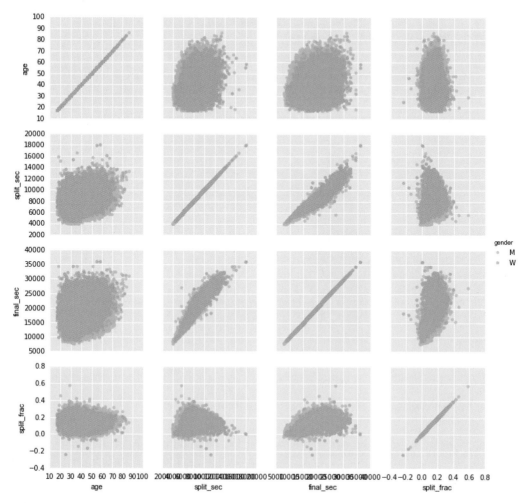

그림 4-114. 마라톤 데이터세트 내 수치 간의 관계

스플릿 정도가 나이와는 딱히 상관관계가 없지만 완주 시간과는 상관관계가 있어 보인다. 빠른 주자는 마라톤에서 이븐 스플릿(even-split)으로 달리는 경향이 더 높다(여기서 보면 플롯 스타일과 관련해서 특히 x 축 레이블이 겹치는 경우 Seaborn이 Matplotlib의 단점을 모두 해결할 수 있는 만병통치약은 아니라는 것을 볼 수 있다. 그러나 결과가 간단한 Matplotlib 플롯이기 때문에 원한다면 317쪽의 '눈금 맞춤 변경하기'의 방법을 사용해 조정할 수 있다).

여기서 남자와 여자 사이의 차이가 흥미롭다. 이 두 그룹의 스플릿 정도에 대한 히스토그램을 보자.

```
In[26]: sns.kdeplot(data.split_frac[data.gender=='M'], label='men', fill=True)
        sns.kdeplot(data.split_frac[data.gender=='W'], label='women', fill=True)
        plt.xlabel('split_frac');
```

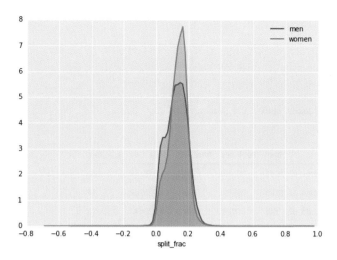

그림 4-115. 성별에 따른 스플릿 정도의 분포

여기서 흥미로운 것은 이븐 스플릿에 가깝게 달리는 사람은 여성보다 남성이 훨씬 더 많다는 점이다. 남성과 여성 사이가 일종의 이봉 분포(bimodal distribution)처럼 보이기도 한다. 분포를 나이의 함수로 살펴보면서 무슨 일이 일어나고 있는지 알아보자.

분포 비교에는 **바이올린 플롯**(violin plot)을 사용하는 것이 좋다(그림 4-116).

```
In[27]:
sns.violinplot(x="gender", y="split_frac", data=data,
               palette=["lightblue", "lightpink"]);
```

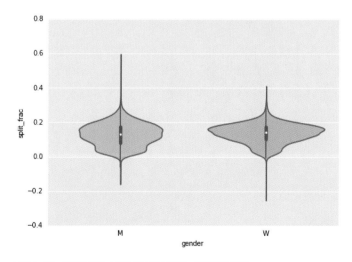

그림 4-116. 성별에 따른 스플릿 정도를 보여주는 바이올린 플롯

이것은 남성과 여성의 분포를 비교하는 또 다른 방법이다.

좀 더 깊이 들어가 나이 함수로 이 바이올린 플롯을 비교하자. 먼저 배열에 각 사람의 나이를 10살 단위로 지정하는 새 열을 만들자(그림 4-117).

```
In[28]: data['age_dec'] = data.age.map(lambda age: 10 * (age // 10))
        data.head()
Out[28]:
```

	age	gender	split	final	split_sec	final_sec	split_frac	age_dec
0	33	M	0 days 01:05:38	0 days 02:08:51	3938.0	7731.0	-0.018756	30
1	32	M	0 days 01:06:26	0 days 02:09:28	3986.0	7768.0	-0.026262	30
2	31	M	0 days 01:06:49	0 days 02:10:42	4009.0	7842.0	-0.022443	30
3	38	M	0 days 01:06:16	0 days 02:13:45	3976.0	8025.0	0.009097	30
4	31	M	0 days 01:06:32	0 days 02:13:59	3992.0	8039.0	0.006842	30

```
In[29]:
        men = (data.gender == 'M')
        women = (data.gender == 'W')

        with sns.axes_style(style=None):
            sns.violinplot(x="age_dec", y="split_frac", hue="gender", data=data,
                           split=True, inner="quartile",
                           palette=["lightblue", "lightpink"]);
```

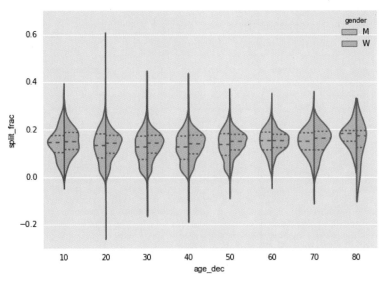

그림 4-117. 성별과 나이에 따른 스플릿 정도를 보여주는 바이올린 플롯

이 플롯을 보면 남성과 여성의 분포가 어디서 달라지는지 알 수 있다. 즉, 20대와 50대에서 남성의 스플릿 분포가 같은 연령대(또는 이 문제에 관한 한 모든 연령대)의 여성과 비교했을 때 낮은 스플릿에서 밀도가 확연히 더 높음을 볼 수 있다.

또한, 놀랍게도 80대 여성은 스플릿 시간 면에서 **모든 사람**을 능가하는 것처럼 보인다. 이것은 아마 그 범위에 해당하는 주자가 몇 안 되어서 적은 양의 데이터로 분포를 추정했기 때문일 것이다.

```
In[30]: (data.age > 80).sum()
Out[30]: 7
```

네거티브 스플릿으로 달리는 남성 이야기로 돌아가 보자. 이 주자들은 누구인가? 이 스플릿 정도가 빨리 완주하는 것과 관계가 있는가? 그 답은 매우 쉽게 플로팅할 수 있다. `regplot`을 사용해 데이터에 선형 회귀 모형을 자동으로 적합시킬 것이다(그림 4-118).

```
In[31]: g = sns.lmplot(x='final_sec', y='split_frac', col='gender', data=data,
                       markers=".", scatter_kws=dict(color='c'))
        g.map(plt.axhline, y=0.1, color="k", ls=":");
```

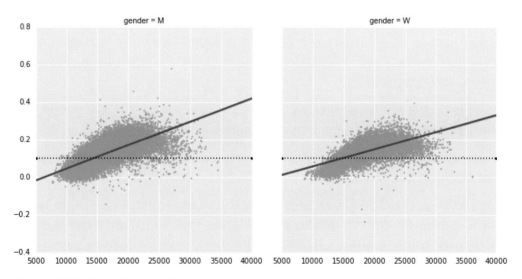

그림 4-118. 성별에 따른 스플릿 정도 vs. 완주 시간

확실히 빠른 스플릿으로 달리는 사람은 ~15,000초, 즉 약 4시간 이내에 완주하는 엘리트 주자다. 그보다 느린 사람은 두 번째 스플릿에서 빠를 가능성이 훨씬 작다.

추가 자료

책의 한 단원 분량으로 Matplotlib에서 사용할 수 있는 모든 기능과 플롯 유형을 다루는 것은 불가능하다. 지금까지 살펴본 다른 패키지와 마찬가지로 IPython의 탭 완성과 도움말 기능(4쪽 'IPython의 도움말과 문서')을 자유롭게 이용하면 Matplotlib의 API를 탐색할 때 매우 유용하다. 그 밖에도 Matplotlib의 온라인 문서[6]가 유용한 참고 자료가 될 수 있다. 특히 그 페이지에 링크로 연결된 Matplotlib 갤러리를 참고한다. 거기에서 수백 개의 다양한 플롯 유형의 섬네일을 볼 수 있는데, 각 섬네일은 그것을 만드는 데 사용한 파이썬 코드가 있는 페이지로 연결된다. 이 방식으로 매우 다양한 플로팅 스타일과 시각화 기법에 대해 시각적으로 확인하고 배울 수 있다.

책 한 권 분량의 Matplotlib 사용 설명서로 Matplotlib의 핵심 개발자인 벤 루트(Ben Root)가 쓴 『Interactive Applications Using Matplotlib』(Packt Publishing, 2015)을 추천한다.

기타 파이썬 그래픽 라이브러리

Matplotlib이 가장 중요한 파이썬 시각화 라이브러리이기는 하지만 배워볼 가치가 있는 다른 최신 도구도 있다. 그중 몇 가지를 간단히 정리하면 다음과 같다.

- Bokeh(http://bokeh.pydata.org/en/latest/)는 매우 큰 스트리밍 데이터세트를 처리할 수 있는 고도의 대화식 시각화를 생성하는 파이썬 프런트엔드가 탑재된 자바스크립트 시각화 라이브러리다. 파이썬 프런트엔드는 Bokeh JS 엔진이 해석할 수 있는 JSON 자료구조를 만들어낸다.

- Plotly(https://plot.ly)는 Plotly사의 동명의 오픈소스 제품으로, Bokeh와 사상적으로 유사하다. Plotly는 스타트업의 주 제품이라서 개발 노력을 상당한 수준으로 들이고 있다. 이 라이브러리는 완전히 무료로 사용할 수 있다.

- HoloViews(https://holoviews.org)는 더욱 선언적이고 통합된 API로, Bokeh 및 Matplotlib을 비롯한 다양한 백엔드에서 차트를 생성할 수 있다.

- Vega(https://vega.github.io)와 Vega-Lite(https://vega.github.io/vega-lite/)는 선언적 그래픽 표현 방식으로, 데이터 시각화의 기본 언어에 대해 수년간 연구한 결과물이다. 참조 렌더링 구현체는 자바스크립트로 구현됐지만 API는 언어에 구속받지 않는다. Altair 패키지(https://altair-viz.github.io)에는 개발 중인 파이썬 API가 있다. 아직 성숙 단계에 들어서지는 못했지만 파이썬과 다른 언어에서의 시각화를 위한 일반적인 기준점을 제공할 가능성이 있어 매우 기대된다.

---

6 http://matplotlib.org

파이썬 세계의 시각화 환경은 끊임없이 진화하고 있으며, 이 책이 출판될 즈음에는 이 목록이 구식이 될 수도 있을 것으로 예상한다. 게다가 파이썬은 매우 다양한 영역에서 사용되기 때문에 좀 더 구체적인 유스케이스를 위해 제작된 다른 시각화 도구도 많을 것이다. 모든 시각화 도구를 일일이 추적하는 것은 어렵겠지만, 다양한 시각화 도구에 대한 튜토리얼과 예제를 제공하는 커뮤니티 중심 오픈 사이트인 PyViz(https://pyviz.org)는 이러한 다양한 시각화 도구에 대해 배울 수 있는 좋은 리소스다.

05장

머신러닝

마지막 5장에서는 주로 Python의 Scikit-Learn 패키지(http://scikit-learn.org)를 통해 머신러닝이라는 매우 광범위한 주제를 소개한다. 머신러닝은 프로그램이 데이터세트에서 특정 패턴을 감지하여 데이터로부터 추론을 도출하기 위해 데이터를 '학습'할 수 있게 해주는 알고리즘 클래스라고 생각할 수 있다. 이 단원의 내용은 머신러닝 분야에 대한 포괄적인 소개를 위한 것이 아니다. 머신러닝은 방대한 주제이며 여기서 다루는 것보다 더 기술적인 접근이 필요하다. 또한 이 단원의 내용은 Scikit-Learn 패키지를 사용하기 위한 포괄적인 매뉴얼도 아니다(이에 대해서는 555쪽 '머신러닝 관련 추가 자료'의 내용 참조). 이 단원의 목표는 다음과 같다.

- 머신러닝의 기본적인 용어와 개념을 소개한다.
- Scikit-Learn API를 소개하고 그 용례를 보여준다.
- 몇 가지 가장 중요한 머신러닝 접근법에 대해서는 세부 사항까지 깊이 있게 알아보고 그것들이 어떻게 동작하고 언제, 어디에 적용될 수 있는지에 대한 직관을 키운다.

이 자료 대부분은 PyCon, SciPy, Pasta 및 기타 콘퍼런스에서 여러 차례 강연한 Scikit-Learn 튜토리얼과 워크숍에서 가져온 것이다. 이어지는 설명의 명확성은 모두 수년 동안 이 자료에 대해 귀중한 피드백을 주신 많은 워크숍 참가자와 공동 강사들 덕분이다!

머신러닝이란 무엇인가?

다양한 머신러닝 방법을 자세히 살펴보기 전에 머신러닝이 무엇이고 무엇이 아닌지를 먼저 짚고 넘어가자. 머신러닝은 종종 인공 지능의 하위 분야로 분류되지만, 개인적으로 이 분류가 처음 머신러닝을 접하는 사람에게는 오해를 불러일으킬 소지가 있다고 생각한다. 머신러닝에 대한 연구가 이 맥락에서 시작된 것은 확실하지만, 머신러닝 방법을 데이터 과학에 응용하는 경우에는 머신러닝을 **데이터 모델을 구축**하는 하나의 수단으로 이해하는 게 좀 더 도움될 것이다.

근본적으로 머신러닝은 데이터를 이해하기 위해 수학적 모델을 구축하는 것과 관련이 있다. '학습(Learning)'은 그 모델에 관측 데이터에 적응시킬 수 있는 **조정 가능한 모수(parameter)**를 제공할 때 논란이 된다. 이런 방식으로 프로그램이 데이터로부터 '학습'하는 것으로 생각할 수 있기 때문이다. 이 모델이 이전에 본 데이터에 적합하면 그 모델을 이용해 여러 면에서 새로 관측된 데이터를 이해하고 예측할 수 있다. 이러한 수학적 모델 기반의 '학습'이 인간의 뇌에서 보이는 '학습'과 어느 정도 유사한지에 대한 철학적 논의는 독자의 몫으로 남겨두겠다.

머신러닝에서는 문제 설정을 이해하는 것이 이러한 도구를 효과적으로 사용하는 데 필수적이므로 우선 앞으로 논의할 접근법의 유형을 크게 나눠보겠다.

머신러닝의 범주

가장 기본적인 수준에서 머신러닝은 지도 학습(supervised learning)과 비지도 학습(unsupervised learning)의 두 가지 주요 유형으로 나뉜다.

지도 학습은 데이터의 측정된 특징(feature)과 데이터와 관련된 레이블(label) 사이의 관계를 모델링하는 것이다. 따라서 이 모델이 결정되고 나면 그것을 이용해 알려지지 않은 새 데이터에 레이블을 적용할 수 있다. 이것은 다시 **분류(classification)**와 **회귀(regression)** 작업으로 나뉜다. 분류에서는 레이블이 이산적인 범주인 반면, 회귀에서 레이블은 연속적인 수량이다. 다음 절에서 지도 학습의 이 두 가지 유형에 대한 예를 살펴보겠다.

비지도 학습은 레이블을 참조하지 않고 데이터세트의 특징을 모델링하는 것으로, 종종 '데이터세트가 스스로 말하게 하는 것'이라고 설명하기도 한다. 이 모델은 **군집화(clustering)**와 **차원 축소(dimensionality reduction)** 같은 작업을 포함한다. 군집화 알고리즘은 데이터의 개별 그룹을 식별하는 반면, 차원 축소 알고리즘은 데이터를 좀 더 간결하게 표현하는 방법을 찾는다. 다음 절에서 비지도 학습의 두 유형의 예를 소개한다.

이 밖에도 지도 학습과 비지도 학습 중간에 속하는 **준지도 학습**(semi-supervised learning)이라는 기법이 있다. 준지도 학습 기법은 사용할 수 있는 레이블이 불완전할 때만 유용하다.

머신러닝 응용의 정성적 사례

이 개념을 좀 더 구체화하기 위해 머신러닝 작업의 매우 간단한 예제를 몇 가지 살펴보자. 이 예제는 이번 장에서 살펴볼 머신러닝 작업의 유형에 대한 직관적이며 비정량적인 개요를 제공하기 위한 것이다. 뒤에서 특정 모델과 그것들을 사용하는 방법에 관해 더 깊이 있게 배울 것이다. 이에 대한 좀 더 기술적인 측면을 미리 보고 싶다면 온라인 부록¹에서 그림을 생성하는 파이썬 소스 코드를 찾아보면 된다.

분류: 이산적인 레이블 예측하기

먼저 레이블이 있는 점의 집합이 주어지고 그것들을 사용해 레이블이 없는 점을 분류하는 간단한 **분류** 작업을 살펴보자.

그림 5-1과 같은 데이터가 있다고 해보자(이 그림을 포함해서 이번 절에 등장하는 모든 그림을 만드는 데 사용한 코드는 온라인 부록에서 확인할 수 있다).

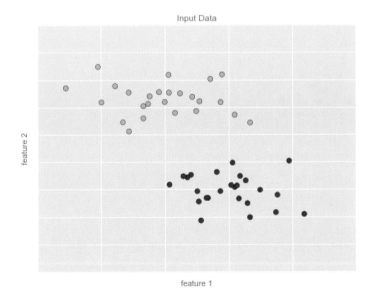

그림 5-1. 분류를 위한 간단한 데이터세트

---

1   https://github.com/jakevdp/PythonDataScienceHandbook

이 예제는 2차원 데이터를 사용한다. 즉, 각 점이 평면상 점의 위치 (x, y)로 표시되는 두 개의 **특징** (feature)을 가진다. 이 밖에도 각 점은 두 개의 클래스 레이블 중 하나를 가지고 있는데, 여기서는 점의 색상으로 표시된다. 이 특징과 레이블로부터 새 점이 '파란색'이나 '빨간색' 중 어느 레이블을 가져야 하는지 결정하는 모델을 만들고자 한다.

이러한 분류 작업을 할 수 있는 모델은 수없이 많지만 여기서는 매우 간단한 모델을 사용할 것이다. 두 그룹 사이의 평면을 관통하는 직선을 그려 그룹을 구분할 수 있고, 그에 따라 그 직선을 기준으로 각 진영에 속하는 점을 동일한 그룹으로 묶을 수 있다고 가정할 것이다. 여기서 **모델**은 '하나의 직선이 클래스를 구분한다'라는 문장을 정량적으로 기술할 것이고, **모델 모수**(model parameters)는 데이터에 대해 그 선의 위치와 방향을 설명하는 특정 숫자가 될 것이다. 이 모델 모수로 적정한 값은 데이터로부터 학습되는데(이것이 머신러닝에서 '러닝(학습)'에 해당한다), 종종 '모델을 훈련한다'고도 한다.

그림 5-2는 이 데이터의 훈련된 모델이 어떤 모습인지를 시각적으로 표현한 것이다.

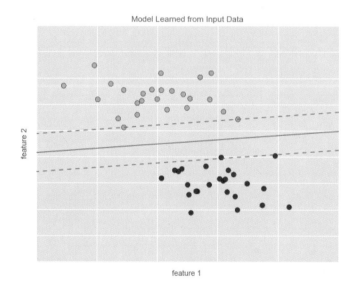

그림 5-2. 간단한 분류 모델

모델이 학습됐으니 이제 그것을 레이블이 없는 새 데이터에 일반화할 수 있다. 즉, 새로운 데이터 집합을 가져와 그 집합에 이 모델의 선을 그리고, 이 모델을 기반으로 새 점에 레이블을 할당할 수 있다. 이 단계를 일반적으로 **예측**(prediction)이라고 한다. 그림 5-3을 보자.

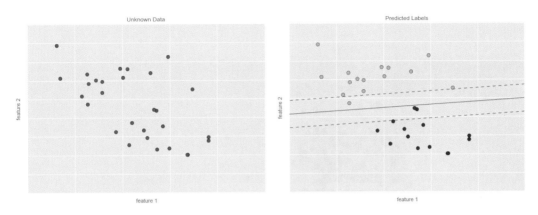

그림 5-3. 새 데이터에 분류 모델 적용하기

이것이 바로 머신러닝에서 분류 작업의 기본 사상이다. 여기서 '분류'는 데이터가 이산적인 클래스 레이블을 가지고 있음을 의미한다. 처음 볼 때는 이것이 별것 아닌 것처럼 보일 수 있는데, 단순히 데이터를 보고 그런 구분선을 그려 분류하는 것이 상대적으로 쉽기 때문이다. 그러나 머신러닝 접근법의 이점은 더 큰 차원의 훨씬 더 큰 데이터세트로 일반화할 수 있다는 것이다. 예를 들면 이것은 이메일에서 자동화된 스팸 메일 탐지 작업과 비슷하다. 이 경우, 다음 특징과 레이블을 사용할 수 있다.

- **특징 1, 특징 2 등** → 중요한 단어나 문구의 정규화된 출현 수('비아그라', '나이지리아 왕자' 등)
- **레이블** → '스팸' 또는 '스팸 아님'

이 레이블은 훈련 데이터에서는 작은 크기의 대표적인 이메일 표본을 개별적으로 검사하여 결정되며, 나머지 이메일은 모델을 사용해 결정될 것이다. 잘 구성된 특징(전형적으로 수천 또는 수백만 개의 단어나 문구)을 가지고 적절하게 훈련된 분류 알고리즘에서는 이러한 접근 유형이 매우 효과적일 수 있다. 이러한 텍스트 기반의 분류 예제는 417쪽 '심화 학습: 나이브 베이즈 분류'에서 살펴볼 것이다.

가우스 나이브 베이즈(417쪽 '심화 학습: 나이브 베이즈 분류' 참고), 서포트 벡터 머신(442쪽 '심화 학습: 서포트 벡터 머신' 참고), 랜덤 포레스트 분류(458쪽 '심화 학습: 의사결정 트리와 랜덤 포레스트' 참고)는 중요한 분류 알고리즘으로 차후에 좀 더 자세히 논의할 것이다.

회귀: 연속적인 레이블 예측하기

다음으로 분류 알고리즘의 이산적인 레이블과 반대로 레이블이 연속적인 수량인 간단한 **회귀**(regression) 작업을 살펴보겠다.

각각이 연속적인 레이블을 가진 점들의 집합으로 구성된 데이터를 생각해 보자(그림 5-4).

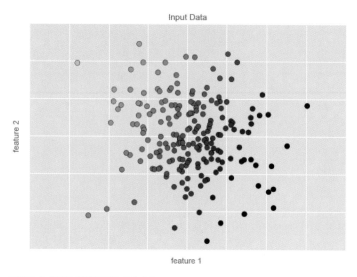

그림 5-4. 회귀를 위한 간단한 데이터세트

분류 예제에서와 마찬가지로 2차원 데이터가 있다. 즉, 각 데이터 점을 설명하는 특징이 두 개 있다는 뜻이다. 각 점의 색상은 해당 점의 연속적인 레이블을 나타낸다.

이러한 유형의 데이터에 사용할 수 있는 회귀 모델은 아주 많지만, 여기서는 점을 예측하기 위한 간단한 선형 회귀를 사용할 것이다. 이 간단한 선형 회귀 모델은 레이블을 세 번째 공간 차원으로 취급했을 때 평면을 데이터에 적합시킬 수 있다고 가정한다. 이것은 두 개의 좌표를 가진 데이터에 선을 적합시키는 유명한 문제를 더 높은 수준으로 일반화한 것이다.

이 구성을 시각화하면 그림 5-5와 같다.

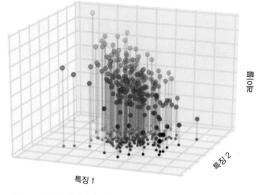

그림 5-5. 회귀 데이터의 3차원 보기

이 그림의 특징 1 – 특징 2 평면은 그림 5-5의 2차원 플롯과 똑같다. 그러나 여기서는 레이블을 색상과 3차원 축 상의 위치로 표시했다. 이렇게 보면, 이 3차원 데이터를 관통하는 평면에 적합시키면 어떤 입력 매개변수에 대해서도 기대 레이블을 예측할 수 있다는 말이 합리적으로 들린다. 2차원 사영으로 돌아가서 이러한 평면을 적합하면 그림 5-6과 같은 결과를 얻게 된다.

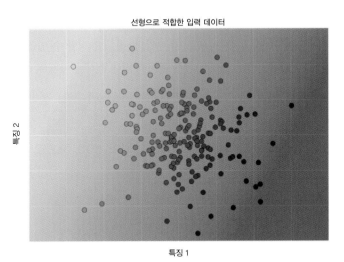

그림 5-6. 회귀 모델의 표현

이 적합된 평면은 새로운 점의 레이블을 예측하는 데 필요한 것을 제공한다. 시각적으로 그림 5-7의 결과를 구한다.

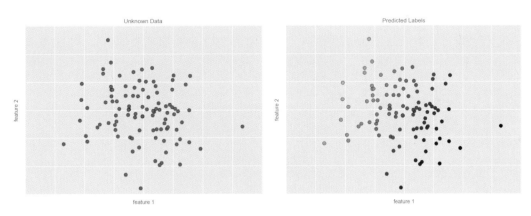

그림 5-7. 새로운 데이터에 회귀 모델 적용하기

분류 예제와 마찬가지로 차원 수가 적을 때는 이것이 별것 아닌 것처럼 보일 수 있다. 하지만 이 방법의 강점은 아주 많은 특징을 가진 데이터의 경우에 간단하게 적용하고 평가할 수 있다는 것이다. 예를 들면,

이것은 망원경으로 관측한 은하계까지의 거리를 계산하는 작업과 유사하다. 이 경우에는 다음 특징과 레이블을 사용할 수 있다.

- **특징 1, 특징 2 등** → 여러 파장 또는 색상 중 하나에서 각 은하계의 밝기

- **레이블** → 은하계의 거리 또는 적색편이(redshift)

이 은하계 중 소수에 대한 거리는 일련의 독립적인 관측(전형적으로 더 비쌈)을 통해 결정할 수 있을 것이다. 그러고 나면 전체 집합에 대해 비싼 관측 방법을 이용하지 않고도 적절한 회귀 모델을 사용해 나머지 은하계까지의 거리를 추정할 수 있다. 천문학계에서는 이를 '측광 적색편이(photometric redshift)' 문제라고 한다.

앞으로 살펴볼 중요한 회귀 알고리즘으로는 선형 회귀(425쪽 '심화 학습: 선형 회귀' 참고), 서포트 벡터 머신(442쪽 '심화 학습: 서포트 벡터 머신' 참고), 랜덤 포레스트 회귀(458쪽 '심화 학습: 의사결정 트리와 랜덤 포레스트' 참고)가 있다.

군집화: 레이블 없는 데이터에 대한 레이블 추론

방금 본 분류와 회귀 그림은 새로운 데이터의 레이블을 예측하는 모델을 구축하기 위한 지도 학습 알고리즘의 예다. 비지도 학습은 알려진 레이블을 참조하지 않고 데이터를 기술하는 모델에 대한 것이다.

일반적으로 사용되는 비지도 학습으로는 데이터가 자동으로 몇 개의 이산 그룹에 할당되는 '군집화(clustering)'가 있다. 예를 들어, 그림 5-8과 같은 2차원 데이터가 있다고 하자.

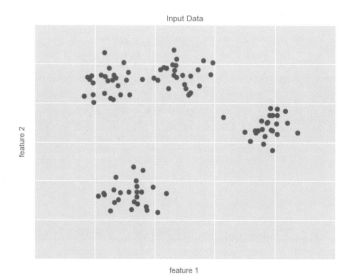

그림 5-8. 군집화를 위한 예제 데이터

눈으로만 보더라도 이 점들이 각각 별도의 그룹에 속한다는 사실을 알 수 있다. 이러한 입력값이 있을 때 군집화 모델은 데이터 고유의 구조를 사용해 어느 점이 서로 관련이 있는지 알아낸다. 아주 빠르고 직관적인 k-평균(k-means) 알고리즘(503쪽 '심화 학습: k-평균 군집화' 참고)을 사용해 그림 5-9의 군집을 구한다.

k-평균은 k개의 군집 중심(cluster center)으로 구성된 모델에 적합시킨다. 여기서 최적의 중심은 할당된 중심으로부터 각 점까지의 거리를 최소화하는 점으로 볼 수 있다. 다시 말하지만 2차원 데이터에서는 이것이 별것 아닌 것 같지만 데이터가 커지고 복잡해질수록 이러한 군집화 알고리즘을 사용해 데이터 세트에서 유용한 정보를 추출할 수 있다.

k-평균 알고리즘은 503쪽 '심화 학습: k-평균 군집화'에서 더 깊이 있게 다룰 것이다. 다른 중요한 군집화 알고리즘으로는 가우스 혼합 모델(Gaussian mixture model)(518쪽 '심화 학습: 가우스 혼합 모델' 참고)과 스펙트럼 군집화(Scikit-Learn의 군집화 문서[2] 참고)가 있다.

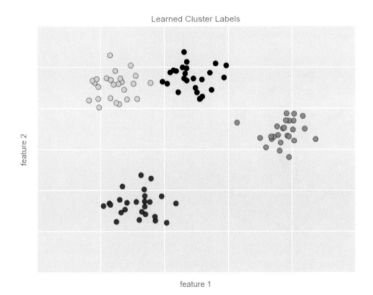

그림 5-9. k-평균 군집화 모델로 레이블을 할당한 데이터

---

2   http://scikit-learn.org/stable/modules/clustering.html

차원 축소: 레이블 없는 데이터의 구조 추론

차원 축소(dimensionality reduction)는 비지도 알고리즘의 또 다른 예로, 레이블이나 다른 정보를 데이터세트 자체의 구조로부터 추론한다. 차원 축소는 앞의 예제보다 좀 더 추상적이지만, 일반적으로 차원의 개수는 줄이면서 어떤 식으로든 전체 데이터세트의 관련 품질을 보존하는 표현 방식을 찾아내려고 한다. 다양한 차원 축소 루틴이 여러 가지 방식으로 이러한 관련 품질을 측정한다. 이에 대해서는 485쪽 '심화 학습: 다양체 학습'에서 다룬다.

관련 예제로 그림 5-10의 데이터를 생각해 보자.

시각적으로 이 데이터가 어떤 구조를 갖고 있다는 것은 분명히 알 수 있다. 이 데이터는 2차원 공간 내에 소용돌이 형태로 배치된 1차원 선으로부터 추출한 것이다. 어떤 의미에서는 이 데이터가 '본질적으로' 1차원이고 그 1차원 데이터가 고차원 공간에 삽입된 것으로 볼 수도 있다. 이 경우 적절한 차원 축소 모델은 이 삽입된 비선형 구조에 민감하며, 더 낮은 차원의 표현을 끌어낼 수 있을 것이다.

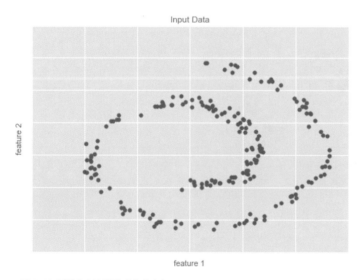

그림 5-10. 차원 축소를 위한 예제 데이터

그림 5-11은 이 작업을 정확하게 수행하는 다양체 학습 알고리즘(manifold learning algorithm)인 등거리 사상 알고리즘(Isomap algorithm)의 결과를 시각화한 것이다.

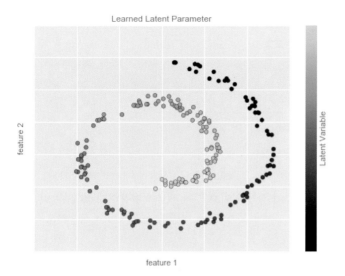

그림 5-11. 차원 축소를 통해 학습된 레이블을 가진 데이터

추출된 1차원 잠재 변수를 표현하는 색상이 소용돌이 모양을 따라 균등하게 변하는데, 이것은 해당 알고리즘이 실제로 눈으로 확인한 구조를 탐지했음을 의미한다. 앞 예제와 마찬가지로 차원 축소 알고리즘의 위력은 고차원 데이터일수록 더 분명하게 드러난다. 예를 들어, 100개나 1,000개의 특징을 가진 데이터세트 내의 중요한 관계를 시각화하고 싶을 때가 있다. 1,000개의 차원을 가진 데이터를 시각화하는 것은 어려운 일이고, 이 작업을 좀 더 감당할 수 있는 수준으로 만드는 한 가지 방법은 데이터를 2차원이나 3차원으로 줄이는 차원 축소 기법을 사용하는 것이다.

앞으로 다룰 중요한 차원 축소 알고리즘으로는 주성분 분석(principle component analysis, 471쪽 '심화 학습: 주성분 분석' 참고)과 등거리 사상, 국부 선형 임베딩(locally linear embedding)을 비롯한 여러 가지 다양체 학습 알고리즘(485쪽 '심화 학습: 다양체 학습' 참고)이 있다.

정리

지금까지 머신러닝 방법의 몇 가지 기본 유형을 간단한 예제를 통해 살펴봤다. 말할 것도 없이 여기서 다루지 않았어도 실제로는 중요한 세부사항이 많이 있지만, 이번 절을 통해 머신러닝이 해결할 수 있는 문제 유형이 어떤 것인지에 대한 기본 개념을 충분히 이해했기를 바란다.

이번 절에서 살펴본 내용을 요약하면 다음과 같다.

- **지도 학습**: 레이블이 있는 훈련 데이터를 기반으로 레이블을 예측할 수 있는 모델
  - **분류**: 둘 이상의 이산적인 범주로 레이블을 예측하는 모델
  - **회귀**: 연속적인 레이블을 예측하는 모델
- **비지도 학습**: 레이블이 없는 데이터의 구조를 식별하는 모델
  - **군집화**: 데이터의 개별 그룹을 탐지하고 식별하는 모델
  - **차원 축소**: 고차원 데이터의 저차원 구조를 탐지하고 식별하는 모델

다음 절에서는 이 범주에 속하는 기법을 좀 더 깊이 있게 알아보고 이 개념이 유용하게 쓰일 수 있는 몇 가지 흥미로운 예제를 볼 것이다.

Scikit-Learn 소개

파이썬에는 다양한 머신러닝 알고리즘을 견고하게 구현한 라이브러리가 여러 개 있다. 가장 유명한 라이브러리 중 하나인 Scikit-Learn[3] 패키지는 다양한 일반 알고리즘을 효율적으로 구현해서 제공한다. Scikit-Learn은 깔끔하고 일관되고 간결한 API와 매우 유용하고 완전한 온라인 문서가 특징이다. 이 일관성 덕분에 한 가지 유형의 모델에 대한 Scikit-Learn 기본 사용법과 구문을 익히고 나면 새로운 모델이나 알고리즘으로 전환하는 것이 매우 간단하다.

이번 절에서는 Scikit-Learn API에 관해 개괄적으로 살펴본다. 이 API 요소를 제대로 이해하면 나중에 머신러닝 알고리즘과 접근법에 대한 현실적인 논의를 깊이 있게 할 때 그 내용을 이해하기 쉬울 것이다.

먼저 Scikit-Learn의 데이터 표현 방식을 알아보고 Estimator API를 다루고 나서 마지막으로 손으로 쓴 숫자 이미지 데이터를 탐색하는 데 이 도구를 활용하는 흥미로운 예제를 살펴볼 것이다.

Scikit-Learn에서의 데이터 표현 방식

머신러닝은 데이터로부터 모델을 만드는 것과 관련이 있다. 따라서 컴퓨터가 이해할 수 있게 데이터를 표현하는 방식을 먼저 알아보겠다. Scikit-Learn에서는 데이터를 데이터 테이블 관점으로 이해하는 것이 가장 좋다.

---

3 http://scikit-learn.org/stable/

기본 테이블은 2차원 데이터 그리드로서, 행은 데이터세트의 개별 요소를 나타내며 열은 이 각 요소와 관련된 수량을 나타낸다. 예를 들어, 1936년에 로널드 피셔(Ronald Fisher)가 분석했던 유명한 붓꽃 데이터세트를 생각해 보자. 이 데이터는 Seaborn 라이브러리를 사용해 Pandas `DataFrame` 형태로 다운로드할 수 있다.

```
In[1]: import seaborn as sns
       iris = sns.load_dataset('iris')
       iris.head()
Out[1]:      sepal_length   sepal_width   petal_length   petal_width   species
       0              5.1           3.5            1.4           0.2   setosa
       1              4.9           3.0            1.4           0.2   setosa
       2              4.7           3.2            1.3           0.2   setosa
       3              4.6           3.1            1.5           0.2   setosa
       4              5.0           3.6            1.4           0.2   setosa
```

각 데이터 행은 하나의 관측된 꽃을 의미하고 행의 수는 데이터세트에 있는 꽃의 전체 개수를 나타낸다. 여기서는 일반적으로 행렬의 행을 **표본**(samples)이라고 하고 행의 개수를 `n_samples`라고 할 것이다.

마찬가지로 데이터의 각 열은 각 표본을 설명하는 특정 수량 정보를 말한다. 여기서는 행렬의 열을 **특징** (feature)이라고 하고 열의 개수를 `n_features`라고 할 것이다.

특징 행렬

이 테이블 레이아웃은 정보를 2차원 수치 배열이나 행렬로 생각할 수 있다는 사실을 분명히 보여주는데, 여기서는 그것을 **특징 행렬**(feature matrix)이라고 부를 것이다. 관례상 특징 행렬은 보통 X라는 변수에 저장된다. 이 특징 행렬은 [`n_samples`, `n_features`] 모양을 가진 2차원 행렬이라고 가정하며 NumPy 배열이나 Pandas `DataFrame`에 포함되는 것이 가장 일반적이다. 하지만 일부 Scikit-Learn 모델은 SciPy 희박 행렬(sparse matrices)을 받기도 한다.

표본(행)은 항상 데이터세트가 설명하는 개별 객체를 가리킨다. 예를 들어, 표본은 꽃이나 사람, 문서, 이미지, 음성 파일, 동영상, 천체 등 정량적 수치로 설명할 수 있는 것이면 무엇이든 될 수 있다.

특징(열)은 항상 각 표본을 정량적 방식으로 표현하는 개별 관측치를 말한다. 특징은 대개 실측치지만, 때에 따라 부울값이나 이산값일 수도 있다.

대상 배열

특징 행렬 X 외에도 관례상 대개 y라고 부르는 레이블 또는 대상(target) 배열과도 작업한다. 대상 배열은 대개 길이가 n_samples인 1차원 배열이며, NumPy 배열이나 Pandas Series에 포함되는 게 일반적이다. 대상 배열은 연속적인 수치나 이산 클래스/레이블을 가질 수도 있다. 어떤 Scikit-Learn 추정기(estimator)는 2차원 [n_samples, n_targets] 대상 배열의 형태로 다중 대상 값을 처리하지만, 여기서는 일반적인 1차원 대상 배열을 가지고 주로 작업할 것이다.

대상 배열이 다른 특징 열과 어떻게 다른지 헷갈릴 때가 종종 있다. 대상 배열의 두드러진 특징은 그것이 대개 데이터로부터 예측하고자 하는 수량이라는 점이다. 통계 용어로는 그것이 종속 변수다. 예를 들어, 앞에서 본 데이터에서 다른 측정값을 기반으로 꽃의 종을 예측하는 모델을 구축하고 싶을 수 있다. 이 경우, species 열은 특징으로 간주될 것이다.

이 대상 배열을 염두에 두고 Seaborn(343쪽 'Seaborn을 활용한 시각화' 참고)을 사용하면 데이터를 편리하게 시각화할 수 있다(그림 5-12).

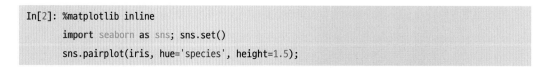

```
In[2]: %matplotlib inline
       import seaborn as sns; sns.set()
       sns.pairplot(iris, hue='species', height=1.5);
```

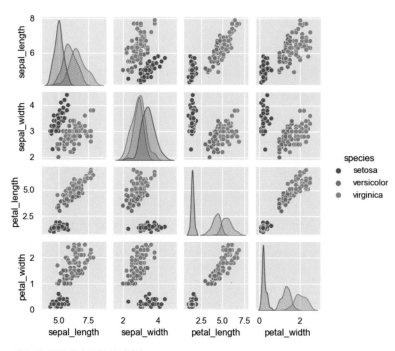

그림 5-12. 붓꽃 데이터세트의 시각화

Scikit-Learn을 사용하기 위해 3장에서 살펴본 Pandas `DataFrame` 연산을 사용해 `DataFrame`에서 특징 행렬과 대상 배열을 추출하겠다.

```
In[3]: X_iris = iris.drop('species', axis=1)
       X_iris.shape
Out[3]: (150, 4)
In[4]: y_iris = iris['species']
       y_iris.shape
Out[4]: (150,)
```

요약하면 특징값과 대상값의 예상 레이아웃은 그림 5-13과 같다.

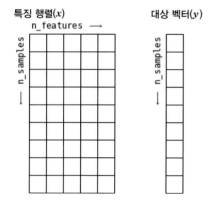

그림 5-13. Scikit-Learn의 데이터 레이아웃

이 데이터를 적절한 포맷으로 구성하면 Scikit-Learn의 Estimator API를 고려하는 단계로 넘어갈 수 있다.

Estimator API

Scikit-Learn API는 Scikit-Learn API 논문[4]에서 설명한 대로 다음 기본 원칙에 따라 설계돼 있다.

일관성

모든 객체는 일관된 문서를 갖춘 제한된 메서드 집합에서 비롯된 공통 인터페이스를 공유한다.

---

4   https://arxiv.org/abs/1309.0238

검사(inspection)

모든 지정된 모수(parameter) 값은 공개(public) 속성으로 노출된다.

제한된 객체 계층구조

알고리즘만 파이썬 클래스에 의해 표현되고, 데이터세트는 표준 포맷(NumPy 배열, Pandas `DataFrame`, SciPy 희박 행렬)으로 표현되며 매개변수명은 표준 파이썬 문자열을 사용한다.

구성

많은 머신러닝 작업은 기본 알고리즘의 시퀀스로 나타낼 수 있으며, Scikit-Learn은 가능한 곳이라면 어디서든 이 방식을 사용한다.

합리적인 기본값

모델이 사용자 지정 모수를 필요로 할 때 라이브러리가 적절한 기본값을 정의한다.

실전에서 기본 원칙을 이해하고 나면 이 원칙들이 Scikit-Learn을 매우 사용하기 쉽게 해준다. Scikit-Learn에서 모든 머신러닝 알고리즘은 다양한 머신러닝 응용을 위한 일관된 인터페이스를 제공하는 Estimator API를 통해 구현된다.

API 기초

일반적으로 Scikit-Learn Estimator API를 이용하는 단계는 다음과 같다(이어서 단계별로 자세한 예제를 살펴보겠다).

1. Scikit-Learn으로부터 적절한 추정기(estimator) 클래스를 임포트해서 모델의 클래스를 선택한다.

2. 이 클래스를 원하는 값으로 인스턴스화해서 모델의 초모수(hyperparameters)를 선택한다.

3. 데이터를 앞에서 논의한 내용에 따라 특징 배열과 대상 벡터로 배치한다.

4. 모델 인스턴스의 fit() 메서드를 호출해 모델을 데이터에 적합시킨다.

5. 모델을 새 데이터에 적용한다.

   - 지도 학습인 경우, 대체로 predict() 메서드를 사용해 알려지지 않은 데이터에 대한 레이블을 예측한다.

   - 비지도 학습인 경우, 대체로 transform()이나 predict() 메서드를 사용해 데이터의 속성을 변환하거나 추론한다.

이제 지도 학습과 비지도 학습 기법을 적용하는 몇 가지 간단한 예제를 살펴보자.

지도 학습 예제: 간단한 선형 회귀

이 단계를 실행하는 예제로 선을 (x, y) 데이터에 적합시키는 일반적인 경우인 간단한 선형 회귀를 생각해 보자. 회귀 예제를 위해 다음과 같은 간단한 데이터를 사용하겠다(그림 5-14).

```
In[5]: import matplotlib.pyplot as plt
       import numpy as np

       rng = np.random.RandomState(42)
       x = 10 * rng.rand(50)
       y = 2 * x - 1 + rng.randn(50)
       plt.scatter(x, y);
```

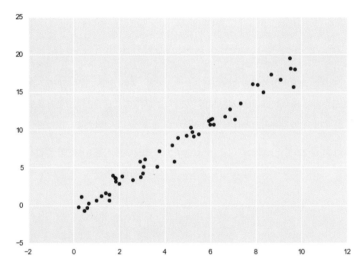

그림 5-14. 선형 회귀를 위한 데이터

이 데이터가 준비되면 앞에서 설명한 작업 단계를 이용할 수 있다. 이제 절차를 따라가 보자.

1. 모델 클래스를 선택한다.

   Scikit-Learn에서 모델 클래스는 모두 파이썬 클래스로 표현된다. 따라서 가령 간단한 선형 회귀 모델을 계산하고 싶다면 선형 회귀 클래스를 임포트하면 된다.

   ```
   In[6]: from sklearn.linear_model import LinearRegression
   ```

다른 좀 더 일반적인 회귀 모델도 존재한다는 사실을 알아두자. 이에 대해서는 `sklearn.linear_model` 모듈 문서[5]에서 더 자세한 내용을 확인할 수 있다.

2. 모델 초모수를 선택한다.

   중요한 점은 모델 클래스가 모델 인스턴스와 같지 않다는 사실이다.

   모델 클래스를 결정했더라도 여전히 몇 가지 선택해야 할 옵션이 남아 있다. 작업하는 모델 클래스에 따라 다음 질문 중 하나 이상에 대답해야 한다.

   - 오프셋(즉, 절편)에 적합시킬 것인가?

   - 모델을 정규화할 것인가?

   - 모델 유연성을 높이기 위해 특징을 사전 처리할 것인가?

   - 모델에서 어느 정도의 정규화를 사용할 것인가?

   - 얼마나 많은 모델 성분을 사용할 것인가?

   이것은 모델 클래스가 정해지고 나면 반드시 선택해야 할 중요한 항목이다. 이 선택사항은 종종 **초모수** 또는 모델을 데이터에 적합시키기 전에 설정돼야 할 모수로 표현된다. Scikit-Learn에서는 모델 인스턴스화 시점에 값을 전달함으로써 초모수를 선택한다. 어떻게 초모수를 정량적으로 선택하는지에 대해서는 392쪽 '초모수와 모델 검증'에서 알아보겠다.

   이 선형 회귀 예제에서 `LinearRegression` 클래스를 인스턴스화하고 `fit_intercept` 초모수를 사용해 절편을 적합시키도록 지정할 수 있다.

   ```
   In[7]: model = LinearRegression(fit_intercept=True)
          model
   Out[7]: LinearRegression()
   ```

   모델이 인스턴스화되고 나면 남은 일은 이 초모수 값들을 저장하는 것뿐이다. 특히 여기서는 아직 어떤 데이터에도 이 모델을 적용하지 않았다. Scikit-Learn API는 **모델을 선정하는 것과 모델을 데이터에 적용하는 것을** 명확하게 구분한다.

3. 데이터를 특징 행렬과 대상 벡터로 배치한다.

   앞에서 Scikit-Learn에서는 데이터를 표현할 때 2차원 특징 행렬과 1차원 대상 배열이 필요하다는 점을 자세히 설명했다. 여기서 대상 변수 y는 이미 적절한 형식(길이가 n_samples인 배열)을 갖추고 있지만 데이터 x는 크기가 `[n_samples, n_features]`인 행렬로 만들기 위해 손을 좀 봐야 한다. 이 경우에는 간단하게 1차원 배열의 모양을 변경하면 된다.

   ```
   In[8]: X = x[:, np.newaxis]
   ```

---

5 http://scikit-learn.org/stable/modules/linear_model.html

```
        X.shape
    Out[8]: (50, 1)
```

4. 모델을 데이터에 적합시킨다.

이제 모델을 데이터에 적용할 시간이다. 모델의 fit() 메서드를 사용하면 된다.

```
    In[9]: model.fit(X, y)
    Out[9]: LinearRegression()
```

fit() 명령어에는 모델에 종속된 여러 가지 내부 계산이 뒤따르며 계산된 결과는 모델 전용 속성에 저장되어 사용자가 탐색할 수 있다. Scikit-Learn에서 관례상 fit() 절차 동안 학습된 모델 모수는 모두 뒤에 밑줄 표시('_', underscore)가 붙는다. 예를 들어, 이 선형 모델에서는 다음 모수를 가지게 된다.

```
    In[10]: model.coef_
    Out[10]: array([ 1.9776566])
    In[11]: model.intercept_
    Out[11]: -0.90331072553111635
```

이 두 개의 모수는 간단하게 데이터에 선형 적합시켰을 때의 기울기와 절편을 나타낸다. 데이터 정의와 비교했을 때 기울기가 2이고 절편이 −1인 입력값에 매우 가깝다는 것을 알 수 있다.

자주 제기되는 질문의 하나는 이러한 내부 모델 모수의 불확실성에 관한 것이다. 일반적으로 Scikit-Learn은 내부 모델 모수 자체로부터 결론을 도출하는 도구를 제공하지 않는다. 모델 모수 해석은 **머신러닝** 관련 질문이라기보다는 **통계 모델링**에 대한 질문에 가깝기 때문이다. 머신러닝은 오히려 모델이 **예측하는 바가 무엇인지**에 초점을 맞춘다. 모델 내부의 적합 모수의 의미에 대해 알고 싶다면 파이썬의 StatsModels 패키지[6]를 비롯한 다른 도구를 사용할 수 있다.

5. 알려지지 않은 데이터에 대한 레이블을 예측한다.

모델이 훈련되고 나면 지도 학습의 주요 작업은 훈련 데이터에 포함되지 않았던 새 데이터에 대해 이 모델이 무엇이라고 말하는지를 기반으로 모델을 평가하는 것이다. Scikit-Learn에서는 predict() 메서드를 사용해 이 작업을 할 수 있다. 이 예제에서 '새 데이터'는 x 값의 그리드가 될 것이고 모델이 예측하는 y 값이 무엇인지 알아볼 것이다.

```
    In[12]: xfit = np.linspace(-1, 11)
```

앞에서처럼 이 x 값을 [n_sampes, n_features] 특징 행렬에 맞춰야 하며, 그러고 나면 모델에 그 값을 전달할 수 있다.

---

6 http://statsmodels.sourceforge.net

```
In[13]: Xfit = xfit[:, np.newaxis]
        yfit = model.predict(Xfit)
```

마지막으로 원시 데이터를 먼저 플로팅한 후 이 모델 적합을 플로팅해서 결과를 시각화해 보자(그림 5-15).

```
In[14]: plt.scatter(x, y)
        plt.plot(xfit, yfit);
```

다음에 나올 예제에서 보겠지만, 일반적으로는 결과를 이미 알고 있는 기준선과 비교해 효능을 평가한다.

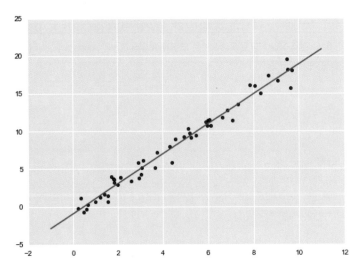

그림 5-15. 간단한 선형 회귀를 사용해 데이터에 적합

지도 학습 예제: 붓꽃 분류

앞에서 나왔던 붓꽃 데이터세트를 사용해 이 절차에 대한 예제를 하나 더 살펴보자. 질문은 다음과 같다. 붓꽃 데이터의 일부로 훈련된 모델이 주어졌을 때 나머지 레이블을 얼마나 잘 예측할 수 있을까?

이 작업을 위해 가우스 나이브 베이즈(Gaussian Naïve Bayes)로 알려진 매우 간단한 생성 모델 (generative model)을 사용하겠다. 이 모델은 각 클래스가 가우스 분포로 정렬된 축으로부터 비롯된다고 가정한다(417쪽 '심화 학습: 나이브 베이즈 분류' 참고). 이 모델은 처리 속도가 아주 빠르고 초모수를 선택할 필요가 없기 때문에 더 정교한 모델을 통해 개선의 여지가 있는지 살펴보기 전에 기본 분류로 사용하기에 좋다.

이 예제에서는 전에 본 적이 없는 데이터에 대해 모델을 평가해야 하므로 데이터를 훈련 자료와 테스트 자료로 나눌 것이다. 이 작업을 직접 할 수도 있지만, train_test_split 유틸리티 함수를 사용하는 것이 더 편리하다.

```
In[15]: from sklearn.model_selection import train_test_split
        Xtrain, Xtest, ytrain, ytest = train_test_split(X_iris, y_iris, random_state=1)
```

데이터가 정리되면 위 작업 절차에 따라 레이블을 예측할 수 있다.

```
In[16]: from sklearn.naive_bayes import GaussianNB    # 1. 모델 클래스 선택
        model = GaussianNB()                          # 2. 모델 인스턴스화
        model.fit(Xtrain, ytrain)                     # 3. 모델을 데이터에 적합
        y_model = model.predict(Xtest)                # 4. 새 데이터에 대해 예측
```

마지막으로 accuracy_score 유틸리티를 사용해 예측한 레이블 중 실제 값과 일치하는 비율이 얼마나 되는지 확인할 수 있다.

```
In[17]: from sklearn.metrics import accuracy_score
        accuracy_score(ytest, y_model)
Out[17]: 0.97368421052631582
```

정확도가 97%를 넘으니 이 매우 단순한 분류 알고리즘조차도 이 특정 데이터세트에 대해서는 효과적임을 알 수 있다!

비지도 학습 예제: 붓꽃 차원

비지도 학습 문제의 예로 붓꽃 데이터를 좀 더 쉽게 시각화할 수 있도록 차원을 축소하는 것을 살펴보자. 앞에서 본 붓꽃 데이터는 4차원이었다. 즉, 각 표본에 대해 특징이 4가지 기록돼 있다.

차원 축소 작업은 데이터의 근본적인 특징은 유지하면서 더 낮은 차원을 가지는 적절한 표현 방식이 존재하는지 알아보는 것이다. 종종 차원 축소가 데이터 시각화를 지원하기 위해 사용된다. 어쨌든 4차원이나 그 이상의 차원보다 2차원 데이터를 플로팅하는 것이 훨씬 더 쉽기 때문이다.

여기서는 빠른 선형 차원 축소 기법인 주성분 분석(PCA, principle component analysis, 471쪽 '심화 학습: 주성분 분석' 참고)을 사용하겠다. 이 모델에 두 개의 성분, 즉 그 데이터의 2차원 표현을 반환하도록 요청할 것이다.

앞에서 소개한 작업 순서대로 따라가 보자.

```
In[18]: from sklearn.decomposition import PCA    # 1. 모델 클래스 선택
        model = PCA(n_components=2)               # 2. 초모수로 모델 인스턴스화
        model.fit(X_iris)                         # 3. 데이터에 적합. y는 지정 안 함!
        X_2D = model.transform(X_iris)            # 4. 데이터를 2차원으로 변환
```

이제 결과를 플로팅해 보자. 결과를 원래의 붓꽃 DataFrame에 삽입하고 Seaborn의 lmplot을 사용하면 빠르게 할 수 있다(그림 5-16).

```
In[19]: iris['PCA1'] = X_2D[:, 0]
        iris['PCA2'] = X_2D[:, 1]
        sns.lmplot(x="PCA1", y="PCA2", hue='species', data=iris, fit_reg=False);
```

PCA 알고리즘이 붓꽃종 레이블에 대한 지식이 없는데도 2차원 표현에서 종이 매우 잘 분리돼 있음을 볼수 있다! 이것은 앞에서 본 것처럼 비교적 단순한 분류 기법이 이 데이터세트에 효과적일 수도 있음을 의미한다.

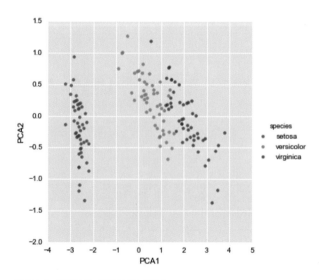

그림 5-16. 2차원으로 사영한 붓꽃 데이터

비지도 학습 예제: 붓꽃 군집화

이번에는 군집화 기법을 붓꽃 데이터에 적용해 보자. 군집화 알고리즘은 아무 레이블도 참조하지 않고 데이터의 개별 그룹을 구한다. 여기서는 518쪽 '심화 학습: 가우스 혼합 모델'에서 자세하게 설명한 강력

한 군집화 기법인 가우스 혼합 모델(GMM, Gaussian mixture model)을 사용하겠다. GMM은 데이터를 가우스 블롭(Gaussian blob)의 컬렉션으로 모델링하려고 한다.

다음과 같이 가우스 혼합 모델을 적합시킬 수 있다.

```
In[20]: from sklearn.mixture import GaussianMixture    # 1. 모델 클래스 선택
        model = GaussianMixture(n_components=3,
        covariance_type='full')                        # 2. 초모수로 모델 인스턴스화
        model.fit(X_iris)                              # 3. 데이터에 적합. y는 지정하지 않음!
        y_gmm = model.predict(X_iris)                  # 4. 군집 레이블 결정
```

앞에서처럼 붓꽃 DataFrame에 군집 레이블을 추가하고 Seaborn을 사용해 결과를 플로팅할 것이다(그림 5-17).

```
In[21]:
iris['cluster'] = y_gmm
sns.lmplot(x="PCA1", y="PCA2", data=iris, hue='species',
           col='cluster', fit_reg=False);
```

데이터를 군집 번호로 분할함으로써 GMM 알고리즘이 기존 레이블을 얼마나 잘 복구했는지 정확하게 확인할 수 있다. setosa 종은 군집 0에 완벽하게 분리됐지만, versicolor와 virginica 종은 서로 약간 섞여 있다. 이것은 곧 꽃마다 어느 종에 속하는지 알려주는 전문가가 없더라도 이 꽃들에 대한 측정값이 충분히 구별되어 간단한 군집 알고리즘 사용으로 서로 다른 종을 자동으로 식별할 수 있다는 뜻이다! 이러한 종류의 알고리즘은 해당 분야의 전문가에게 관찰 중인 표본 간의 관계에 대한 단서를 제공할 수도 있다.

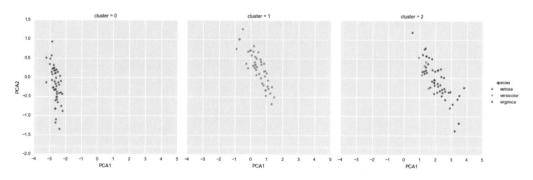

그림 5-17. 붓꽃 데이터 내의 k-평균 군집

응용: 손으로 쓴 숫자 탐색

좀 더 흥미로운 문제에 이 원칙을 적용한 예를 보여주기 위해 광학 문자 인식 문제의 하나인 손으로 쓴 숫자를 식별하는 문제를 생각해 보자. 이 문제는 결국 이미지에서 문자를 찾고 식별하는 것이다. 여기서는 쉬운 방법을 택해 Scikit-Learn의 라이브러리에 내장된 미리 포맷이 구성된 숫자 집합을 사용하겠다.

숫자 데이터 적재 및 시각화

Scikit-Learn 데이터 접근 인터페이스를 사용해 이 데이터를 살펴보자.

```
In[22]: from sklearn.datasets import load_digits
        digits = load_digits()
        digits.images.shape
Out[22]: (1797, 8, 8)
```

이 이미지 데이터는 3차원 배열로, 1,797개의 표본을 가지고 있으며 각 표본은 8x8픽셀 그리드로 구성돼 있다. 이 가운데 처음 100개를 시각화해 보자(그림 5-18).

```
In[23]: import matplotlib.pyplot as plt

        fig, axes = plt.subplots(10, 10, figsize=(8, 8),
                                 subplot_kw={'xticks':[], 'yticks':[]},
                                 gridspec_kw=dict(hspace=0.1, wspace=0.1))
        for i, ax in enumerate(axes.flat):
            ax.imshow(digits.images[i], cmap='binary', interpolation='nearest')
            ax.text(0.05, 0.05, str(digits.target[i]),
                    transform=ax.transAxes, color='green')
```

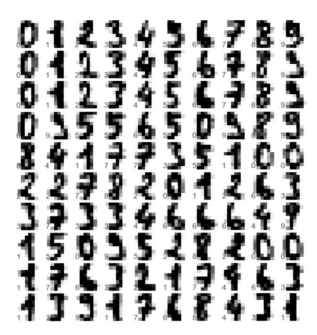

그림 5-18. 손으로 쓴 숫자 데이터. 각 표본은 8x8픽셀 그리드로 표현된다.

이 데이터를 Scikit-Learn에서 작업하려면 2차원 [n_samples, n_features] 표현이 필요하다. 이미지의 각 픽셀을 특징으로 취급해 이 작업을 할 수 있다. 즉, 픽셀 배열을 평평하게 펴서 각 숫자를 나타내는 픽셀값을 길이 64의 배열로 바꾸면 된다. 이 밖에도 각 숫자에 대해 미리 결정된 레이블을 제공하는 대상 배열이 필요하다. 이 두 수량은 숫자 데이터세트의 **data**와 **target** 속성 아래 각각 구축돼 있다.

```
In[24]: X = digits.data
        X.shape

Out[24]: (1797, 64)

In[25]: y = digits.target
        y.shape

Out[25]: (1797,)
```

1,797개의 표본과 64개의 특징이 있음을 알 수 있다.

비지도 학습 예제: 차원 축소

64차원 모수 공간에 점을 시각화하고 싶어도 그렇게 높은 차원의 공간에 점을 효과적으로 시각화하기란 매우 어렵다. 대신 비지도 학습 방식을 사용해 차원을 2차원으로 줄일 것이다. 여기서는 등거리 사상 (Isomap)이라는 다양체 학습 알고리즘(manifold learning, 485쪽 '심화 학습: 다양체 학습' 참고)을 사용해 데이터를 2차원으로 변환할 것이다.

```
In[26]: from sklearn.manifold import Isomap
        iso = Isomap(n_components=2)
        iso.fit(digits.data)
        data_projected = iso.transform(digits.data)
        data_projected.shape
Out[26]: (1797, 2)
```

사영된 데이터가 이제 2차원이 됐다. 그렇다면 이 데이터를 플로팅해 그 구조로부터 학습할 내용이 있는지 확인해 보자(그림 5-19).

```
In[27]: plt.scatter(data_projected[:, 0], data_projected[:, 1], c=digits.target,
                edgecolor='none', alpha=0.5,
                cmap=plt.cm.get_cmap('viridis', 10))
        plt.colorbar(label='digit label', ticks=range(10))
        plt.clim(-0.5, 9.5);
```

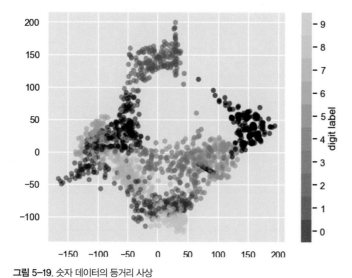

그림 5-19. 숫자 데이터의 등거리 사상

이 플롯은 다양한 숫자가 더 큰 64차원 공간에서 얼마나 잘 구분되는지에 대해 훌륭한 직관을 제공한다. 예를 들어, 0(검은색)과 1(보라색)은 모수 공간에서 거의 겹치지 않는다. 직관적으로 충분히 이해된다. 0은 이미지의 가운데가 비어 있지만 1은 일반적으로 가운데에 잉크가 묻는다. 반면 1과 4는 거의 연속적인 스펙트럼을 가진 것처럼 보인다. 1을 쓸 때 위에 '모자'를 다는 사람이 있는데, 이 경우 1과 4가 비슷해 보일 수 있다는 사실에 비춰보면 이해할 수 있다.

그렇더라도 전반적으로 모수 공간에서 각 그룹이 매우 잘 구분되는 편이다. 이로써 매우 단순한 지도 분류 알고리즘도 이 데이터에 적절하게 적용될 것이라는 점을 알 수 있다. 그렇다면 한 번 적용해 보자.

숫자 분류

분류 알고리즘을 숫자에 적용하자. 앞에서 나온 붓꽃 데이터와 마찬가지로 이 데이터를 훈련 자료와 테스트 자료로 나누고 가우스 나이브 베이즈 모델을 적합시킬 것이다.

```
In[28]: Xtrain, Xtest, ytrain, ytest = train_test_split(X, y, random_state=0)
In[29]: from sklearn.naive_bayes import GaussianNB
        model = GaussianNB()
        model.fit(Xtrain, ytrain)
        y_model = model.predict(Xtest)
```

모델을 예측했으니 이제 테스트 자료의 실제 값을 예측값과 비교해 모델의 정확도를 측정할 수 있다.

```
In[30]: from sklearn.metrics import accuracy_score
        accuracy_score(ytest, y_model)
Out[30]: 0.83333333333333337
```

이렇게 매우 간단한 모델로도 숫자 분류의 정확도가 약 80%나 된다! 그러나 이 숫자 하나로는 어디에서 제대로 예측을 못 한 것인지 알 수 없다. 이를 알아내는 한 가지 좋은 방법은 **오차 행렬**(confusion matrix)을 사용하는 것이다. 여기서는 Scikit-Learn으로 계산하고 Seaborn으로 플로팅할 것이다(그림 5-20).

```
In[31]: from sklearn.metrics import confusion_matrix

        mat = confusion_matrix(ytest, y_model)

        sns.heatmap(mat, square=True, annot=True, cbar=False)
```

```
        plt.xlabel('predicted value')
        plt.ylabel('true value');
```

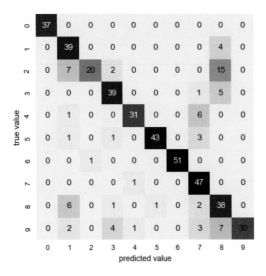

그림 5-20. 분류기가 오분류를 일으킨 빈도를 보여주는 오차 행렬

이 그림을 통해 레이블이 잘못 분류된 점들이 주로 어디에 있는지 알 수 있다. 예를 들면, 많은 2가 1이나 8로 잘못 분류됐다. 이 모델의 특성에 대한 직관을 얻는 또 다른 방법은 모델이 예측한 레이블로 입력 데이터를 다시 플로팅하는 것이다. 예제에서는 올바른 레이블에 녹색, 잘못된 레이블에 빨간색을 사용할 것이다(그림 5-21).

```
In[32]: fig, axes = plt.subplots(10, 10, figsize=(8, 8),
                        subplot_kw={'xticks':[], 'yticks':[]},
                        gridspec_kw=dict(hspace=0.1, wspace=0.1))

    for i, ax in enumerate(axes.flat):
        ax.imshow(digits.images[i], cmap='binary', interpolation='nearest')
        ax.text(0.05, 0.05, str(y_model[i]),
            transform=ax.transAxes,
            color='green' if (ytest[i] == y_model[i]) else 'red')
```

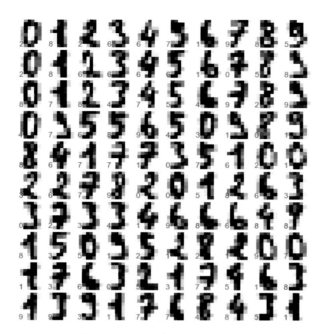

그림 5-21. 올바른(녹색) 레이블과 잘못된(빨간색) 레이블을 보여주는 데이터

이 데이터의 하위집합을 조사해 보면 알고리즘이 적절하게 수행되지 않을 수 있는 곳이 어디인지에 대한 통찰력을 얻을 수 있다. 80%라는 분류율을 넘어서기 위해 서포트 벡터 머신(442쪽 '심화 학습: 서포트 벡터 머신' 참고)이나 랜덤 포레스트(458쪽 '심화 학습: 의사결정 트리와 랜덤 포레스트' 참고), 그 밖의 다른 분류 방식 등 더 정교한 알고리즘을 이용할 수도 있다.

정리

이번 절에서는 Scikit-Learn 데이터 표현과 Estimator API의 본질적인 특징을 다뤘다. 추정의 유형과 상관없이 똑같은 임포트/인스턴스화/적합/예측 패턴이 유지된다. 여기서 소개한 Estimator API에 대한 정보를 알고 나면 Scikit-Learn 문서를 살펴보고 데이터에 다양한 모델을 적용할 수 있다.

다음 절에서는 머신러닝의 가장 중요한 주제인 어떻게 모델을 선택하고 검증할 것인지를 살펴보겠다.

초모수와 모델 검증

앞 절에서 지도 학습 모델을 적용하는 기본 단계를 소개했다.

1. 모델 클래스 선택

2. 모델 초모수 선택

3. 모델을 훈련 데이터에 적합

4. 모델을 사용해 새 데이터에 대한 레이블 예측

처음 두 단계인 모델 선택과 초모수 선택이 아마 이 도구와 기법을 효과적으로 사용하는 데 가장 중요한 부분일 것이다. 정보에 입각한 선택을 하려면 선택한 모델과 초모수가 데이터에 잘 적합되는지 검증할 방법이 필요하다. 간단한 것처럼 들리지만, 효과적인 검증을 위해서 피해야 할 몇 가지 주의 사항이 있다.

모델 검증에 대한 고려사항

이론적으로 모델 검증은 매우 단순하다. 모델과 모델의 초모수를 선택한 후, 훈련 데이터 일부에 이를 적용하고 예측값을 알려진 값과 비교해서 이 모델이 얼마나 효과적인지 추정할 수 있다.

다음 절에서는 먼저 순진한 방식으로 모델을 검증하면 왜 실패하는지 보여주고 좀 더 견고한 모델 평가를 위해 검정 표본과 교차 검증을 사용하는 법을 살펴보겠다.

잘못된 방식의 모델 검증

앞 절에서 본 붓꽃 데이터를 사용해 순진하게 모델을 검증하는 방식을 살펴보자. 먼저 데이터를 적재하자.

```
In[1]: from sklearn.datasets import load_iris
       iris = load_iris()
       X = iris.data
       y = iris.target
```

다음으로 모델과 초모수를 선택한다. 예제에서는 n_neighbors = 1인 k-이웃 분류기를 사용할 것이다. 이것은 '알려지지 않은 점의 레이블은 훈련 데이터 중 그와 가장 가까운 점의 레이블과 같다'라는 논리를 가진 매우 간단하고 직관적인 모델이다.

```
In[2]: from sklearn.neighbors import KNeighborsClassifier
       model = KNeighborsClassifier(n_neighbors=1)
```

이제 모델을 훈련시키고 그 모델을 사용해 이미 알고 있는 데이터의 레이블을 예측한다.

```
In[3]: model.fit(X, y)
       y_model = model.predict(X)
```

마지막으로 올바른 레이블을 가진 점의 비율을 계산한다.

```
In[4]: from sklearn.metrics import accuracy_score
       accuracy_score(y, y_model)
Out[4]: 1.0
```

정확도가 1.0인데, 이는 모델을 사용해 100% 모든 점이 올바른 레이블을 가지게 됐다는 뜻이다. 그러나 이것이 기대 정확도를 정말로 측정하고 있는 것일까? 이 모델이 정말 언제나 정확할 것이라고 기대할 수 있을까?

이미 알고 있겠지만, 대답은 '아니오'다. 실제로 이 접근 방식은 '같은 데이터로 모델을 훈련하고 검증한다'는 근본적인 오류를 내포하고 있다. 게다가 최근접 이웃 모델(nearest neighbor model)은 단순히 훈련 데이터를 저장하고 이 저장된 점들과 새로운 데이터를 비교해 레이블을 예측하는 인스턴스 기반의 추정 모델이기 때문에 억지스러운 경우를 제외하고는 **항상 100%의 정확도**를 얻게 될 것이다!

올바른 방식의 모델 검증: 검정 표본

그렇다면 어떻게 해야 할까? 모델의 성능을 제대로 알려면 검정 표본(holdout set)을 사용하면 된다. 즉, 모델의 훈련 데이터에서 데이터의 일부를 빼내 그것을 모델 성능을 확인하는 검정 표본으로 사용하는 것이다. 이 분리 작업에는 Scikit-Learn의 train_test_split 유틸리티를 사용하면 된다.

```
In[5]: from sklearn.model_selection import train_test_split
       # 데이터를 각각 50%로 나눔
       X1, X2, y1, y2 = train_test_split(X, y, random_state=0, train_size=0.5)

       # 모델을 이 가운데 하나의 데이터 집합에 적합시킴
       model.fit(X1, y1)

       # 모델을 두 번째 데이터 집합으로 검증함
```

```
     y2_model = model.predict(X2)
     accuracy_score(y2, y2_model)
Out[5]: 0.9066666666666666
```

이번에는 좀 더 합리적인 결과를 얻었음을 알 수 있다. 최근접 이웃 분류기는 이 검정 표본에 대해 약 90%의 정확도를 가진다. 검정 표본은 알려지지 않은 데이터와 비슷한데, 모델이 이 데이터를 이전에 '본' 적이 없기 때문이다.

교차 검증을 통한 모델 검증

모델 검증에 검정 표본을 사용할 때의 한 가지 단점은 모델을 훈련시킬 데이터의 일부를 잃게 된다는 것이다. 앞의 경우에 데이터세트의 반은 모델을 훈련시키는 데 기여하지 못한다! 이는 특히 초기 훈련 데이터가 작은 경우에는 적절하지 않은 방법으로, 문제가 발생할 수 있다.

이 문제를 해결하는 한 가지 방법은 교차 검증(cross-validation)을 사용하는 것이다. 즉, 데이터의 각 하위 집합이 훈련 자료와 검증 자료로 사용되도록 일련의 적합을 수행하는 것이다. 이 작업을 시각적으로 묘사하면 그림 5-22와 같다.

그림 5-22. 시각적으로 표현한 2겹 교차 검증

여기서 두 건의 검증을 시행하는데, 각 검증 작업에 데이터의 반을 검정 표본으로 사용한다. 이전의 분할 데이터를 사용해서 다음과 같이 구현할 수 있다.

```
In[6]: y2_model = model.fit(X1, y1).predict(X2)
       y1_model = model.fit(X2, y2).predict(X1)
       accuracy_score(y1, y1_model), accuracy_score(y2, y2_model)
Out[6]: (0.96, 0.9066666666666666)
```

그 결과로 두 개의 정확도를 얻게 되는데, 전체 모델 성능을 더 잘 측정하기 위해 이 두 정확도를 결합할 수 있다(예를 들어, 평균을 구해서). 이 특정 형태의 교차 검증을 **2겹 교차 검증**이라 한다. 여기서는 데이터를 두 집합으로 나눠 각 검정 시행에 차례대로 검정 표본으로 사용한다.

이 개념을 확장해 더 많은 시행과 더 많은 겹의 데이터를 사용할 수도 있다. 예를 들면, 그림 5-23은 5겹 교차 검증을 시각적으로 나타낸 것이다.

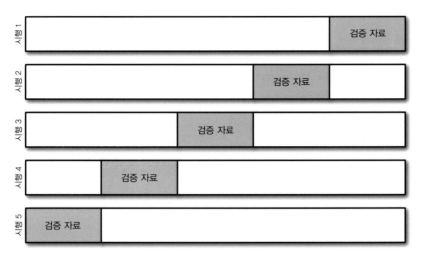

그림 5-23. 5겹 교차 검증

여기서는 데이터를 다섯 그룹으로 나눠 검증 시행을 할 때마다 차례대로 하나씩 모델 평가를 위한 검정 표본으로 사용하고, 나머지 4/5 데이터는 모델을 적합시키는 데 사용한다. 이것은 직접 하기에는 매우 지루한 작업이라서 Scikit-Learn의 `cross_val_score` 편의 루틴을 사용해 간결하게 수행할 수 있다.

```
In[7]: from sklearn.model_selection import cross_val_score
       cross_val_score(model, X, y, cv=5)
Out[7]: array([ 0.96666667,  0.96666667,  0.93333333,  0.93333333,  1.        ])
```

데이터의 하위 집합별로 검증을 반복함으로써 알고리즘 성능에 대해 더 나은 판단을 할 수 있다.

Scikit-Learn은 특정 상황에 유용한 수많은 교차 검증 방식을 구현한다. 이 방식은 `cross_validation` 모듈의 반복자를 통해 구현된다. 예를 들어, 데이터 점의 개수와 같은 수만큼 반복하는 교차 검증을 하는 극단적인 경우를 원할 수도 있다. 다시 말하면 검증을 시행할 때마다 한 점을 제외한 모든 점에 대해 훈련하는 것이다. 이러한 유형의 교차 검증을 단일 관측치 제거 방식(leave-one-out) 교차 검증이라고 부르며 다음과 같이 사용할 수 있다.

```
In[8]: from sklearn.model_selection import LeaveOneOut
       scores = cross_val_score(model, X, y, cv=LeaveOneOut())
       scores
```

```
Out[8]: array([ 1.,  1.,  1.,  1.,  1.,  1.,  1.,  1.,  1.,  1.,  1.,  1.,  1.,
                1.,  1.,  1.,  1.,  1.,  1.,  1.,  1.,  1.,  1.,  1.,  1.,  1.,
                1.,  1.,  1.,  1.,  1.,  1.,  1.,  1.,  1.,  1.,  1.,  1.,  1.,
                1.,  1.,  1.,  1.,  1.,  1.,  1.,  1.,  1.,  1.,  1.,  1.,  1.,
                1.,  1.,  1.,  1.,  1.,  1.,  1.,  1.,  1.,  1.,  1.,  1.,  1.,
                1.,  1.,  1.,  1.,  1.,  0.,  1.,  0.,  1.,  1.,  1.,  1.,  1.,
                1.,  1.,  1.,  1.,  1.,  0.,  1.,  1.,  1.,  1.,  1.,  1.,  1.,
                1.,  1.,  1.,  1.,  1.,  1.,  1.,  1.,  1.,  1.,  1.,  1.,  1.,
                1.,  1.,  0.,  1.,  1.,  1.,  1.,  1.,  1.,  1.,  1.,  1.,  1.,
                1.,  1.,  0.,  1.,  1.,  1.,  1.,  1.,  1.,  1.,  1.,  1.,  1.,
                1.,  1.,  1.,  0.,  1.,  1.,  1.,  1.,  1.,  1.,  1.,  1.,  1.,
                1.,  1.,  1.,  1.,  1.,  1.,  1.])
```

150개 표본을 가지기 때문에 단일 관측치 제거 방식의 교차 검증이 150건의 시행에 대한 점수를 생산하고, 그 점수는 예측 성공(1.0)이나 실패(0.0)를 나타낸다. 이 점수들의 평균을 계산해 오류율을 추정한다.

```
In[9]: scores.mean()
Out[9]: 0.96
```

다른 교차 검증 기법도 비슷한 방법으로 사용할 수 있다. Scikit-Learn에서 사용할 수 있는 것에 대한 설명을 보려면 IPython을 사용해 sklearn.cross_validation 서브모듈을 탐색하거나 Scikit-Learn의 온라인 교차 검증 문서를 살펴보면 된다.

최적의 모델 선택하기

검증과 교차 검증의 기본 내용을 살펴봤으니 이제 모델과 초모수 선택과 관련해 더 깊이 있게 알아보자. 이 이슈는 실제 머신러닝에서 가장 중요한 측면에 속하지만, 머신러닝 입문서에서는 그 정보를 건너뛰는 경우가 자주 있다.

다음과 같은 질문을 하는 것이 가장 중요하다. 추정기의 성과가 저조하다면 어떻게 개선할 것인가? 이 문제를 해결하는 몇 가지 답이 있다.

- 더 복잡하거나 더 유연한 모델 사용
- 덜 복잡하거나 덜 유연한 모델 사용
- 더 많은 훈련 표본 수집

- 각 표본에 특징을 추가하기 위해 더 많은 데이터 수집

이 질문에 대한 답은 종종 직관에 어긋난다. 특히, 더 복잡한 모델을 사용해서 결과가 악화되는 경우도 있고 더 많은 훈련 표본을 추가해도 결과가 개선되지 않을 수 있다! 어느 단계가 모델을 개선할 수 있을지 결정하는 능력이 성공한 머신러닝 실무자와 실패한 실무자를 구분 짓는다.

편향–분산 트레이드오프

근본적으로 '최고의 모델'을 선택하는 것은 **편향**과 **분산** 사이의 트레이드오프에서 가장 효율적인 점을 찾는 것이다. 동일한 데이터세트에 적합한 두 개의 회귀 모델을 나타내는 그림 5–24를 보라.

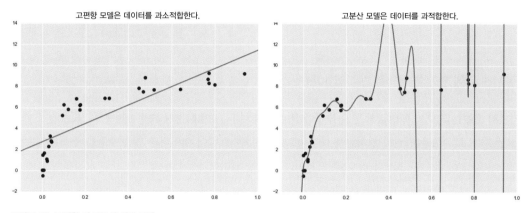

그림 5–24. 고편향 및 고분산 회귀 모델

이 모델 중 어느 것도 데이터에 특별히 잘 적합하지는 않지만 이 둘은 서로 다른 방식으로 실패한다.

왼쪽 모델은 직선을 데이터에 적합시키려고 한다. 그냥 봐도 데이터가 직선보다 더 복잡하기 때문에 직선 모델은 결코 이 데이터세트를 제대로 설명할 수 없다. 이러한 모델을 데이터에 **과소적합**(underfit)됐다고 한다. 즉, 데이터의 모든 특징을 적절히 설명할 만큼 모델 유연성이 충분하지 않다는 뜻이다. 다른 표현으로 모델이 고**편향**됐다고 말하기도 한다.

위 그림의 오른쪽 모델은 고차 다항식을 데이터에 적합시키려고 한다. 이 모델 적합은 데이터의 세밀한 특징까지 거의 완벽히 설명할 수 있는 충분한 유연성을 가지고 있지만, 그것이 훈련 데이터를 아주 정확하게 설명하고 있더라도 그 형태는 해당 데이터를 생성한 프로세스의 내재된 속성보다 데이터의 특정 잡음 속성을 더 많이 반영하는 것처럼 보인다. 이러한 모델은 데이터를 **과적합**(overfit)한다고 말한다. 즉, 모델이 기본 데이터 분포와 함께 임의의 오류까지 설명할 정도로 너무 과한 모델 유연성을 가지고 있다. 다른 말로 하면 이 모델은 고**분산**을 가지고 있다고 할 수 있다.

이것을 다른 관점에서 보기 위해 새로운 데이터에 대한 y 값을 예측하는 데 이 두 모델을 사용하면 어떤 일이 발생할지 생각해 보자. 그림 5-25의 다이어그램에서 밝은 빨간색 점은 훈련 자료에서 생략된 데이터를 나타낸다.

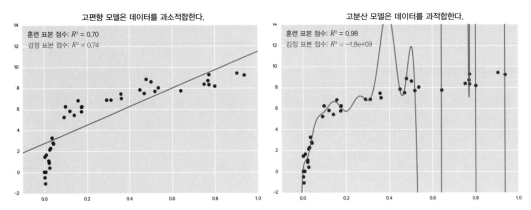

그림 5-25. 고편향 및 고분산 모델의 훈련 표본 점수와 검정 표본 점수

여기서 점수는 모델이 대상값의 단순 평균에 비해 얼마나 잘 수행하는지 측정하는 점수 또는 결정 계수를 말한다. $R^2 = 1$은 완전히 일치함을 나타내고 $R^2 = 0$은 모델이 데이터의 단순 평균을 구하는 수준에 지나지 않으며, 음수는 그보다 더 나쁜 모델이라는 것을 의미한다. 이 두 모델과 관련된 점수로 모델 성능에 대해 더 일반적으로 나타낼 수 있다.

- 고편향 모델의 경우, 검정 표본에서의 모델 성능이 훈련 표본에서의 성능과 유사하다.
- 고분산 모델의 경우, 검정 표본에서의 모델 성능이 훈련 표본에서의 성능보다 훨씬 더 떨어진다.

모델 복잡도를 조정할 수 있다고 상상하면 훈련 표본 점수와 검정 표본 점수가 그림 5-26과 같이 움직인다고 예상할 수 있다. 그림 5-26의 다이어그램을 종종 검증 곡선(validation curve)이라고 하며 다음과 같은 근본적인 특징을 알 수 있다.

- 훈련 점수는 언제나 검증 점수보다 높다. 모델은 아직 보지 못한 데이터보다 이미 본 데이터에 더 잘 적합하기 때문에 이것은 당연한 결과라고 볼 수 있다.
- 모델 복잡도가 너무 낮은 경우(고편향 모델) 훈련 데이터가 과소적합되는데, 이는 모델이 훈련 데이터와 미리 보지 않은 데이터 모두를 예측하지 못한다는 뜻이다.
- 모델 복잡도가 너무 높은 경우(고분산 모델) 훈련 데이터가 과적합되는데, 이것은 모델이 훈련 데이터는 매우 잘 예측하지만 본 적이 없는 데이터에 대해서는 예측에 실패한다는 뜻이다.
- 중간값에서 검증 곡선은 최댓값을 가진다. 복잡도가 이 수준이라는 것은 편향과 분산 사이의 적절한 트레이드오프가 이뤄졌음을 나타낸다.

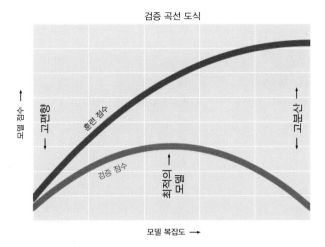

그림 5-26. 모델 복잡도와 훈련 점수, 검증 점수 사이의 관계 도식

모델 복잡도를 조정하는 도구는 모델에 따라 다양하다. 다음 절에서 각 모델에 대해 다룰 때 그것을 어떻게 조정하는지 살펴보겠다.

Scikit-Learn의 검증 곡선

교차 검증을 사용해 모델 클래스에 대한 검증 곡선을 계산하는 예를 살펴보자. 여기서는 **다항 회귀**(polynomial regression) 모델을 사용할 것이다. 이 모델은 일반화된 선형 모델로, 이 모델에서 조정 가능한 매개변수는 다항식의 차수다. 예를 들어, 1차식은 데이터에 직선을 적합시키므로 모델 모수 a와 b에 대해 다음과 같이 기술할 수 있다.

$$y = ax + b$$

3차 다항식은 3차 곡선을 데이터에 적합시킨다. 모델 모수 a, b, c, d에 대해 다음과 같이 기술할 수 있다.

$$y = ax^2 + bx^2 + cx + d$$

이를 어떤 차수의 다항식 특징에도 일반화시킬 수 있다. Scikit-Learn에서는 이것을 다항식 전처리 프로그램과 결합한 간단한 선형 회귀로 구현할 수 있다. 여기서는 이 연산을 하나로 묶는 **파이프라인**을 사용할 것이다(다항식 특징과 파이프라인에 대해서는 409쪽 '특징 공학'에서 자세히 논의한다).

```
In[10]: from sklearn.preprocessing import PolynomialFeatures
        from sklearn.linear_model import LinearRegression
        from sklearn.pipeline import make_pipeline

        def PolynomialRegression(degree=2, **kwargs):
            return make_pipeline(PolynomialFeatures(degree), LinearRegression(**kwargs))
```

이제 모델을 적합할 데이터를 만들자.

```
In[11]: import numpy as np

        def make_data(N, err=1.0, rseed=1):
            # 임의로 데이터 표본 만들기
            rng = np.random.RandomState(rseed)
            X = rng.rand(N, 1) ** 2
            y=10-1./(X.ravel()+0.1)
            if err > 0:
                y += err * rng.randn(N)
            return X, y
        X, y = make_data(40)
```

이제 데이터와 함께 여러 차수의 다항식 적합을 시각화할 수 있다(그림 5-27).

```
In[12]: %matplotlib inline
        import matplotlib.pyplot as plt
        import seaborn; seaborn.set() # 플롯 형식 지정

        X_test = np.linspace(-0.1, 1.1, 500)[:, None]

        plt.scatter(X.ravel(), y, color='black')
        axis = plt.axis()
        for degree in [1, 3, 5]:
            y_test = PolynomialRegression(degree).fit(X, y).predict(X_test)
            plt.plot(X_test.ravel(), y_test, label='degree={0}'.format(degree))
        plt.xlim(-0.1, 1.0)
        plt.ylim(-2, 12)
        plt.legend(loc='best');
```

이 경우 모델 복잡도를 제어하는 손잡이는 음수가 아닌 정숫값을 가지는 다항식의 차수다. 여기서 필요한 질문은 이것이다. 몇 차 다항식이 편향(과소적합)과 분산(과적합) 사이에 적절한 트레이드오프를 제공하는가?

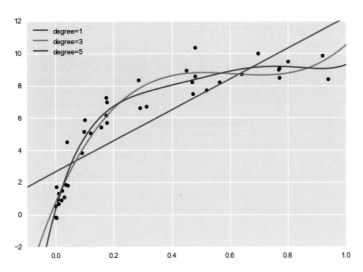

그림 5-27. 데이터세트에 적합시킨 세 가지 다항식 모델

이 특정 데이터와 모델에 대한 검증 곡선을 시각화하면 이 질문의 답을 얻을 수 있다. 이 작업은 Scikit-Learn에서 제공하는 `validation_curve` 편의 루틴을 사용해 간단하게 수행할 수 있다. 모델과 데이터, 모수 이름, 탐색 범위가 주어지면 이 함수가 자동으로 그 범위 내에서 훈련 점수와 검증 점수를 계산한다 (그림 5-28).

```
In[13]:
from sklearn.model_selection import validation_curve
degree = np.arange(0, 21)
train_score, val_score = validation_curve(PolynomialRegression(), X, y,
                                  param_name='polynomialfeatures__degree',
                                  param_range=degree, cv=7)
plt.plot(degree, np.median(train_score,1), color='blue', label='training score')
plt.plot(degree, np.median(val_score, 1), color='red', label='validation score')
plt.legend(loc='best')
plt.ylim(0, 1)
plt.xlabel('degree')
plt.ylabel('score');
```

이 코드는 예상대로 훈련 점수가 언제나 검증 점수보다 높다는 정성적 패턴을 정확히 보여준다. 훈련 점수는 모델 복잡도가 증가함에 따라 단조롭게 향상되고 검증 점수는 모델이 과적합되어 점수가 떨어지기 전에 최댓값에 도달한다.

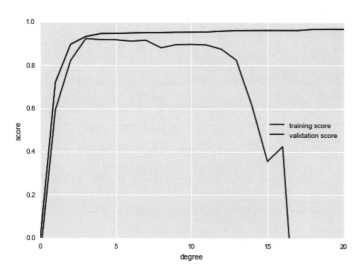

그림 5-28. 그림 5-27의 데이터에 대한 검증 곡선(그림 5-26과 비교)

검증 곡선을 통해 편향과 분산 사이의 최적의 트레이드오프가 3차 다항식임을 알 수 있다. 다음과 같이 원본 데이터에 이 적합을 계산하고 표시하면 된다(그림 5-29).

```
In[14]: plt.scatter(X.ravel(), y)
        lim = plt.axis()
        y_test = PolynomialRegression(3).fit(X, y).predict(X_test)
        plt.plot(X_test.ravel(), y_test);
        plt.axis(lim);
```

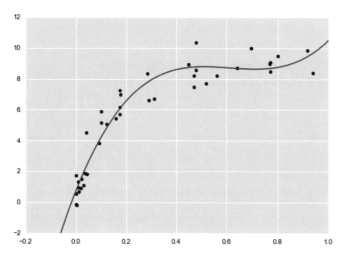

그림 5-29. 그림 5-27의 데이터에 대해 교차 검증된 최적의 모델

이 최적의 모델을 발견하기 위해 실제로 훈련 점수를 계산할 필요는 없지만 훈련 점수와 검증 점수 사이의 관계를 시험하는 것으로 모델의 성능에 대한 유용한 통찰력을 얻을 수 있다는 점을 알아두자.

학습 곡선

모델 복잡도를 결정하는 데 중요한 측면 중 하나는 최적의 모델은 일반적으로 훈련 데이터의 규모에 의존한다는 사실이다. 그 예로 5배 더 많은 점으로 구성된 새로운 데이터세트를 생성하자.

```
In[15]: X2, y2 = make_data(200)
        plt.scatter(X2.ravel(), y2);
```

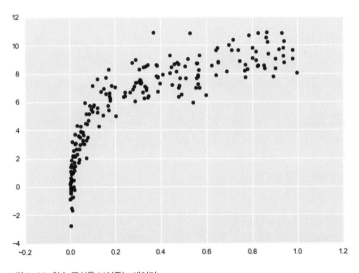

그림 5-30. 학습 곡선을 보여주는 데이터

앞에서 나온 코드를 복제해서 이 큰 데이터세트에 대한 검증 곡선을 그려보자. 참고 삼아 이전 결과 플롯도 함께 그려보자(그림 5-31).

```
In[16]:
degree = np.arange(21)
train_score2, val_score2 = validation_curve(PolynomialRegression(), X2, y2,
                                  param_name='polynomialfeatures__degree',
                                  param_range=degree, cv=7)

plt.plot(degree, np.median(train_score2, 1), color='blue', label='training score')
plt.plot(degree, np.median(val_score2, 1), color='red', label='validation score')
```

```
plt.plot(degree, np.median(train_score, 1), color='blue', alpha=0.3, linestyle='dashed')
plt.plot(degree, np.median(val_score, 1), color='red', alpha=0.3, linestyle='dashed')
plt.legend(loc='lower center')
plt.ylim(0, 1)
plt.xlabel('degree')
plt.ylabel('score');
```

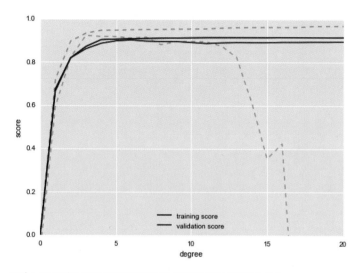

그림 5-31. 그림 5-30의 데이터에 적합시킨 다항식 모델에 대한 학습 곡선

실선은 새로운 결과를 보여주고, 더 연한 색의 점선은 이전의 더 작은 데이터세트에 대한 결과를 보여준다. 검증 곡선을 보니 더 큰 규모의 데이터세트가 훨씬 더 복잡한 모델을 지원할 수 있다는 것이 분명하다. 여기서 정점은 6차수 근처겠지만 20차수 모델도 데이터에 심하게 과적합되지 않으며 검증 점수와 훈련 점수가 매우 가깝게 유지된다.

따라서 검증 곡선의 행동은 하나가 아니라 두 개의 중요한 입력값에 의해 결정되는데, 모델 복잡도와 훈련 데이터 점의 개수가 그것이다. 모델의 행동을 훈련 데이터 점의 개수의 함수로 탐색하는 것이 유용한 경우가 많으며, 이는 데이터 부분집합의 크기를 점차 크게 조정하면서 모델을 적합시켜 할 수 있다. 훈련 집합의 크기에 따른 훈련 점수/검증 점수의 플롯을 **학습 곡선**(learning curve)이라고 한다.

학습 곡선으로부터 예상할 수 있는 일반적인 행동 양상은 다음과 같다.

- 해당 복잡도의 모델은 작은 데이터세트를 **과적합**한다. 이는 상대적으로 훈련 점수는 높지만 검증 점수는 낮다는 의미다.

- 해당 복잡도의 모델은 큰 데이터세트를 **과소적합**한다. 이는 훈련 점수는 감소하지만 검증 점수는 증가함을 의미한다.

- 모델은 우연한 경우를 제외하고는 결코 훈련 집합보다 검증 집합에 더 좋은 점수를 주지 않는다. 이는 훈련 점수와 검증 점수의 두 곡선이 점점 더 가까워지기는 해도 절대 교차하지 않는다는 뜻이다.

이 특징을 염두에 두면 학습 곡선이 정성적으로 그림 5–32와 비슷하리라고 예상할 수 있다.

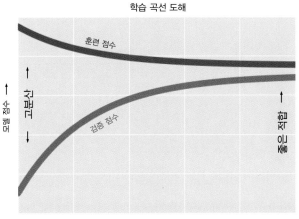

그림 5–32. 학습 곡선에 대한 전형적인 해석을 보여주는 도해

학습 곡선에서 눈에 띄는 특징은 훈련 표본의 개수가 커질수록 특정 점수로 수렴한다는 것이다. 특히 특정 모델이 수렴할 만큼 충분한 데이터 점을 가지게 되면 **훈련 데이터를 더 늘리는 것은 도움이 되지 않는다!** 이 경우 모델 성능을 키우는 유일한 방법은 다른(대개 더 복잡한) 모델을 사용하는 것이다.

Scikit-Learn은 모델로부터 이러한 학습 곡선을 계산하기 위한 편리한 유틸리티를 제공한다. 여기서는 2차 다항식 모델과 9차 다항식을 사용해 원래 데이터세트에 대한 학습 곡선을 계산하겠다(그림 5–33).

```
In[17]:
from sklearn.model_selection import learning_curve

fig, ax = plt.subplots(1, 2, figsize=(16, 6))
fig.subplots_adjust(left=0.0625, right=0.95, wspace=0.1)

for i, degree in enumerate([2, 9]):
    N, train_lc, val_lc = learning_curve(PolynomialRegression(degree), X, y, cv=7,
                                         train_sizes=np.linspace(0.3, 1, 25))
    ax[i].plot(N, np.mean(train_lc, 1), color='blue', label='training score')
    ax[i].plot(N, np.mean(val_lc, 1), color='red', label='validation score')
    ax[i].hlines(np.mean([train_lc[-1], val_lc[-1]]), N[0], N[-1], color='gray',
                 linestyle='dashed')
```

```
ax[i].set_ylim(0, 1)
ax[i].set_xlim(N[0], N[-1])
ax[i].set_xlabel('training size')
ax[i].set_ylabel('score')
ax[i].set_title('degree = {0}'.format(degree), size=14)
ax[i].legend(loc='best')
```

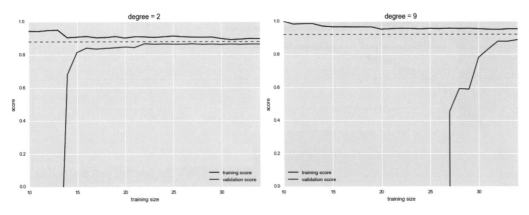

그림 5-33. 낮은 복잡도 모델(왼쪽)과 높은 복잡도 모델(오른쪽)에 대한 학습 곡선

이것은 모델이 늘어나는 훈련 데이터에 어떻게 반응하는지 시각적으로 보여주기 때문에 가치 있는 진단이다. 특히 학습 곡선이 이미 수렴한 경우라면(즉, 훈련 곡선과 검증 곡선이 이미 서로 가까울 때) **훈련 데이터를 더 많이 추가한다고 해서 적합도가 눈에 띄게 개선되지는 않을 것이다!** 이러한 상황은 2차수 모델의 학습 곡선을 보여주는 왼쪽 그림에서 확인할 수 있다.

수렴된 점수를 증가시키는 유일한 방법은 다른(일반적으로 더 복잡한) 모델을 사용하는 것이다. 이는 그림 5-33의 오른쪽 그림에서 확인할 수 있다. 좀 더 복잡한 모델로 옮겨가면 수렴 점수(점선으로 표시)는 높아지지만 모델 편차(훈련 점수와 검증 점수 사이의 차이로 표시)가 높아지는 것을 감수해야 한다. 훨씬 더 많은 데이터 점을 추가하면 더욱 복잡한 모델의 학습 곡선도 결국에는 수렴하게 된다.

특별히 선택한 모델과 데이터세트에 대한 학습 곡선을 그려보면 분석을 어떻게 개선해 나갈 것인지 결정할 때 도움될 것이다.

실선은 새로운 결과를 보여주는 반면, 연한 점선은 이전의 더 작은 데이터세트의 결과를 보여준다. 검증 곡선을 보면 더 큰 데이터세트가 훨씬 더 복잡한 모델을 지원할 수 있다는 것을 알 수 있다. 여기서 피크는 6차수 정도지만, 20차수 모델도 데이터를 심각하게 과적합하지는 않으며 검증 및 학습 점수가 매우 비슷하게 유지된다.

실제 검증: 그리드 검색

지금까지 편향과 분산 사이의 트레이드오프와 이 트레이드오프가 모델 복잡도와 훈련 집합 크기에 대해 어떤 종속성을 가지는지 이해를 돕고자 설명했다. 실제 모델에는 일반적으로 복잡도를 제어할 수 있는 수단이 하나 이상 있어 검증 곡선과 학습 곡선 플롯이 직선에서 다차원 표면으로 변경된다. 그러한 경우에는 시각화하기가 어려우므로 검증 점수를 최대화하는 특정 모델을 찾는 것이 낫다.

Scikit-Learn은 이 작업을 수행하는 자동화 도구로 grid_search 모듈을 제공한다. 관련하여 최적의 다항식 모델을 구하기 위해 그리드 검색을 사용하는 예제를 살펴보자. 여기서는 모델 특징을 담은 3차원 그리드를 탐색할 것이다. 이 그리드는 다항식 차수와 절편에 적합시킬지 말지 알려주는 플래그와 문제를 정규화할 것인지 아닌지 알려주는 플래그로 구성된다. 이것은 Scikit-Learn의 GridSearchCV 메타추정기(meta-estimator)를 사용해 설정할 수 있다.

```
In[18]: from sklearn.model_selection import GridSearchCV

        param_grid = {'polynomialfeatures__degree': np.arange(21),
                      'linearregression__fit_intercept': [True, False]}

        grid = GridSearchCV(PolynomialRegression(), param_grid, cv=7)
```

일반 추정기와 마찬가지로 이 메타추정기도 아직 어떤 데이터에도 적용되지 않았다. fit() 메서드를 호출하면 모델을 각 그리드 점에 적합시키면서 계속 점수를 기록할 것이다.

```
In[19]: grid.fit(X, y);
```

이 모델이 적합됐으니 이제 다음과 같이 최적의 매개변수를 구할 수 있다.

```
In[20]: grid.best_params_
Out[20]: {'linearregression__fit_intercept': False,
          'polynomialfeatures__degree': 4}
```

마지막으로 원한다면 이 최적의 모델을 사용하고 이전 코드를 사용해 데이터에 적합하는 것을 보여줄 수 있다(그림 5-34).

```
In[21]: model = grid.best_estimator_

        plt.scatter(X.ravel(), y)
        lim = plt.axis()
```

```
y_test = model.fit(X, y).predict(X_test)
plt.plot(X_test.ravel(), y_test);
plt.axis(lim);
```

그리드 검색은 사용자 정의된 채점 함수를 지정하고 계산을 병렬 처리하며 무작위 검색을 수행하는 등 더 많은 옵션을 제공한다. 더 자세한 내용은 533쪽 '심화 학습: 커널 밀도 추정'과 546쪽 '응용: 안면 인식 파이프라인'의 예제를 확인하거나 Scikit-Learn의 그리드 검색 문서[7]를 참고한다.

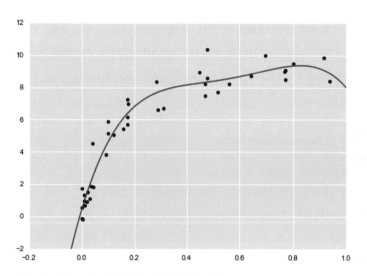

그림 5-34. 자동 그리드 검색을 통해 결정된 최적합 모델

정리

이번 절에서는 편향-분산 트레이드오프의 직관적인 측면과 모델을 데이터에 적합시킬 때 그것이 어떻게 작동하는지에 초점을 맞춰 모델 검증과 초모수 최적화 개념을 살펴봤다. 특히, 더 복잡하고 유연한 모델의 과적합을 피하기 위해 모수를 조정할 때 검증 집합이나 교차 검증 방식을 사용하는 것이 반드시 필요하다는 사실을 배웠다.

이어지는 절에서는 특별히 유용한 모델을 자세히 알아보고 그 모델에서 어떤 조정 방법을 사용할 수 있는지와 이 자유 모수가 모델 복잡도에 어떻게 영향을 미치는지에 대해 이야기를 나누고자 한다. 이번 절에서 배운 내용을 염두에 두고 계속해서 머신러닝 방식을 배워보자.

---

7   http://scikit-learn.org/stable/modules/grid_search.html

특징 공학

앞에서 머신러닝의 기본 개념을 대략 설명했지만 거기서 사용한 모든 예제는 깔끔한 `[n_samples, n_features]` 형식의 수치 데이터를 사용한다고 가정했다. 현실 세계에서 그러한 형태의 데이터를 접하는 경우는 드물다. 이 점을 생각하면 실제로 머신러닝을 사용할 때 더 중요한 단계 중 하나는 **특징 공학** (feature engineering)이다. 특징 공학이란 문제에 대해 가지고 있는 정보를 모두 취해 특징 행렬을 구축하는 데 사용할 수 있는 숫자로 변환하는 것이다.

이번 절에서는 특징을 성격에 따라 **범주 데이터**(categorical data)를 표현하는 특징과 **텍스트**를 표현하는 특징, 이미지를 표현하는 특징으로 나누어 특징 공학 작업의 예를 통해 알아보겠다. 더불어 모델 복잡도를 증가시키기 위한 **유도 특징**(derived feature)과 누락 데이터 **대체**를 논의할 것이다. 이 절차는 임의의 데이터를 벡터로 전환하기 때문에 **벡터화**(vectorization)라고 하는 경우가 많다.

범주 특징

비수치 데이터의 일반적인 유형 중 하나는 **범주** 데이터(categorical data)다. 예를 들어, 주택 가격 데이터를 탐색하는데, '가격(price)'과 '방 개수(rooms)'와 같은 수치 특징과 함께 '지역(neighborhood)' 정보도 가지고 있다고 가정해 보자. 그 데이터는 다음과 같은 모습일 것이다.

```
In[1]: data = [
           {'price': 850000, 'rooms': 4, 'neighborhood': 'Queen Anne'},
           {'price': 700000, 'rooms': 3, 'neighborhood': 'Fremont'},
           {'price': 650000, 'rooms': 3, 'neighborhood': 'Wallingford'},
           {'price': 600000, 'rooms': 2, 'neighborhood': 'Fremont'}
       ]
```

이 데이터를 다음과 같은 간단한 수치 매핑으로 인코딩하고 싶을 것이다.

```
In[2]: {'Queen Anne': 1, 'Fremont': 2, 'Wallingford': 3};
```

이 방식은 일반적으로 Scikit-Learn에서는 유용하지 않다. 이 패키지의 모델이 수치 특징은 대수적인 양을 반영한다고 기본적으로 가정하기 때문이다. 따라서 이러한 매핑은 Queen Anne 〈 Fremont 〈 Wallingford 또는 Wallingford – Queen Anne = Fremont라는 식의 말도 안 되는 관계를 의미하게 된다.

이 경우 이용할 수 있는 한 가지 검증된 기법은 사실상 해당 범주의 유무를 각각 1이나 0으로 나타내는 추가 열을 생성하는 원-핫 인코딩(one-hot encoding)을 사용하는 것이다. 데이터가 딕셔너리의 리스트 형태라면 Scikit-Learn의 **DictVectorizer**를 사용해 이 작업을 수행할 수 있다.

```
In[3]: from sklearn.feature_extraction import DictVectorizer
       vec = DictVectorizer(sparse=False, dtype=int)
       vec.fit_transform(data)
Out[3]: array([[      0,      1,      0, 850000,      4],
               [      1,      0,      0, 700000,      3],
               [      0,      0,      1, 650000,      3],
               [      1,      0,      0, 600000,      2]])
```

지역(neighborhood) 열이 세 개 지역의 레이블을 나타내는 세 개의 분리된 열로 확장됐고 각 행에는 그 지역과 관련된 열에 1이라는 값이 들어 있다. 이렇게 인코딩된 범주 특징을 가지고 Scikit-Learn 모델을 적합시키면 표준 방식으로 진행할 수 있다.

각 열의 의미를 확인하려면 특징 이름을 검사하면 된다.

```
In[4]: vec.get_feature_names_out()
Out[4]: ['neighborhood=Fremont',
         'neighborhood=Queen Anne',
         'neighborhood=Wallingford',
         'price',
         'rooms']
```

이 방식의 한 가지 단점은 해당 범주에 들어갈 수 있는 값이 많은 경우 데이터세트의 크기가 엄청나게 커질 수 있다는 것이다. 그러나 인코딩된 데이터가 대부분 0이기 때문에 희박한 결과가 매우 효율적인 해결책이 될 수 있다.

```
In[5]: vec = DictVectorizer(sparse=True, dtype=int)
       vec.fit_transform(data)
Out[5]: <4x5 sparse matrix of type '<class 'numpy.int64'>'
            with 12 stored elements in Compressed Sparse Row format>
```

많은(모두 그런 것은 아님) Scikit-Learn 추정기는 모델을 적합시키거나 평가할 때 이러한 희박한 입력값을 받는다. Scikit-Learn에는 이러한 유형의 인코딩을 지원하기 위해 **sklearn.preprocessing. OneHotEncoder**와 **sklearn.feature_extraction.FeatureHasher**가 포함돼 있다.

텍스트 특징

특징 공학이 필요한 또 다른 경우는 텍스트를 대표 수치값의 집합으로 변환하는 것이다. 예를 들어, 대부분의 자동화된 소셜 미디어 데이터 마이닝 기법은 텍스트를 숫자로 인코딩하는 형식에 의존한다. 데이터를 인코딩하는 가장 간단한 방법 중 하나는 **단어 세기**(word count)를 이용하는 것이다. 즉, 각 텍스트 토막을 취해 그 안에 각 단어가 몇 번 등장하는지 세고 그 결과를 테이블에 넣는 것이다.

예를 들어, 다음과 같은 세 구문의 집합을 생각해 보자.

```
In[6]: sample = ['problem of evil',
                 'evil queen',
                 'horizon problem']
```

단어 세기를 기반으로 이 데이터를 벡터화하려면 'problem', 'evil', 'horizon' 등의 단어를 나타내는 열을 만들어야 한다. 직접 할 수도 있지만, Scikit-Learn의 `CountVectorizer`를 사용하면 지루한 작업을 피해갈 수 있다.

```
In[7]: from sklearn.feature_extraction.text import CountVectorizer
       vec = CountVectorizer()
       X = vec.fit_transform(sample)
       X
Out[7]: <3x5 sparse matrix of type '<class 'numpy.int64'>'
            with 7 stored elements in Compressed Sparse Row format>
```

코드를 실행하면 각 단어가 등장하는 횟수를 기록하는 희박 행렬을 얻는다. 이를 레이블이 있는 열로 이뤄진 `DataFrame`으로 전환하면 검사하기가 더 쉬워진다.

```
In[8]: import pandas as pd
       pd.DataFrame(X.toarray(), columns=vec.get_feature_names_out)
Out[8]:    evil  horizon  of  problem  queen
        0     1        0   1        1      0
        1     1        0   0        0      1
        2     0        1   0        1      0
```

그러나 이 방식에는 원시 단어 개수가 매우 자주 등장하는 단어에 너무 많은 가중치를 부여하는 특징을 가지게 한다는 문제가 있는데, 이것이 일부 분류 알고리즘에서는 최선의 방식이라고 볼 수 없다. 이 문제를 해결하는 한 가지 방법은 단어가 문서에서 얼마나 자주 등장하느냐에 따라 단어 수에 가중치를 부여하는 TF-IDF(term frequency-inverse document frequency, 단어 빈도-역문서 빈도)라는 기법이다. 이 특징을 계산하는 구문은 이전 예제와 비슷하다.

```
In[9]: from sklearn.feature_extraction.text import TfidfVectorizer
       vec = TfidfVectorizer()
       X = vec.fit_transform(sample)
       pd.DataFrame(X.toarray(), columns=vec.get_feature_names_out())
Out[9]:      evil    horizon        of   problem     queen
       0  0.517856  0.000000  0.680919  0.517856  0.000000
       1  0.605349  0.000000  0.000000  0.000000  0.795961
       2  0.000000  0.795961  0.000000  0.605349  0.000000
```

분류 문제에서 TF-IDF를 사용하는 예는 417쪽 '심화 학습: 나이브 베이즈 분류'를 참고한다.

이미지 특징

또 다른 보편적인 요구사항으로 머신러닝 분석을 위해 이미지를 적절하게 인코딩하는 것이 있다. 가장 간단한 방식은 374쪽 'Scikit-Learn 소개'에서 숫자 데이터에 사용했던 것으로, 간단히 픽셀값 자체를 사용하는 것이다. 그러나 응용 프로그램에 따라 그러한 방식은 최적이 아닐 수 있다.

이미지에 대한 특징 추출 기법을 종합적으로 요약하는 것은 이번 절의 범위를 넘어서는 일이지만, 사이킷-이미지 프로젝트(http://scikit-image.org)에서 여러 표준 접근 방식을 이용한 탁월한 구현물을 찾을 수 있을 것이다. Scikit-Learn과 Scikit-Image를 함께 사용하는 예제는 546쪽 '응용: 안면 인식 파이프라인'을 참고한다.

유도 특징

그 밖의 유용한 특징 유형으로 입력 특징으로부터 수학적으로 유도된 특징이 있다. 이에 대한 예제는 392쪽 '초모수와 모델 검증'에서 입력 데이터로부터 다항식 특징을 구성할 때 이미 살펴봤다. 거기서 모델을 바꾸지 않고 입력값을 변환해서 선형 회귀를 다항식 회귀로 바꿀 수 있음을 확인했다. 이를 때로는 기저 함수 회귀라고 하며, 자세한 내용은 425쪽 '심화 학습: 선형 회귀'에서 살펴본다.

예를 들면, 다음 데이터는 분명히 직선으로는 잘 설명할 수 없다(그림 5-35).

```
In[10]: %matplotlib inline
        import numpy as np
```

```
import matplotlib.pyplot as plt

x = np.array([1, 2, 3, 4, 5])
y = np.array([4, 2, 1, 3, 7])
plt.scatter(x, y);
```

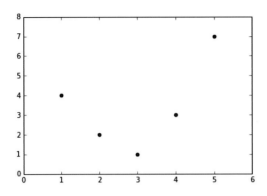

그림 5-35. 직선으로는 잘 설명되지 않는 데이터

그래도 **LinearRegression**을 사용해 직선을 데이터에 적합시켜 최적의 결과를 얻을 수 있다(그림 5-36).

```
In[11]: from sklearn.linear_model import LinearRegression
        X = x[:, np.newaxis]
        model = LinearRegression().fit(X, y)
        yfit = model.predict(X)
        plt.scatter(x, y)
        plt.plot(x, yfit);
```

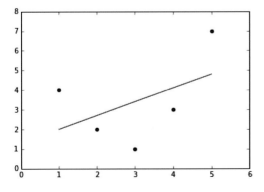

그림 5-36. 빈약한 직선 적합

x와 y 사이의 관계를 설명하기 위해 더 복잡한 모델이 분명히 필요하다. 그 작업은 데이터를 변환해서 모델에 유연성을 더 부여할 수 있는 특징 열을 추가해서 할 수 있다. 예를 들면, 다음과 같이 데이터에 다항식 특징을 추가할 수 있다.

```
In[12]: from sklearn.preprocessing import PolynomialFeatures
        poly = PolynomialFeatures(degree=3, include_bias=False)
        X2 = poly.fit_transform(X)
        print(X2)

[[  1.    1.    1.]
 [  2.    4.    8.]
 [  3.    9.   27.]
 [  4.   16.   64.]
 [  5.   25.  125.]]
```

유도된 특징 행렬은 x를 나타내는 열과 x^2을 나타내는 두 번째 열, x^3을 나타내는 세 번째 열로 이뤄져 있다. 이 확장된 입력에 대해 선형 회귀를 계산하면 데이터에 훨씬 더 근접하게 적합할 수 있다(그림 5-37).

```
In[13]: model = LinearRegression().fit(X2, y)
        yfit = model.predict(X2)
        plt.scatter(x, y)
        plt.plot(x, yfit);
```

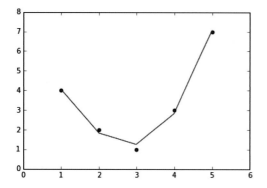

그림 5-37. 데이터로부터 유도된 다항식 특징에 대한 선형 적합

이처럼 모델을 바꾸지 않고 입력값을 변환해서 모델을 개선한다는 개념은 수많은 더 강력한 머신러닝 방식에서는 기본이다. 이 개념에 대해서는 425쪽 '심화 학습: 선형 회귀'의 기저 함수 회귀 부분에서 더 알아볼 것이다. 더 일반적으로 말하면 이것은 커널법(kernel methods)이라는 강력한 기법들이 탄생하게 된 동기가 됐으며 이에 대해서는 442쪽 '심화 학습: 서포트 벡터 머신'에서 살펴보겠다.

누락 데이터의 대체

특징 공학이 필요한 또 다른 상황은 누락 데이터를 처리하는 것이다. DataFrame에서 누락된 데이터를 처리하는 방법은 135쪽 '누락된 데이터 처리하기'에서 알아봤으며 대체로 NaN 값이 누락된 값을 표시하는 데 사용되는 것을 봤다. 예를 들어, 다음과 같은 데이터세트가 있다고 하자.

```
In[14]: from numpy import nan
        X = np.array([[ nan, 0,    3],
                      [ 3,   7,    9 ],
                      [ 3,   5,    2 ],
                      [ 4,   nan,  6 ],
                      [ 8,   8,    1 ]])
        y = np.array([14, 16, -1,  8, -5])
```

이러한 데이터에 전형적인 머신러닝 모델을 적용하려면 먼저 누락된 데이터를 적절한 채움 값으로 대체해야 한다. 이 기법을 누락된 값의 **대체**(imputation)라고 하며, 그 전략은 간단한 방법(예: 누락된 값을 해당 열의 평균으로 대체)부터 정교한 방법(예: 행렬 완성이나 그러한 데이터를 처리하는 견고한 모델 사용)까지 그 범위가 다양하다.

정교한 방법은 응용 분야에 특화되는 경향이 있으므로 여기서는 깊이 다루지는 않을 것이다. 평균이나 중앙값, 최빈값을 사용하는 기본 대체 방식의 경우, Scikit-Learn에서 **Imputer** 클래스를 제공한다.

```
In[15]: from sklearn.impute import SimpleImputer
        imp = SimpleImputer(strategy='mean')
        X2 = imp.fit_transform(X)
        X2
Out[15]: array([[ 4.5, 0. , 3. ],
                [ 3. , 7. , 9. ],
                [ 3. , 5. , 2. ],
                [ 4. , 5. , 6. ],
                [ 8. , 8. , 1. ]])
```

결과 데이터를 보면 두 개의 누락된 값이 해당 열의 나머지 값들의 평균으로 대체됐다. 이제 이 대체된 값을 LinearRegression 추정기 등에 바로 반영할 수 있다.

```
In[16]: model = LinearRegression().fit(X2, y)
        model.predict(X2)
Out[16]:
array([ 13.14869292,  14.3784627 ,  -1.15539732,  10.96606197,  -5.33782027])
```

특징 파이프라인

앞에서 나온 예를 직접 변환하다 보면 쉽게 지칠 것이다. 특히 여러 단계를 하나로 묶고자 한다면 더욱 그렇다. 예를 들어, 다음과 같은 처리 파이프라인이 필요할 수 있다.

1. 누락된 값을 평균으로 대체한다.

2. 특징을 이차 형태로 전환한다.

3. 선형 회귀를 적합시킨다.

이러한 유형의 처리 파이프라인을 간결하게 하기 위해 Scikit-Learn은 다음과 같이 사용하는 파이프라인 객체를 제공한다.

```
In[17]: from sklearn.pipeline import make_pipeline
        model = make_pipeline(SimpleImputer(strategy='mean'), PolynomialFeatures(degree=2),
                              LinearRegression())
```

이 파이프라인은 표준 Scikit-Learn 객체처럼 보이고 그렇게 동작하며 어떤 입력 데이터에도 지정된 단계를 모두 적용한다.

```
In[18]: model.fit(X, y) # X는 위에서 본 누락된 데이터를 포함한 데이터세트
        print(y)
        print(model.predict(X))
[14 16 -1 8 -5]
[ 14.  16.  -1.   8.  -5.]
```

모델의 모든 단계는 자동으로 적용된다. 이 데모를 간단하게 하기 위해 이 모델을 훈련 데이터에 적용했고, 덕분에 모델이 결과를 완벽하게 예측할 수 있었다(이에 대한 자세한 내용은 392쪽 '초모수와 모델 검증'에서 이미 다뤘다).

실제로 Scikit-Learn 파이프라인을 사용하는 예제는 425쪽 '심화 학습: 선형 회귀'와 442쪽 '심화 학습: 서포트 벡터 머신', 그리고 다음 절의 나이브 베이즈 분류에서 확인하자.

심화 학습: 나이브 베이즈 분류

지금까지 머신러닝의 개념에 대한 전반적인 개요를 살펴봤다. 이제부터는 지도 학습과 비지도 학습의 알고리즘 몇 가지를 자세히 알아볼 텐데, 먼저 나이브 베이즈 분류(naïve Bayes classification)로 시작하자.

나이브 베이즈 모델은 대체로 매우 높은 차원의 데이터세트에 적합한 상당히 빠르고 간단한 분류 알고리즘을 가지고 있다. 이 알고리즘들은 매우 빠르고 조정 가능한 모수가 매우 적기 때문에 분류 문제에서 빠르고 간편한 기준선으로 쓰기에 매우 유용하다. 이번 절에서는 나이브 베이즈 분류기의 작동 방식을 직관적으로 설명하는 데 초점을 맞출 것이며 실제로 몇몇 데이터세트에 그것들을 적용하는 예제를 살펴보겠다.

베이즈 분류

나이브 베이즈 분류기는 베이즈 분류법을 기반으로 만들어졌다. 이 분류법은 통계량의 조건부 확률 사이의 관계를 나타내는 방정식인 베이즈 정리를 기반으로 한다. 베이즈 분류에서는 관측된 특징(feature)이 주어졌을 때 레이블(label)의 확률을 구하는 데 관심이 있으며, 이를 $P(L|features)$로 쓸 수 있다. 베이즈 정리는 이를 표현하는 방법을 더 직접적으로 계산할 수 있는 양의 관점에서 알려준다.

$$P(L|features) = \frac{P(features|L)P(L)}{P(features)}$$

L_1과 L_2라는 두 레이블 사이에서 결정하려고 하는 경우, 결정을 내리는 한 가지 방법은 각 레이블의 사후 확률의 비율을 계산하는 것이다.

$$\frac{P(L_1|features)}{P(L_2|features)} = \frac{P(features|L_1)P(L_1)}{P(features|L_2)P(L_2)}$$

이제 필요한 것은 각 레이블에 대한 $P(features|L_i)$를 계산할 수 있는 모델이다. 그러한 모델을 생성 모델(generative model)이라고 하는데, 그것이 데이터를 생성하는 가설적인 랜덤 프로세스를 기술

하기 때문이다. 각 레이블에 대한 이 생성 모델을 지정하는 것이 그러한 베이즈 분류기를 훈련시키는 주요 부분이다. 그러한 일반적인 형태의 훈련 단계는 매우 어려운 작업이지만 이 모델의 형태에 대한 단순화된 가정들을 사용함으로써 작업을 더 간단하게 만들 수 있다.

이 때문에 '나이브 베이즈'에 '나이브'라는 표현이 쓰인 것이다. 각 레이블의 생성 모델에 대해 매우 순진하게(naive) 가정하면 각 클래스에 대한 생성 모델을 대략 근사하게 찾을 수 있고 그에 따라 베이즈 분류를 적용할 수 있다. 나이브 베이즈 분류기의 유형은 데이터에 대한 여러 가지 순진한 가정에 따라 달라지며, 다음 절에서 이 가운데 몇 가지를 검토할 것이다. 먼저 표준 임포트로 시작하자.

```
In[1]: %matplotlib inline
       import numpy as np
       import matplotlib.pyplot as plt
       import seaborn as sns; sns.set()
```

가우스 나이브 베이즈

가장 이해하기 쉬운 나이브 베이즈 분류 방식은 아마 가우스 나이브 베이즈(Gaussian naïve Bayes)일 것이다. 이 분류기는 각 레이블의 데이터가 간단한 가우스 분포로부터 추출된다고 가정한다. 다음과 같은 데이터가 있다고 생각해 보자(그림 5-38).

```
In[2]: from sklearn.datasets import make_blobs
       X, y = make_blobs(100, 2, centers=2, random_state=2, cluster_std=1.5)
       plt.scatter(X[:, 0], X[:, 1], c=y, s=50, cmap='RdBu');
```

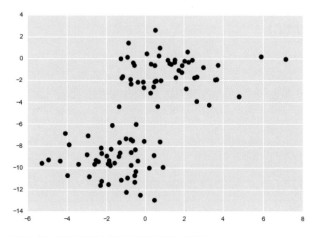

그림 5-38. 가우스 나이브 베이즈 분류를 위한 데이터

간단한 모델을 만드는 가장 빠른 방법은 데이터가 차원 사이에 공분산이 없는 가우스 분포를 따른다고 가정하는 것이다. 이 모델은 단순히 각 레이블 내 점의 평균과 표준 편차를 구함으로써 적합할 수 있다. 단순히 그러한 분포를 정의하기만 하면 된다. 이 순진한 가우스 가정의 결과는 그림 5-39와 같다.

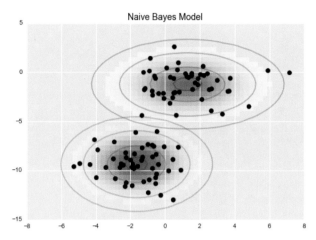

그림 5-39. 시각화한 가우스 나이브 베이즈 모델

여기서 타원은 타원의 중심으로 갈수록 확률이 더 커지는 각 레이블에 대한 가우스 생성 모델을 나타낸다. 각 클래스에 대해 이 생성 모델이 준비되면 모든 데이터 점에 대한 우도(likelihood) $P(features|L_1)$를 계산할 수 있는 간단한 방법이 생긴 셈이니 신속하게 사후 확률을 계산해서 주어진 점에 대해 어느 레이블이 가장 확률이 높은지 결정할 수 있다.

이 절차는 Scikit-Learn의 `sklearn.naive_bayes.GaussianNB` 추정기에 구현돼 있다.

```
In[3]: from sklearn.naive_bayes import GaussianNB
       model = GaussianNB()
       model.fit(X, y);
```

이제 새로운 데이터를 만들어서 레이블을 예측해 보자.

```
In[4]: rng = np.random.RandomState(0)
       Xnew = [-6, -14] + [14, 18] * rng.rand(2000, 2)
       ynew = model.predict(Xnew)
```

이 새로운 데이터를 플로팅하면 결정 경계(decision boundary)가 어디에 있는지 대략 알 수 있다(그림 5-40).

```
In[5]: plt.scatter(X[:, 0], X[:, 1], c=y, s=50, cmap='RdBu')
       lim = plt.axis()
       plt.scatter(Xnew[:, 0], Xnew[:, 1], c=ynew, s=20, cmap='RdBu', alpha=0.1)
       plt.axis(lim);
```

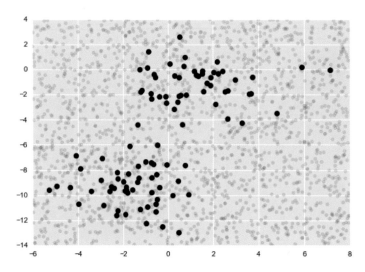

그림 5-40. 시각화한 가우스 나이브 베이즈 분류

분류에서 살짝 굽은 경계가 보인다. 일반적으로 가우스 나이브 베이즈의 경계는 2차식의 형태를 띤다.

베이즈 형식주의의 좋은 점은 자연스럽게 확률적인 분류가 가능하다는 것이며, `predict_porba` 메서드를 사용해 그 확률을 계산할 수 있다.

```
In[6]: yprob = model.predict_proba(Xnew)
       yprob[-8:].round(2)
Out[6]: array([[ 0.89,  0.11],
               [ 1.  ,  0.  ],
               [ 1.  ,  0.  ],
               [ 1.  ,  0.  ],
               [ 1.  ,  0.  ],
               [ 1.  ,  0.  ],
               [ 0.  ,  1.  ],
               [ 0.15,  0.85]])
```

두 열은 각각 첫 번째와 두 번째 레이블의 사후 확률을 제공한다. 분류 작업의 불확실성의 추정치를 알고 싶다면 이와 같은 베이즈 방식이 유용할 수 있다.

물론 최종 분류의 수준은 모델을 만들 때 사용했던 모델 가정 수준에만 머문다. 가우스 나이브 베이즈가 대체로 아주 좋은 결과를 만들어내지 못하는 이유가 여기에 있다. 그래도 여전히 많은 경우(특히 특징의 개수가 많을 때)에 이러한 가정이 가우스 나이브 베이즈의 사용을 막을 만큼 해롭지는 않다.

다항분포 나이브 베이즈

방금 설명한 가우스 가정이 각 레이블에 대한 생성 분포를 지정하는 데 사용할 수 있는 유일한 가정은 아니다. 다른 유용한 예는 다항분포 나이브 베이즈로, 특징이 간단한 다항분포로부터 생성된다고 가정한다. 다항분포는 여러 범주에서 관측한 계수(counts)의 확률을 나타내므로 다항분포 나이브 베이즈는 계수나 계수율을 나타내는 특징에 가장 적절하다.

개념은 이전과 똑같은데, 다만 최적합 가우스 분포로 데이터 분포를 모델링하는 대신 최적합 다항식 분포로 모델링한다는 점이 다르다.

예제: 텍스트 분류

다항분포 나이브 베이즈가 자주 사용되는 분야 중 하나는 텍스트 분류다. 텍스트 분류에서 특징들은 분류될 문서 내의 단어 수나 빈도와 관련이 있다. 텍스트에서 그러한 특징을 추출하는 방법은 409쪽 '특징 공학'에서 이야기했다. 여기서는 20개의 뉴스그룹 말뭉치로부터 추출한 희박한 단어 수 특징을 사용해 이 짧은 문서를 어떻게 여러 범주로 분류하는지 보여줄 것이다.

먼저 데이터를 다운로드하고 대상 이름을 살펴보자.

```
In[7]: from sklearn.datasets import fetch_20newsgroups
       data = fetch_20newsgroups()
       data.target_names
Out[7]: ['alt.atheism',
        'comp.graphics',
        'comp.os.ms-windows.misc',
        'comp.sys.ibm.pc.hardware',
        'comp.sys.mac.hardware',
        'comp.windows.x',
        'misc.forsale',
        'rec.autos',
        'rec.motorcycles',
        'rec.sport.baseball',
```

```
                'rec.sport.hockey',
                'sci.crypt',
                'sci.electronics',
                'sci.med',
                'sci.space',
                'soc.religion.christian',
                'talk.politics.guns',
                'talk.politics.mideast',
                'talk.politics.misc',
                'talk.religion.misc']
```

여기서는 간단하게 이 범주 중 몇 가지만 선택해서 훈련 자료와 시험 자료를 다운로드할 것이다.

```
In[8]:
categories = ['talk.religion.misc', 'soc.religion.christian', 'sci.space', 'comp.graphics']
train = fetch_20newsgroups(subset='train', categories=categories)
test = fetch_20newsgroups(subset='test', categories=categories)
```

다음은 데이터의 대표 항목이다.

```
In[9]: print(train.data[5])
From: dmcgee@uluhe.soest.hawaii.edu (Don McGee)
Subject: Federal Hearing
Originator: dmcgee@uluhe
Organization: School of Ocean and Earth Science and Technology
Distribution: usa
Lines: 10


Fact or rumor....?  Madalyn Murray O'Hare an atheist who eliminated the
use of the bible reading and prayer in public schools 15 years ago is now
going to appear before the FCC with a petition to stop the reading of the
Gospel on the airways of America.  And she is also campaigning to remove
Christmas programs, songs, etc from the public schools.  If it is true
then mail to Federal Communications Commission 1919 H Street Washington DC
20054 expressing your opposition to her request.  Reference Petition number
2493.
```

머신러닝에 이 데이터를 사용하기 위해서는 각 문자열의 콘텐츠를 숫자 벡터로 전환할 수 있어야 한다. 이를 위해 TF-IDF 벡터 변환 프로그램(409쪽 '특징 공학' 참고)을 사용하고 그것을 다항분포 나이브 베이즈 분류기에 덧붙이는 파이프라인을 만들 것이다.

```
In[10]: from sklearn.feature_extraction.text import TfidfVectorizer
        from sklearn.naive_bayes import MultinomialNB
        from sklearn.pipeline import make_pipeline

        model = make_pipeline(TfidfVectorizer(), MultinomialNB())
```

이 파이프라인으로 모델을 훈련 데이터에 적용하고 시험 데이터에 대한 레이블을 예측할 수 있다.

```
In[11]: model.fit(train.data, train.target)
        labels = model.predict(test.data)
```

시험 데이터에 대한 레이블을 예측했으니 이제 그 레이블을 평가해 추정기의 성능을 알아볼 수 있다. 예를 들어, 다음은 시험 데이터에 대한 실제 레이블과 예측한 레이블 사이의 오차 행렬을 보여준다(그림 5-41).

```
In[12]:
from sklearn.metrics import confusion_matrix
mat = confusion_matrix(test.target, labels)
sns.heatmap(mat.T, square=True, annot=True, fmt='d', cbar=False,
            xticklabels=train.target_names, yticklabels=train.target_names)
plt.xlabel('true label')
plt.ylabel('predicted label');
```

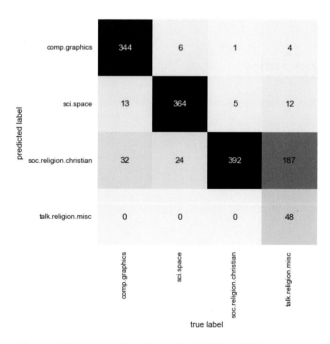

그림 5-41. 다항분포 나이브 베이즈 텍스트 분류기에 대한 오차 행렬

이 매우 간단한 분류기로도 우주와 컴퓨터라는 주제는 성공적으로 구분할 수 있지만 종교와 기독교라는 주제를 구분하기는 어렵다. 이 두 주제가 혼동이 생길 수 있는 분야라는 것은 충분히 인정한다!

여기서 멋진 점은 이 파이프라인의 `predict()` 메서드를 사용해 어떤 문자열에 대해서도 범주를 결정할 수 있는 도구를 가지게 됐다는 점이다. 다음은 하나의 문자열에 대해 예측한 범주를 반환하는 간단한 유틸리티 함수다.

```
In[13]: def predict_category(s, train=train, model=model):
            pred = model.predict([s])
            return train.target_names[pred[0]]
```

테스트를 해 보자.

```
In[14]: predict_category('sending a payload to the ISS')
Out[14]: 'sci.space'
In[15]: predict_category('discussing islam vs atheism')
Out[15]: 'soc.religion.christian'
In[16]: predict_category('determining the screen resolution')
Out[16]: 'comp.graphics'
```

이것은 해당 문자열에서 각 단어에 가중치가 부여된 빈도에 대한 간단한 확률 모델보다 더 정교하지 않은데도 그 결과는 놀랍다. 매우 순진한 알고리즘도 규모가 큰 고차원 데이터로 훈련시키고 신중하게 사용하면 놀라울 만큼 효과적일 수 있다.

언제 나이브 베이즈 모델을 사용할 것인가

나이브 베이즈 분류기는 데이터에 대해 이처럼 엄격한 가정을 하기 때문에 일반적으로 더 복잡한 모델만큼 수행 능력이 뛰어나지는 않다. 그래도 이 모델에는 다음과 같은 여러 이점이 있다.

- 훈련과 예측이 매우 빠르다.
- 간단한 확률 예측을 제공한다.
- 대체로 해석이 매우 쉽다.
- 조정 가능한 모수가 매우 적다.

이러한 이점은 나이브 베이즈 분류기가 초기 기초 분류 작업을 하는 데 사용하기 좋다는 것을 의미한다. 이 모델이 적절하게 동작한다면 문제에 대해 매우 빠르고 해석하기 쉬운 분류기가 생긴 셈이니 축하할 일이다. 이 모델이 잘 동작하지 않으면 모델이 얼마나 잘 동작해야 하는지에 대한 기준을 가지고 더 정교한 모델을 찾아나갈 수 있다.

나이브 베이즈 분류기는 특히 다음 상황에서 잘 동작하는 경향이 있다.

- 순진한 가정이 실제로 데이터에 부합할 때(실제로는 아주 드문 일)
- 매우 잘 구분된 범주를 가진 경우, 모델 복잡도가 별로 중요하지 않을 때
- 매우 고차원 데이터를 가진 경우, 모델 복잡도가 별로 중요하지 않을 때

마지막 두 항목은 별개의 내용으로 보이지만, 실제로는 서로 연관돼 있다. 데이터세트의 차원이 증가할수록 어떤 두 점이 서로 가까이에서 발견될 가능성이 매우 적기 때문이다(결국, 이것들이 전반적으로 가까우려면 모든 단일 차원에서 가까워야 한다). 이는 새로운 차원이 실제로 정보를 추가한다는 가정하에 고차원에서의 군집이 저차원에서의 군집보다 평균적으로 더 분리돼 있다는 뜻이다. 이러한 이유로 차원이 증가할수록 나이브 베이즈 같은 간단한 분류기가 잘 동작하고 더 복잡한 분류기보다 더 잘 동작하기도 한다. 데이터가 충분하다면 오히려 단순한 모델이 매우 강력할 수 있다.

심화 학습: 선형 회귀

나이브 베이즈(417쪽 '심화 학습: 나이브 베이즈 분류' 참고)가 분류 작업을 위한 좋은 시작점인 것처럼 선형 회귀 모델은 회귀 작업의 좋은 시작점이다. 선형 회귀 모델은 매우 빠르게 적합되며 해석하기가 아주 쉽기 때문에 인기가 많다. 가장 간단한 형태의 선형 회귀 모델(즉, 직선을 데이터에 적합시킴)에 익숙하겠지만 그러한 모델을 확장하면 좀 더 복잡한 데이터 행위를 모델링할 수 있다.

이번 절에서는 우선 다음의 유명한 문제의 수학적 배경에 대해 간단하게 검토하고 나서 데이터에서 좀 더 복잡한 패턴을 설명하기 위해 어떻게 선형 모델을 일반화하는지 알아보겠다. 먼저 표준 임포트로 시작하자.

```
In[1]: %matplotlib inline
       import matplotlib.pyplot as plt
       import seaborn as sns; sns.set()
       import numpy as np
```

단순 선형 회귀

먼저 가장 친숙한 선형 회귀, 즉 데이터에 대한 직선 적합을 알아보자. 직선 적합은 $y = ax + b$ 형식의 모델로, 보통 a를 기울기, b를 절편이라고 한다.

기울기가 2이고 절편이 −5인 선 주변에 흩어져 있는 다음 데이터를 생각해 보자(그림 5-42).

```
In[2]: rng = np.random.RandomState(1)
       x = 10 * rng.rand(50)
       y=2*x-5+rng.randn(50)
       plt.scatter(x, y);
```

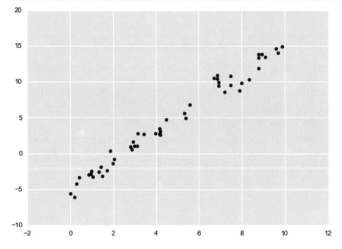

그림 5-42. 선형 회귀를 위한 데이터

Scikit-Learn의 `LinearRegression` 추정기를 사용해 이 데이터를 적합시키고 가장 잘 적합하는 선을 구성할 수 있다(그림 5-43).

```
In[3]: from sklearn.linear_model import LinearRegression
       model = LinearRegression(fit_intercept=True)

       model.fit(x[:, np.newaxis], y)

       xfit = np.linspace(0, 10, 1000)
       yfit = model.predict(xfit[:, np.newaxis])

       plt.scatter(x, y)
       plt.plot(xfit, yfit);
```

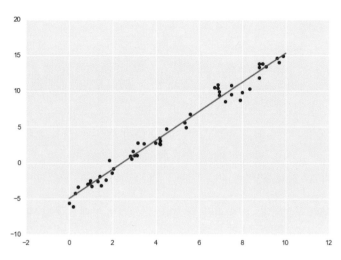

그림 5-43. 선형 회귀 모델

데이터의 기울기와 절편은 모델의 적합 모수에 포함되는데, Scikit-Learn에서 이 모수는 항상 맨 뒤에 밑줄을 붙여 표시한다. 이 모델에 관련된 모수는 coef_와 intercept_다.

```
In[4]: print("Model slope: ", model.coef_[0])
       print("Model intercept:", model.intercept_)

Model slope:     2.02720881036
Model intercept: -4.99857708555
```

결과가 바라던 대로 입력값과 매우 가까운 것을 확인할 수 있다.

그러나 LinearRegression 추정기는 이보다 훨씬 더 많은 일을 할 수 있다. 단순한 직선 적합 외에 다음 형태의 다차원 직선 모델도 처리할 수 있다.

$$y = a_0 + a_1 x_1 + a_2 x_2 + \cdots$$

여기에는 여러 개의 x 값이 있다. 기하학적으로 이것은 평면을 3차원 점에 적합시키거나 초평면을 그보다 높은 차원의 점에 적합시키는 것과 유사하다.

이러한 회귀의 다차원적 성격이 시각화를 더 어렵게 만들지만, NumPy의 행렬 곱셈 연산자를 이용해 예제 데이터를 만들어서 실제로 이러한 적합 중 하나를 확인할 수 있다.

```
In[5]: rng = np.random.RandomState(1)
       X = 10 * rng.rand(100, 3)
       y = 0.5 + np.dot(X, [1.5, -2., 1.])

       model.fit(X, y)
       print(model.intercept_)
       print(model.coef_)

Out[5]: 0.50000000000001
        [ 1.5 -2.   1. ]
```

여기서 y 데이터는 임의의 x값 3개로부터 구성되며, 선형 회귀는 데이터를 구성하는 데 사용된 계수를 찾아낸다.

이러한 방식으로 하나의 `LinearRegression` 추정기를 사용해 선이나 면, 초평면을 데이터에 적합시킬 수 있다. 이 접근 방식이 변수들 사이의 선형 관계에 엄격히 제한되는 듯 보이지만, 이 점은 크게 걱정하지 않아도 된다.

기저 함수 회귀

선형 회귀를 변수들 사이의 비선형 관계에 적응시키는 데 사용할 수 있는 비법은 데이터를 기저 함수 (basis function)에 따라 변환하는 것이다. 그 한 가지 방식은 392쪽 '초모수와 모델 검증'과 409쪽 '특징 공학'에서 사용했던 `PolynomialRegression` 파이프라인에서 봤다. 그 방법은 우선 다음과 같은 다차원 선형 모델을 취한다.

$$y = a_0 + a_1x_1 + a_2x_2 + a_3x_3 + \cdots$$

그리고 단일 차원 입력값 x로부터 x_1, x_2, x_3 등을 구축한다. 즉 $x_n = f_n(x)$를 만드는 것으로, 여기서 $f_n()$은 데이터를 변환하는 함수다.

예를 들어, $f_n(x) = x^n$이면 모델은 다음과 같은 다항식 회귀 모델이 된다.

$$y = a_0 + a_1x + a_2x^2 + a_3x^3 + \cdots$$

이것은 여전히 선형 모델이라는 점을 알아두자. 선형성이란 계수 a_n이 결코 서로 곱하거나 나누지 않음을 말한다. 이 예제에서 사실상 수행한 작업은 1차원 x 값들을 취해 그것을 더 높은 차원으로 사영함으로써 선형 적합이 x와 y 사이의 더 복잡한 관계를 적합할 수 있게 한 것이다.

다항식 기저 함수

이 다항식 사영은 Scikit-Learn에도 PolynomialFeatures 변환기를 사용해 구축돼 있을 정도로 매우 유용하다.

```
In[6]: from sklearn.preprocessing import PolynomialFeatures
       x = np.array([2, 3, 4])
       poly = PolynomialFeatures(3, include_bias=False)
       poly.fit_transform(x[:, None])
Out[6]: array([[  2.,   4.,   8.],
               [  3.,   9.,  27.],
               [  4.,  16.,  64.]])
```

여기서 변환기가 1차원 배열을 각 값의 지수를 취해 3차원 배열로 변환한 것을 확인할 수 있다. 이 새로운 더 높은 차원의 데이터 표현이 이제 선형 회귀에 연결될 수 있다.

409쪽 '특징 공학'에서 봤듯이 가장 깔끔한 방식은 파이프라인을 사용하는 것이다. 7차 다항식 모델을 이 방식으로 만들어보자.

```
In[7]: from sklearn.pipeline import make_pipeline
       poly_model = make_pipeline(PolynomialFeatures(7),
                                  LinearRegression())
```

이 변환이 준비되면 선형 모델을 사용해 x와 y 사이의 훨씬 더 복잡한 관계를 적합할 수 있다. 예를 들면, 다음은 노이즈가 섞인 사인 곡선이다(그림 5-44).

```
In[8]: rng = np.random.RandomState(1)
       x = 10 * rng.rand(50)
       y = np.sin(x) + 0.1 * rng.randn(50)

       poly_model.fit(x[:, np.newaxis], y)
       yfit = poly_model.predict(xfit[:, np.newaxis])

       plt.scatter(x, y)
       plt.plot(xfit, yfit);
```

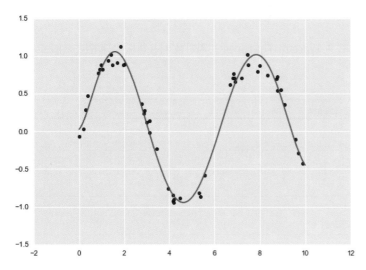

그림 5-44. 비선형 훈련 데이터에 선형 다항식 적합

7차 다항식 기저 함수를 사용함으로써 선형 모델이 이 비선형 데이터에 훌륭하게 적합될 수 있다!

가우스 기저 함수

물론 다른 기저 함수도 사용할 수 있다. 한 가지 유용한 패턴의 예는 다항식 기저 함수의 합이 아닌 가우스 기저 함수의 합인 모델을 적합하는 것이다. 결과는 그림 5-45에서 보는 바와 같다.

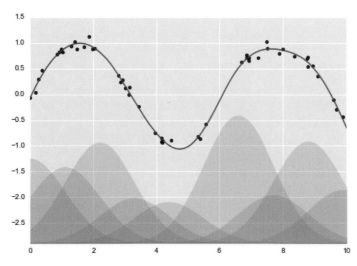

그림 5-45. 비선형 데이터에 대한 가우스 기저 함수 적합

그림 5-45의 플롯에서 음영 처리된 영역은 척도에 따른 기저 함수를 표현한 것으로, 이것들을 더하면 데이터를 따라 부드러운 곡선을 재구성한다. 이 가우스 기저 함수는 Scikit-Learn에 내장돼 있지 않지만, 이 함수를 생성하는 맞춤 변환기를 다음 코드로 작성할 수 있으며, 그 결과는 그림 5-46과 같다 (Scikit-Learn 변환기는 파이썬 클래스로 구현되며, Scikit-Learn의 소스 코드를 읽는 것은 이 클래스들이 어떻게 생성되는지를 알아보는 좋은 방법이다).

```python
In[9]: from sklearn.base import BaseEstimator, TransformerMixin

       class GaussianFeatures(BaseEstimator, TransformerMixin):
           """ 1차원 입력에 대해 균일한 간격을 가지는 가우시안 특징 """
           def __init__(self, N, width_factor=2.0):
               self.N = N
               self.width_factor = width_factor
           @staticmethod
           def _gauss_basis(x, y, width, axis=None):
               arg = (x - y) / width
               return np.exp(-0.5 * np.sum(arg ** 2, axis))

           def fit(self, X, y=None):
               # 데이터 범위를 따라 펼쳐진 N개의 중앙점 생성
               self.centers_ = np.linspace(X.min(), X.max(), self.N)
               self.width_ = self.width_factor * (self.centers_[1] - self.centers_[0])
               return self

           def transform(self, X):
               return self._gauss_basis(X[:, :, np.newaxis], self.centers_,
                                        self.width_, axis=1)
       gauss_model = make_pipeline(GaussianFeatures(20),
                                   LinearRegression())
       gauss_model.fit(x[:, np.newaxis], y)
       yfit = gauss_model.predict(xfit[:, np.newaxis])

       plt.scatter(x, y)
       plt.plot(xfit, yfit)
       plt.xlim(0, 10);
```

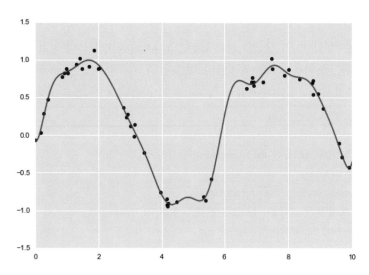

그림 5-46. 맞춤 변환기로 계산된 가우스 기저 함수 적합

여기서 이 예제를 소개한 이유는 다항식 기저 함수가 특별할 것이 없다는 사실을 분명히 하기 위해서다. 데이터 생성 절차상 적절하다고 판단되는 기저 함수가 있다면 그것 또한 사용이 가능하다.

정규화

기저 함수를 선형 회귀에 도입하면 모델이 훨씬 더 유연해지지만, 매우 빠르게 과적합될 수 있다(이에 대한 논의는 392쪽 '초모수와 모델 검증'을 참고하자). 가령 너무 많은 가우스 기저 함수를 선택하면 보기에 그다지 좋지 않은 결과를 얻게 된다(그림 5-47).

```
In[10]: model = make_pipeline(GaussianFeatures(30),
                              LinearRegression())
        model.fit(x[:, np.newaxis], y)

        plt.scatter(x, y)
        plt.plot(xfit, model.predict(xfit[:, np.newaxis]))

        plt.xlim(0, 10)
        plt.ylim(-1.5, 1.5);
```

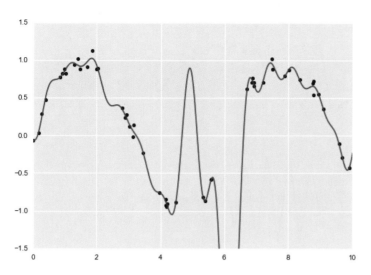

그림 5-47. 지나치게 복잡한 기저 함수 모델은 데이터를 과적합한다.

30차원 기저 함수에 사영된 데이터를 이용하면 모델의 유연성이 지나치게 커져 데이터에 의해 제약받는 위치의 극단적인 값까지 도달한다. 가우스 기저 함수의 계수를 위치별로 플로팅해 보면 그 이유를 알 수 있다(그림 5-48).

```
In[11]: def basis_plot(model, title=None):
            fig, ax = plt.subplots(2, sharex=True)
            model.fit(x[:, np.newaxis], y)
            ax[0].scatter(x, y)
            ax[0].plot(xfit, model.predict(xfit[:, np.newaxis]))
            ax[0].set(xlabel='x', ylabel='y', ylim=(-1.5, 1.5))

            if title:
                ax[0].set_title(title)
            ax[1].plot(model.steps[0][1].centers_, model.steps[1][1].coef_)
            ax[1].set(xlabel='basis location',
                    ylabel='coefficient',
                    xlim=(0, 10))

        model = make_pipeline(GaussianFeatures(30), LinearRegression())
        basis_plot(model)
```

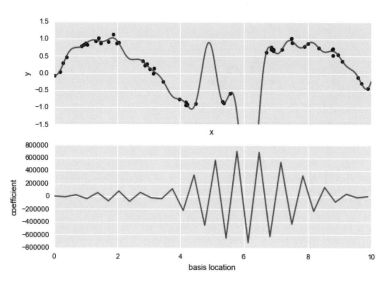

그림 5-48. 지나치게 복잡한 모델에서의 가우스 기저 함수의 계수

그림 5-48의 아래쪽 그림은 각 위치별 기저 함수의 진폭을 보여준다. 이것은 기저 함수가 겹칠 때 나타나는 전형적인 과적합 행위다. 즉, 인접한 기저 함수의 계수가 부풀려져 서로를 상쇄시킨다. 이러한 행위는 문제가 있으며 모델 모수의 값이 큰 경우 페널티를 줘서 모델에서 명시적으로 그러한 급등 현상을 제한할 수 있다면 좋을 것이다. 이러한 페널티를 **정규화**(regularization)라고 하며 정규화는 여러 가지 형태를 가질 수 있다.

능선 회귀(L₂ 정규화)

정규화의 가장 보편적인 형태는 능선 회귀(ridge regression) 또는 L_2 정규화로서, 티호노프 정규화(Tikhonov regularization)라고도 한다. 이 방법은 모델 계수의 제곱(2-노름, 2-norms)의 합에 페널티를 부과한다. 이 경우, 모델 적합에 부과되는 페널티는 다음과 같다.

$$p = \alpha \sum_{n=1}^{N} \theta_n^2$$

여기서 α는 페널티의 강도를 제어하는 자유 모수다. 이렇게 페널티가 부과된 모델은 Scikit-Learn에 **Ridge** 추정기로 구현돼 있다(그림 5-49).

```
In[12]: from sklearn.linear_model import Ridge
        model = make_pipeline(GaussianFeatures(30), Ridge(alpha=0.1))
        basis_plot(model, title='Ridge Regression')
```

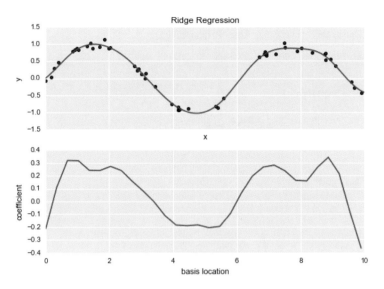

그림 5-49. 지나치게 복잡한 모델에 적용된 능선 정규화(그림 5-48과 비교할 것)

모수는 근본적으로 결과 모델의 복잡도를 제어하는 손잡이다. 극한에서 $\alpha \to 0$일 때 표준 선형 회귀 결과로 돌아가고, 극한에서 $\alpha \to \infty$일 때 모든 모델 응답이 억제된다. 능선 회귀의 한 가지 장점은 원래의 선형 회귀 모델보다 계산적으로 비용을 더 들이지 않고도 매우 효율적으로 계산된다는 것이다.

라쏘 회귀(L1 정규화)

매우 보편적인 유형의 또 다른 정규화는 라쏘 정규화(Lasso Regularization)로, 회귀 계수의 절댓값 (1-노름)의 합에 페널티를 부과한다.

$$p = \alpha \sum_{n=1}^{N} |\theta_n|$$

이 방식은 개념적으로는 능선 회귀와 매우 유사하지만, 결과는 놀라울 정도로 다를 수 있다. 예를 들어, 라쏘 회귀는 기하학적 이유로 가능하다면 **희박 모델**을 선호하는 경향이 있다. 즉, 이 방식은 우선적으로 모델 계수를 정확히 0으로 설정한다.

이 행위는 그림 5-49에서 보여준 플롯을 복제하되 L1-정규화된 계수(L1-normalized coefficient)를 사용하면 확인할 수 있다(그림 5-50).

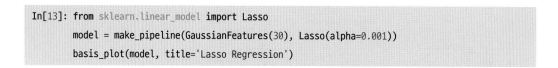

```
In[13]: from sklearn.linear_model import Lasso
        model = make_pipeline(GaussianFeatures(30), Lasso(alpha=0.001))
        basis_plot(model, title='Lasso Regression')
```

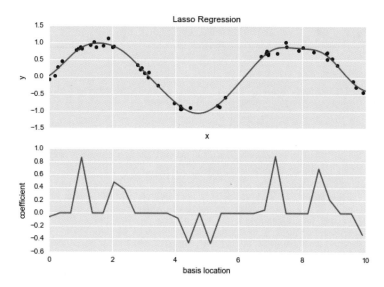

그림 5-50. 과도한 복잡 모델에 적용된 라쏘() 정규화(그림 5-48과 비교할 것)

라쏘 회귀 페널티를 사용하면 함수적 행위는 사용 가능한 기저 함수의 일부만으로도 모델링되므로 대부분의 계수가 정확히 0이 된다. 능선 정규화를 사용할 때와 마찬가지로 모수 α는 페널티의 강도를 조정하며 교차 검증 같은 방법을 통해 결정돼야 한다(자세한 내용은 392쪽 '초모수와 모델 검증' 참고).

예제: 자전거 통행량 예측

일례로 시애틀 프리몬트 다리를 지나는 자전거 통행량을 날씨와 계절, 기타 요인에 따라 예측할 수 있는지 알아보자. 이 데이터는 219쪽 '시계열 다루기'에서 이미 봤다.

이번 절에서는 자전거 데이터를 다른 데이터세트와 연결해서 기온, 강수량, 일조 시간 등 날씨와 계절 요인이 다리를 지나는 자전거 통행량에 영향을 주는지 알아볼 수 있게 데이터를 확장할 것이다. 다행히도 미국 국립해양대기청(NOAA)이 일별 기상 관측소 데이터(여기서는 관측소 ID로 USW00024233을 사용)를 제공하고 있어 Pandas를 사용해 이 두 데이터를 쉽게 연결할 수 있다. 간단한 선형 회귀를 사용해 날씨와 다른 정보를 자전거 수와 관련 짓고 이 가운데 한 가지 모수의 변화가 해당 일자에 자전거를 탄 사람의 수에 어떻게 영향을 주는지 추정할 것이다.

특히 이 예제는 Scikit-Learn의 도구가 '모델의 모수는 해석 가능한 의미를 가진다'고 가정하는 통계 모델링 프레임워크에서 어떻게 사용되는지 보여준다. 앞에서도 말했듯이 이것이 머신러닝에서 표준 방식은 아니지만 일부 모델에서는 그러한 해석을 할 수 있다.

먼저 두 데이터세트를 적재하고 날짜를 인덱스로 지정하자.

```
In[14]: # url = 'https://raw.githubusercontent.com/jakevdp/bicycle-data/main'
        # !curl -O {url}/FremontBridge.csv
        # !curl -O {url}/SeattleWeather.csv


In[15]:
        import pandas as pd
        counts = pd.read_csv('FremontBridge.csv',
                             index_col='Date', parse_dates=True)
        weather = pd.read_csv('SeattleWeather.csv',
                             index_col='DATE', parse_dates=True)
```

간단히 하기 위해, 시애틀의 통근 패턴에 큰 영향을 미친 COVID-19 팬데믹의 영향을 피하기 위해 2020년 이전의 데이터를 살펴보겠다.

```
In [16]: counts = counts[counts.index < "2020-01-01"]
         weather = weather[weather.index < "2020-01-01"]
```

다음으로 일별 총 자전거 통행량을 계산해서 별도의 **DataFrame**에 넣는다.

```
In[17]: daily = counts.resample('d').sum()
        daily['Total'] = daily.sum(axis=1)
        daily = daily[['Total']] # 다른 열 삭제
```

앞에서 자전거 사용 패턴이 일반적으로 요일에 따라 달라진다는 사실을 알았다. 이 데이터에서도 그 사실을 설명할 수 있도록 요일을 나타내는 이진 열을 추가하자.

```
In[18]: days = ['Mon', 'Tue', 'Wed', 'Thu', 'Fri', 'Sat', 'Sun']
        for i in range(7):
            daily[days[i]] = (daily.index.dayofweek == i).astype(float)
```

마찬가지로 휴일에 자전거를 타는 사람들은 다르게 행동하리라고 예상할 수 있다. 이에 대한 표시자도 추가하자.

```
In[19]: from pandas.tseries.holiday import USFederalHolidayCalendar
        cal = USFederalHolidayCalendar()
        holidays = cal.holidays('2012', '2020')
        daily = daily.join(pd.Series(1, index=holidays, name='holiday'))
        daily['holiday'].fillna(0, inplace=True)
```

또 일조시간이 자전거를 타는 사람 수에 영향을 미칠 수 있다고 생각할 수도 있다. 표준 천문학 계산을 사용해 이 정보를 추가하자(그림 5-51).

```
In[20]: def hours_of_daylight(date, axis=23.44, latitude=47.61):
            """ 해당 날짜의 일조시간을 계산 """
            days = (date - pd.datetime(2000, 12, 21)).days
            m = (1. - np.tan(np.radians(latitude))
                * np.tan(np.radians(axis) * np.cos(days * 2 * np.pi / 365.25)))
            return 24. * np.degrees(np.arccos(1 - np.clip(m, 0, 2))) / 180.
        daily['daylight_hrs'] = list(map(hours_of_daylight, daily.index))
        daily[['daylight_hrs']].plot();
        plt.ylim(8, 17)
```

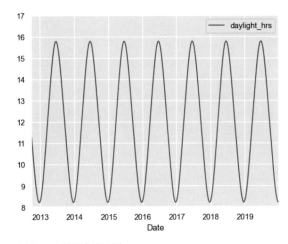

그림 5-51. 시애틀의 일조시간

아울러 데이터에 평균 기온과 전체 강수량을 추가할 수도 있다. 인치 단위의 강수량과 더불어 날이 건조했는지(즉, 강수량이 0이었는지) 알려주는 플래그도 추가하자.

```
In[21]: weather['Temp (F)'] = 0.5 * (weather['TMIN'] + weather['TMAX'])
        weather['Rainfall (in)'] = weather['PRCP']
```

```
    weather['dry day'] = (weather['PRCP'] == 0).astype(int)


    daily = daily.join(weather[['Rainfall (in)', 'Temp (F)', 'dry day']])
```

마지막으로 첫 날부터 증가하는 계수기를 추가해 몇 해가 지났는지를 측정하자. 이를 이용해 관측된 일별 통행량이 연도별로 증가하거나 감소하는지를 측정할 수 있다.

```
In[22]: daily['annual'] = (daily.index - daily.index[0]).days / 365.
```

데이터를 정리했으니 이제 데이터가 어떻게 생겼는지 확인할 수 있다.

```
In[23]: daily.head()
Out[23]:
            Total  Mon  Tue  Wed  Thu  Fri  Sat  Sun  holiday  daylight_hrs  \\
Date
2012-10-03   3521    0    0    1    0    0    0    0        0     11.277359
2012-10-04   3475    0    0    0    1    0    0    0        0     11.219142
2012-10-05   3148    0    0    0    0    1    0    0        0     11.161038
2012-10-06   2006    0    0    0    0    0    1    0        0     11.103056
2012-10-07   2142    0    0    0    0    0    0    1        0     11.045208
            PRCP  Temp (C)  dry day    annual
Date
2012-10-03     0     13.35        1  0.000000
2012-10-04     0     13.60        1  0.002740
2012-10-05     0     15.30        1  0.005479
2012-10-06     0     15.85        1  0.008219
2012-10-07     0     15.85        1  0.010959
```

이 데이터가 준비되면 사용할 열을 선택해서 선형 회귀 모델을 데이터에 적합할 수 있다. 요일 플래그는 근본적으로 해당 요일에 특화된 절편으로 동작하기 때문에 **fit_intercept = False**로 설정할 것이다.

```
In[24]:
    # 널 값을 갖는 행은 모두 제거
    daily.dropna(axis=0, how='any', inplace=True)

    column_names = ['Mon', 'Tue', 'Wed', 'Thu', 'Fri', 'Sat', 'Sun', 'holiday',
                    'daylight_hrs', 'Rainfall (in)', 'dry day', 'Temp (F)', 'annual']
    X = daily[column_names]
    y = daily['Total']
```

```
        model = LinearRegression(fit_intercept=False)
        model.fit(X, y)
        daily['predicted'] = model.predict(X)
```

최종적으로 총 자전거 통행량(Total)과 예상 자전거 통행량(predicted)을 비교할 수 있다(그림 5-52).

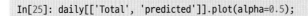

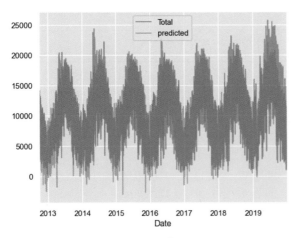

그림 5-52. 자전거 통행량에 대한 모델의 예측치

그림을 보니 몇 가지 핵심 요인을 놓치고 있는 것이 분명하다. 특히 여름에 더욱 그렇다. 특징이 완전하지 않거나(즉, 여기서 고려한 요인 외에 사람들이 일하러 갈 때 자전거를 탈지 결정하는 데 영향을 주는 요인이 더 있다) 미처 고려하지 못한 비선형 관계가 있는 것이다(예: 사람들이 기온이 너무 높거나 낮을 때 자전거를 덜 탈 수도 있다). 그럼에도 이 대략적인 근사치는 몇 가지 통찰력을 제공하기에 충분하며 각 특징이 요일별 자전거 통행량에 얼마나 기여하는지 추정하는 선형 모델의 계수를 알아볼 수 있다.

```
In[26]: params = pd.Series(model.coef_, index=X.columns)
        params
Out[26]: Mon        -3309.953439
         Tue        -2860.625060
         Wed        -2962.889892
         Thu        -3480.656444
         Fri        -4836.064503
         Sat       -10436.802843
         Sun       -10795.195718
         holiday     -5006.995232
```

```
          daylight_hrs       409.146368
          Rainfall (in)    -2789.860745
          dry day           2111.069565
          Temp (F)           179.026296
          annual             324.437749
          dtype: float64
```

이 수치는 불확실성에 대한 척도 없이는 해석하기가 어렵다. 데이터의 부트스트랩 표본 재추출(bootstrap resampling)을 사용하면 이 불확실성을 신속하게 계산할 수 있다.

```
In[27]: from sklearn.utils import resample
        np.random.seed(1)
        err = np.std([model.fit(*resample(X, y)).coef_
                      for i in range(1000)], 0)
```

이 추정된 오차를 가지고 결과를 다시 보자.

```
In[28]: print(pd.DataFrame({'effect': params.round(0), 'error': err.round(0)}))
                      effect   error
          Mon         -3310.0   265.0
          Tue         -2861.0   274.0
          Wed         -2963.0   268.0
          Thu         -3481.0   268.0
          Fri         -4836.0   261.0
          Sat        -10437.0   259.0
          Sun        -10795.0   267.0
          holiday     -5007.0   401.0
          daylight_hrs  409.0    26.0
          Rainfall (in) -2790.0  186.0
          dry day      2111.0   101.0
          Temp (F)      179.0     7.0
          annual        324.0    22.0
```

우선 주 단위로는 비교적 안정적인 추세를 보인다. 주말과 휴일보다 주중에 자전거를 타는 사람이 훨씬 더 많다. 일조시간이 1시간 늘어날 때마다 129±9명이 더 자전거를 타기로 한다. 기온이 섭씨 1도씩 증가할 때마다 65±4명의 사람이 더 자전거를 잡는다. 맑은 날은 평균 546±33명이 더 자전거를 타고, 강수량이 1인치 늘어날 때마다 665±62명의 사람이 더 자전거를 집에 두고 나온다. 이 모든 영향을 이해하고 나면 매년 일별 자전거 사용자가 28±18명씩 완만하게 증가하고 있는 게 보인다.

이 모델이 몇 가지 관련 정보를 누락하고 있다는 것은 거의 확실하다. 예를 들어, 비선형 효과(예: 강수량과 추운 기온의 영향)와 각 변수 내의 비선형 추세(예: 매우 춥거나 매우 더운 온도에서 자전거 통행량의 감소)는 이 모델로 설명할 수 없다. 아울러 몇 가지 세부적인 정보(예: 아침에 비가 오는 것과 오후에 비가 오는 것의 차이)는 고려하지 않았으며, 요일 간의 상관 관계(예: 비 내린 화요일이 수요일의 수치에 미칠 수 있는 영향이나 며칠 동안 비가 내린 뒤에 예상치 않은 맑게 갠 날을 만났을 때의 효과)는 무시했다. 이러한 요소들 모두 흥미로운 영향을 미칠 수 있으며, 이제 원한다면 이러한 효과를 탐색할 수 있는 도구를 충분히 갖췄다!

심화 학습: 서포트 벡터 머신

서포트 벡터 머신(SVM, Support Vector Machine)은 분류와 회귀 분석에 모두 사용할 수 있는 특히 강력하고 유연한 지도 학습 알고리즘이다. 이번 절에서는 서포트 벡터 머신에 대한 직관을 기르고 이를 분류 문제에 활용하는 법을 알아보겠다. 먼저 표준 임포트 작업부터 하자.

```
In[1]: %matplotlib inline
       import numpy as np
       import matplotlib.pyplot as plt
       from scipy import stats

       # Seaborn 플로팅의 기본 설정을 사용
       import seaborn as sns; sns.set()
```

서포트 벡터 머신의 동기

앞에서 베이즈 분류(417쪽 '심화 학습: 나이브 베이즈 분류' 참고)에 대해 다룰 때 각 기반 클래스의 분포를 설명하는 간단한 모델을 배웠고 이 생성 모델을 사용해 확률적으로 새 점의 레이블을 결정했다. 거기서는 생성 분류의 일례로 다뤘지만 여기서는 그 대신 판별 분류(discriminative classification)로 알아보겠다. 다시 말해, 각 클래스를 모델링하기보다는 간단히 클래스를 서로 나누는 선이나 곡선(2차원), 다양체(다차원)를 구할 것이다.

이에 대한 예제로 점이 두 클래스로 잘 구분돼 있는 간단한 분류 작업을 생각해 보자(그림 5-53).

```
In[2]: from sklearn.datasets import make_blobs
       X, y = make_blobs(n_samples=50, centers=2,
                         random_state=0, cluster_std=0.60)
       plt.scatter(X[:, 0], X[:, 1], c=y, s=50, cmap='autumn');
```

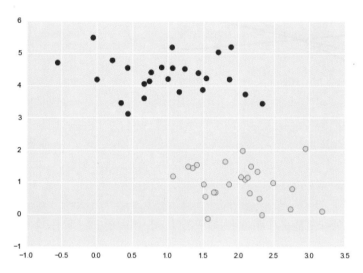

그림 5-53. 분류를 위한 간단한 데이터

선형 판별 분류기는 두 개의 데이터 집합을 분리하는 직선을 그려서 분류 모델을 만들고자 할 것이다. 여기서 보여준 것과 같은 2차원 데이터의 경우에 이 작업은 직접 할 수도 있다. 그러나 이 두 클래스 사이를 완벽하게 구별할 수 있는 구분선이 하나 이상 있다는 문제점을 바로 발견하게 될 것이다!

그 구분선을 다음과 같이 그릴 수 있다(그림 5-54).

```
In[3]: xfit = np.linspace(-1, 3.5)
       plt.scatter(X[:, 0], X[:, 1], c=y, s=50, cmap='autumn')
       plt.plot([0.6], [2.1], 'x', color='red', markeredgewidth=2,
                markersize=10)
       for m, b in [(1, 0.65), (0.5, 1.6), (-0.2, 2.9)]:
           plt.plot(xfit, m * xfit + b, '-k')
       plt.xlim(-1, 3.5);
```

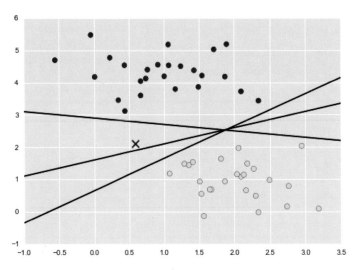

그림 5–54. 데이터에 대해 3개의 완벽한 선형 판별 분류기가 존재한다

이 세 개의 구분자는 서로 매우 다르지만 표본들 사이를 완벽하게 판별한다. 어느 것을 선택하느냐에 따라 새로운 데이터 점(예: 그림 5–54의 'X'로 표시한 점)에 할당되는 레이블이 달라질 것이다! 단순한 직관으로 '클래스 사이에 선을 그리는 것'만으로는 충분하지 않으며 좀 더 깊이 생각해야 한다.

서포트 벡터 머신: 마진 최대화

서포트 벡터 머신은 이 문제를 개선하는 한 가지 방법을 제공한다. 직관적으로 클래스 사이에 단순히 폭이 0인 선을 그리는 것이 아니라 각 선에서 주변의 가장 가까운 점에 이르는 너비의 마진(margin)을 그리는 것이다. 다음 예를 통해 이 그림이 어떻게 보일지 확인해 보자(그림 5–55).

```
In[4]:
xfit = np.linspace(-1, 3.5)
plt.scatter(X[:, 0], X[:, 1], c=y, s=50, cmap='autumn')

for m, b, d in [(1, 0.65, 0.33), (0.5, 1.6, 0.55), (-0.2, 2.9, 0.2)]:
    yfit = m * xfit + b
    plt.plot(xfit, yfit, '-k')
    plt.fill_between(xfit, yfit - d, yfit + d, edgecolor='none',
                     color='#AAAAAA', alpha=0.4)

plt.xlim(-1, 3.5);
```

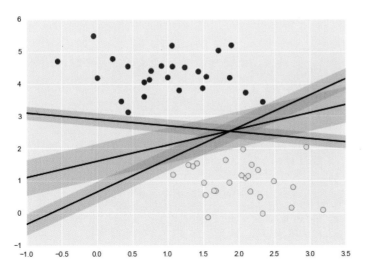

그림 5-55. 시각화한 판별 분류기 내의 '마진'

서포트 벡터 머신에서는 이 마진을 극대화하는 선이 최적의 모델이 된다. 서포트 벡터 머신은 이러한 **최대 마진 추정기**의 대표적인 예다.

서포트 벡터 머신 적합하기

이 데이터에 실제 적합한 결과를 보자. 이 데이터에 SVM 모델을 훈련시키기 위해 Scikit-Learn의 서포트 벡터 분류기를 사용할 것이다. 당분간 선형 커널을 사용하고 모수 C에 매우 큰 수를 설정할 것이다(이 것의 의미는 잠시 후 살펴보겠다).

```
In[5]: from sklearn.svm import SVC # "서포트 벡터 분류기"
       model = SVC(kernel='linear', C=1E10)
       model.fit(X, y)
Out[5]: SVC(C=10000000000.0, kernel='linear')
```

여기서 무슨 일이 일어나고 있는지 더 잘 확인하기 위해 SVM 결정 경계를 플로팅할 간단한 함수를 만들어보자(그림 5-56).

```
In[6]: def plot_svc_decision_function(model, ax=None, plot_support=True):
           """ 2차원 SVC를 위한 의사결정 함수 플로팅하기"""
           if ax is None:
               ax = plt.gca()
           xlim = ax.get_xlim()
```

```
        ylim = ax.get_ylim()

        # 모델 평가를 위한 그리드 생성
        x = np.linspace(xlim[0], xlim[1], 30)
        y = np.linspace(ylim[0], ylim[1], 30)
        Y, X = np.meshgrid(y, x)
        xy = np.vstack([X.ravel(), Y.ravel()]).T
        P = model.decision_function(xy).reshape(X.shape)

        # 의사결정 경계와 마진 플로팅
        ax.contour(X, Y, P, colors='k',
                    levels=[-1, 0, 1], alpha=0.5,
                    linestyles=['--', '-', '--'])
        # 서포트 벡터 플로팅
        if plot_support:
            ax.scatter(model.support_vectors_[:, 0],
                        model.support_vectors_[:, 1],
                        s=300, linewidth=1, facecolors='none');
        ax.set_xlim(xlim)
        ax.set_ylim(ylim)
In[7]: plt.scatter(X[:, 0], X[:, 1], c=y, s=50, cmap='autumn')
        plot_svc_decision_function(model);
```

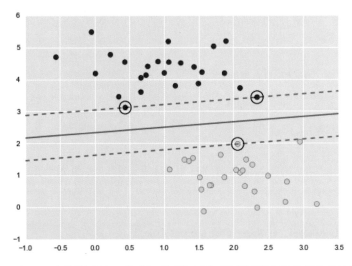

그림 5-56. 마진(점선)과 서포트 벡터(동그라미)를 표시한 데이터에 적합된 서포트 벡터 머신 분류기

이것이 점들의 두 집합 사이에서 마진이 최대화되는 구분선이다. 일부 훈련 데이터 점이 마진에 닿아 있음을 주목하자. 그 점들은 그림 5-56에서 검은 동그라미로 표시했다. 이 점들은 이 적합의 중심 원소로서 서포트 벡터(support vectors)라고도 하는데, 이 알고리즘의 이름이 여기서 나온 것이다. Scikit-Learn에서 이 점들의 정체는 분류기의 support_vectors_ 속성에 저장돼 있다.

```
In[8]: model.support_vectors_
Out[8]: array([[ 0.44359863,  3.11530945],
               [ 2.33812285,  3.43116792],
               [ 2.06156753,  1.96918596]])
```

이 분류기가 성공할 수 있었던 핵심은 적합에서 오직 서포트 벡터의 위치만 중요하게 여긴다는 점이다. 즉, 올바른 쪽에 위치한 마진으로부터 멀리 떨어진 점들은 적합을 변경하지 않는다! 엄밀히 말해서 이 점들은 마진을 지나가지 않는 한 모델을 적합하는 데 사용되는 손실 함수(loss function)에 기여하지 않기 때문에 그것들의 위치나 개수는 중요하지 않다.

예를 들어, 이 데이터세트에서 첫 60개의 점으로부터 학습한 모델과 120개의 점으로부터 학습한 모델을 플로팅해 보면 이 사실을 알 수 있다(그림 5-57).

```
In[9]: def plot_svm(N=10, ax=None):
           X, y = make_blobs(n_samples=200, centers=2, random_state=0, cluster_std=0.60)
           X = X[:N]
           y = y[:N]
           model = SVC(kernel='linear', C=1E10)
           model.fit(X, y)

           ax = ax or plt.gca()
           ax.scatter(X[:, 0], X[:, 1], c=y, s=50, cmap='autumn')
           ax.set_xlim(-1, 4)
           ax.set_ylim(-1, 6)
           plot_svc_decision_function(model, ax)

       fig, ax = plt.subplots(1, 2, figsize=(16, 6))
       fig.subplots_adjust(left=0.0625, right=0.95, wspace=0.1)
       for axi, N in zip(ax, [60, 120]):
           plot_svm(N, axi)
           axi.set_title('N = {0}'.format(N))
```

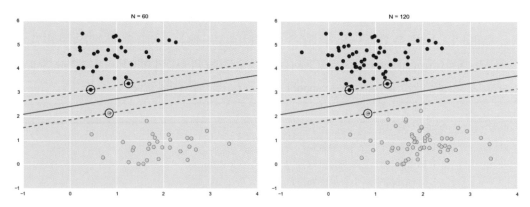

그림 5-57. SVM 모델에 새로운 훈련 데이터 점이 미치는 영향

왼쪽 그림은 60개의 훈련 데이터 점에 대한 모델과 서포트 벡터를 나타낸다. 오른쪽 그림에서는 훈련 점을 두 배로 늘렸지만, 모델은 바뀌지 않았다. 왼쪽 그림의 서포트 벡터 세 개가 그대로 오른쪽 그림의 서포트 벡터가 되기 때문이다. 마진에서 떨어진 점들의 정확한 행위에 무감각하다는 점이 SVM 모델의 강점 중 하나다.

이 노트북을 실행 중이라면 IPython의 대화형 위젯을 사용해 SVM 모델의 이 특징을 대화식으로 확인할 수 있다(그림 5-58).

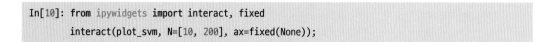

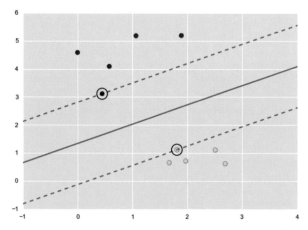

그림 5-58. 대화형 SVM 시각화의 첫 번째 프레임(전체 버전은 온라인 부록[8] 참고)

---

8   https://github.com/jakevdp/PythonDataScienceHandbook

선형 경계 너머: 커널 SVM

SVM은 커널(kernel)과 결합할 때 막강해진다. 425쪽 '심화 학습: 선형 회귀'에서 기저 함수 회귀를 다룰 때 커널의 한 형태를 봤다. 거기서 데이터를 다항식 기저 함수와 가우스 기저 함수로 정의된 고차원 공간에 사영해서 선형 분류기로 비선형 관계를 적합할 수 있었다.

SVM 모델에서도 같은 개념을 이용할 수 있다. 커널의 필요성을 알기 위해 선형적으로 분리되지 않는 데이터를 살펴보자(그림 5-59).

```
In[11]: from sklearn.datasets import make_circles
        X, y = make_circles(100, factor=.1, noise=.1)

        clf = SVC(kernel='linear').fit(X, y)

        plt.scatter(X[:, 0], X[:, 1], c=y, s=50, cmap='autumn')
        plot_svc_decision_function(clf, plot_support=False);
```

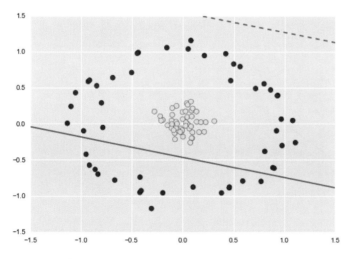

그림 5-59. 비선형 경계에 적합하지 않은 선형 분류기

어떠한 선형 판별법도 이 데이터를 구분해낼 수 **없다**는 것은 분명하다. 그러나 425쪽 '심화 학습: 선형 회귀'에서 다룬 기저 함수 회귀에서 배운 내용을 가지고 어떻게 하면 이 데이터를 고차원에 사영해서 선형 분류기로도 분류할 수 있게 만들지 고민해 보자. 예를 들어, 간단한 사영 중 하나로 가운데 무리에 중심을 둔 방사형 기저 함수(radial basis function)를 계산하는 것을 들 수 있다.

```
In[12]: r = np.exp(-(X ** 2).sum(1))
```

3차원 플롯을 사용해 이 추가 데이터 차원을 시각화할 수 있다. 이 노트북을 실행 중이라면 슬라이더를 사용해 플롯을 회전시킬 수 있을 것이다(그림 5-60).

```
In[13]: from mpl_toolkits import mplot3d
        def plot_3D(elev=30, azim=30, X=X, y=y):
            ax = plt.subplot(projection='3d')
            ax.scatter3D(X[:, 0], X[:, 1], r, c=y, s=50, cmap='autumn')
            ax.view_init(elev=elev, azim=azim)
            ax.set_xlabel('x')
            ax.set_ylabel('y')
            ax.set_zlabel('r')

        interact(plot_3D, elev=[-90, 90], azip=(-180, 180),
                 X=fixed(X), y=fixed(y));
```

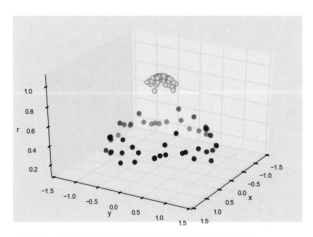

그림 5-60. 데이터에 세 번째 차원을 추가하면 선형 분리가 가능함

차원을 추가함으로써 r = 0.7에 구분 평면을 그리면 데이터를 평범하게 선형으로 분리할 수 있게 된다.

이때 사영을 선택하고 신중하게 조정해야 한다. 만일 방사형 기저 함수의 중앙을 정확한 위치에 맞추지 않았다면 이처럼 깔끔하게 선형으로 분리되는 결과를 얻을 수 없었을 것이다. 사용할 최적의 기저 함수를 자동으로 찾아주기를 바라기 때문에 보통은 그러한 선택을 해야 한다는 것 자체가 문제가 된다.

이 목적을 달성할 수 있는 한 가지 전략은 데이터세트의 모든 점에 중심을 둔 기저 함수를 계산하고 SVM 알고리즘이 그 결과를 꼼꼼히 살펴 추려내게 하는 것이다. 이러한 유형의 기저 함수 변환을 **커널 변환**(kernel transformation)이라고 하는데, 각 쌍의 점들 사이의 유사 관계(또는 커널)에 기반을 두고 있기 때문이다.

N개의 점을 N차원으로 사영하는 이 전략의 잠재적 문제는 N이 커질수록 계산량이 늘어난다는 것이다. 그러나 커널 기법(kernel trick)으로 알려진 간결한 절차 덕분에 커널 사영의 N차원 표현을 전부 구성하지 않고도 암묵적으로 커널 변환된 데이터에 적합시킬 수 있다. 이 커널 기법은 SVM에 내장돼 있으며 SVM 방식이 매우 막강한 이유 중 하나이기도 하다.

Scikit–Learn에서는 모델 초모수인 **kernel**을 사용해 선형 커널을 RBF(radial basis function, 방사형 기저 함수) 커널로 바꿈으로써 간단히 커널 변환된 SVM을 적용할 수 있다(그림 5–61).

```
In[14]: clf = SVC(kernel='rbf', C=1E6)
        clf.fit(X, y)
Out[14]: SVC(C=1000000.0)
In[15]: plt.scatter(X[:, 0], X[:, 1], c=y, s=50, cmap='autumn')
        plot_svc_decision_function(clf)
        plt.scatter(clf.support_vectors_[:, 0], clf.support_vectors_[:, 1],
                    s=300, lw=1, facecolors='none');
```

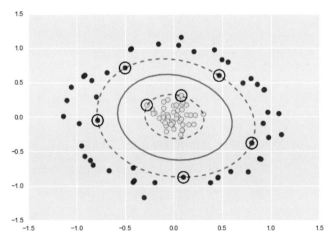

그림 5–61. 데이터에 커널 SVM 적합

이 커널 SVM을 사용하면 적절한 비선형 결정 경계를 알 수 있다. 이 커널 변환 전략은 머신러닝에서 빠른 선형 기법을 빠른 비선형 기법으로 전환하기 위해 종종 사용되며, 특히 커널 기법을 사용할 수 있는 모델에서 자주 사용된다.

SVM 조정하기: 마진을 부드럽게 하기

지금까지 완벽한 결정 경계가 존재하는 매우 깔끔한 데이터세트에 대해 중점적으로 논의했다. 그렇다면 데이터가 어느 정도 겹칠 때는 어떻게 될까? 예를 들어, 다음과 같은 데이터가 있다고 하자(그림 5-62).

```
In[16]: X, y = make_blobs(n_samples=100, centers=2,
                          random_state=0, cluster_std=1.2)
        plt.scatter(X[:, 0], X[:, 1], c=y, s=50, cmap='autumn');
```

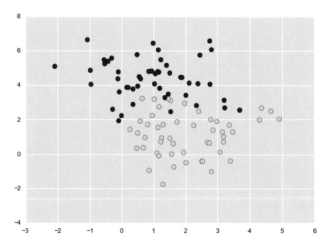

그림 5-62. 어느 정도 겹치는 데이터

이러한 경우를 처리하기 위해 SVM 구현은 마진을 '부드럽게' 하는 약간의 퍼지 인자(fudge-factor)를 제공한다. 즉, 더 나은 적합을 만들어낼 수 있다면 점 일부가 마진에 들어가는 것을 허용하는 것이다. 마진의 강도는 대체로 C로 알려진 조정 모수에 의해 제어된다. C가 매우 크면 마진이 단단해 점들이 그 안에 존재할 수 없다. C가 작으면 마진이 부드러워 일부 점이 그 안에 포함되도록 마진이 커질 수 있다.

그림 5-63의 플롯은 모수 C를 바꿔 마진을 부드럽게 만들면 최종 적합에 어떤 영향을 미치는지 시각적으로 보여준다.

```
In[17]: X, y = make_blobs(n_samples=100, centers=2,
                          random_state=0, cluster_std=0.8)
        fig, ax = plt.subplots(1, 2, figsize=(16, 6))
        fig.subplots_adjust(left=0.0625, right=0.95, wspace=0.1)
        for axi, C in zip(ax, [10.0, 0.1]):
            model = SVC(kernel='linear', C=C).fit(X, y)
```

```
        axi.scatter(X[:, 0], X[:, 1], c=y, s=50, cmap='autumn')
        plot_svc_decision_function(model, axi)
        axi.scatter(model.support_vectors_[:, 0],
                    model.support_vectors_[:, 1],
                    s=300, lw=1, facecolors='none');
        axi.set_title('C = {0:.1f}'.format(C), size=14)
```

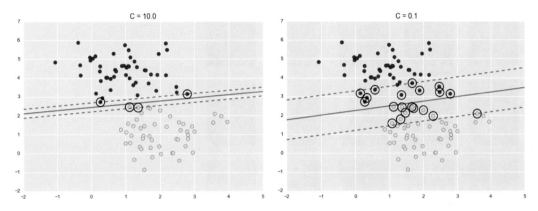

그림 5-63. 서포트 벡터 적합에 모수 C가 미치는 영향

모수 C의 최적값은 데이터세트에 따라 다르며 교차 검증이나 이와 유사한 절차를 통해 조정해야 한다 (더 자세한 내용은 392쪽 '초모수와 모델 검증'을 참고).

예제: 안면 인식

실제 서포트 벡터 머신이 사용되는 예제로 안면 인식 문제를 살펴보자. 와일드 데이터세트(Wild dataset)의 레이블이 붙은 얼굴 데이터를 사용할 것이다. 이 데이터세트는 여러 공인의 얼굴 사진 수천 장으로 구성돼 있다. 데이터세트를 가져오는 프로그램은 Scikit-Learn에 내장돼 있다.

```
In[18]: from sklearn.datasets import fetch_lfw_people
        faces = fetch_lfw_people(min_faces_per_person=60)
        print(faces.target_names)
        print(faces.images.shape)
['Ariel Sharon' 'Colin Powell' 'Donald Rumsfeld' 'George W Bush'
 'Gerhard Schroeder' 'Hugo Chavez' 'Junichiro Koizumi' 'Tony Blair']
(1348, 62, 47)
```

작업할 대상을 확인하기 위해 이 얼굴 중 일부를 플로팅해 보자(그림 5-64).

```
In[19]: fig, ax = plt.subplots(3, 5)
        for i, axi in enumerate(ax.flat):
            axi.imshow(faces.images[i], cmap='bone')
            axi.set(xticks=[], yticks=[],
                    xlabel=faces.target_names[faces.target[i]])
```

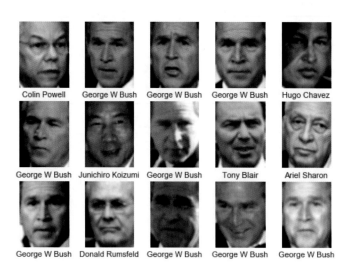

그림 5-64. 와일드 데이터세트의 레이블이 있는 얼굴 데이터 예

각 이미지에는 [62×47] 또는 약 3,000픽셀의 정보가 들어 있다. 간단하게 각 픽셀값을 특징으로 사용해 처리할 수도 있지만, 더 의미 있는 특징을 추출하기 위해 일종의 전처리기를 사용하는 것이 더 효과적일 때가 많다. 여기서는 주성분 분석(471쪽 '심화 학습: 주성분 분석' 참고)을 사용해 서포트 벡터 머신 분류기에 넣을 150개의 핵심 성분을 추출할 것이다. 이 작업은 선처리기와 분류기를 하나의 파이프라인에 묶어 가장 간단하게 수행할 수 있다.

```
In[20]: from sklearn.svm import SVC
        from sklearn.decomposition import PCA
        from sklearn.pipeline import make_pipeline

        pca = PCA(n_components=150, whiten=True,
                  svd_solver='randomized', random_state=42)
        svc = SVC(kernel='rbf', class_weight='balanced')
        model = make_pipeline(pca, svc)
```

분류기의 결과를 테스트하기 위해 데이터를 훈련 데이터와 시험 데이터로 나눈다.

```
In[21]: from sklearn.model_selection import train_test_split
        Xtrain, Xtest, ytrain, ytest = train_test_split(faces.data,
                                            faces.target, random_state=42)
```

마지막으로 그리드 검색 교차 검증을 사용해 모수의 조합을 탐색할 수 있다. 여기서는 마진의 강도를 제어하는 C와 방사형 기저 함수 커널의 크기를 제어하는 gamma를 조정해 최적의 모델을 결정할 것이다.

```
In[22]: from sklearn.model_selection import GridSearchCV
        param_grid = {'svc__C': [1, 5, 10, 50],
                      'svc__gamma': [0.0001, 0.0005, 0.001, 0.005]}
        grid = GridSearchCV(model, param_grid)
        %time grid.fit(Xtrain, ytrain)
        print(grid.best_params_)
CPU times: user 47.8 s, sys: 4.08 s, total: 51.8 s
Wall time: 26 s
{'svc__gamma': 0.001, 'svc__C': 10}
```

최적의 값은 그리드의 중앙에 위치한다. 이 값이 가장자리에 위치한다면 그리드를 확장해서 진짜 최적값을 구하게 해야 한다.

이제 이 교차 검증된 모델을 사용해 모델이 아직 본 적 없는 시험 데이터의 레이블을 예측할 수 있다.

```
In[23]: model = grid.best_estimator_
        yfit = model.predict(Xtest)
```

테스트 이미지 중 몇 개를 예측한 값과 함께 살펴보자(그림 5-65).

```
In[24]: fig, ax = plt.subplots(4, 6)
        for i, axi in enumerate(ax.flat):
            axi.imshow(Xtest[i].reshape(62, 47), cmap='bone')
            axi.set(xticks=[], yticks=[])
            axi.set_ylabel(faces.target_names[yfit[i]].split()[-1],
                        color='black' if yfit[i] == ytest[i] else 'red')
        fig.suptitle('Predicted Names; Incorrect Labels in Red', size=14);
```

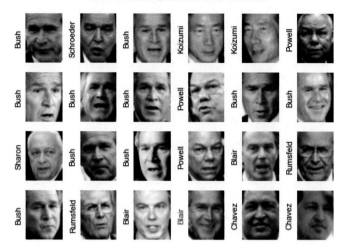

Predicted Names; Incorrect Labels in Red

그림 5-65. 모델로 예측한 레이블

이 작은 샘플 중에 위에서 선택한 최적의 추정기가 레이블을 잘못 예측한 얼굴은 단 하나다(맨 아랫줄의 부시 얼굴을 블레어로 잘못 예측했다). 레이블 단위로 얼마나 잘 복구했는지에 대한 통계량을 열거한 분류 리포트를 사용하면 추정기의 성능을 더 잘 이해할 수 있다.

```
In[25]: from sklearn.metrics import classification_report
        print(classification_report(ytest, yfit, target_names=faces.target_names))
```

	precision	recall	f1-score	support
Ariel Sharon	0.65	0.73	0.69	15
Colin Powell	0.81	0.87	0.84	68
Donald Rumsfeld	0.75	0.87	0.81	31
George W Bush	0.93	0.83	0.88	126
Gerhard Schroeder	0.86	0.78	0.82	23
Hugo Chavez	0.93	0.70	0.80	20
Junichiro Koizumi	0.80	1.00	0.89	12
Tony Blair	0.83	0.93	0.88	42
avg / total	0.85	0.85	0.85	337

또한 이 클래스들 사이의 오차 행렬을 보여줄 수도 있다(그림 5-66).

```
In[26]: from sklearn.metrics import confusion_matrix
        mat = confusion_matrix(ytest, yfit)
        sns.heatmap(mat.T, square=True, annot=True, fmt='d', cbar=False,
```

```
                    xticklabels=faces.target_names, yticklabels=faces.target_names)
    plt.xlabel('true label')
    plt.ylabel('predicted label');
```

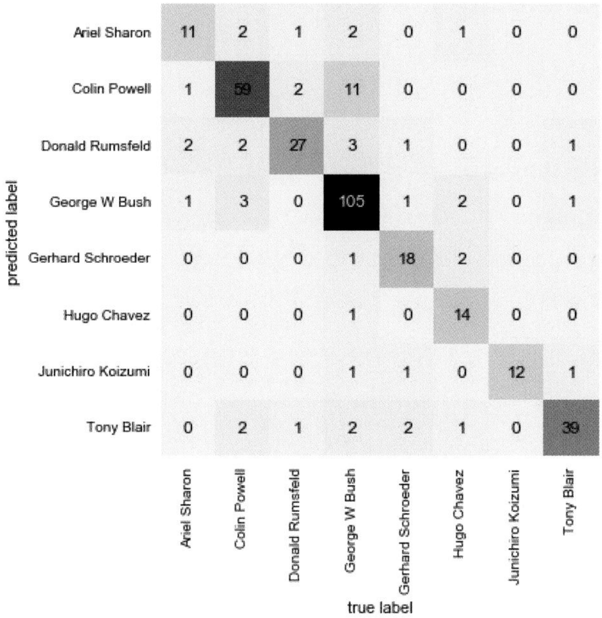

그림 5-66. 얼굴 데이터에 대한 오차 행렬

이 오차 행렬을 통해 추정기가 어느 레이블을 혼동할 가능성이 높은지 알 수 있다.

사진이 그리드에 들어맞게 깔끔하게 재단되지 않은 실제 안면 인식 작업에서 얼굴 분류 기법의 유일한 차이점은 특징을 선택하는 데 있다. 이때는 얼굴을 찾고 픽셀과 무관한 특징을 추출하기 위해 더 정교한 알고리즘을 사용해야 할 것이다. 이러한 응용에 좋은 방법 중 하나는 OpenCV를 사용하는 것이다. OpenCV는 일반적으로 이미지, 그중에서도 특히 얼굴에 대해 최신 특징 추출 도구를 미리 훈련시켜 뒀다는 점이 특기할 만하다.

정리

지금까지 서포트 벡터 머신의 원리에 대해 간략하게 소개했다. 이 기법은 다음과 같은 이유로 막강한 분류 기법이다.

- 비교적 적은 수의 서포트 벡터에 의존하기 때문에 매우 간결한 모델이며 매우 적은 메모리를 사용한다.

- 모델이 훈련되고 나면 예측 단계가 매우 빨리 수행된다.

- 이 모델은 마진에 인접한 점에 의해서만 영향을 받기 때문에 고차원 데이터에서 잘 동작하며, 다른 알고리즘에서는 도전적인 경우에 해당하는 표본보다 높은 차원의 데이터에 대해서도 잘 동작한다.

- 커널 메서드와 통합하면 여러 유형의 데이터에 적응시킬 수 있어 다양한 용도로 사용할 수 있다.

그렇지만 SVM에는 몇 가지 단점도 있다.

- 표본 N의 개수에 따라 모델의 복잡도가 최악의 경우 $O[N^3]$, 효율적으로 구현되면 $O[N^2]$까지 가능하다. 훈련 표본의 개수가 크면 이 계산 비용이 어마어마하게 커질 수 있다.

- 결과가 마진 강도 조정 모수인 C를 적절하게 선택했느냐에 따라 전적으로 달라진다. 이 값은 교차 검증을 통해 신중하게 선택해야 하는데, 데이터세트가 커질수록 비용이 커질 수 있다.

- 결과에 대해 직접적으로 확률적 해석을 할 수 없다. 이는 내부 교차 검증을 통해 추정할 수 있지만(SVC의 probability 모수 참고), 이 부가적인 추정 과정 또한 많은 비용이 발생한다.

이러한 특성을 고려해 이 책에서는 더 간단하고 빠르며 조정 작업이 별로 필요하지 않은 다른 방법들이 요구사항을 충족하지 않는 경우에만 SVM을 사용했다. 그렇지만 데이터에 SVM을 훈련시키고 교차 검증하는 데 CPU 자원을 온전히 사용할 수 있다면 이 방식이 탁월한 결과를 안겨줄 수 있다.

심화 학습: 의사결정 트리와 랜덤 포레스트

앞에서 간단한 생성 분류기(나이브 베이즈, 417쪽 '심화 학습: 나이브 베이즈 분류' 참고)와 강력한 판별 분류기(서포트 벡터 머신, 442쪽 '심화 학습: 서포트 벡터 머신' 참고)에 대해 자세히 살펴봤다. 여기서는 또 다른 강력한 알고리즘인 **랜덤 포레스트**(random forest)라는 비모수 알고리즘의 등장 배경을 알아보겠다. 랜덤 포레스트는 더 단순한 추정기들의 결과를 조합하는 **앙상블**(ensemble) 기법의 한 예다. 앙상블 기법을 사용하면 다소 놀랍게도 총합이 부분보다 커질 수 있는데, 이는 여러 추정기로부터 대부분의 표(vote)를 얻은 결과가 투표에 참여한 개별 추정기의 결과보다 더 나을 수 있음을 뜻한다! 이에 대한 예제는 다음 절에서 소개하겠다. 먼저 표준 임포트부터 하자.

```
In[1]: %matplotlib inline
       import numpy as np
       import matplotlib.pyplot as plt
       import seaborn as sns; sns.set()
```

랜덤 포레스트 등장 배경: 의사결정 트리

랜덤 포레스트는 의사결정 트리(decision trees)를 기반으로 한 **앙상블 학습 방법**(ensemble learner) 의 한 예다. 따라서 먼저 의사결정 트리에 대해 알아보자.

의사결정 트리는 객체를 분류하거나 객체 레이블을 예측하는 매우 직관적인 방식이다. 단순히 분류상에 서 0에 이르도록 설계된 일련의 질문을 던지기만 하면 된다. 예를 들어, 등산 중에 만난 동물을 분류하기 위한 의사결정 트리를 만들고자 한다면 그림 5-67과 같이 의사결정 트리를 구성하면 된다.

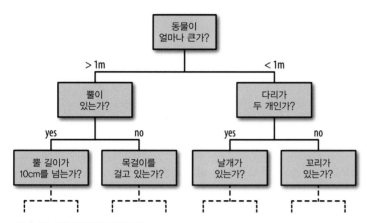

그림 5-67. 이진 의사결정 트리의 예

이진 분할은 이 작업을 상당히 효율적으로 만든다. 잘 구성한 트리에서 각 질문은 옵션 수를 절반 정도로 줄이므로 상당히 많은 수의 클래스에서도 옵션을 매우 빠르게 줄일 수 있다. 물론 비법은 각 단계에서 어 떤 질문을 할 것인지 결정하는 데 있다. 의사결정 트리를 이용해 머신러닝을 구현할 때 일반적으로 질문 은 데이터에서 축에 정렬된 분할의 형태를 띤다. 즉, 트리의 각 노드가 여러 특징 중 하나의 특징 내의 경 계값을 사용해 데이터를 두 그룹으로 나눈다. 이제 예제를 살펴보자.

의사결정 트리 생성하기

4개의 클래스 레이블 중 하나를 가지는 다음 2차원 데이터를 생각해 보자(그림 5-68).

```
In[2]: from sklearn.datasets import make_blobs

       X, y = make_blobs(n_samples=300, centers=4, random_state=0, cluster_std=1.0)
       plt.scatter(X[:, 0], X[:, 1], c=y, s=50, cmap='rainbow');
```

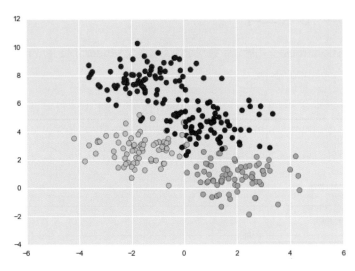

그림 5-68. 의사결정 트리 분류를 위한 데이터

이 데이터 상에 구성된 간단한 의사결정 트리는 정량적 기준에 따라 둘 중 하나의 축을 따라 반복적으로 데이터를 분할하고 각 레벨에서 새로운 영역은 그 안에 포함된 점의 과반수를 얻은 표에 따라 레이블이 할당된다. 그림 5-69는 이 데이터에 대한 의사결정 트리 분류의 첫 네 개의 레벨을 시각화한 것이다.

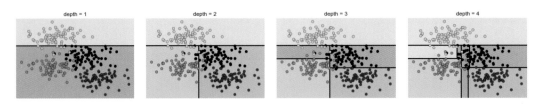

그림 5-69. 의사결정 트리가 데이터를 분할하는 방식

첫 번째 분할 후에 상단의 모든 점은 그대로 유지되므로 이 가지를 더 분할할 필요가 없다는 점에 주목하자. 각 레벨에서 모두 한 가지 색을 가지는 노드를 제외한 나머지 모든 영역은 다시 두 특징 중 하나에 따라 분할된다.

의사결정 트리를 데이터에 적합시키는 이 과정은 Scikit-Learn에서 `DecisionTreeClassifier` 추정기를 이용해 수행할 수 있다.

```
In[3]: from sklearn.tree import DecisionTreeClassifier
       tree = DecisionTreeClassifier().fit(X, y)
```

이 분류기의 결과를 시각화할 수 있는 간단한 유틸리티 함수를 작성해 보자.

```
In[4]: def visualize_classifier(model, X, y, ax=None, cmap='rainbow'):
           ax = ax or plt.gca()

           # 훈련 데이터 점 플로팅
           ax.scatter(X[:, 0], X[:, 1], c=y, s=30, cmap=cmap,
                      clim=(y.min(), y.max()), zorder=3)
           ax.axis('tight')
           ax.axis('off')
           xlim = ax.get_xlim()
           ylim = ax.get_ylim()

           # 모델 적합
           model.fit(X, y)
           xx, yy = np.meshgrid(np.linspace(*xlim, num=200), np.linspace(*ylim, num=200))
           Z = model.predict(np.c_[xx.ravel(), yy.ravel()]).reshape(xx.shape)

           # 결과를 이용해 컬러 플롯 생성
           n_classes = len(np.unique(y))
           contours = ax.contourf(xx, yy, Z, alpha=0.3, levels=np.arange(n_classes + 1) - 0.5,
                                  cmap=cmap, clim=(y.min(), y.max()), zorder=1)
           ax.set(xlim=xlim, ylim=ylim)
```

이제 의사결정 트리 분류가 어떻게 생겼는지 확인할 수 있다(그림 5-70).

```
In[5]: visualize_classifier(DecisionTreeClassifier(), X, y)
```

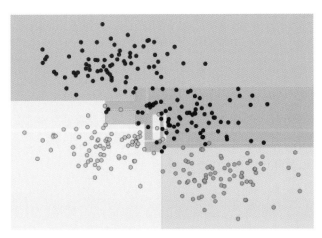

그림 5-70. 시각화한 의사결정 트리 분류

이 노트북을 실행 중이라면 온라인 부록에 포함된 헬퍼 스크립트(helpers script)를 사용해 의사결정 트리 생성 과정을 대화식으로 시각화할 수 있다(그림 5-71).

```
In[6]: # helpers_05_08은 온라인 부록에서 확인할 수 있다
       # (https://github.com/jakevdp/PythonDataScienceHandbook)
       import helpers_05_08
       helpers_05_08.plot_tree_interactive(X, y);
```

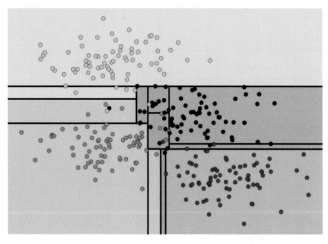

그림 5-71. 대화식 의사결정 트리 위젯의 첫 프레임: 전체 버전은 온라인 부록을 참고할 것

깊이가 깊어질수록 매우 이상한 모양을 가진 분류 영역이 만들어지는 경향이 있다. 예를 들어, 깊이가 5 일 때 녹색과 파란색 영역 사이에 길고 좁은 보라색 영역이 생긴다. 이것은 분명히 직관적이면서 참인 데 이터 분포에 따른 결과라기보다는 데이터 샘플링이나 노이즈 속성에 따른 결과로 보는 것이 더 낫다. 다 시 말해 이 의사결정 트리는 5 레벨의 깊이에서도 확실히 데이터에 과적합돼 있다.

의사결정 트리와 과적합

이러한 과적합은 의사결정 트리의 일반적인 특성이다. 트리에서는 너무 깊이 들어가서 데이터 분포의 전 반적인 특성보다는 특정 데이터의 세부 내역에 적합하기가 아주 쉽다. 이러한 과적합을 확인할 수 있는 또 다른 방법은 데이터의 서로 다른 부분집합에 대해 훈련된 모델을 살펴보는 것이다. 예를 들어, 그림 5-72에서는 원본 데이터를 반으로 나누어 두 개의 다른 트리를 훈련시킨다.

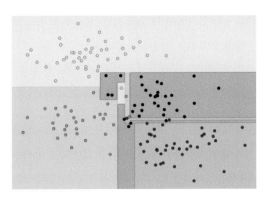
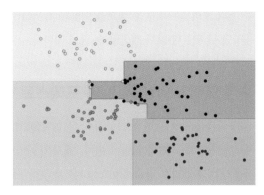

그림 5-72. 두 개의 임의의 의사결정 트리

두 개의 트리가 동일한 결과를 내는 곳도 분명히 있지만(예: 네 개의 모서리에서), 다른 곳에서는 두 개의 트리가 매우 다른 분류 결과를 내놓는다(예: 두 개의 군집 사이에 위치한 모든 영역). 이러한 불일치는 분류가 덜 분명한 곳에서 발생하는 경향이 있으며, 따라서 이 두 가지 트리로부터 얻은 정보를 활용해 더 나은 결과를 얻을 수 있다!

이 노트북을 실행 중이라면 다음 함수를 사용해 데이터의 임의의 부분집합으로 훈련된 트리들의 적합을 대화식으로 보여줄 수 있다(그림 5-73).

```
In[7]: # helpers_05_08는 온라인 부록에서 확인할 수 있음
       # (https://github.com/jakevdp/PythonDataScienceHandbook)
       import helpers_05_08
       helpers_05_08.randomized_tree_interactive(X, y)
```

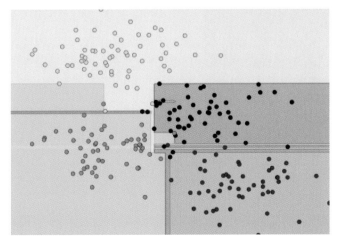

그림 5-73. 대화식 임의화 의사결정 트리 위젯의 첫 프레임: 전체 버전은 온라인 부록 참고

두 개의 트리로부터 얻은 정보를 이용해 결과를 개선한 것과 마찬가지로 많은 트리에서 얻은 정보를 사용하면 결과를 더 많이 개선할 수 있을 것이다.

추정 모델의 앙상블: 랜덤 포레스트

여러 과적합 추정 모델을 결합해서 이 과적합의 효과를 줄일 수 있다는 개념이 배깅(bagging)이라고 부르는 앙상블 기법의 기반이 된다. 배깅은 각각이 데이터에 과적합하는 유사한 추정 모델의 앙상블을 사용하고 그 결과를 평균 내어 더 나은 분류를 구한다. 임의화 의사결정 트리의 앙상블을 **랜덤 포레스트**(random forest)라고 한다.

이러한 유형의 배깅 분류는 Scikit-Learn의 `BaggingClassifier` 메타 추정기를 사용해 다음과 같이 직접 수행할 수 있다(그림 5-74).

```
In[8]: from sklearn.tree import DecisionTreeClassifier
       from sklearn.ensemble import BaggingClassifier
       tree = DecisionTreeClassifier()
       bag = BaggingClassifier(tree, n_estimators=100, max_samples=0.8, random_state=1)
       bag.fit(X, y)
       visualize_classifier(bag, X, y)
```

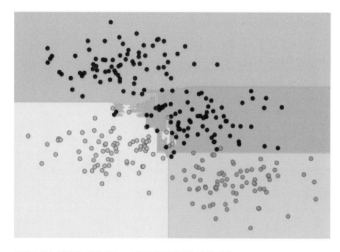

그림 5-74. 임의의 의사결정 트리의 앙상블에서의 결정 경계

이 예제에서는 훈련 데이터 점의 80%에 해당하는 임의의 부분집합으로 각 추정기를 적합시켜서 데이터를 임의화했다. 실제로 의사결정 트리는 분할을 선택하는 방식에 우연성이 주입될 때 더 효과적으로 임의화된다. 이렇게 하면 모든 데이터가 매번 적합에 기여하지만, 적합의 결과는 여전히 원하던 임의성을 갖게 된다. 예를 들어, 어느 특징을 기준으로 분할할지 결정할 때 임의화된 트리는 상위 몇 개의 특징 중에서 선택할 것이다. 이 랜덤화 전략에 대한 기술적 세부 사항은 Scikit-Learn 문서[9]와 그 안의 참고 문헌에서 확인할 수 있다.

Scikit-Learn에서 이러한 임의화된 의사결정 트리의 최적화된 앙상블은 RandomForestClassifier 추정기에 구현돼 있으며, 모든 임의화가 자동으로 이뤄진다. 추정기의 개수만 선택하면 매우 빠르게(원하는 경우, 병렬로) 트리의 앙상블을 적합시킨다(그림 5-75).

```
In[9]: from sklearn.ensemble import RandomForestClassifier

       model = RandomForestClassifier(n_estimators=100, random_state=0)
       visualize_classifier(model, X, y);
```

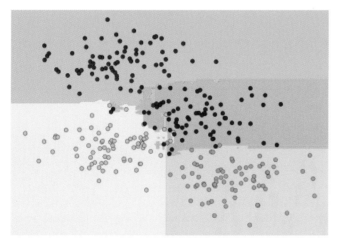

그림 5-75. 의사결정 트리의 최적화된 앙상블인 랜덤 포레스트에서의 결정 경계

무작위로 교란된 100개 이상의 모델을 평균냄으로써 모수 공간이 어떻게 나뉘어야 할지에 대해 가지고 있던 직관에 훨씬 근접한 전반적인 모델을 얻을 수 있음을 확인할 수 있다.

---

9 http://scikit-learn.org/stable/modules/ensemble.html#forest

랜덤 포레스트 회귀

앞에서 랜덤 포레스트를 분류에 사용하는 것을 살펴봤다. 랜덤 포레스트는 회귀 분석에도(즉, 범주형 변수가 아닌 연속 변수에서도) 사용할 수 있다. 여기서 사용할 추정기는 RandomForestRegressor이며 구문은 앞에서 사용한 것과 매우 유사하다.

빠른 진동과 느린 진동을 결합해서 얻은 다음 데이터를 생각해 보자(그림 5-76).

```
In[10]: rng = np.random.RandomState(42)
        x = 10 * rng.rand(200)

        def model(x, sigma=0.3):
                fast_oscillation = np.sin(5 * x)
                slow_oscillation = np.sin(0.5 * x)
                noise = sigma * rng.randn(len(x))

                return slow_oscillation + fast_oscillation + noise

        y = model(x)
        plt.errorbar(x, y, 0.3, fmt='o');
```

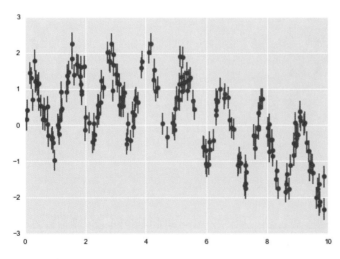

그림 5-76. 랜덤 포레스트 회귀를 위한 데이터

랜덤 포레스트 회귀 모델을 사용하면 다음과 같은 최적의 곡선을 얻을 수 있다(그림 5-77).

```
In[11]: from sklearn.ensemble import RandomForestRegressor
        forest = RandomForestRegressor(200)
        forest.fit(x[:, None], y)

        xfit = np.linspace(0, 10, 1000)
        yfit = forest.predict(xfit[:, None])
        ytrue = model(xfit, sigma=0)

        plt.errorbar(x, y, 0.3, fmt='o', alpha=0.5)
        plt.plot(xfit, yfit, '-r');
        plt.plot(xfit, ytrue, '-k', alpha=0.5);
```

여기서 진짜 모델은 부드러운 곡선으로 표시되지만, 랜덤 포레스트 모델은 들쭉날쭉한 곡선으로 표시된다. 보다시피 비모수 랜덤 포레스트 모델은 다중 기간 모델을 지정하지 않고도 다중 기간 데이터를 적합하기에 충분할 만큼 유연하다.

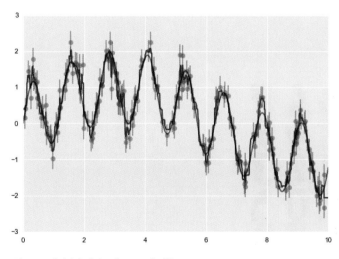

그림 5-77. 데이터에 랜덤 포레스트 모델 적합

예제: 랜덤 포레스트를 사용한 숫자 분류

앞에서 손으로 쓴 숫자 데이터를 간단하게 살펴봤다(374쪽 'Scikit-Learn 소개' 참고). 이 데이터를 다시 사용해 랜덤 포레스트 분류기를 여기서 어떻게 사용할 수 있는지 알아보자.

```
In[12]: from sklearn.datasets import load_digits
        digits = load_digits()
        digits.keys()
Out[12]: dict_keys(['target', 'data', 'target_names', 'DESCR', 'images'])
```

데이터를 다시 확인해 보기 위해 처음 몇 개의 데이터 점만 시각화해 볼 것이다(그림 5-78).

```
In[13]:
# 그림(figure) 설정
fig = plt.figure(figsize=(6, 6)) # 그림 크기는 인치 단위
fig.subplots_adjust(left=0, right=1, bottom=0, top=1, hspace=0.05, wspace=0.05)

# 숫자 플로팅: 각 이미지는 8x8픽셀
for i in range(64):
    ax = fig.add_subplot(8, 8, i + 1, xticks=[], yticks=[])
    ax.imshow(digits.images[i], cmap=plt.cm.binary, interpolation='nearest')

    # 대상값으로 이미지에 레이블 추가
    ax.text(0, 7, str(digits.target[i]))
```

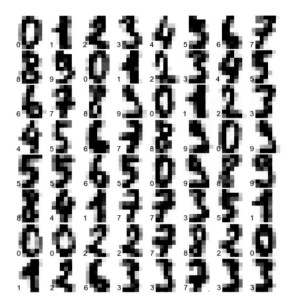

그림 5-78. 숫자 데이터 표현

다음과 같이 랜덤 포레스트를 사용해 숫자를 빠르게 분류할 수 있다(그림 5-79).

```
In[14]:
from sklearn.model_selection import train_test_split

Xtrain, Xtest, ytrain, ytest = train_test_split(digits.data, digits.target,
                                                random_state=0)
model = RandomForestClassifier(n_estimators=1000)
model.fit(Xtrain, ytrain)
ypred = model.predict(Xtest)
```

이 분류기에 대한 분류 보고서를 확인할 수 있다.

```
In[15]: from sklearn import metrics
        print(metrics.classification_report(ypred, ytest))
             precision    recall  f1-score   support
          0       1.00      0.97      0.99        38
          1       1.00      0.98      0.99        44
          2       0.95      1.00      0.98        42
          3       0.98      0.96      0.97        46
          4       0.97      1.00      0.99        37
          5       0.98      0.96      0.97        49
          6       1.00      1.00      1.00        52
          7       1.00      0.96      0.98        50
          8       0.94      0.98      0.96        46
          9       0.96      0.98      0.97        46
avg / total       0.98      0.98      0.98       450
```

모델의 성능을 확인할 수 있는 오차 행렬을 추가로 플로팅해 보자(그림 5-79).

```
In[16]: from sklearn.metrics import confusion_matrix
        mat = confusion_matrix(ytest, ypred)
        sns.heatmap(mat.T, square=True, annot=True, fmt='d', cbar=False)
        plt.xlabel('true label')
        plt.ylabel('predicted label');
```

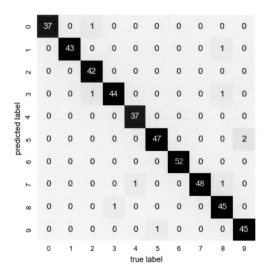

그림 5-79. 랜덤 포레스트를 이용한 숫자 분류에 대한 오차 행렬

별도로 조정하지 않은 단순한 랜덤 포레스트가 숫자 데이터를 매우 정확하게 분류해낸다는 것을 알 수 있다.

정리

이번 절에서는 앙상블 추정기와 특히 임의화된 의사결정 트리의 앙상블인 랜덤 포레스트 모델의 개념을 간단하게 소개했다. 랜덤 포레스트는 다음과 같이 여러 가지 이점을 가진 강력한 기법이다.

- 기반 의사결정 트리가 단순해서 훈련과 예측이 모두 매우 빠르다. 게다가 각 트리가 완전히 독립적인 요소이기 때문에 두 작업 모두 간단하게 병렬 처리할 수 있다.

- 여러 개의 트리를 사용해 확률적 분류가 가능하다. 추정기로부터 얻은 가장 많은 수의 표가 확률 추정치를 제공한다(Scikit-Learn에서 이 값은 predict_proba() 메서드로 접근할 수 있다).

- 비모수 모델은 매우 유연하기 때문에 다른 추정기에서 과소적합된 작업에도 잘 동작할 수 있다.

랜덤 포레스트의 주요 단점은 결과를 쉽게 해석할 수 없다는 것이다. 즉, 분류 모델의 의미에 대한 결론을 도출해야 한다면 랜덤 포레스트를 선택하는 것은 바람직하지 않다.

심화 학습: 주성분 분석

지금까지 지도 학습 추정기에 관해 자세히 알아봤다. 이 추정기들은 레이블을 가진 훈련 데이터를 기반으로 레이블을 추정한다. 지금부터는 알려진 레이블에 대한 참조 없이도 데이터의 흥미로운 측면을 강조할 수 있는 몇 가지 비지도 학습 추정기를 살펴보겠다.

이번 절에서는 비지도 알고리즘 중 가장 광범위하게 사용되는 것 중 하나인 주성분 분석(PCA, principal component analysis)에 대해 알아본다. PCA는 기본적으로 차원 축소 알고리즘이지만 노이즈 필터링과 특징 추출 및 특징 공학 등에서도 유용하게 사용되는 도구다. PCA 알고리즘에 대해 간단히 개념적으로 살펴본 뒤에 몇 가지 예제를 통해 응용 방법을 알아보겠다. 늘 그렇듯이 표준 임포트부터 하자.

```
In[1]: %matplotlib inline
       import numpy as np
       import matplotlib.pyplot as plt
       import seaborn as sns; sns.set()
```

주성분 분석 소개

주성분 분석은 374쪽 'Scikit-Learn 소개'에서 간략히 살펴본 데이터의 차원 축소를 위한 빠르고 유연한 비지도 학습 기법이다. 이 행동 양식은 2차원 데이터세트를 살펴봄으로써 시각화하는 것이 가장 쉽다. 다음 200개의 점을 생각해 보자(그림 5-80).

```
In[2]: rng = np.random.RandomState(1)
       X = np.dot(rng.rand(2, 2), rng.randn(2, 200)).T
       plt.scatter(X[:, 0], X[:, 1])
       plt.axis('equal');
```

그냥 봐도 x와 y 변수 사이에 거의 선형 관계가 있음을 분명히 알 수 있다. 이것은 425쪽 '심화 학습: 선형 회귀'에서 살펴본 선형 회귀 데이터를 연상시키지만 여기서는 문제 설정이 약간 다르다. 비지도 학습 문제는 x 값으로부터 y 값을 예측하는 것이 아니라 x와 y 값 사이의 **관계**에 대해 학습하는 것이다.

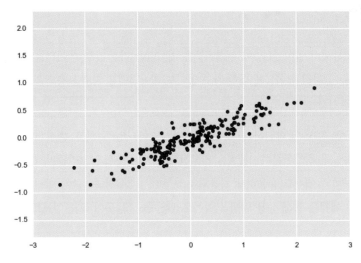

그림 5-80. PCA 데모를 위한 데이터

주성분 분석에서는 이 관계가 데이터의 **주축**(principal axes)의 목록을 구하고 그 축을 사용해 데이터세트를 설명함으로써 정량화된다. Scikit-Learn의 PCA 추정기를 사용해 이를 다음과 같이 계산할수 있다.

```
In[3]: from sklearn.decomposition import PCA
       pca = PCA(n_components=2)
       pca.fit(X)
Out[3]: PCA(n_components=2)
```

적합은 데이터로부터 얻은 수량을 학습하는데, 가장 중요한 것은 '성분(component)'과 '설명 분산(explained variance)'이다.

```
In[4]: print(pca.components_)
       [[-0.94446029 -0.32862557]
        [-0.32862557  0.94446029]]
In[5]: print(pca.explained_variance_)
       [0.7625315 0.0184779]
```

이 숫자들이 의미하는 바를 알기 위해 입력 데이터 위에 이 숫자들을 벡터로 시각화하자. 이 때 '성분'은벡터의 방향을 정의하는 데 사용되고 '설명 분산'은 해당 벡터의 제곱 길이를 정의하는 데 사용된다(그림5-81).

```
In[6]: def draw_vector(v0, v1, ax=None):
           ax = ax or plt.gca()
           arrowprops=dict(arrowstyle='->',
                           linewidth=2,
                           shrinkA=0, shrinkB=0)
           ax.annotate('', v1, v0, arrowprops=arrowprops)
       # 데이터 플로팅
       plt.scatter(X[:, 0], X[:, 1], alpha=0.2)
       for length, vector in zip(pca.explained_variance_, pca.components_):
           v = vector * 3 * np.sqrt(length)
           draw_vector(pca.mean_, pca.mean_ + v)
       plt.axis('equal');
```

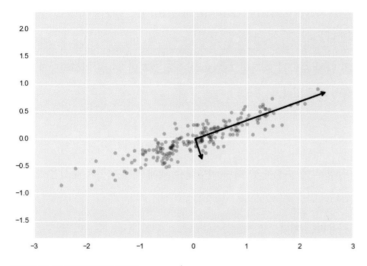

그림 5-81. 데이터의 주축을 시각화

이 벡터들은 데이터의 주축을 나타내고, 그림 5-81에서의 길이는 그 축이 데이터 분포를 설명하는 데 얼마나 '중요한지'를 나타낸다. 더 정확하게 말하자면 이것은 데이터를 그 축에 사영했을 때 데이터 분산의 측도다. 각 데이터 점을 주축에 사영한 것이 데이터의 '주성분'이다.

이 주성분을 원래 데이터 옆에 플로팅하면 그림 5-82와 같은 플롯을 보게 된다.

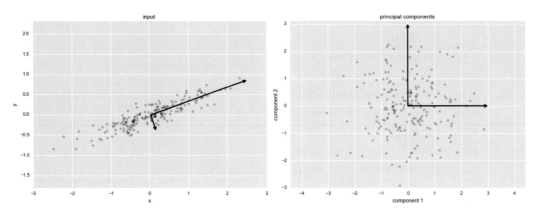

그림 5-82. 데이터에서 변환된 주축

이 데이터 축에서 주축으로의 변환은 **유사 변환**(affine transformation)으로, 기본적으로 이동, 회전, 균등 크기 조절로 구성됨을 의미한다.

주성분을 구하기 위한 이 알고리즘은 단지 수학적 호기심으로 보일 수도 있지만, 사실 머신러닝과 데이터 탐색 영역에서 매우 광범위하게 응용되고 있다.

PCA 응용: 차원 축소

차원 축소를 위해 PCA를 사용하면 가장 작은 주성분 중 하나 이상을 삭제해 최대 데이터 분산을 보존하는 더 작은 차원으로 데이터를 사영한다.

다음은 차원 축소 변환으로 PCA를 사용하는 예다.

```
In[7]: pca = PCA(n_components=1)
       pca.fit(X)
       X_pca = pca.transform(X)
       print("original shape: ", X.shape)
       print("transformed shape:", X_pca.shape)
original shape:    (200, 2)
transformed shape: (200, 1)
```

변환된 데이터는 1차원으로 축소됐다. 이 차원 축소의 효과를 이해하려면 차원 축소된 데이터를 역변환해서 원본 데이터와 함께 플로팅하면 된다(그림 5-83).

```
In[8]: X_new = pca.inverse_transform(X_pca)
       plt.scatter(X[:, 0], X[:, 1], alpha=0.2)
       plt.scatter(X_new[:, 0], X_new[:, 1], alpha=0.8)
       plt.axis('equal');
```

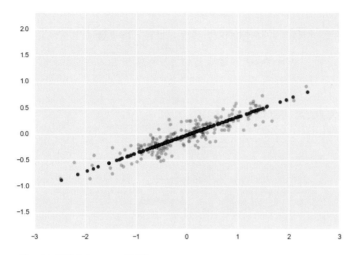

그림 5-83. 차원 축소로 PCA 시각화

연한 색 점은 원본 데이터고 어두운 색 점은 사영된 데이터다. 이는 PCA 차원 축소가 의미하는 바를 분명하게 해준다. 즉, 가장 중요하지 않은 주축을 따르는 정보는 삭제하고 가장 높은 분산을 갖는 데이터의 성분만 남긴다. 잘려나간 분산의 비율(그림 5-83에 형성된 선 주변으로 점이 퍼진 정도에 비례해서)은 이 차원 축소에서 얼마나 많은 '정보'가 버려지는지를 대략적으로 측정한 척도다.

이 차원이 축소된 데이터세트는 어떤 의미에서 보면 점들 사이의 가장 중요한 관계를 인코딩하기에는 '충분하다'. 데이터의 차원을 50%로 줄였음에도 데이터 점들 사이의 전반적인 관계는 대부분 보존된다.

PCA를 사용한 시각화: 손으로 쓴 숫자

차원 축소의 유용성은 2차원 데이터만으로 분명하게 보여주기는 어려울 수 있지만 고차원 데이터를 다룰 때 훨씬 더 분명해진다. 이를 확인하기 위해 458쪽 '심화 학습: 의사결정 트리와 랜덤 포레스트'에서 본 숫자 데이터에 PCA를 적용해 보자.

먼저 데이터 로딩부터 하자.

```
In[9]: from sklearn.datasets import load_digits
        digits = load_digits()
        digits.data.shape
Out[9]:
(1797, 64)
```

데이터가 8x8픽셀 이미지로 구성됐다는 사실을 기억하라. 이 말은 곧 데이터가 64차원이라는 뜻이다. 이 점들 사이의 관계를 이해하려면 PCA를 사용해 그것들을 좀 더 관리 가능한 수준의 차원 수(2차원이라고 하자)로 사영하면 된다.

```
In[10]: pca = PCA(2) # 64차원에서 2차원으로 사영
        projected = pca.fit_transform(digits.data)
        print(digits.data.shape)
        print(projected.shape)
(1797, 64)
(1797, 2)
```

이제 데이터에 대해 학습하기 위해 각 점의 첫 두 개의 주성분을 플로팅할 수 있다(그림 5-84).

```
In[11]: plt.scatter(projected[:, 0], projected[:, 1],
                c=digits.target, edgecolor='none', alpha=0.5,
                cmap=plt.cm.get_cmap('rainbow', 10))
        plt.xlabel('component 1')
        plt.ylabel('component 2')
        plt.colorbar();
```

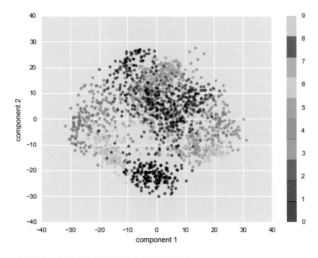

그림 5-84. 손으로 쓴 숫자 데이터에 적용된 PCA

이 성분들이 무엇을 의미하는지 기억하는가? 전체 데이터는 64차원 점의 클라우드고 이 점들은 가장 큰 분산을 가지는 방향을 따라 각 데이터 점을 사영한 것이다. 근본적으로 64차원 공간에서 최적으로 펼치고 회전해 2차원의 숫자 레이아웃을 찾아냈고, 이 작업을 기존 레이블을 참조하지 않는 비지도 방식으로 수행했다.

성분은 무엇을 의미하는가?

이번에는 좀 더 나아가 축소된 차원이 의미하는 바에 대해 질문해 보자. 이 의미는 기저 벡터의 조합으로 이해해야 한다. 예를 들어, 훈련 집합에서의 각 이미지는 64개 픽셀값의 모음으로 정의된다. 여기서는 이 픽셀값을 벡터 x라고 하겠다.

$$x = [\, x_1, x_2, x_3 \cdots x_{64} \,]$$

이 벡터를 픽셀 기저의 관점에서 생각할 수 있다. 즉, 이미지를 구성하기 위해 벡터의 각 요소를 그 요소가 나타내는 픽셀로 곱한 뒤 그 결과를 모두 더해 이미지를 구축한다.

$$image(x) = x_1 \cdot (pixel\,1) + x_2 \cdot (pixel\,2) + x_3 \cdot (pixel\,3) \cdots x_{64} \cdot (pixel\,64)$$

데이터의 차원을 축소하는 것은 이 기저 벡터 중 몇 개만 남기고 모두 제거하는 것으로 생각할 수 있다. 가령 첫 8개의 픽셀만 사용한다면 그 데이터의 8차원 사영(그림 5-85)은 얻겠지만 전체 이미지를 제대로 반영하지는 못할 것이다. 즉, 픽셀의 약 90%를 버린 셈이다!

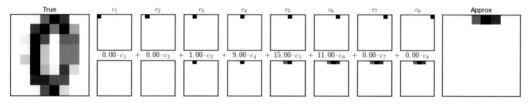

그림 5-85. 픽셀을 버리는 순진한 방식의 차원 축소

그림의 위쪽 행은 개별 픽셀을 보여주고 아래쪽 행은 이미지 구성에 있어 이 픽셀들의 누적 기여도를 보여준다. 8개 픽셀을 기반으로 한 성분을 사용하면 64픽셀 이미지의 아주 작은 부분만 구성할 수 있다. 이 절차를 계속 진행하면서 64픽셀을 모두 사용하면 원본 이미지를 복구하게 될 것이다.

그러나 픽셀 단위의 표현이 기저 벡터를 구하는 유일한 방식은 아니다. 다른 기저 함수도 사용할 수 있는데, 각 기저 함수는 각 픽셀의 사전 정의된 기여도를 포함하고 있다. 이를 다음과 같이 표현할 수 있다.

$$image(x) = mean + x_1 \cdot (basis\ 1) + x_2 \cdot (basis\ 2) + x_3 \cdot (basis\ 3) \cdots$$

PCA는 최적의 기저 함수를 선택하는 절차로 생각할 수 있으며, 해당 기저 함수 중 처음 몇 개만 더해도 충분히 대부분의 데이터세트 요소를 적절하게 재구성할 수 있다. 데이터를 저차원으로 표현하는 역할을 하는 주성분은 이 시리즈의 각 요소를 곱한 계수일 뿐이다. 그림 5-86은 평균에 PCA 기저 함수 중 첫 8 개를 더한 값을 사용해 이 숫자를 재구성하는 비슷한 그림이다.

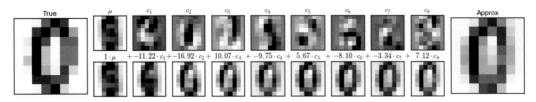

그림 5-86. 가장 중요하지 않은 주성분을 버리는 좀 더 정교한 차원 축소(그림 5-85와 비교할 것)

픽셀 기반의 차원 축소와 달리 PCA 기반의 방식을 사용하면 평균에 8개의 성분을 더하는 것만으로 입력 이미지의 핵심 특징을 복구할 수 있다. 각 성분에서 각 픽셀의 양은 앞에서 본 2차원 예제에서 벡터 방향에 따른 결과다. 이는 PCA가 데이터의 저차원 표현을 제공한다는 뜻이며, 이 방식이 입력 데이터의 기본 픽셀 기반 방식보다 더 효율적인 기저 함수들을 찾아낸다.

성분의 개수 선택

실제로 PCA를 사용할 때 중요한 부분은 데이터를 설명하는 데 필요한 성분의 개수를 추정하는 능력이다. 이는 성분 개수의 함수로 누적 설명 분산 비율(explained variance ratio)을 보고 결정할 수 있다(그림 5-87).

```
In[12]: pca = PCA().fit(digits.data)
        plt.plot(np.cumsum(pca.explained_variance_ratio_))
        plt.xlabel('number of components')
        plt.ylabel('cumulative explained variance');
```

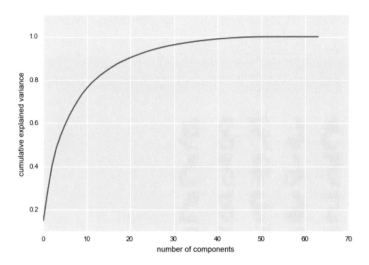

그림 5-87. PCA가 데이터의 내용을 얼마나 잘 보존하는지 측정하는 누적 설명 분산

이 곡선은 전체 64차원 분산 중 얼마나 많은 부분이 첫 N개 성분 내에 포함되는지를 정량적으로 보여준다. 예를 들어, 수치를 보면 첫 10개의 성분이 분산의 약 75%를 포함하고 있으며 분산의 100%에 달하는 것을 설명하려면 약 50개의 성분이 필요하다는 것을 알 수 있다.

여기서 2차원 사영으로는 많은 정보를(설명 분산에 의해 측정된 대로) 잃게 되며, 분산의 90%를 보존하려면 약 20개의 성분이 필요하다는 것을 알 수 있다. 고차원 데이터세트에 대해 이 플롯을 살펴보면 다중 관측에서 존재하는 중복 수준을 이해하는 데 도움될 수 있다.

PCA 응용: 노이즈 필터링

PCA는 노이즈가 섞인 데이터에 대한 필터링 방식으로 사용될 수 있다. 노이즈의 영향보다 훨씬 더 큰 분산을 가지는 성분이라면 상대적으로 노이즈에 영향을 받지 않는다는 게 그 개념이다. 따라서 주성분의 가장 큰 부분집합만 사용해 데이터를 재구성하면 우선적으로 신호는 유지하고 노이즈는 걸러낼 수 있다.

이것이 숫자 데이터에서 어떻게 동작하는지 보자. 먼저 노이즈가 없는 입력 데이터를 플로팅할 것이다 (그림 5-88).

```
In[13]: def plot_digits(data):
            fig, axes = plt.subplots(4, 10, figsize=(10, 4),
                                     subplot_kw={'xticks':[], 'yticks':[]},
                                     gridspec_kw=dict(hspace=0.1, wspace=0.1))
```

```
        for i, ax in enumerate(axes.flat):
            ax.imshow(data[i].reshape(8, 8),
                        cmap='binary', interpolation='nearest',
                        clim=(0, 16))
    plot_digits(digits.data)
```

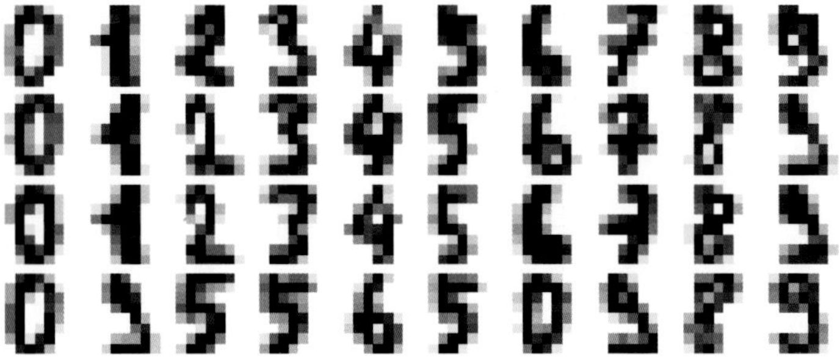

그림 5-88. 노이즈가 없는 숫자

이제 노이즈가 섞인 데이터세트를 만들기 위해 임의의 노이즈를 추가해 다시 플로팅해 보자(그림 5-89).

```
In[14]: np.random.seed(42)
        noisy = np.random.normal(digits.data, 4)
        plot_digits(noisy)
```

그림 5-89. 가우스 임의 노이즈를 추가한 숫자

그냥 봐도 이미지에 노이즈가 섞여 있고 허위 픽셀이 포함된 것을 알 수 있다. PCA가 분산의 50%를 보존하는 조건으로 이 노이즈 섞인 데이터를 훈련시키자.

```
In[15]: pca = PCA(0.50).fit(noisy)
        pca.n_components_
Out[15]: 12
```

여기서 분산의 50%는 12개의 주성분에 달한다. 이제 이 성분들을 계산한 다음, 변환의 역을 사용해 필터링된 숫자를 재구성해 보자(그림 5-90).

```
In[16]: components = pca.transform(noisy)
        filtered = pca.inverse_transform(components)
        plot_digits(filtered)
```

그림 5-90. PCA를 사용해 '노이즈가 제거된' 숫자

이처럼 PCA는 신호를 보존하고 노이즈를 걸러내는 특성이 있기 때문에 특징 선택 루틴으로 사용하기에 매우 유용하다. 예를 들어, 고차원 데이터에 분류기를 훈련시키는 것보다 저차원 표현에 분류기를 훈련시켜 입력 값에 포함된 임의의 노이즈를 자동으로 걸러내게 하는 것이 나을 수도 있다.

예제: 고유얼굴

앞에서 서포트 벡터 머신을 사용해 안면을 인식하기 위한 특징 선택기로 PCA 사영을 사용하는 예제를 살펴봤다(442쪽 '심화 학습: 서포트 벡터 머신' 참고). 이번에는 거기서 다룬 내용보다 좀 더 깊이 들어가 보자. 예제에는 Scikit-Learn에서 사용 가능한 와일드 데이터세트(Wild dataset)의 레이블을 가진 얼굴 데이터(Labeled Faces)를 사용했다.

```
In[17]: from sklearn.datasets import fetch_lfw_people
        faces = fetch_lfw_people(min_faces_per_person=60)
        print(faces.target_names)
        print(faces.images.shape)
['Ariel Sharon' 'Colin Powell' 'Donald Rumsfeld' 'George W Bush'
 'Gerhard Schroeder' 'Hugo Chavez' 'Junichiro Koizumi' 'Tony Blair']
(1348, 62, 47)
```

이 데이터세트를 생성하는 주축을 살펴보자. 이 데이터세트는 규모가 크기 때문에 PCA 추정기의 "random" 아이젠솔버를 사용할 것이다. 이것은 일반 PCA 추정기보다 훨씬 더 빠르게 처음 N개의 주성분을 근사하게 계산해내는 임의화된 메서드를 포함하고 있으며, 그 덕분에 고차원 데이터(이 경우, 거의 3,000차원)에 매우 유용하다. 그럼 첫 150개의 성분을 확인해 보자.

```
In[18]: pca = PCA(150, svd_solver='randomized', random_state=42)
        pca.fit(faces.data)

Out[18]: PCA(n_components=150, random_state=42, svd_solver='randomized')
```

이 예제에서는 처음 몇 개의 주성분과 관련된 이미지를 시각화해 보면 흥미로울 것이다(이 성분들을 전문 용어로 '고유벡터(eigenvectors)'라고 하며, 그래서 이러한 유형의 이미지를 '고유얼굴(eigenfaces)'이라고 종종 부른다). 그림 5-91에서 보듯이 이미지들이 그 이름만큼이나 오싹하다.

```
In[19]: fig, axes = plt.subplots(3, 8, figsize=(9, 4),
                                  subplot_kw={'xticks':[], 'yticks':[]},
                                  gridspec_kw=dict(hspace=0.1, wspace=0.1))
        for i, ax in enumerate(axes.flat):
            ax.imshow(pca.components_[i].reshape(62, 47), cmap='bone')
```

그림 5-91. LFW 데이터세트에서 학습된 고유얼굴

결과는 매우 흥미롭고 이미지가 어떻게 변화하는지에 대한 통찰력을 제공한다. 예를 들면, 처음 몇 개의 고유얼굴(왼쪽 상단)은 얼굴을 비추는 빛의 각도와 관련 있어 보이고, 그 이후의 주벡터는 눈, 코, 입 같은 특징을 잡아낸 것으로 보인다. 이 성분들의 누적 분산을 통해 이 사영이 얼마나 많은 데이터 정보를 보존하는지 확인해 보자(그림 5-92).

```
In[20]: plt.plot(np.cumsum(pca.explained_variance_ratio_))
        plt.xlabel('number of components')
        plt.ylabel('cumulative explained variance');
```

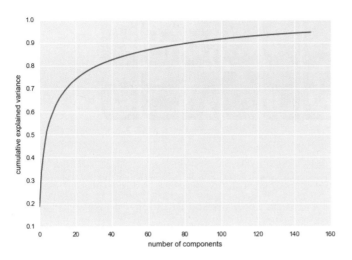

그림 5-92. LFW 데이터에 대한 누적 설명 분산

이 150개의 성분이면 분산의 90% 이상을 설명할 수 있음을 알 수 있다. 이로써 이 150개의 성분으로 데이터의 핵심적 특성은 대부분 복구할 수 있다고 믿을 수 있게 된다. 구체적으로 확인하려면 입력 이미지와 이 150개의 성분으로 재구성한 이미지를 비교해 보면 된다(그림 5-93).

```
In[21]: # 성분과 사영된 얼굴 계산
        pca = pca.fit(faces.data)
        components = pca.transform(faces.data)
        projected = pca.inverse_transform(components)

In[22]: # 결과 플로팅
        fig, ax = plt.subplots(2, 10, figsize=(10, 2.5),
                               subplot_kw={'xticks':[], 'yticks':[]},
                               gridspec_kw=dict(hspace=0.1, wspace=0.1))
        for i in range(10):
            ax[0, i].imshow(faces.data[i].reshape(62, 47), cmap='binary_r')
            ax[1, i].imshow(projected[i].reshape(62, 47), cmap='binary_r')

        ax[0, 0].set_ylabel('full-dim\ninput')
        ax[1, 0].set_ylabel('150-dim\nreconstruction');
```

그림 5-93. LFW 데이터의 150차원 PCA 재구성

이 그림의 위 줄은 입력 이미지를 보여주고 아래 줄은 약 3,000개의 초기 특징 중 150개만으로 재구성한 이미지를 보여준다. 이 시각화를 통해 442쪽 '심화 학습: 서포트 벡터 머신'에서 사용했던 PCA 특징 추출이 성공한 이유가 분명해졌다. PCA 특징 추출이 데이터 차원을 거의 1/20로 줄였음에도 사영된 이미지는 해당 이미지의 개인을 눈으로 인식할 수 있을 만큼 충분한 정보를 포함하고 있기 때문이다. 이는 분류 알고리즘이 3,000차원의 데이터보다 150차원의 데이터로 훈련돼야 하며 어떤 알고리즘을 선택하느냐에 따라 훨씬 더 효율적인 분류가 가능하다는 것을 의미한다.

정리

이번 절에서는 차원 축소, 고차원 데이터의 시각화, 노이즈 필터링, 고차원 데이터 내에서 특징 추출 용도로 주성분 분석을 사용하는 것에 대해 논의했다. PCA는 다재다능하고 해석이 가능해서 다양한 상황과 분야에서 효과적이라는 사실도 확인했다. 개인적으로 고차원 데이터세트가 주어지면 점들 간의 관계를 시각화하고(숫자 데이터로 했던 것처럼) 데이터의 주분산을 이해하고(고유얼굴에서 했듯이) 직관적 차원을 이해하기 위해(설명 분산 비율을 플로팅함으로써) PCA를 적용하는 것으로 시작하는 편이다. PCA가 모든 고차원 데이터세트에 유용하지 않은 것은 확실하지만 고차원 데이터에 대한 통찰력을 얻을 수 있는 간단하고 효율적인 방식을 제공한다.

PCA의 주요 약점은 데이터의 이상치에 심하게 영향을 받는 경향이 있다는 것이다. 이러한 이유로 좀 더 견고하게 만든 다양한 PCA 변형이 개발됐고, 대부분은 초기 성분이 잘 설명하지 못하는 데이터 점을 반복적으로 제거하는 방식으로 동작한다. Scikit-Learn은 `sklearn.decomposition` 서브모듈에 PCA에 대한 여러 가지 흥미로운 변형을 포함하고 있는데, 그 하나의 예로 SparsePCA는 성분의 희소성을 강화하기 위해 정규화 조건(425쪽 '심화 학습: 선형 회귀' 참고)을 도입한다.

이어서 PCA의 개념을 바탕으로 구축한 다른 비지도 학습 방법을 살펴보겠다.

심화 학습: 다양체 학습

앞에서 데이터세트의 특징 수를 줄이면서도 점들 사이의 핵심적인 관계는 유지하는 차원 축소에 PCA가 어떻게 사용될 수 있는지 봤다. PCA가 유연하고 빠르며 쉽게 해석 가능하지만, 데이터 내에 비선형적인 관계가 있을 때는 그렇게 잘 동작하지 않는다. 이에 대한 몇 가지 예제를 살펴보겠다.

이 결점을 해결하기 위해 고차원 공간에 내장된 저차원 다양체로 데이터세트를 설명하고자 하는 비지도 추정방식인 **다양체 학습**(manifold learning)이라는 방식을 고려할 수 있다. 다양체를 생각할 때는 한 장의 종이를 상상해 보면 좋다. 종이는 익숙한 3차원 세계에 존재하면서도 2차원으로 접거나 구부릴 수 있는 2차원 객체다. 다양체 학습의 용어로 표현하자면 이 종이를 3차원 공간에 내장된 2차원 다양체로 생각할 수 있다.

3차원 공간에서 종잇조각을 회전하거나 방향을 바꾸거나 편다고 해서 종이의 평평한 기하학적 구조가 바뀌지는 않는다. 그러한 동작은 선형 임베딩과 비슷하다. 종이를 접거나 꼬거나 구기면 여전히 2차원 다양체지만, 3차원 공간에 끼워 넣으면 더 이상 선형이 아니다. 다양체 학습 알고리즘은 종이를 3차원 공간을 채우도록 뒤틀어 놓았더라도 종이가 가진 기본적인 2차원 속성에 대해 학습하려고 한다.

여기서는 여러 가지 다양체 학습 방식을 보여주고 그중 다차원 척도법(MDS, multidimensional scaling), 국부 선형 임베딩(LLE, locally linear embedding), 등거리 사상(Isomap, isometric mapping)에 대해 깊이 있게 다룰 것이다. 늘 그렇듯 표준 임포트로 시작하자.

```
In[1]: %matplotlib inline
       import matplotlib.pyplot as plt
       import seaborn as sns; sns.set()
       import numpy as np
```

다양체 학습: 'HELLO'

이 개념을 더 분명하게 이해하기 위해 먼저 다양체를 정의하는 데 사용할 수 있는 2차원 데이터를 생성하자. 다음은 단어 'HELLO'라는 모양의 데이터를 생성하는 함수다.

```
In[2]:
def make_hello(N=1000, rseed=42):
    # "HELLO" 텍스트로 플로팅해서 PNG 파일로 저장
    fig, ax = plt.subplots(figsize=(4, 1))
    fig.subplots_adjust(left=0, right=1, bottom=0, top=1)
```

```
    ax.axis('off')
    ax.text(0.5, 0.4, 'HELLO', va='center', ha='center', weight='bold', size=85)
    fig.savefig('hello.png')
    plt.close(fig)

    # 이 PNG 파일을 열어 임의의 점을 추출
    from matplotlib.image import imread
    data = imread('hello.png')[::-1, :, 0].T
    rng = np.random.RandomState(rseed)
    X = rng.rand(4 * N, 2)
    i, j = (X * data.shape).astype(int).T
    mask = (data[i, j] < 1) X = X[mask]
    X[:, 0] *= (data.shape[0] / data.shape[1])
    X = X[:N]
    return X[np.argsort(X[:, 0])]
```

함수를 호출하고 결과 데이터를 시각화해 보자(그림 5-94).

```
In[3]: X = make_hello(1000)
       colorize = dict(c=X[:, 0], cmap=plt.cm.get_cmap('rainbow', 5))
       plt.scatter(X[:, 0], X[:, 1], **colorize)
       plt.axis('equal');
```

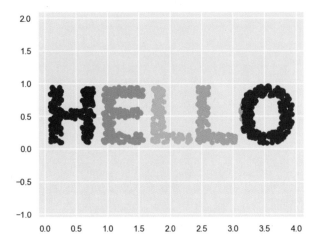

그림 5-94. 다양체 학습에 사용할 데이터

결과는 2차원이며 'HELLO'라는 단어의 모양에서 추출된 점으로 구성된다. 이 데이터 형태는 이 알고리
즘이 하는 일을 시각적으로 확인하는 데 도움이 된다.

다차원 척도법(MDS, Multidimensional Sacling)

이런 데이터를 보면 데이터세트에서 특정 x와 y 값을 선택하는 것이 데이터를 설명하는 데 가장 핵심적인 사항이 아님을 알 수 있다. 데이터의 척도를 바꾸고 줄이고 회전하더라도 여전히 'HELLO'라는 것을 알 수 있다. 가령 회전 행렬(rotation matrix)을 사용해 데이터를 회전하면 x와 y 값이 바뀌지만 그 데이터는 기본적으로 여전히 같다(그림 5-95).

```
In[4]: def rotate(X, angle):
           theta = np.deg2rad(angle)
           R = [[np.cos(theta), np.sin(theta)],
                [-np.sin(theta), np.cos(theta)]]
           return np.dot(X, R)
       X2 = rotate(X, 20) + 5
       plt.scatter(X2[:, 0], X2[:, 1], **colorize)
       plt.axis('equal');
```

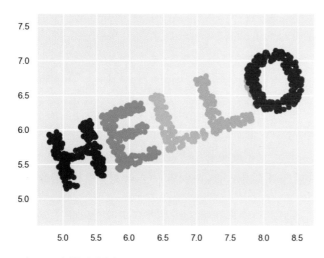

그림 5-95. 회전한 데이터세트

이것으로 x와 y 값이 데이터의 관계에 있어 근본적인 것은 아니라는 사실을 알 수 있다. 이 경우에 근본적인 것은 데이터세트의 점과 점 사이의 거리다. 이를 표현하는 보편적인 방식은 거리 행렬(distance matrix)을 사용하는 것이다. N개의 점에 대해 NxN 행렬을 구성해 (i, j) 항목에 점 i와 점 j 사이의 거리를 포함시킨다. 이 작업을 하기 위해 원본 데이터에 Scikit-Learn의 효율적인 `pairwise_distances` 함수를 사용하자.

```
In[5]: from sklearn.metrics import pairwise_distances
       D = pairwise_distances(X)
       D.shape
Out[5]: (1000, 1000)
```

약속대로 그림 5-96과 같이 N=1,000 개의 점에 대해 1,000x1,000 행렬을 얻게 된다.

```
In[6]: plt.imshow(D, zorder=2, cmap='Blues', interpolation='nearest')
       plt.colorbar();
```

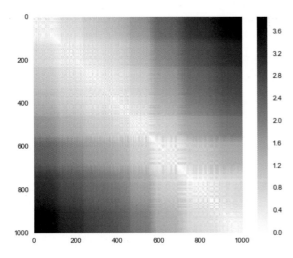

그림 5-96. 점 사이의 쌍별 거리를 시각화

이와 비슷하게 회전하고 이동한 데이터에 대한 거리 행렬을 구성해 보면 두 거리 행렬이 동일함을 확인할 수 있다.

```
In[7]: D2 = pairwise_distances(X2)
       np.allclose(D, D2)
Out[7]: True
```

이 거리 행렬로 회전과 이동에 변하지 않는 데이터를 표현할 수는 있지만 행렬의 모습이 전혀 직관적이지 않다. 그림 5-96에서는 앞에서 본 'HELLO' 형태의 데이터가 가지고 있는 흥미로운 구조의 시각적 신호를 찾아볼 수가 없다.

게다가 (x, y) 좌표에서 이 거리 행렬을 계산하는 것은 간단하지만, 거리로부터 x와 y 좌표를 다시 변환하는 것은 상당히 어렵다. 이것이 바로 다차원 척도법 알고리즘이 하려는 일이다. 이 알고리즘은 점 사이의 거리 행렬이 주어지면 데이터의 D-차원 좌표 표현을 복구한다. precomputed 비유사성을 사용해 거리 행렬을 전달하는 것으로 지정해 이 알고리즘이 거리 행렬에 대해 어떻게 동작하는지 보자(그림 5-97).

```
In[8]: from sklearn.manifold import MDS
       model = MDS(n_components=2, dissimilarity='precomputed', random_state=1)
       out = model.fit_transform(D)
       plt.scatter(out[:, 0], out[:, 1], **colorize)
       plt.axis('equal');
```

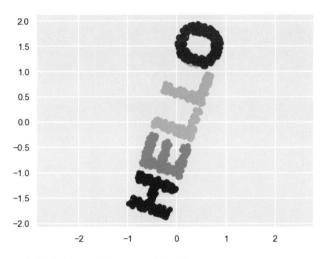

그림 5-97. 쌍별 거리로부터 계산된 MDS 임베딩

MDS 알고리즘은 데이터 점 사이의 관계를 설명하는 N×N 거리 행렬만을 사용해 사용 가능한 2차원 좌표 표현 중 하나를 복구한다.

다양체 학습으로서의 MDS

거리 행렬이 모든 차원의 데이터로부터 계산될 수 있다는 사실을 고려하면 MDS의 유용성이 더욱 분명해진다. 따라서 예를 들어 데이터를 2차원 평면에서 단순히 회전하는 대신 다음 함수(근본적으로 앞에서 사용된 회전 행렬의 3차원 일반화)를 사용해 3차원에 사영할 수 있다.

```
In[9]: def random_projection(X, dimension=3, rseed=42):
           assert dimension >= X.shape[1]
           rng = np.random.RandomState(rseed)
           C = rng.randn(dimension, dimension)
           e, V = np.linalg.eigh(np.dot(C, C.T))
           return np.dot(X, V[:X.shape[1]])
       X3 = random_projection(X, 3)
       X3.shape
Out[9]: (1000, 3)
```

작업 내용 확인을 위해 이 점들을 시각화해 보자(그림 5-98).

```
In[10]: from mpl_toolkits import mplot3d
        ax = plt.axes(projection='3d')
        ax.scatter3D(X3[:, 0], X3[:, 1], X3[:, 2], **colorize)
```

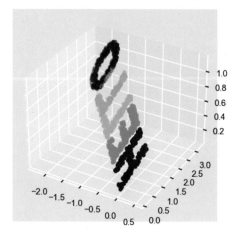

그림 5-98. 3차원에 선형적으로 임베딩한 데이터

이제 MDS 추정기에 이 3차원 데이터를 입력하고 거리 행렬을 계산한 다음, 이 거리 행렬에 대한 최적의 2차원 임베딩을 결정하도록 요청한다. 결과는 원본 데이터의 표현을 복구한다(그림 5-99).

```
In[11]: model = MDS(n_components=2, random_state=1)
        out3 = model.fit_transform(X3)
        plt.scatter(out3[:, 0], out3[:, 1], **colorize)
        plt.axis('equal');
```

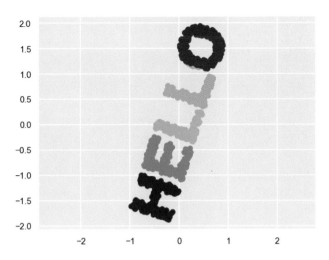

그림 5-99. 3차원 데이터의 MDS 임베딩은 회전과 반사에까지 입력을 복구한다.

이것이 근본적으로 다양체 학습 추정기의 목표다. 즉, 고차원의 임베딩된 데이터가 주어졌을 때 다양체 학습이 데이터 내의 특정 관계를 보존하는 데이터의 저차원 표현을 찾는 것이다. MDS의 경우, 보존된 양은 각 쌍의 점 사이의 거리다.

비선형 임베딩: MDS가 실패한 경우

지금까지 근본적으로 고차원 공간으로의 데이터 회전, 이동, 척도화로 구성된 선형 임베딩을 알아봤다. MDS가 실패하는 경우는 임베딩이 비선형일 때다. 즉, 임베딩이 이 간단한 연산을 넘어서는 경우다. 입력값을 취해 그것을 3차원의 'S' 모양에 뒤틀어 넣는 다음과 같은 임베딩을 생각해 보자.

```
In[12]: def make_hello_s_curve(X):
            t = (X[:,0] - 2) * 0.75 * np.pi
            x = np.sin(t)
            y = X[:,1]
            z = np.sign(t) * (np.cos(t) - 1)
            return np.vstack((x, y, z)).T

        XS = make_hello_s_curve(X)
```

이것도 3차원 데이터지만 임베딩이 훨씬 더 복잡하다는 것을 확인할 수 있다(그림 5-100).

```
In[13]: from mpl_toolkits import mplot3d
        ax = plt.axes(projection='3d')
        ax.scatter3D(XS[:, 0], XS[:, 1], XS[:, 2], **colorize);
```

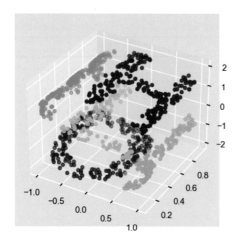

그림 5-100. 3차원에 비선형적으로 임베딩된 데이터

데이터 점들 사이의 근본적인 관계는 여전히 존재하지만 이번에는 데이터가 비선형적인 방식으로 변환됐다. 데이터가 'S'자 모양으로 겹쳐졌다.

이 데이터에 간단한 MDS 알고리즘을 적용하면 이 비선형 임베딩을 '풀' 수 없고 임베딩된 다양체의 근본적인 관계를 추적할 수 없게 된다(그림 5-101).

```
In[14]: from sklearn.manifold import MDS
        model = MDS(n_components=2, random_state=2)
        outS = model.fit_transform(XS)
        plt.scatter(outS[:, 0], outS[:, 1], **colorize)
        plt.axis('equal');
```

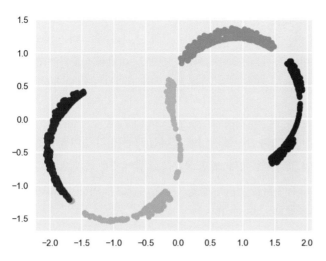

그림 5-101. 비선형 데이터에 적용된 MDS 알고리즘. 이 알고리즘은 기본 구조를 복구할 수 없다.

최적의 2차원 선형 임베딩은 S자 곡선을 풀어내는 게 아니라 오히려 원본의 y축을 혼란스럽게 만든다.

비선형 다양체 학습: 국소 선형 임베딩

어떻게 하면 이 문제를 해결할 수 있을까? 한 걸음 물러나 보면 문제의 원인이 MDS가 임베딩을 구성할 때 멀리 떨어진 점들 사이의 거리를 보존하려고 하는 데 있다는 것을 알 수 있다. 그렇다면 가까이 있는 점들 사이의 거리만 보존하도록 알고리즘을 수정하면 어떻게 될까? 그 결과로 얻은 임베딩이 원하는 바에 더 가까울 것이다.

시각적으로 그 결과는 그림 5-102와 같을 것이다.

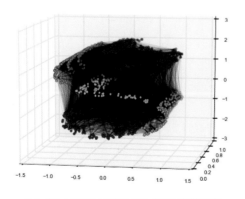
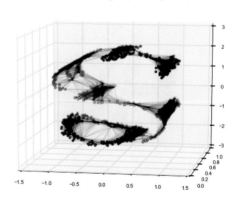

그림 5-102. MDS와 LLE 내의 점들 사이의 연결을 표현

그림에서 각 희미한 선은 임베딩에서 보존돼야 할 거리를 나타낸다. 왼쪽 그림은 MDS가 사용한 모델을 나타낸 것으로, 데이터세트에 있는 각 쌍의 점 사이의 거리를 보존하려고 한다. 오른쪽 그림은 국소 선형 임베딩(LLE)이라는 다양체 학습 알고리즘이 사용하는 모델을 나타낸 것으로, 여기서는 모든 거리를 보존하는 대신 이웃하고 있는 점들 사이의 거리만 보존한다. 이 예제에서는 각 점에서 가장 가까운 100개의 이웃 간의 거리만 보존한다.

왼쪽 그림을 보면 MDS가 왜 실패했는지 알 수 있다. 두 점 사이에 그려진 모든 선의 길이를 적절히 보존하면서 이 데이터를 단조롭게 만들 방법이 없기 때문이다. 반면 오른쪽 그림의 경우 좀 더 낙관적이다. 선의 길이를 거의 똑같이 유지하는 방식으로 데이터를 펼치는 것을 상상할 수 있다. 이것이 바로 LLE가 이 로직을 반영한 비용 함수의 전체 최적화를 통해 하는 일이다.

LLE에는 여러 종류가 있다. 여기서는 수정 LLE(modified LLE) 알고리즘을 사용해 임베딩된 2차원 다양체를 복구할 것이다. 일반적으로 수정 LLE는 매우 적은 왜곡으로 잘 정의된 다양체를 복구하는 데 있어 다른 종류의 알고리즘보다 뛰어나다(그림 5-103).

```
In[15]:
from sklearn.manifold import LocallyLinearEmbedding
model = LocallyLinearEmbedding(n_neighbors=100, n_components=2,
                               method='modified', eigen_solver='dense')

out = model.fit_transform(XS)

fig, ax = plt.subplots()
ax.scatter(out[:, 0], out[:, 1], **colorize)
ax.set_ylim(0.15, -0.15);
```

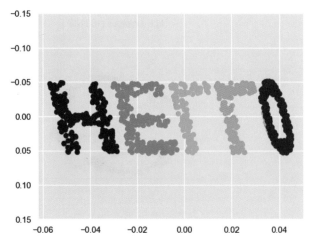

그림 5-103. 국소 선형 임베딩은 비선형적으로 임베딩된 입력으로부터 기본 데이터를 복구할 수 있다.

결과가 원본 다양체와 비교하면 다소 뒤틀려 있지만 데이터의 근본적인 관계는 정확히 포착했다.

다양체 방식에 대한 몇 가지 생각

이 이야기와 동기는 상당히 매력적이지만 실제로 다양체 학습 기법은 까다로워서 고차원 데이터를 단순히 정성적으로 시각화하는 작업 외에는 거의 사용되지 않는다.

다음은 PCA와 비교했을 때 다양체 학습이 가진 취약점 몇 가지를 정리한 것이다.

- 다양체 학습에는 누락된 데이터를 처리하는 좋은 프레임워크가 없다. 반면, PCA에는 누락된 데이터에 대한 간단하고 반복적인 접근 방식이 있다.

- 다양체 학습에서는 데이터에 노이즈가 존재하면 다양체를 '단락(short-circuit)'시켜서 임베딩이 대폭 변경될 수 있다. 반면, PCA는 자연적으로 가장 중요한 성분으로부터 노이즈를 걸러낸다.

- 다양체 임베딩 결과는 일반적으로 이웃의 수를 얼마로 선택하느냐에 따라 크게 달라지며 보통 적절한 이웃의 수를 선택하기 위한 믿을 만한 정량적 방법이 없다. 반면, PCA는 그러한 선택이 필요 없다.

- 다양체 학습에서는 전역적으로 결과 차원의 최적의 개수를 정하기가 어렵다. 반면, PCA는 설명 분산을 기반으로 결과 차원을 구할 수 있다.

- 다양체 학습에서는 임베딩된 차원이 의미하는 바가 항상 분명하지는 않다. PCA에서는 주성분이 매우 분명한 의미를 가진다.

- 다양체 학습에서 다양체 기법의 계산 비용은 $O[N^2]$나 $O[N^3]$에 달한다. PCA의 경우 일반적으로 훨씬 더 빠른 임의화된 방식이 존재한다(다양체 학습의 좀 더 확장성 있는 구현물에 대한 정보는 megaman 패키지를 참고한다).

이 모든 사실에도 불구하고 다양체 학습 기법이 PCA보다 우위에 있는 유일한 장점은 데이터의 비선형 관계를 보존할 수 있다는 것이다. 이 때문에 개인적으로는 먼저 PCA로 데이터를 확인한 다음에만 다양체 기법으로 데이터를 탐색하는 편이다.

Scikit-Learn은 등거리 사상(Isomap)과 LLE 외에도 몇 가지 일반적인 다양체 학습의 변형을 구현한다. Scikit-Learn 문서에서 이에 대한 자세한 설명과 비교 내용을 확인할 수 있다. 개인적 경험을 바탕으로 추천할 만한 내용은 다음과 같다.

- 앞에서 본 S자 곡선과 같은 간단한 문제의 경우에는 국소 선형 임베딩(LLE)과 그 변형(특히 수정 LLE)이 매우 잘 동작한다. 이것은 sklearn.manifold.LocallyLinearEmbedding에 구현돼 있다.

- 현실 세계 소스에서 얻은 고차원 데이터의 경우, LLE는 부실한 결과를 만들어내는 경우가 종종 있으며 Isomap이 일반적으로 좀 더 의미 있는 임베딩을 만들어내는 것으로 보인다. 이 기법은 sklearn.manifold.Isomap에 구현돼 있다.

- 고도로 군집된 데이터의 경우 t-분포 확률 이웃 임베딩(t-SNE, t-distributed stochastic neighbor embedding)이 매우 잘 동작하는 듯 보이지만, 다른 기법에 비해 매우 느릴 수 있다. 이 기법은 sklearn.manifold.TSNE에 구현돼 있다.

이 기법들이 어떻게 동작하는지 감을 잡고 싶다면 이번 절에서 사용한 데이터에 각 기법을 실행해 볼 것을 권한다.

예제: 얼굴 데이터에 아이소맵 적용

다양체 학습이 자주 사용되는 곳은 고차원 데이터 점들 사이의 관계를 이해하고자 하는 경우다. 고차원 데이터는 일반적으로 이미지인 경우가 많다. 예를 들어, 각각 1,000개의 픽셀로 이뤄진 이미지 모음은 1,000개의 차원에 있는 점들의 집합으로 생각할 수 있다. 각 이미지에서 각 픽셀의 밝기는 그 차원의 좌표를 정의한다.

여기서 일부 얼굴 데이터에 Isomap을 적용해 보자. 예제에는 442쪽 '심화 학습: 서포트 벡터 머신'과 471쪽 '심화 학습: 주성분 분석'에서 이미 본 와일드 데이터세트의 레이블이 있는 얼굴 데이터를 사용할 것이다. 이 명령어를 실행하면 데이터를 다운로드해서 나중에 사용할 수 있도록 홈 디렉터리에 캐시로 저장해둘 것이다.

```
In[16]: from sklearn.datasets import fetch_lfw_people
        faces = fetch_lfw_people(min_faces_per_person=30)
        faces.data.shape
Out[16]: (2370, 2914)
```

2,370개의 이미지가 있고 각 이미지는 2,914픽셀로 구성돼 있다. 즉, 이미지를 2,914차원 공간의 데이터 점으로 생각할 수 있다!

어떤 데이터를 다루는지 확인하기 위해 잠시 이 이미지 중 일부를 시각화해 보자(그림 5-104).

```
In[17]: fig, ax = plt.subplots(4, 8, subplot_kw=dict(xticks=[], yticks=[]))
        for i, axi in enumerate(ax.flat):
            axi.imshow(faces.images[i], cmap='gray')
```

그림 5-104. 입력값인 얼굴 데이터의 예

이미지 간의 기본적인 관계를 학습하기 위해 2,914차원 데이터의 저차원 임베딩을 플로팅해 보자. 먼저 PCA를 계산하고 설명 분산 비율을 확인해서 데이터를 설명하기 위해 얼마나 많은 선형 특징이 필요한 지 알아보는 것으로 시작하는 것이 좋다(그림 5-105).

```
In[18]: from sklearn.decomposition import PCA
        model = PCA(100, svd_solver='randomized').fit(faces.data)
        plt.plot(np.cumsum(model.explained_variance_ratio_))
        plt.xlabel('n components')
        plt.ylabel('cumulative variance');
```

이 데이터의 경우 분산의 90%를 보존하기 위해서는 거의 100개의 성분이 필요하다는 것을 알 수 있다. 이는 데이터가 본질적으로 매우 높은 차원을 가지므로 단지 몇 개의 성분만 가지고는 선형적으로 설명될 수 없음을 의미한다.

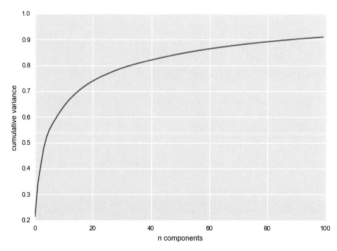

그림 5-105. PCA 사영으로 얻는 누적 분산

이러한 경우에는 LLE와 Isomap 같은 비선형 다양체 임베딩이 도움이 될 수 있다. 이전에 본 것과 동일한 패턴을 사용해 이 얼굴들에 대한 Isomap 임베딩을 계산할 수 있다.

```
In[19]: from sklearn.manifold import Isomap
        model = Isomap(n_components=2)
        proj = model.fit_transform(faces.data)
        proj.shape
Out[19]: (2370, 2)
```

결과는 모든 입력 이미지의 2차원 사영 형태로 나온다. 이 사영이 무엇을 의미하는지 더 잘 이해할 수 있게 사영의 위치에 이미지 섬네일을 출력하는 함수를 정의해 보자.

```
In[20]: from matplotlib import offsetbox

        def plot_components(data, model, images=None, ax=None, thumb_frac=0.05, cmap='gray'):
        ax = ax or plt.gca()

        proj = model.fit_transform(data)
        ax.plot(proj[:, 0], proj[:, 1], '.k')

        if images is not None:
            min_dist_2 = (thumb_frac * max(proj.max(0) - proj.min(0))) ** 2
            shown_images = np.array([2 * proj.max(0)])
            for i in range(data.shape[0]):
                dist = np.sum((proj[i] - shown_images) ** 2, 1)
                if np.min(dist) < min_dist_2:
                    # 너무 가까운 점들은 보여주지 말 것
                    continue
                shown_images = np.vstack([shown_images, proj[i]])
                imagebox = offsetbox.AnnotationBbox(
                    offsetbox.OffsetImage(images[i], cmap=cmap), proj[i])
                ax.add_artist(imagebox)
```

이제 이 함수를 호출하면 그림 5-106 같은 결과를 보게 될 것이다.

```
In[21]: fig, ax = plt.subplots(figsize=(10, 10))
        plot_components(faces.data,model=Isomap(n_components=2),
                        images=faces.images[:, ::2, ::2])
```

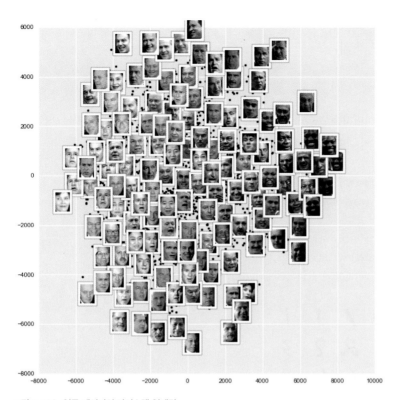

그림 5-106. 얼굴 데이터의 아이소맵 임베딩

결과가 흥미롭다. 처음 두 개의 Isomap 차원은 전체 이미지 그림을 설명하는 듯 보인다. 이미지의 전반적인 명암은 왼쪽에서 오른쪽으로 갈수록 어두워지고 얼굴의 일반적인 방향은 아래에서 위로 가면서 바뀐다. 이는 데이터의 기본 특징 중 일부를 시각적으로 잘 보여준다.

이제 442쪽 '심화 학습: 서포트 벡터 머신'에서 했던 것처럼 분류 알고리즘의 입력값으로 다양체 특징을 사용해 이 데이터를 분류할 수 있다.

예제: 숫자 데이터의 구조 시각화

시각화에서 다양체 학습을 사용하는 또 다른 예로 MNIST 손글씨 숫자 집합을 살펴보자. 이 데이터는 458쪽 '심화 학습: 의사결정 트리와 랜덤 포레스트'에서 본 숫자와 유사하지만 이미지당 픽셀 수가 훨씬 더 많다. 이 데이터는 Scikit-Learn 유틸리티를 사용해 http://mldata.org/에서 다운로드할 수 있다.

```
In[22]: from sklearn.datasets import fetch_openml
        mnist = fetch_openml('mnist_784')
        mnist.data.shape
Out[22]: (70000, 784)
```

이 데이터세트는 70,000개의 이미지를 포함하고 있으며 각 이미지는 784픽셀(즉, 이미지는 28x28이다)로 구성돼 있다. 앞에서처럼 처음 몇 개의 이미지만 살펴보자(그림 5-107).

```
In[23]: mnist_data = np.asarray(mnist.data)
        mnist_target = np.asarray(mnist.target, dtype=int)

        fig, ax = plt.subplots(6, 8, subplot_kw=dict(xticks=[], yticks=[]))
        for i, axi in enumerate(ax.flat):
            axi.imshow(mnist_data[1250 * i].reshape(28, 28), cmap='gray_r')
```

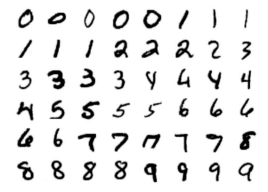

그림 5-107. MNIST 숫자의 예

이것은 데이터세트에 포함된 손글씨 스타일의 다양성을 보여준다.

이 데이터에 대해 그림 5-108의 그림과 같은 다양체 학습 사영을 계산하자. 빠른 계산을 위해 여기서는 약 2,000개의 점에 해당하는 데이터의 1/30만 사용할 것이다(다양체 학습은 비교적 확장성이 약하기 때문에 전체 계산을 하기 전에 상대적으로 빨리 탐색하기 위해 2~3천 개의 표본에 먼저 적용해 보는 것이 좋다).

```
In[24]:
# 데이터의 1/30만 사용. 전체 데이터세트를 계산하려면 시간이 오래 걸림!
data = mnist_data[::30]
target = mnist_target[::30]
```

```
model = Isomap(n_components=2)
proj = model.fit_transform(data)
plt.scatter(proj[:, 0], proj[:, 1], c=target, cmap=plt.cm.get_cmap('jet', 10))
plt.colorbar(ticks=range(10))
plt.clim(-0.5, 9.5);
```

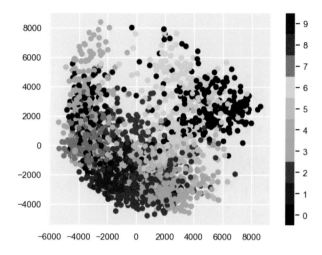

그림 5-108. MNIST 숫자 데이터의 Isomap 임베딩

결과 산포도가 데이터 점들 사이의 관계를 보여주기는 하지만 다소 붐빈다. 한 번에 하나의 숫자만 살펴 보면 더 많은 통찰력을 얻을 수 있다(그림 5-109).

```
In[25]: # 사영할 숫자 '1'의 1/4을 선택
        data = mnist_data[mnist_target == 1][::4]

        fig, ax = plt.subplots(figsize=(10, 10))
        model = Isomap(n_neighbors=5, n_components=2, eigen_solver='dense')
        plot_components(data, model, images=data.reshape((-1, 28, 28)),
                        ax=ax, thumb_frac=0.05, cmap='gray_r')
```

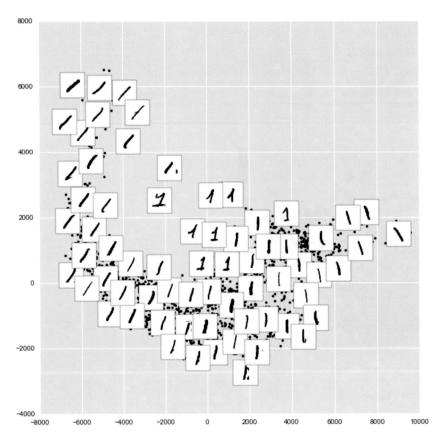

그림 5-109. 숫자 데이터 내의 1에 한정한 아이소맵 임베딩

이 결과는 숫자 '1'이 데이터세트 내에서 취할 수 있는 형태의 다양성을 보여준다. 데이터가 사영된 공간의 광범위한 곡선을 따라 놓여 있는데, 마치 숫자의 방향을 추적하는 것처럼 보인다. 플롯의 위쪽으로 가면 데이터세트에서 매우 드물지만 1에 모자나 밑줄을 사용한 것을 볼 수 있다. 이 사영으로 데이터 이슈가 있는 이상점(즉, 추출된 이미지에 살짝 겹치게 이웃한 숫자)을 식별할 수 있다.

이렇게 하면 이 기법이 그 자체로는 숫자를 분류하는 작업에 유용하지 않을 수 있어도 데이터를 이해하는 데는 도움이 되며 앞으로 어떻게 진행할 것인지(예를 들어, 분류 파이프라인을 구축하기 전에 데이터를 어떻게 선처리하는 것이 좋은지)에 대한 아이디어를 제공한다.

심화 학습: k-평균 군집화

앞에서 비지도 머신러닝 모델 중 차원 축소에 대해 살펴봤다. 여기서는 또 다른 비지도 학습 모델인 군집화 알고리즘에 대해 알아본다. 군집화 알고리즘은 데이터의 성질로부터 최적의 분할 또는 점 그룹의 개별 레이블을 학습하려고 한다.

Scikit-Learn에는 다양한 군집화 알고리즘이 있지만 가장 이해하기 쉬운 것은 k-평균 군집화로 알려진 알고리즘으로, `sklearn.cluster.KMeans`에 구현돼 있다. 표준 임포트부터 하자.

```
In[1]: %matplotlib inline
       import matplotlib.pyplot as plt
       import seaborn as sns; sns.set() # 플롯 스타일 지정을 위해
       import numpy as np
```

k-평균 소개

k-평균 알고리즘은 레이블이 없는 다차원 데이터세트 내에 사전 정의된 군집의 개수를 찾아낸다. 이때 최적의 군집화는 다음과 같다는 단순한 개념을 사용한다.

- '군집 중앙'은 해당 군집에 속하는 모든 점의 산술 평균이다.
- 각 점은 다른 군집의 중앙보다 자신이 속한 군집의 중앙에 더 가깝다.

이 두 가지 가정이 k-평균 모델의 기반을 이룬다. 곧이어 정확히 어떻게 알고리즘이 이 해결책에 도달하는지 자세히 알아보겠지만 지금은 간단한 데이터세트로 k-평균 결과를 확인하자.

우선 뚜렷이 구분되는 4개의 영역을 포함하는 2차원 데이터세트를 생성하자. 이것이 비지도 알고리즘이라는 사실을 강조하기 위해 시각화에 레이블은 제외할 것이다(그림 5-110).

```
In[2]: from sklearn.datasets.samples_generator import make_blobs
       X, y_true = make_blobs(n_samples=300, centers=4,
                              cluster_std=0.60, random_state=0)
       plt.scatter(X[:, 0], X[:, 1], s=50);
```

육안으로 봐도 4개의 군집을 골라내기가 비교적 쉽다. k-평균 알고리즘은 이 작업을 자동으로 수행하며 Scikit-Learn에서는 전형적인 Estimator API를 사용한다.

```
In[3]: from sklearn.cluster import KMeans
       kmeans = KMeans(n_clusters=4)
       kmeans.fit(X)
       y_kmeans = kmeans.predict(X)
```

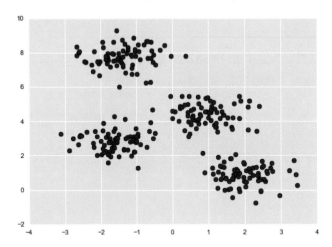

그림 5-110. 군집화를 보여주기 위한 데이터

결과를 시각화하기 위해 레이블별로 색깔을 달리해서 데이터를 플로팅하자. 또한 k-평균 추정기가 정한 군집 중앙도 플로팅할 것이다(그림 5-111).

```
In[4]: plt.scatter(X[:, 0], X[:, 1], c=y_kmeans, s=50, cmap='viridis')

       centers = kmeans.cluster_centers_
       plt.scatter(centers[:, 0], centers[:, 1], c='black', s=200, alpha=0.5);
```

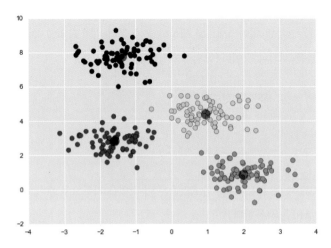

그림 5-111. 색상별로 나타낸 군집에 표시한 k-평균 군집 중심

반가운 소식은 k-평균 알고리즘(최소한 이 간단한 경우에는)은 눈으로 하는 것과 매우 유사한 방법으로 점들을 군집에 할당한다는 것이다. 그래도 이 알고리즘이 어떻게 그렇게 빨리 이 군집들을 찾아내는지 궁금할 것이다! 요컨대 군집 할당의 가능한 조합의 수는 데이터 점 개수에 지수적이다. 그래서 전체 검색 은 비용이 아주 많이 든다. 다행히도 그러한 전체 검색이 필수적인 것은 아니다. k-평균에 접근하는 일 반적인 방식은 대신에 **기댓값-최대화**(expectation-maximization)라는 직관적 반복법을 사용하는 는 것이다.

기댓값-최대화

기댓값-최대화(E-M)는 데이터 과학에서 다양한 상황에 사용되는 강력한 알고리즘이다. k-평균은 특히 알고리즘을 적용하기가 간단하고 이해하기 쉬우므로 여기서 간단히 그 과정을 검토해 보겠다. 간략히, 기댓값-최대화 방식은 다음 단계로 구성된다.

1. 일부 군집 중심을 추측한다.

2. 수렴될 때까지 다음을 반복한다.

   ▪ E-단계: 점을 가장 가까운 군집 중심에 할당한다.

   ▪ M-단계: 군집 중심을 평균값에 설정한다.

여기서 'E-단계' 또는 '기댓값 단계'는 각 점이 어느 군집에 속하는지에 대한 기대를 갱신하기 때문에 이렇게 이름이 지어졌다. 'M-단계' 또는 '최대화 단계'는 이 단계가 군집 중심의 위치를 정의하는 적합도 함수(fitness function)를 최대화하는 데서 이름을 따왔다. 이 경우 최대화는 각 군집에 속한 데이터의 단순 평균을 취해 수행된다.

이 알고리즘에 대한 문헌은 광범위하지만 다음과 같이 요약할 수 있다. 전형적인 상황에서 E-단계와 M-단계를 반복할 때마다 군집의 속성을 더 잘 추정할 수 있다.

알고리즘을 시각화하면 그림 5-112와 같다.

여기서 보여준 특정 초기화의 경우, 군집이 단 세 번의 반복으로 수렴한다. 이 그림을 대화식으로 확인하기 위한 코드는 온라인 부록을 참고하기 바란다.

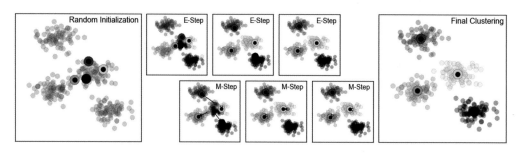

그림 5-112. k-평균에 대한 E-M 알고리즘 시각화

k-평균 알고리즘은 몇 줄 안 되는 코드로 작성할 수 있을 만큼 간단하다. 다음 코드로 아주 기본적인 구현이 가능하다(그림 5-113).

```
In[5]: from sklearn.metrics import pairwise_distances_argmin

       def find_clusters(X, n_clusters, rseed=2):
           # 1. 임의로 군집 선택
           rng = np.random.RandomState(rseed)
           i = rng.permutation(X.shape[0])[:n_clusters]
           centers = X[i]

           while True:
               # 2a. 가장 가까운 중심을 기반으로 레이블 할당
               labels = pairwise_distances_argmin(X, centers)

               # 2b. 점들의 평균으로부터 새로운 군집 발견
               new_centers = np.array([X[labels == i].mean(0)
                                       for i in range(n_clusters)])
               # 2c. 수렴 여부 검사
               if np.all(centers == new_centers):
                   break
               centers = new_centers

           return centers, labels
       centers, labels = find_clusters(X, 4)
       plt.scatter(X[:, 0], X[:, 1], c=labels,
                   s=50, cmap='viridis');
```

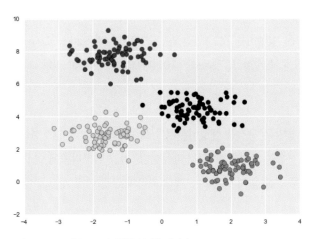

그림 5-113. k-평균으로 레이블을 추가한 데이터

잘 테스트된 구현은 대부분 내부에서 이보다 좀 더 많은 것을 수행하지만 이전 함수는 기댓값-최대화 방식의 핵심만 수행한다. 기댓값-최대화 알고리즘을 사용할 때 몇 가지 유의해야 할 사항이 있다.

전체적으로 최적화된 결과를 얻을 수 없을지도 모른다.

먼저 E-M 절차는 각 단계의 결과가 개선되는 것은 보장하지만, 전체적으로 최선인 해결책을 얻게 되리라는 보장은 없다. 가령 간단한 절차에 다른 난수 초기값을 사용하면 그 특정 초기 추측값으로 인해 만족스럽지 않은 결과를 얻을 수 있다(그림 5-114).

```
In[6]: centers, labels = find_clusters(X, 4, rseed=0)
       plt.scatter(X[:, 0], X[:, 1], c=labels,
                   s=50, cmap='viridis');
```

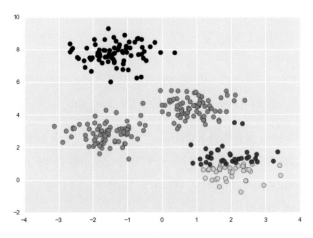

그림 5-114. k-평균에서 만족스럽지 못한 수렴 결과의 예

여기서 E-M 방식이 수렴하긴 했지만 전체적으로 최적화된 결과로 수렴하지는 않았다. 이러한 이유로 이 알고리즘은 여러 개의 초기 추측값으로 실행하는 것이 일반적이며, 그에 따라 Scikit-Learn에서도 이를 기본 실행 방식(n_init 매개변수로 설정하고, 기본값은 10이다)으로 채택하고 있다.

군집의 개수가 사전에 정해져야 한다.

k-평균 알고리즘의 또 다른 문제는 얼마나 많은 군집을 예상하는지를 알고리즘에 알려줘야 한다는 것이다. 알고리즘이 데이터로부터 군집의 개수를 학습할 수 없기 때문이다. 가령 알고리즘에 여섯 개의 군집을 식별하도록 요청하면 그것은 아무 문제 없이 작업을 수행해 최적의 군집 여섯 개를 구할 것이다(그림 5-115).

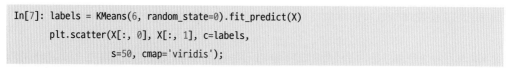

```
In[7]: labels = KMeans(6, random_state=0).fit_predict(X)
       plt.scatter(X[:, 0], X[:, 1], c=labels,
                   s=50, cmap='viridis');
```

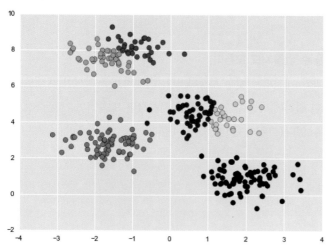

그림 5-115. 군집의 개수를 잘못 선택한 경우

결과가 의미가 있느냐는 물음은 분명하게 대답하기가 어렵다. 꽤 직관적인 방식으로 실루엣 분석(silhouette analysis)이라는 것이 있는데, 여기서는 이에 대해 더 다루지는 않겠다.

이 밖에도 군집 개수당 적합도에 대한 더 나은 정량적 측정법을 갖고 있거나(예: 가우스 혼합 모델: 518쪽 '심화 학습: 가우스 혼합 모델' 참고) 적절한 군집의 개수를 선택할 수 있는(예: DBSCAN, 평균 이동(mean-shift), 친근도 전파(affinity propagation), sklearn.cluster 서브모듈 내의 모든 알고리즘) 좀 더 복잡한 군집화 알고리즘을 사용할 수도 있다.

k-평균은 선형 군집 경계로 한정된다.

k-평균의 기본 모델 가정(점은 다른 군집의 중심보다 자신이 속한 군집의 중심에 더 가깝다)은 이 알고리즘이 군집이 복잡한 지형도를 갖는 경우에는 종종 비효율적임을 의미한다.

특히 k-평균 군집 간의 경계는 언제나 선형이다. 이는 더 복잡한 경계를 갖는 경우 군집화할 수 없다는 뜻이다. 전형적인 k-평균 방식으로 구한 군집 레이블을 가진 다음 데이터를 생각해 보자(그림 5-116).

```
In[8]: from sklearn.datasets import make_moons
       X, y = make_moons(200, noise=.05, random_state=0)
In[9]: labels = KMeans(2, random_state=0).fit_predict(X)
       plt.scatter(X[:, 0], X[:, 1], c=labels,
                   s=50, cmap='viridis');
```

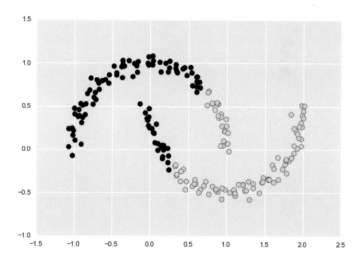

그림 5-116. 비선형 경계를 가지는 경우 k-평균 알고리즘은 실패한다.

이 경우는 데이터를 선형 분할이 가능한 고차원으로 사영하는 커널 변환을 사용했던 442쪽 '심화 학습: 서포트 벡터 머신'을 연상하게 한다. 동일한 기법을 사용해 k-평균이 비선형 경계를 발견하도록 할 수는 없을까 생각해 볼 수 있다.

Scikit-Learn에서는 이 커널화된 k-평균의 한 버전이 SpectralClustering 추정기 내에 구현돼 있다. 이 버전은 데이터의 고차원 표현을 계산하기 위해 최근접 이웃의 그래프를 사용하고 k-평균 알고리즘을 사용해 레이블을 할당한다(그림 5-117).

```
In[10]: from sklearn.cluster import SpectralClustering
        model = SpectralClustering(n_clusters=2,
                                   affinity='nearest_neighbors',
                                   assign_labels='kmeans')
        labels = model.fit_predict(X)
        plt.scatter(X[:, 0], X[:, 1], c=labels,
                    s=50, cmap='viridis');
```

이 커널 변환 방식을 사용하면 커널화된 k-평균이 군집 간의 더 복잡한 비선형 경계를 구할 수 있게 된다.

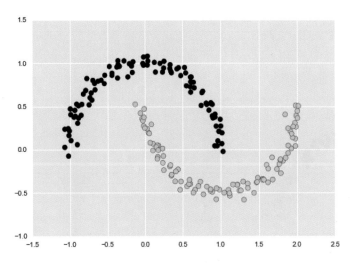

그림 5-117. SpectralClustering이 학습한 비선형 경계

k-평균은 표본 수가 많을 때 느려질 수 있다.

k-평균 알고리즘을 반복할 때마다 데이터세트의 모든 점에 접근해야 하기 때문에 표본의 개수가 증가할수록 알고리즘이 상대적으로 느려질 수 있다. 반복할 때마다 모든 데이터를 사용해야 하는 요건이 완화될 수 있는지 궁금할 것이다. 예를 들어, 각 단계에서 군집의 중심을 갱신하기 위해 날짜의 부분 집합만 사용할 수 있다. 이 발상에서 비롯된 것이 배치 기반 k-평균 알고리즘(batch-based k-means algorithms)인데, 그중 한 버전이 sklearn.cluster.MiniBatchKMeans에 구현돼 있다. 이 알고리즘에 대한 인터페이스는 표준 KMeans와 동일하다. 그 사용법에 대한 예제를 계속해서 살펴보겠다.

예제

알고리즘의 이러한 한계에 유의하면 k-평균 알고리즘을 다양한 상황에서 유용하게 사용할 수 있다. 이제 몇 가지 예제를 살펴보자.

예제 1: 숫자 데이터에 k-평균 알고리즘 사용하기

먼저 458쪽 '심화 학습: 의사결정 트리와 랜덤 포레스트'와 471쪽 '심화 학습: 주성분 분석'에서 본 것과 같은 간단한 숫자 데이터에 k-평균 알고리즘을 적용해 보자. k-평균을 사용해 **원본의 레이블 정보를 사용하지 않고** 비슷한 숫자를 식별해 보자. 이 작업은 아무런 사전 레이블 정보 없는 새로운 데이터세트로부터 의미를 추출하는 첫 번째 단계와 유사할 수 있다.

숫자 데이터를 적재하고 그다음 **KMeans** 군집을 알아내자. 이 숫자 데이터는 64개의 특징을 가진 1,797개의 표본으로 구성돼 있으며 각 64개의 특징은 8x8 이미지의 픽셀당 밝기를 나타낸다는 것을 기억하자.

```
In[11]: from sklearn.datasets import load_digits
        digits = load_digits()
        digits.data.shape
Out[11]: (1797, 64)
```

군집화는 전에 했던대로 수행하면 된다.

```
In[12]: kmeans = KMeans(n_clusters=10, random_state=0)
        clusters = kmeans.fit_predict(digits.data)
        kmeans.cluster_centers_.shape
Out[12]: (10, 64)
```

그 결과 64차원의 군집 10개를 얻었다. 군집의 중심 자체는 64차원의 점이고 군집 내에서 '일반적인' 숫자로 해석될 수 있다. 이 군집 중심이 어떻게 보이는지 확인해 보자(그림 5-118).

```
In[13]: fig, ax = plt.subplots(2, 5, figsize=(8, 3))
        centers = kmeans.cluster_centers_.reshape(10, 8, 8)
        for axi, center in zip(ax.flat, centers):
            axi.set(xticks=[], yticks=[])
            axi.imshow(center, interpolation='nearest', cmap=plt.cm.binary)
```

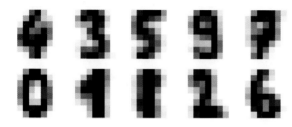

그림 5-118. k-평균이 학습한 군집 중심

결과를 통해 KMeans가 레이블 없이도 1과 8을 제외하면 인식 가능한 숫자를 중심으로 갖는 군집을 구할 수 있다는 사실을 알 수 있다.

k-평균은 군집의 정체에 대해 아무 것도 모르기 때문에 0-9까지 레이블은 바뀔 수 있다. 이 문제는 각 학습된 군집 레이블을 그 군집 내에서 발견된 실제 레이블과 매칭해 봄으로써 해결할 수 있다.

```
In[14]: from scipy.stats import mode
        labels = np.zeros_like(clusters)
        for i in range(10):
            mask = (clusters == i)
            labels[mask] = mode(digits.target[mask])[0]
```

이제 비지도 군집화가 데이터 내에서 유사한 숫자를 얼마나 정확하게 찾아내는지 확인할 수 있다.

```
In[15]: from sklearn.metrics import accuracy_score
        accuracy_score(digits.target, labels)
Out[15]: 0.79354479688369506
```

간단한 k-평균 알고리즘만으로도 입력 숫자 데이터의 80%를 올바르게 분류할 수 있다! 이에 대해 오차 행렬로 확인해 보자(그림 5-119).

```
In[16]: from sklearn.metrics import confusion_matrix
        mat = confusion_matrix(digits.target, labels)
        sns.heatmap(mat.T, square=True, annot=True, fmt='d', cbar=False,
                    xticklabels=digits.target_names,
                    yticklabels=digits.target_names)
        plt.xlabel('true label')
        plt.ylabel('predicted label');
```

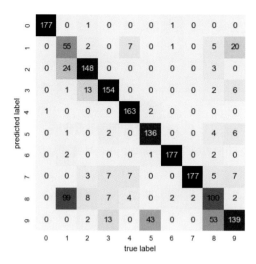

그림 5-119. k-평균 분류기에 대한 오차 행렬

앞에서 시각화한 군집 중심으로부터 예상할 수 있듯이 오차의 주요 지점은 8과 1에 있다. 그러나 이것도 여전히 k-평균을 사용하면 알려진 레이블을 참조하지 않고도 근본적으로 숫자 분류기를 구축할 수 있음을 보여준다.

재미 삼아 좀 더 나가보자. k-평균을 수행하기 전에 데이터를 전처리하는 데 485쪽 '심화 학습: 다양체 학습'에서 언급했던 t-분포 확률 이웃 임베딩(t-SNE, t-distributed stochastic neighbor embedding) 알고리즘을 사용할 수 있다. t-SNE는 특히 군집 내의 점을 보존하는 데 능숙한 비선형 임베딩 알고리즘이다. 어떻게 동작하는지 확인해 보자.

```
In[17]: from sklearn.manifold import TSNE
        # 데이터 사영: 이 단계는 수 초가 걸린다
        tsne = TSNE(n_components=2, init='pca', random_state=0)
        digits_proj = tsne.fit_transform(digits.data)

        # 군집 계산
        kmeans = KMeans(n_clusters=10, random_state=0)
        clusters = kmeans.fit_predict(digits_proj)

        # 레이블 바꾸기
        labels = np.zeros_like(clusters)
        for i in range(10):
            mask = (clusters == i)
```

```
        labels[mask] = mode(digits.target[mask])[0]

    # 정확도 계산
    accuracy_score(digits.target, labels)
Out[17]: 0.93356149137451305
```

레이블을 사용하지 않고도 거의 94%의 분류 정확도를 보여준다. 이것이 신중하게 사용했을 때 비지도 학습이 가지는 위력이다. 비지도 학습을 통해 손이나 눈으로 하기에는 어려운 데이터로부터 정보를 추출할 수 있다.

예제 2: 색상 압축에 k-평균 사용하기

한 가지 흥미로운 군집화 적용 영역은 이미지 내의 색상을 압축하는 데 사용하는 것이다. 예를 들어, 수백만 개의 색상을 가진 이미지가 있다고 생각해 보자. 대부분의 이미지에서 많은 수의 색이 사용되지 않으며 이미지 내 많은 수의 픽셀은 비슷하거나 동일한 색을 가질 것이다.

예를 들어, Scikit-Learn의 datasets 모듈에서 가져온 그림 5-120 같은 이미지를 생각해 보자(이 데이터를 가져오려면 파이썬 패키지인 pillow가 설치돼 있어야 한다).

```
In[18]: # 알림: 이 코드를 실행하려면 pillow 패키지가 설치돼 있어야 함
        from sklearn.datasets import load_sample_image
        china = load_sample_image("china.jpg")
        ax = plt.axes(xticks=[], yticks=[])
        ax.imshow(china);
```

이미지 자체는 크기가 (height, width, RGB)인 3차원 배열에 저장되며, 여기서 RGB 기여도는 0부터 255까지의 정수로 나타낸다.

```
In[19]: china.shape
Out[19]: (427, 640, 3)
```

그림 5–120. 입력 이미지

이 픽셀 집합을 보는 한 가지 방법은 3차원 색 공간(color space)에서 점 클라우드로 보는 것이다. 데이터를 [n_samples x n_features]로 형태를 재구성하고 색상이 0에서 1 사이에 놓일 수 있도록 척도를 바꿔보자.

```
In[20]: data = china / 255.0 # 0에서 1 사이 값 사용
        data = data.reshape(427 * 640, 3)
        data.shape
Out[20]: (273280, 3)
```

효율성을 위해 픽셀 10,000개의 부분집합을 사용해 이 색 공간에서 이 픽셀을 시각화할 수 있다(그림 5–121).

```
In[21]: def plot_pixels(data, title, colors=None, N=10000):
            if colors is None:
                colors = data
            # 임의의 부분 집합 선택
            rng = np.random.RandomState(0)
            i = rng.permutation(data.shape[0])[:N]
            colors = colors[i]
            R, G, B = data[i].T

            fig, ax = plt.subplots(1, 2, figsize=(16, 6))
            ax[0].scatter(R, G, color=colors, marker='.')
            ax[0].set(xlabel='Red', ylabel='Green', xlim=(0, 1), ylim=(0, 1))
```

```
        ax[1].scatter(R, B, color=colors, marker='.')
        ax[1].set(xlabel='Red', ylabel='Blue', xlim=(0, 1), ylim=(0, 1))
        fig.suptitle(title, size=20);
In[22]: plot_pixels(data, title='Input color space: 16 million possible colors')
```

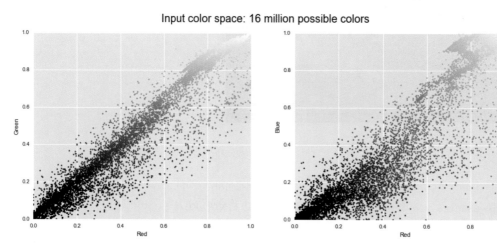

그림 5-121. RGB 색 공간에서의 픽셀 분포

이제 픽셀 공간에서 k-평균 군집화를 사용해 이 1,600만 가지 색을 16개의 색으로 줄이자. 매우 큰 규모의 데이터세트를 다루고 있기 때문에 표준 k-평균 알고리즘보다 훨씬 더 빠르게 결과를 계산하기 위해 데이터의 부분 집합에 대해 연산을 수행하는 미니 배치 k-평균(mini batch k-means)을 사용할 것이다(그림 5-122).

```
In[23]: from sklearn.cluster import MiniBatchKMeans
        kmeans = MiniBatchKMeans(16)
        kmeans.fit(data)
        new_colors = kmeans.cluster_centers_[kmeans.predict(data)]

        plot_pixels(data, colors=new_colors,
                    title="Reduced color space: 16 colors")
```

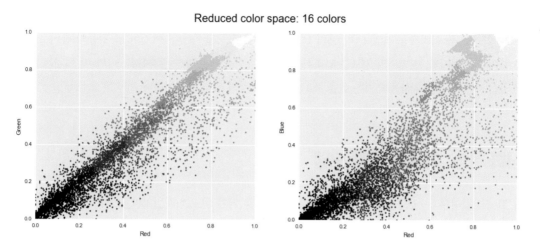

그림 5-122. RGB 색 공간의 16개 군집

그 결과 원본과 가장 가까운 군집 중심의 색상을 각 픽셀에 할당해서 원본 픽셀의 색을 바꾼다. 이 새로운 색상을 픽셀 공간이 아닌 이미지 공간에 플로팅하면 이 작업의 효과를 확인할 수 있다(그림 5-123).

```
In[24]:
china_recolored = new_colors.reshape(china.shape)


fig, ax = plt.subplots(1, 2, figsize=(16, 6),
        subplot_kw=dict(xticks=[], yticks=[]))
fig.subplots_adjust(wspace=0.05)
ax[0].imshow(china)
ax[0].set_title('Original Image', size=16)
ax[1].imshow(china_recolored)
ax[1].set_title('16-color Image', size=16);
```

그림 5-123. 완전색 이미지(왼쪽)와 16-색상 이미지(오른쪽)의 비교

오른쪽 그림에서 일부 세부사항이 손실된 것은 분명하지만, 그래도 전체적인 이미지는 쉽게 인지할 수 있다. 이 오른쪽 이미지는 거의 1백만분의 1 수준의 압축률을 달성했다! 이것이 k-평균의 흥미로운 응용 분야이긴 하지만, 이미지의 정보를 압축하는 더 나은 방식이 분명히 존재한다. 다만 이 예제는 k-평균 같은 비지도 기법을 사용해 기존 틀을 깨고 생각하는 것의 위력을 보여준다.

심화 학습: 가우스 혼합 모델

앞 절에서 살펴본 k-평균 군집화 모델은 간단하고 이해하기가 비교적 쉬웠지만, 오히려 그 단순함이 그 모델을 응용하는 데 있어 현실적인 문제를 일으킨다. 특히 k-평균 모델의 비확률적 성질과 군집의 소속을 할당하는 데 군집 중심으로부터의 거리를 사용하는 것은 수많은 실제 상황에서 성능을 떨어뜨리는 원인이 된다. 이번 절에서는 가우스 혼합 모델을 살펴볼 텐데, 그것이 k-평균의 개념을 확장한 것이라고 볼 수도 있지만 단순 군집화 이상의 강력한 추정 도구가 될 수도 있다. 먼저 표준 임포트로 시작하자.

```
In[1]: %matplotlib inline
       import matplotlib.pyplot as plt
       import seaborn as sns; sns.set()
       import numpy as np
```

GMM 등장 배경: k-평균의 약점

k-평균의 취약점에 대해 살펴보고 어떻게 이 군집화 모델을 개선할 수 있을지 생각해 보자. 앞 절에서 봤듯이 단순하고 잘 구분된 데이터의 경우 k-평균은 적합한 군집화 결과를 구한다.

예를 들어, 단순한 데이터 그룹이 있을 경우, k-평균 알고리즘은 눈으로 하는 것과 거의 비슷한 방식으로 빠르게 군집에 레이블을 붙일 수 있다(그림 5-124).

```
In[2]: # 데이터 생성
       from sklearn.datasets import make_blobs
       X, y_true = make_blobs(n_samples=400, centers=4,
                              cluster_std=0.60, random_state=0)
       X = X[:, ::-1] # 더 나은 플로팅을 위해 축을 뒤집음

In[3]: # k-평균 레이블로 데이터를 플로팅
       from sklearn.cluster import KMeans
```

```
kmeans = KMeans(4, random_state=0)
labels = kmeans.fit(X).predict(X)
plt.scatter(X[:, 0], X[:, 1], c=labels, s=40, cmap='viridis');
```

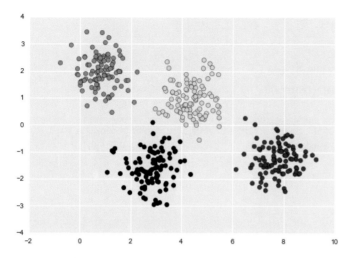

그림 5-124. 간단한 데이터에 k-평균 레이블을 붙인 결과

직관적으로도 일부 점에 군집 레이블을 할당하는 것이 다른 점보다 더 분명하다는 것을 예상할 수 있다. 예를 들면, 중간에 있는 두 군집 사이에 아주 약간 겹치는 영역이 존재해서 그것들 사이의 점에 군집을 할당할 때는 완전히 확신할 수 없다. 안타깝게도 k-평균 모델에는 군집 할당의 확률이나 불확실성에 대한 고유 척도가 없다(이 불확실성을 추정하기 위해 부트스트랩 방식을 사용할 수도 있기는 하다). 이를 위해 모델을 일반화하는 것을 생각해 봐야 한다.

k-평균 모델은 각 군집의 중심에 군집에서 가장 먼 점에 의해 정의된 반지름을 가지는 원(또는 더 높은 차원의 경우 초구면)을 위치시키는 것으로 이해할 수 있다. 이 반지름은 훈련 집합 내에서 군집을 할당할 때 분명한 경계값 역할을 한다. 즉, 이 원의 밖에 위치하는 점은 해당 군집의 일원으로 간주하지 않는다. 이 군집 모델은 다음 함수를 사용해 시각화할 수 있다(그림 5-125).

```
In[4]:
from sklearn.cluster import KMeans
from scipy.spatial.distance import cdist

def plot_kmeans(kmeans, X, n_clusters=4, rseed=0, ax=None):
    labels = kmeans.fit_predict(X)
```

```
    # 입력 데이터 플로팅
    ax = ax or plt.gca()
    ax.axis('equal')
    ax.scatter(X[:, 0], X[:, 1], c=labels, s=40, cmap='viridis', zorder=2)

    # k-평균 모델 표시
    centers = kmeans.cluster_centers_
    radii = [cdist(X[labels == i], [center]).max()
             for i, center in enumerate(centers)]
    for c, r in zip(centers, radii):
        ax.add_patch(plt.Circle(c, r, fc='#CCCCCC', lw=3, alpha=0.5, zorder=1))
In[5]: kmeans = KMeans(n_clusters=4, random_state=0)
       plot_kmeans(kmeans, X)
```

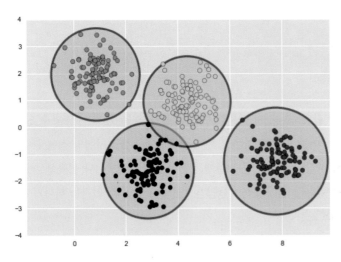

그림 5-125. k-평균 모델이 나타내는 원형 군집

k-평균에서 주의해서 봐야 할 것은 이 군집 모델이 원형이어야 한다는 점이다. k-평균에는 직사각형이
나 타원형 군집을 설명할 방법이 없기 때문이다. 따라서 만약 똑같은 데이터를 가져다가 변환하면 군집
할당이 뒤죽박죽이 될 것이다(그림 5-126).

```
In[6]: rng = np.random.RandomState(13)
       X_stretched = np.dot(X, rng.randn(2, 2))

       kmeans = KMeans(n_clusters=4, random_state=0)
       plot_kmeans(kmeans, X_stretched)
```

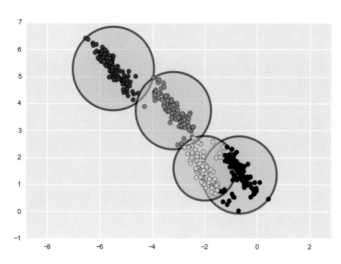

그림 5-126. 원형이 아닌 군집의 경우 k-평균의 성능이 떨어진다.

그냥 봐도 변환된 군집이 원형이 아님을 알 수 있으며, 따라서 원형 군집이 제대로 적합되지 않는다. 그렇기는 해도 k-평균은 이를 설명할 만큼 유연하지 않으며, 데이터를 네 개의 원형 군집에 강제로 적합시키려 한다. 이 결과로 원들이 서로 겹치는 현상이 발생한다. 특히 이 그림의 오른쪽 하단을 보면 그 사실을 확인할 수 있다. 이 특별한 상황을 PCA(471쪽 '심화 학습: 주성분 분석' 참고)로 데이터를 전처리해서 해결할 수 있을 것으로 생각하는 사람도 있을 수 있겠지만, 실제로 그러한 데이터 전체에 대한 연산이 개별 데이터를 원형으로 만들 거라는 보장이 없다.

군집 모양에서 유연성이 떨어지고 확률적 군집 할당이 빈약하다는 k-평균의 이 두 가지 문제점은 수많은 데이터세트(특히 저차원 데이터세트)에서 그것이 기대하는 만큼 잘 동작하지 않을 수 있음을 뜻한다.

k-평균 모델을 일반화해서 이러한 단점을 해결하는 것을 생각해 볼 수도 있다. 예를 들어, 가장 가까운 군집의 중심에 초점을 맞추기보다 각 점을 모든 군집의 중심까지의 거리를 비교함으로써 군집 할당의 불확실성을 측정할 수도 있다. 또한 원형이 아닌 군집을 설명하기 위해 원형이 아닌 타원형을 군집의 경계로 허용하는 것을 생각해 볼 수 있다. 이것들이 바로 가우스 혼합 모델이라는 다른 유형의 군집화 모델의 두 가지 핵심 구성요소다.

E-M 단계 일반화하기: 가우스 혼합 모델

가우스 혼합 모델(GMM, Gaussian mixture model)은 어떤 입력 데이터세트라도 최적으로 모델링하는 다차원 가우스 확률 분포의 혼합을 구하려고 한다. 가장 간단한 경우로 GMM은 k-평균과 똑같은 방식으로 군집을 구하는 데 사용될 수 있다(그림 5-127).

```
In[7]: from sklearn.mixture import GaussianMixture
       gmm = GaussianMixture(n_components=4).fit(X)
       labels = gmm.predict(X)
       plt.scatter(X[:, 0], X[:, 1], c=labels, s=40, cmap='viridis');
```

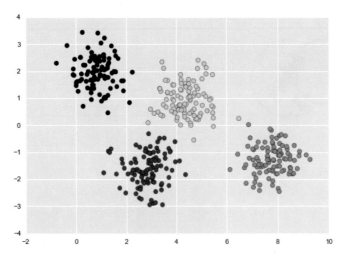

그림 5-127. 데이터에 대한 가우스 혼합 모델 레이블

하지만 GMM이 내부적으로 확률 모델을 포함하고 있기 때문에 확률적으로 군집을 할당하는 것도 가능하다. Scikit-Learn에서는 이 작업에 predict_proba 메서드를 사용하면 된다. 이 메서드는 특정 군집에 속한 모든 점들의 확률을 측정한 크기가 [n_samples, n_clusters]인 행렬을 반환한다.

```
In[8]: probs = gmm.predict_proba(X)
       print(probs[:5].round(3))
[[ 0.     0.     0.475  0.525]
 [ 0.     1.     0.     0.  ]
 [ 0.     1.     0.     0.  ]
 [ 0.     0.     0.     1.  ]
 [ 0.     1.     0.     0.  ]]
```

이 불확실성을 예를 들어 각 점의 크기를 그 예측의 확실성에 비례하게 만들어서 표현할 수 있다. 그림 5-128을 보면 군집 간의 경계에 위치한 점들이 군집 할당의 불확실성을 보여준다는 것을 알 수 있다.

```
In[9]: size = 50 * probs.max(1) ** 2 # 제곱으로 차이를 강조
       plt.scatter(X[:, 0], X[:, 1], c=labels, cmap='viridis', s=size);
```

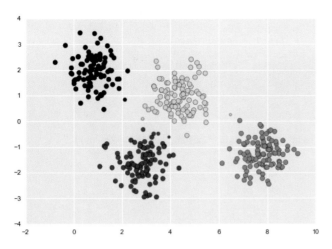

그림 5-128. GMM 확률적 레이블: 확률을 점의 크기로 표시했다.

내부적으로 가우스 혼합 모델은 k-평균과 매우 비슷하다. 이 모델 역시 질적으로 다음 작업을 수행하는 기댓값-최대화 방식을 사용한다.

1. 위치와 모양을 예측한다.

2. 수렴될 때까지 다음 단계를 반복한다.

   ▪ **E-단계:** 각 점에 대해 각 군집의 일원일 가능성을 인코딩한 가중치를 구한다.

   ▪ **M-단계:** 모든 데이터 점을 기반으로 가중치를 사용해 각 군집의 위치, 정규화, 모양을 업데이트한다.

이 방식을 사용하면 각 군집이 단단한 구가 아니라 부드러운 가우스 모델과 연관되는 결과를 얻는다. k-평균 기댓값-최대화 방식에서와 마찬가지로 이 알고리즘은 전체적으로 최적의 해결책을 놓칠 수 있으며 따라서 실제로 적용할 때는 여러 임의 초기화를 사용한다.

gmm 결과를 기반으로 한 타원형을 그려서 GMM 군집의 위치와 모양을 시각화할 함수를 만들어보자.

```
In[10]:
from matplotlib.patches import Ellipse

def draw_ellipse(position, covariance, ax=None, **kwargs):
    """주어진 위치와 공분산으로 타원 그리기"""
    ax = ax or plt.gca()
    # 공분산을 주축으로 전환
    if covariance.shape == (2, 2):
        U, s, Vt = np.linalg.svd(covariance)
```

```
        angle = np.degrees(np.arctan2(U[1, 0], U[0, 0]))
        width, height = 2 * np.sqrt(s)
    else: angle = 0
        width, height = 2 * np.sqrt(covariance)

    # 타원 그리기
    for nsig in range(1, 4):
        ax.add_patch(Ellipse(position, nsig * width, nsig * height, angle, **kwargs))

def plot_gmm(gmm, X, label=True, ax=None):
    ax = ax or plt.gca()
    labels = gmm.fit(X).predict(X)
    if label:
        ax.scatter(X[:, 0], X[:, 1], c=labels, s=40, cmap='viridis', zorder=2)
    else:
        ax.scatter(X[:, 0], X[:, 1], s=40, zorder=2)
    ax.axis('equal')
    w_factor = 0.2 / gmm.weights_.max()
    for pos, covar, w in zip(gmm.means_, gmm.covariances_, gmm.weights_):
        draw_ellipse(pos, covar, alpha=w * w_factor)
```

이 함수가 준비되면 4-성분 GMM이 초기 데이터에 대해 무엇을 제공하는지 확인할 수 있다(그림 5-129).

```
In[11]: gmm = GaussianMixture(n_components=4, covariance_type='full',
                              random_state=42)

        plot_gmm(gmm, X)
```

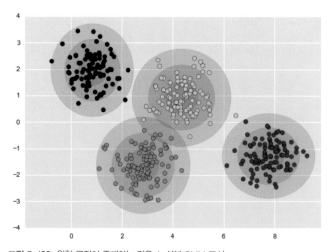

그림 5-129. 원형 군집이 존재하는 경우 4-성분 GMM 표시

마찬가지로 GMM 방식을 사용해 펼쳐진 모양의 데이터세트를 적합할 수 있다. 이 모델은 완전 공분산을 허용해 모델이 매우 길쭉하게 쭉 뻗은 군집을 적합시킨다(그림 5-130).

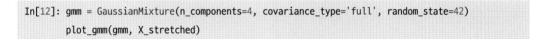

```
In[12]: gmm = GaussianMixture(n_components=4, covariance_type='full', random_state=42)
        plot_gmm(gmm, X_stretched)
```

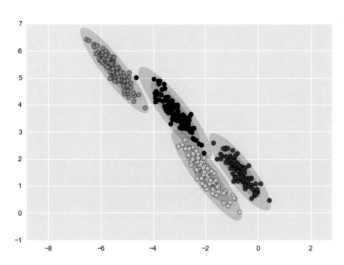

그림 5-130. 원형이 아닌 군집이 존재하는 경우 4-성분 GMM 표시

이로써 GMM이 k-평균이 전에 당면했던 현실적인 문제 두 가지를 해결해준다는 점을 분명히 알 수 있다.

공분산 유형 선택하기

이전 적합을 자세하게 들여다 보면 각각에 covariance_type 옵션을 다르게 설정했음을 볼 수 있다. 이 초모수는 각 군집 모양의 자유도를 제어하기 때문에 주어진 문제에 대해 이 초모수를 신중하게 설정해야 한다. 기본값은 covariance_type = 'diag'이며, 이것을 사용하면 각 차원에 따라 군집의 크기를 독립적으로 설정할 수 있고 결과로 얻는 타원은 축을 따라 정렬된다. 약간 더 간단하고 빠른 모델은 covariance_type = 'spherical'로, 이것은 군집의 모양을 모든 차원이 동일하도록 제한한다. 결과로 얻은 군집은 k-평균과 완전히 똑같지는 않지만 비슷한 특징을 가지게 된다. 더 복잡하고 계산 비용이 높은 모델(특히 차원 수가 증가할수록)은 covariance_type = 'full'을 사용하는 것으로, 각 군집이 임의의 방향을 가지는 타원형으로 모델링되게 한다.

그림 5-131은 단일 군집에 대해 이 세 가지 방식을 적용했을 때 시각적으로 어떤 모습인지 보여준다.

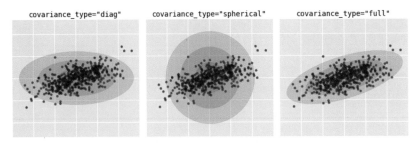

그림 5-131. GMM 공분산 유형

밀도 추정에 GMM 사용하기

GMM은 종종 군집화 알고리즘으로 분류되지만, 근본적으로는 밀도 추정 알고리즘이다. 말하자면 어떤 데이터에 GMM을 적합한 결과는 기술적으로 군집화 모델이 아니라 데이터의 분포를 나타내는 생성 확률 모델이다.

일례로 503쪽 '심화 학습: k-평균 군집화'에서 본 Scikit-Learn의 make_moons 함수에서 생성된 데이터 (그림 5-132)를 생각해 보자.

```
In[13]: from sklearn.datasets import make_moons
        Xmoon, ymoon = make_moons(200, noise=.05, random_state=0)
        plt.scatter(Xmoon[:, 0], Xmoon[:, 1]);
```

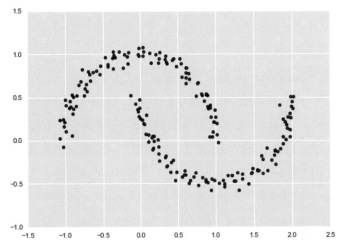

그림 5-132. 비선형 경계를 가지는 군집에 적용한 GMM

2-성분 GMM을 군집화 모델로 이 데이터에 적합시키려고 하면 결과는 그다지 쓸모가 없을 것이다(그림 5-133).

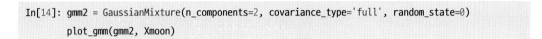

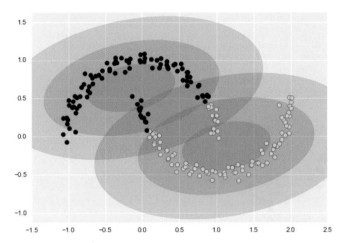

그림 5-133. 비선형 군집에 2-성분 GMM 적합

대신 훨씬 더 많은 성분을 사용하고 군집 레이블을 무시하면 입력 데이터에 훨씬 근접한 적합을 구하게 된다(그림 5-134).

```
In[15]: gmm16 = GaussianMixture(n_components=16, covariance_type='full', random_state=0)
        plot_gmm(gmm16, Xmoon, label=False)
```

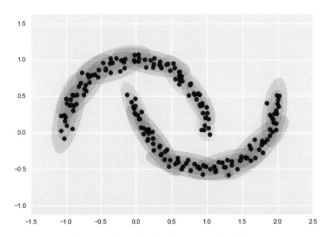

그림 5-134. 점의 분포를 모델링하는 데 많은 GMM 군집을 사용

여기서 16개의 가우스 혼합은 분리된 데이터 군집을 발견하는 것이 아니라 입력 데이터의 전반적인 분포를 모델링하는 데 이용된다. 이것이 바로 분포의 생성 모델이며, GMM이 입력 데이터와 비슷하게 분포된 임의의 새로운 데이터를 생성할 수 있는 레시피를 제공한다는 뜻이다. 예를 들어, 다음은 원본 데이터에 적합시킨 16-성분 GMM으로부터 얻어낸 400개의 새로운 데이터다(그림 5-135).

```
In[16]: Xnew, ynew = gmm16.sample(400)
        plt.scatter(Xnew[:, 0], Xnew[:, 1]);
```

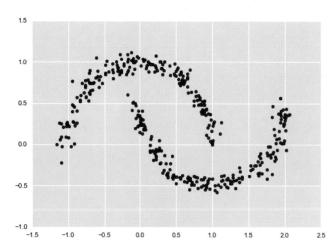

그림 5-135. 16-성분 GMM으로부터 얻은 새로운 데이터

GMM은 임의의 다차원 데이터 분포를 모델링하는 유연한 도구로서 편의를 제공한다.

GMM이 일종의 생성 모델이라는 사실은 주어진 데이터세트에 대해 최적의 성분 개수를 결정하는 자연스러운 수단을 제공한다. 생성 모델은 본질적으로 데이터세트에 대한 확률 분포이므로 과적합을 피하기 위한 교차 검증을 사용해 그 모델에서 데이터의 우도(likelihood)를 간단하게 평가할 수 있다. 과적합을 바로 잡는 또 다른 방법은 아카이케 정보 기준(AIC, Akaike information criterion)이나 베이즈 정보 기준(BIC, Baysian information criterion)과 같은 분석 기준을 사용해 모델 우도를 조정하는 것이다. Scikit-Learn의 GMM 추정기는 실제로 이 두 기준을 모두 계산하는 메서드를 내장하고 있어 이 방식을 운용하기가 매우 쉽다.

AIC와 BIC를 달 데이터세트에서 GMM 성분 개수의 함수로 살펴보자(그림 5-136).

```
In[17]: n_components = np.arange(1, 21)
        models = [GaussianMixture(n, covariance_type='full', random_state=0).fit(Xmoon)
                  for n in n_components]
```

```
plt.plot(n_components, [m.bic(Xmoon) for m in models], label='BIC')
plt.plot(n_components, [m.aic(Xmoon) for m in models], label='AIC')
plt.legend(loc='best')
plt.xlabel('n_components');
```

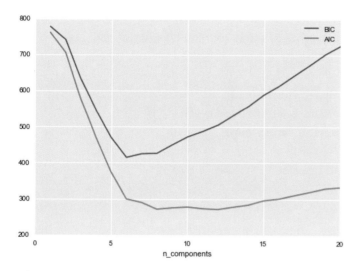

그림 5-136. GMM 성분 수에 따른 AIC와 BIC

최적의 군집 수는 AIC와 BIC를 최소화하는 값으로, 사용하고자 하는 근사법이 무엇이냐에 따라 달라진 다. AIC를 보면 16-성분은 너무 많고 8~12-성분 정도가 적당할 것이다. 이러한 종류의 문제에서는 일 반적으로 그렇듯이 BIC가 더 간단한 모델을 추천한다.

여기서 중요한 점은 성분의 개수를 정하는 것은 GMM이 **밀도 추정기**로서 얼마나 잘 동작하는지를 측정 하는 것이지 **군집화 알고리즘**으로서 얼마나 잘 동작하는지를 측정하는 것이 아니라는 사실이다. GMM 을 주로 밀도 추정기로 여기고 간단한 데이터세트 내에서 보장될 때만 군집화 알고리즘으로 사용하는 것 이 좋을 것이다.

예제: 새로운 데이터를 생성하는 GMM

방금 본 예제에서는 입력 데이터에 의해 정의된 분포로부터 새로운 표본을 만들어내기 위해 GMM을 데 이터 생성 모델로 사용했다. 이 개념을 활용해 앞에서 사용했던 표준 숫자 뭉치로부터 새로운 손글씨 숫 자 데이터를 생성할 것이다.

먼저 Scikit-Learn의 데이터 도구를 사용해 숫자 데이터를 적재하자.

```
In[18]: from sklearn.datasets import load_digits
        digits = load_digits()
        digits.data.shape
Out[18]: (1797, 64)
```

이번에는 작업 중인 데이터를 다시 확인하기 위해 처음 100개의 데이터만 플로팅해 보자(그림 5-137).

```
In[19]: def plot_digits(data):
            fig, ax = plt.subplots(10, 10, figsize=(8, 8),
                                   subplot_kw=dict(xticks=[], yticks=[]))
            fig.subplots_adjust(hspace=0.05, wspace=0.05)
            for i, axi in enumerate(ax.flat):
                im = axi.imshow(data[i].reshape(8, 8), cmap='binary')
                im.set_clim(0, 16)
        plot_digits(digits.data)
```

거의 1,800개에 달하는 64차원의 숫자 데이터를 가지고 있고, 그 위에 GMM을 구축하면 데이터를 더 많이 생성할 수 있다. GMM은 이러한 고차원 공간에서 수렴이 어려울 수 있으므로 먼저 데이터에 가역 차원 축소 알고리즘을 적용할 것이다. 여기에서는 간단한 PCA를 사용하고 사영된 데이터에서 분산의 99%를 보존하게 할 것이다.

```
In[20]: from sklearn.decomposition import PCA
        pca = PCA(0.99, whiten=True)
        data = pca.fit_transform(digits.data)
        data.shape
Out[20]: (1797, 41)
```

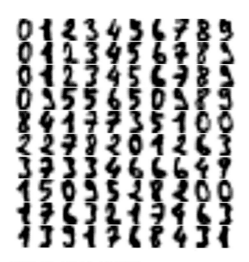

그림 5-137. 손으로 쓴 숫자 데이터

그 결과 정보 유실은 거의 없이 차원은 1/3 수준으로 축소된 41차원의 데이터를 얻었다. 이 사영된 데이터를 가지고 AIC를 사용해 예제에 쓸 GMM 성분 개수의 기준을 구해 보자(그림 5-138).

```
In[21]: n_components = np.arange(50, 210, 10)
        models = [GaussianMixture(n, covariance_type='full', random_state=0)
                 for n in n_components]
        aics = [model.fit(data).aic(data) for model in models]
        plt.plot(n_components, aics);
```

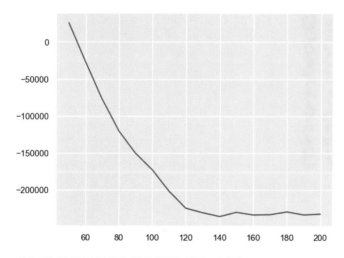

그림 5-138. GMM 성분의 적정 개수를 선택하기 위한 AIC 곡선

약 110개의 성분이 AIC를 최소화하는 것으로 밝혀졌다. 이 모델을 사용해 데이터에 적합시키고 이 모델이 수렴하는지 확인해 보자.

```
In[22]: gmm = GaussianMixture(110, covariance_type='full', random_state=0)
        gmm.fit(data)
        print(gmm.converged_)
True
```

이제 생성 모델로 GMM을 사용해 41차원의 사영된 공간에서 100개의 새로운 점의 표본을 얻을 수 있다.

```
In[23]: data_new, label_new = gmm.sample(100)
        data_new.shape
Out[23]: (100, 41)
```

마지막으로 새로운 숫자를 구성하기 위해 PCA 객체의 가역 변환을 사용한다(그림 5-139).

```
In[24]: digits_new = pca.inverse_transform(data_new)
        plot_digits(digits_new)
```

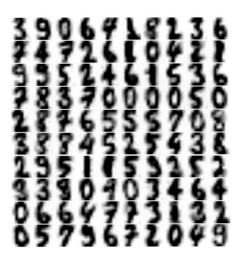

그림 5-139. GMM 추정기의 기반 모델로부터 확률적으로 추출한 '새로운' 숫자

결과의 대부분이 데이터세트에서 가져온 숫자처럼 보일 정도로 그럴듯하다.

위에서 했던 작업을 생각해 보자. 손으로 쓴 숫자 데이터 표본이 주어졌을 때 데이터로부터 새로운 숫자 표본을 생성하는 방법으로 해당 데이터의 분포를 모델링했다. 이것들은 원본 데이터세트에 개별적으로 등장하지는 않지만 혼합 모델로 모델링되어 입력 데이터의 일반적인 특징들을 상당수 포착한 '손으로 쓴 숫자'다. 그러한 숫자 생성 모델이 베이즈 생성 분류기의 성분으로 매우 유용함을 입증할 수 있는데, 이에 대해 다음 절에서 알아보겠다.

심화 학습: 커널 밀도 추정

앞에서 군집화와 밀도 추정 사이의 하이브리드 형태라고 할 수 있는 가우스 혼합 모델(GMM)에 대해 다뤘다. 밀도 추정은 D-차원 데이터세트를 가져다가 데이터를 추출할 수 있는 D-차원의 확률 분포를 추정하는 알고리즘이다. GMM 알고리즘은 밀도를 가우스 분포의 가중치 합으로 표시함으로써 밀도 추정을 수행한다. 커널 밀도 추정(KDE, kernel density estimation)은 어떤 의미에서는 가우스 혼합 아이디어를 논리적 극단으로 가져가는 알고리즘이다. 이 모델은 점당 하나의 가우스 성분으로 구성된 혼합을 사용해 근본적으로 비모수적 밀도 추정을 수행한다. 이번 절에서는 KDE의 등장 배경과 그 사용법을 알아본다. 먼저 표준 임포트부터 하자.

```
In[1]: %matplotlib inline
       import matplotlib.pyplot as plt
       import seaborn as sns; sns.set()
       import numpy as np
```

KDE 등장 배경: 히스토그램

이미 말했듯이 밀도 추정은 데이터세트를 생성한 확률 분포를 모델링하는 알고리즘이다. 1차원 데이터의 경우, 히스토그램이라는 밀도 추정 방식이 익숙할 것이다. 히스토그램은 데이터를 이산적인 구간(bin)으로 나누고 각 구간에 포함되는 점의 개수를 센 다음, 직관적 방식으로 결과를 시각화한다.

예를 들어, 두 개의 정규 분포로부터 가져온 데이터를 만들어보자.

```
In[2]: def make_data(N, f=0.3, rseed=1):
           rand = np.random.RandomState(rseed)
           x = rand.randn(N)
           x[int(f * N):] += 5
           return x
       x = make_data(1000)
```

앞에서 표준 계수 기반 히스토그램이 plt.hist() 함수로 만들어질 수 있음을 확인했다. 히스토그램의 normed 매개변수를 지정하면 구간의 높이가 계수를 반영하지 않고, 대신 확률 밀도를 반영하는 정규화된 히스토그램을 얻을 수 있다(그림 5-140).

```
In[3]: hist = plt.hist(x, bins=30, normed=True)
```

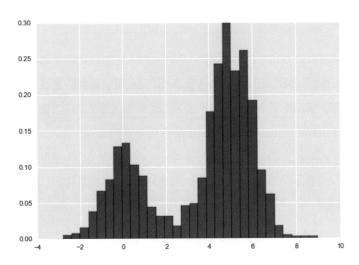

그림 5-140. 정규 분포의 조합으로부터 얻은 데이터

구간의 크기가 동일한 경우, 이 정규화는 단순히 y축의 척도를 바꿀 뿐 그 상대적 높이는 계수를 기반으로 생성한 히스토그램과 근본적으로 같다. 히스토그램 함수의 결과를 보면 알 수 있듯이 이 정규화는 히스토그램 내의 전체 면적이 1이 되도록 선택된다.

```
In[4]: density, bins, patches = hist
       widths = bins[1:] - bins[:-1]
       (density * widths).sum()
Out[4]: 1.0
```

히스토그램을 밀도 추정기로 사용할 때의 문제점 중 하나는 구간의 크기와 위치 선택에 따라 질적으로 다른 특징을 가지는 표현을 만들어낼 수 있다는 점이다. 예를 들어, 20개의 점만으로 이 데이터를 보면 구간을 어떻게 정할 것이냐에 따라 데이터에 대한 해석이 완전히 달라질 수 있다! 다음 예제를 보자(그림 5-141).

```
In[5]: x = make_data(20)
       bins = np.linspace(-5, 10, 10)
```

```
In[6]: fig, ax = plt.subplots(1, 2, figsize=(12, 4),
                              sharex=True, sharey=True,
                              subplot_kw={'xlim':(-4, 9),
                                          'ylim':(-0.02, 0.3)})
       fig.subplots_adjust(wspace=0.05)
       for i, offset in enumerate([0.0, 0.6]):
           ax[i].hist(x, bins=bins + offset, normed=True)
           ax[i].plot(x, np.full_like(x, -0.01), '|k',
                      markeredgewidth=1)
```

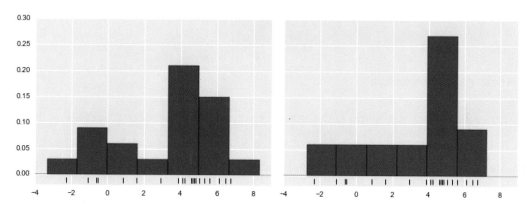

그림 5-141. 히스토그램의 문제점: 빈의 위치가 해석에 영향을 미친다.

왼쪽 히스토그램은 이봉 분포를 가진다는 것이 분명하게 드러난다. 오른쪽에서는 긴 꼬리를 가지는 단봉 분포를 볼 수 있다. 이전 코드를 보지 않았다면 이 두 히스토그램이 같은 데이터로 구축됐다는 사실을 짐작하지도 못했을 것이다. 이 점을 생각하면 히스토그램이 보여주는 직관을 어떻게 믿을 수 있겠는가?

한 걸음 뒤로 물러나 히스토그램을 블록 쌓기로 생각할 수 있다. 데이터세트의 각 점 위에 놓인 각 구간에 하나의 블록을 쌓는 것이다. 이것을 직접 확인해 보자(그림 5-142).

```
In[7]: fig, ax = plt.subplots()
       bins = np.arange(-3, 8)
       ax.plot(x, np.full_like(x, -0.1), '|k', markeredgewidth=1)
       for count, edge in zip(*np.histogram(x, bins)):
           for i in range(count):
               ax.add_patch(plt.Rectangle((edge, i), 1, 1, alpha=0.5))
       ax.set_xlim(-4, 8)
       ax.set_ylim(-0.2, 8)
Out[7]: (-0.2, 8)
```

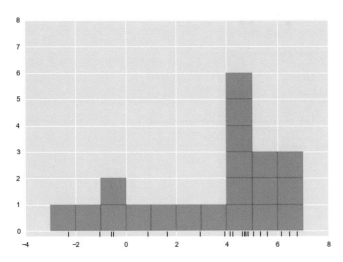

그림 5-142. 블록 쌓기 모양의 히스토그램

두 구간이 가진 문제는 블록 쌓기의 높이가 종종 근처 점들의 실제 밀도를 반영하는 것이 아니라 구간이 데이터 점들과 어떻게 정렬돼 있느냐에 따라 우연히 결정된다는 사실에서 비롯된다. 이와 같은 점과 블록 사이의 잘못된 정렬이 여기서 본 것과 같은 잘못된 히스토그램을 만들어낼 수 있다. 그렇다면 블록을 구간에 정렬해 쌓는 대신 그들이 **표현하는** 점에 맞춰 블록을 쌓는다면 어떻게 될까? 그렇게 하면 블록은 정렬되지 않겠지만 x축을 따라 각 위치에서 블록의 기여도를 추가해 결과를 구할 수 있다. 확인해 보자(그림 5-143).

```
In[8]: x_d = np.linspace(-4, 8, 2000)
       density = sum((abs(xi - x_d) < 0.5) for xi in x)

       plt.fill_between(x_d, density, alpha=0.5)
       plt.plot(x, np.full_like(x, -0.1), '|k', markeredgewidth=1)

       plt.axis([-4, 8, -0.2, 8]);
```

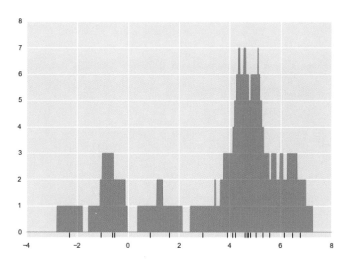

그림 5-143. 블록이 각 개별 점을 중심으로 둔 '히스토그램': 이것이 커널 밀도 추정의 예다.

결과가 약간 지저분해 보이지만, 표준 히스토그램에 비해 실제 데이터의 특성을 훨씬 더 견고하게 반영한다. 아직 가장자리가 거칠어서 미적으로 보기 좋지도 않고 데이터의 실제 성질을 반영하지도 않는다. 히스토그램을 매끄럽게 만들기 위해 가우스 함수와 같은 평활 함수(smoothing function)를 사용해 각 위치의 블록을 대체하기로 했다고 하자. 각 점에 블록 대신 표준 정규분포 곡선을 사용하자(그림 5-144).

```
In[9]: from scipy.stats import norm
       x_d = np.linspace(-4, 8, 1000)
       density = sum(norm(xi).pdf(x_d) for xi in x)

       plt.fill_between(x_d, density, alpha=0.5)
       plt.plot(x, np.full_like(x, -0.1), '|k', markeredgewidth=1)

       plt.axis([-4, 8, -0.2, 5]);
```

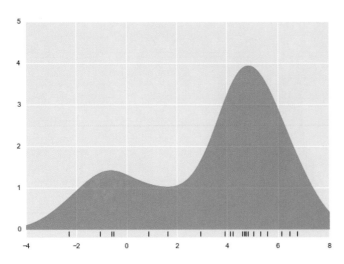

그림 5-144. 가우스 커널 함수를 사용한 커널 밀도 추정

각 입력 데이터 점의 위치에 기여한 가우스 분포를 이용한 이 평활 플롯은 데이터 분포 모양에 대해 훨씬 더 정확한 정보를 제공하며 훨씬 적은 분산을 갖는다(즉, 표본 추출에 따른 차이에 훨씬 덜 민감하다).

이 마지막 두 플롯이 1차원에서의 커널 밀도 추정의 예다. 첫 번째 플롯은 '톱햇(tophat)' 커널을 사용했고 두 번째 플롯은 가우스 커널을 사용했다. 이제 커널 밀도 추정에 대해 더 자세히 알아보자.

커널 밀도 추정의 실제 적용

커널 밀도 추정의 자유 모수는 각 점에 위치할 분포의 모양을 지정하는 커널과 각 점에서 커널의 크기를 제어하는 커널 대역폭이다. 실제로 커널 밀도 추정에 사용할 수 있는 커널 함수는 많다. 특히 Scikit-Learn KDE 구현은 여섯 개 중 하나의 커널을 지원하는데, 자세한 내용은 Scikit-Learn 밀도 추정 문서에서 확인할 수 있다.

파이썬(특히 SciPy와 StatsModels 패키지)에 여러 종류의 커널 밀도 추정이 구현돼 있지만 개인적으로는 효율성과 유연성 때문에 Scikit-Learn 버전을 선호한다. 그것은 6개의 커널 함수 중 하나와 수십 개의 거리 측정법 중 하나를 사용해 다차원에서 KDE를 처리하는 `sklearn.neighbors.KernelDensity` 추정기에 구현돼 있다. KDE는 상당히 계산 집약적이기 때문에 Scikit-Learn 추정기는 내부적으로 트리 기반 알고리즘을 사용하며 `atol`(absolute tolerance, 절대 공차)와 `rtol`(relative tolerance, 상대 공차) 모수를 사용해 계산 시간과 정확도 사이의 균형을 유지할 수 있다. 바로 뒤에 다루겠지만, Scikit-Learn의 표준 교차 검증 도구를 사용해 자유 모수인 커널 대역폭을 결정할 수 있다.

먼저 간단한 예제로 Scikit-Learn `KernelDensity` 추정기를 사용해 이전 플롯을 복제해 보자(그림 5-145).

```
In[10]: from sklearn.neighbors import KernelDensity

        # KDE 모델 인스턴스화 및 적합
        kde = KernelDensity(bandwidth=1.0, kernel='gaussian')
        kde.fit(x[:, None])

        # score_samples는 확률 밀도의 로그를 반환함
        logprob = kde.score_samples(x_d[:, None])

        plt.fill_between(x_d, np.exp(logprob), alpha=0.5)
        plt.plot(x, np.full_like(x, -0.01), '|k', markeredgewidth=1)
        plt.ylim(-0.02, 0.22)
Out[10]: (-0.02, 0.22)
```

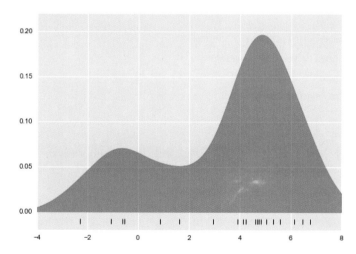

그림 5-145. Scikit-Learn으로 계산한 커널 밀도 추정

여기서 결과는 정규화돼 있어 곡선 아래의 면적이 1이다.

교차 검증을 통한 대역폭 선택

KDE 내에서 대역폭을 선택하는 것은 적절한 밀도 추정을 구하는 데 매우 중요하며, 밀도 추정에서 편향과 분산의 트레이드오프를 제어하는 손잡이가 된다. 대역폭을 너무 좁게 정하면 고분산 추정(즉, 과적합)을 하게 되어 점 하나의 존재 유무에 따라 결과가 크게 달라진다. 반대로 대역폭을 너무 넓게 잡으면 고편향 추정(즉, 과소적합)을 하게 되어 데이터의 구조가 넓은 커널에 의해 희석되어 버린다.

통계학에서 데이터에 대한 엄격한 가정을 기반으로 최상의 대역폭을 빠르게 추정하는 방법을 오랫동안 연구해왔다. 예를 들어, SciPy와 StatsModels 패키지에서의 KDE 구현을 찾아보면 이 규칙 중 일부를 기반으로 한 구현 사례를 보게 될 것이다.

머신러닝의 경우에는 그러한 초모수 조정이 종종 교차 검증 방식을 통해 경험적으로 이뤄진다. 이를 염두에 두고 Scikit-Learn의 `KernelDensity` 추정기는 Scikit-Learn의 표준 그리드 검색 도구 내에서 직접 사용될 수 있도록 설계됐다. 예제에서는 앞에서 본 데이터세트에 대한 대역폭을 최적화하기 위해 `GridSearchCV`를 사용할 것이다. 그렇게 작은 데이터세트를 다루고 있기 때문에 교차 검증을 할 때마다 훈련 집합 크기의 감소폭을 최소화하는 단일 관측치 제거(leave-one-out) 방식의 교차 검증을 사용할 것이다.

```
In[11]: from sklearn.grid_search import GridSearchCV
        from sklearn.model_selection import LeaveOneOut

        bandwidths = 10 ** np.linspace(-1, 1, 100)
        grid = GridSearchCV(KernelDensity(kernel='gaussian'),
                            {'bandwidth': bandwidths},
                            cv=LeaveOneOut(len(x)))
        grid.fit(x[:, None]);
```

이제 점수를 최대화하는 대역폭을 구할 수 있다(이 경우 기본값은 로그 우도(log likelihood)다).

```
In[12]: grid.best_params_
Out[12]: {'bandwidth': 1.1233240329780276}
```

최적의 대역폭은 앞에서 본 예제 플롯에서 사용했던 대역폭 1.0(즉, `scipy.stats.norm`의 기본 너비)에 매우 가까운 값이다.

예제: 나이브하지 않은 베이즈(Not-So-Naïve Bayes)

다음 예제에서는 KDE를 이용한 베이즈 생성 분류에 대해 살펴보고 Scikit-Learn 아키텍처를 사용해 맞춤 추정기를 만드는 법을 보여주고자 한다.

417쪽 '심화 학습: 나이브 베이즈 분류'에서 나이브 베이즈 분류를 살펴보면서 각 클래스에 대한 간단한 생성 모델을 만들었으며, 이 모델을 사용해 빠른 분류기를 만들었다. 나이브 베이즈에서 생성 모델은 축에 맞춰 정렬된 간단한 가우스 모델이다. KDE 같은 밀도 추정 알고리즘을 이용하면 '나이브'한 요소를 제거하고 각 클래스에 대해 더 정교한 생성 모델을 사용해 동일한 분류 작업을 수행할 수 있다. 그것 역시 베이즈 분류지만, 더 이상 나이브하지 않다.

일반적인 생성 분류 방식은 다음과 같다.

1. 훈련 데이터를 레이블 단위로 나눈다.

2. 각 집합에 대해 KDE를 적합시켜 데이터의 생성 모델을 얻는다. 이를 통해 관측치 x와 레이블 y에 대해 우도 P(x | y)를 계산할 수 있다.

3. 훈련 데이터 집합에서 각 클래스의 예제 수로부터 **클래스 사전 확률**인 P(y)를 계산한다.

4. 알려지지 않은 점 x에 대해 각 클래스의 사후 확률은 $P(y|x) \propto P(x|y)P(y)$이다. 이 사후 확률을 최대화하는 클래스가 그 점에 할당될 레이블이 된다.

이 알고리즘은 이해하기 쉽고 직관적이다. 더 어려운 부분은 그리드 검색과 교차 검증 구조를 사용하기 위해 Scikit-Learn 프레임워크 내에 이 알고리즘을 작성하는 것이다.

다음은 Scikit-Learn 프레임워크 내에 알고리즘을 구현하는 코드다. 이 코드 블록을 단계별로 살펴보자.

```
In[16]: from sklearn.base import BaseEstimator, ClassifierMixin

        class KDEClassifier(BaseEstimator, ClassifierMixin):
            """KDE 기반 베이즈 생성 분류
            모수
            ----------
            대역폭: 부동 소수점
                각 클래스 내 커널 대역폭
            커널: 문자열
                KernelDensity에 전달할 커널 이름
            """
            def __init__(self, bandwidth=1.0, kernel='gaussian'):
                self.bandwidth = bandwidth
                self.kernel = kernel

            def fit(self, X, y):
```

```
                self.classes_ = np.sort(np.unique(y))
                training_sets = [X[y == yi] for yi in self.classes_]
                self.models_ = [KernelDensity(bandwidth=self.bandwidth,
                                              kernel=self.kernel).fit(Xi)
                                for Xi in training_sets]
                self.logpriors_ = [np.log(Xi.shape[0] / X.shape[0])
                                   for Xi in training_sets]
                return self
            def predict_proba(self, X):
                logprobs = np.array([model.score_samples(X)
                                     for model in self.models_]).T
                result = np.exp(logprobs + self.logpriors_)
                return result / result.sum(1, keepdims=True)
            def predict(self, X):
                return self.classes_[np.argmax(self.predict_proba(X), 1)]
```

맞춤 추정기 분해

이제 위 코드를 단계별로 나눠 핵심적인 특징을 알아보자.

```
from sklearn.base import BaseEstimator, ClassifierMixin

class KDEClassifier(BaseEstimator, ClassifierMixin):
    """KDE 기반 베이즈 생성 분류
    모수
    ----------
    대역폭: 부동 소수점
        각 클래스 내 커널 대역폭
    커널: 문자열
        KernelDensity에 전달할 커널 이름
    """
```

Scikit-Learn의 각 추정기는 클래스이며, 이 클래스가 BaseEstimator 클래스뿐만 아니라 표준 기능을 제공하는 적절한 믹스인 클래스를 함께 상속하는 것이 가장 편리하다. 예를 들면, 여기서 BaseEstimator는 교차 검증 절차에서 사용할 추정기를 복제/복사하는 데 필요한 로직을 포함하고 있으며 ClassifierMixin은 그러한 루틴이 사용하는 기본 score() 메서드를 정의한다. 아울러 아이파이썬의 도움말 기능(4쪽 'IPython의 도움말과 문서' 참고)에서 확인할 수 있는 독스트링을 제공한다.

다음으로 클래스 초기화 메서드가 나온다.

```python
def __init__(self, bandwidth=1.0, kernel='gaussian'):
    self.bandwidth = bandwidth
    self.kernel = kernel
```

이 코드는 KDEClassifier()로 객체가 초기화될 때 실행되는 실제 코드다. Scikit-Learn에서 초기화는 이름으로 전달되는 값에 self를 할당하는 것 외에는 어떤 연산도 포함하지 않는다는 사실이 중요하다. 이것은 BaseEstimator에 포함된 교차 검증, 그리드 검색 등 기타 함수를 위해 추정기를 복제하고 수정할 때 필요로 하는 로직 때문이다. 이와 비슷하게 __init__에 전달되는 모든 인수는 명시적이어야 한다. 즉, *args나 **kwargs는 사용하지 말아야 하는데, 이것들을 사용하면 교차 검증 루틴에서 제대로 처리할 수 없기 때문이다.

그다음에는 훈련 데이터를 처리하는 fit() 메서드가 나온다.

```python
def fit(self, X, y):
    self.classes_ = np.sort(np.unique(y))
    training_sets = [X[y == yi] for yi in self.classes_]
    self.models_ = [KernelDensity(bandwidth=self.bandwidth,
                                  kernel=self.kernel).fit(Xi)
                    for Xi in training_sets]
    self.logpriors_ = [np.log(Xi.shape[0] / X.shape[0])
                       for Xi in training_sets]
    return self
```

이 코드에서는 훈련 데이터에서 유일한 클래스를 구하고 각 클래스에 대한 KernelDensity 모델을 훈련시킨 다음, 입력 표본의 개수를 기반으로 클래스 사전 확률을 계산한다. 마지막으로 fit()은 항상 self를 반환해 명령어를 연결할 수 있게 해준다. 예를 들면, 다음과 같다.

```python
label = model.fit(X, y).predict(X)
```

이 적합의 지속적인 결과는 각각 뒤에 밑줄 표시를 붙여 저장된다(예: self.logpriors_). 이는 Scikit-Learn에서 사용되는 규칙으로, 추정기의 구성원을 빠르게 확인하고(IPython의 탭 완성 기능 사용) 정확히 어느 구성원이 훈련 데이터에 적합하는지 알려준다.

마지막으로 새로운 데이터에 대한 레이블을 예측하는 로직이 있다.

```
def predict_proba(self, X):
    logprobs = np.vstack([model.score_samples(X)
                          for model in self.models_]).T
    result = np.exp(logprobs + self.logpriors_)
    return result / result.sum(1, keepdims=True)
def predict(self, X):
    return self.classes_[np.argmax(self.predict_proba(X), 1)]
```

이것은 확률적 분류기이므로 먼저 [n_samples, n_classes] 모양의 클래스 확률 배열을 반환하는 predict_proba()를 구현한다. 이 배열의 항목 [i, j]는 표본 i가 클래스 j의 구성원일 사후 확률이며, 우도를 클래스 사전 확률로 곱한 뒤 정규화함으로써 계산할 수 있다.

마지막으로 predict() 메서드는 이 확률을 사용해 가장 큰 확률로 클래스를 반환하기만 한다.

맞춤 추정기 사용하기

이 맞춤 추정기로 앞에서 본 손으로 쓴 숫자를 분류하는 문제를 풀어보자. 예제에서는 숫자 데이터를 적재하고 GridSearchCV 메타 추정기를 사용해 여러 대역폭 후보군에 대한 교차 검증 점수를 계산할 것이다(392쪽 '초모수와 모델 검증'에서 다룬 내용을 참고한다).

```
In[17]: from sklearn.datasets import load_digits
        from sklearn.grid_search import GridSearchCV

        digits = load_digits()

        bandwidths = 10 ** np.linspace(0, 2, 100)
        grid = GridSearchCV(KDEClassifier(), {'bandwidth': bandwidths})
        grid.fit(digits.data, digits.target)

        scores = [val.mean_validation_score for val in grid.grid_scores_]
```

이번에는 대역폭에 대한 함수로 교차 검증 점수를 플로팅한다(그림 5-146).

```
In[18]: plt.semilogx(bandwidths, scores)
        plt.xlabel('bandwidth')
        plt.ylabel('accuracy')
        plt.title('KDE Model Performance')
        print(grid.best_params_)
```

```
          print('accuracy =', grid.best_score_)
{'bandwidth': 7.0548023107186433}
accuracy = 0.966611018364
```

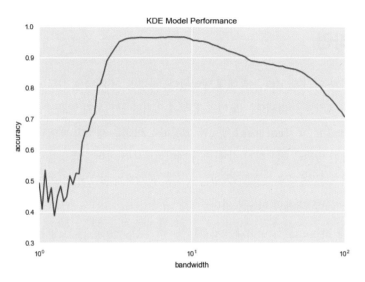

그림 5-146. KDE 기반 베이즈 분류기의 검증 곡선

이 나이브하지 않은 베이즈 분류기의 교차 검증 정확도는 96%가 약간 넘는 수준이며, 그에 비해 나이브 베이즈 분류는 약 80% 수준이다.

```
In[19]: from sklearn.naive_bayes import GaussianNB
        from sklearn.model_selection import cross_val_score
        cross_val_score(GaussianNB(), digits.data, digits.target).mean()
Out[19]: 0.81860038035501381
```

그러한 생성 분류기의 한 가지 이점은 결과에 대한 해석이 가능하다는 것이다. 알려지지 않은 각 표본에 대해 확률적 분류뿐만 아니라 그것과 비교할 점의 분포에 대한 완전한 모델도 얻게 된다! 이것이 특정 분류 작업이 SVM과 랜덤 포레스트 같은 알고리즘으로는 모호해지는 이유를 직관적으로 바라볼 수 있게 해준다.

그 밖에도 KDE 분류기 모델에 적용해 볼 만한 몇 가지 개선사항이 있다.

- 각 클래스의 대역폭을 독립적으로 변경할 수 있다.

- 이 대역폭을 예측 점수가 아니라 각 클래스의 생성 모델 아래에 있는 훈련 데이터의 우도를 기반으로 최적화할 수도 있다(즉, 전체 예측 정확도가 아니라 KernelDensity 자체에서 구한 점수를 사용한다).

마지막으로 자기만의 추정기를 구축해 보고 싶다면 KDE 대신 가우스 혼합 모델을 사용해 유사한 베이즈 분류기를 만들어 볼 것을 권한다.

응용: 안면 인식 파이프라인

이번 장에서는 머신러닝의 핵심 개념과 여러 알고리즘에 대해 알아봤다. 하지만 이 개념을 실무에 적용하는 것은 쉽지 않을 것이다. 현실 세계의 데이터세트는 노이즈가 섞여 있거나 균일하지 않을 수 있고, 누락된 특징을 갖거나 깔끔한 [n_samples, n_features] 행렬에 매핑하기 어려운 형태의 데이터가 들어 있을 수도 있다. 이번 장에서 언급한 방법을 적용하기 전에 먼저 데이터로부터 이러한 특징을 추출해야 한다. 이 작업을 수행하는 데 있어 모든 영역에 적용할 수 있는 공식은 존재하지 않으며, 따라서 이것은 데이터 과학자로서의 직관과 전문성을 연마해야 하는 분야다.

흥미롭고 매력적인 머신러닝의 적용 분야 하나는 이미지에 적용하는 것으로, 이에 대해서는 분류를 위해 픽셀 단위의 특징을 사용하는 몇 가지 예제를 이미 살펴봤다. 현실 세계에서는 데이터가 그렇게 균일하지 않아서 단순한 픽셀을 특징을 삼는 것이 적합하지 않기 때문에 이미지 데이터를 위한 **특징 추출** 방식에 대한 방대한 문헌이 생겼다(409쪽 '특징 공학' 참고).

이번 절에서는 그러한 특징 추출 기법 중 하나인 유향 경사 히스토그램(HOG, Histogram of Oriented Gradients)을 살펴볼 것이다. 이 히스토그램은 이미지 픽셀을 빛 같은 혼동 요인에 관계 없이 광범위하게 정보를 제공하는 이미지 특징에 민감한 벡터 표현으로 변환한다. 이번 장에서 살펴본 머신러닝 알고리즘과 개념을 사용해 간단한 안면 인식 파이프라인을 개발하는 데 이 특징을 사용해 보자. 표준 임포트로 시작하자.

```
In[1]: %matplotlib inline
       import matplotlib.pyplot as plt
       import seaborn as sns; sns.set()
       import numpy as np
```

HOG 특징

경사 히스토그램은 이미지에서 보행자를 식별하기 위해 개발된 간단한 특징 추출 절차다. HOG에는 다음 단계가 포함된다.

1. 선택적으로 이미지를 사전에 정규화한다. 이로써 빛의 변화에 의존하지 않는 특징을 얻게 된다.

2. 수평적, 수직적 밝기 경도에 민감한 두 필터로 이미지를 휘감는다. 이 필터가 모서리와 윤곽, 질감 정보를 포착한다.

3. 이미지를 사전 정의한 크기의 셀로 나누고 각 셀 내의 경사 방향의 히스토그램을 계산한다.

4. 이웃하는 셀의 블록과 비교해서 각 셀의 히스토그램을 정규화한다. 이로써 전체 이미지에 대한 빛의 영향이 더 억제된다.

5. 각 셀의 정보로부터 1차원 특징 벡터를 구성한다.

빠른 HOG 추출기는 사이킷-이미지(Scikit-Image) 프로젝트에 내장돼 있으며 그것을 비교적 빨리 적용해 각 셀 내 유향 경사를 시각화할 수 있다(그림 5-147).

```
In[2]: from skimage import data, color, feature
       import skimage.data

       image = color.rgb2gray(data.chelsea())
       hog_vec, hog_vis = feature.hog(image, visualise=True)

       fig, ax = plt.subplots(1, 2, figsize=(12, 6),
                                 subplot_kw=dict(xticks=[], yticks=[]))
       ax[0].imshow(image, cmap='gray')
       ax[0].set_title('input image')

       ax[1].imshow(hog_vis)
       ax[1].set_title('visualization of HOG features');
```

input image

visualization of HOG features

그림 5-147. 이미지로부터 계산된 HOG 특징

실제 HOG: 간단한 안면 인식기

이 HOG 특징을 이용하면 Scikit-Learn 추정기로 간단한 안면 인식 알고리즘을 구축할 수 있다. 여기 서는 선형 서포트 벡터 머신을 사용하겠다(이에 대해 복습이 필요하다면 442쪽 '심화 학습: 서포트 벡터 머신'을 참고한다). 단계는 다음과 같다.

1. '긍정(positive)' 훈련 표본을 구성하기 위해 얼굴 이미지 섬네일을 구한다.
2. '부정(negative)' 훈련 표본을 구성하기 위해 얼굴이 아닌 이미지 섬네일을 구한다.
3. 이 훈련 표본으로부터 HOG 특징을 추출한다.
4. 이 표본에 선형 SVM 분류기를 훈련시킨다.
5. '알려지지 않은' 이미지에 대해서는 이미지에 슬라이딩 윈도우를 전달하고 그 모델을 사용해 해당 윈도우가 얼굴을 포함하고 있는지 아닌지 평가한다.
6. 얼굴 인식이 겹치면 하나의 윈도우에 결합한다.

이제 단계별로 적용해 보자.

1. 긍정 훈련 표본을 구한다.

먼저 다양한 얼굴을 보여주는 긍정 훈련 표본을 구하자. 이 작업에 적합한 데이터세트로 Scikit-Learn에서 다운로드할 수 있 는 와일드 데이터세트의 레이블이 달린 얼굴 데이터가 있다.

```
In[3]: from sklearn.datasets import fetch_lfw_people
       faces = fetch_lfw_people()
       positive_patches = faces.images
       positive_patches.shape
Out[3]: (13233, 62, 47)
```

이 데이터세트는 훈련에 사용할 수 있는 13,000개의 얼굴 이미지 표본을 제공한다.

2. 부정 훈련 표본을 구한다.

다음으로 얼굴 이미지를 포함하지 않은 동일한 크기의 섬네일이 필요하다. 이러한 이미지를 구하는 한 가지 방법은 입력 이미 지 한 뭉치를 가져다가 다양한 척도로 섬네일을 추출하는 것이다. 예제에서는 Scikit-Learn의 PatchExtractor로 사이킷- 이미지에 탑재된 이미지를 사용할 것이다.

```
In[4]: from skimage import data, transform
       imgs_to_use = ['camera', 'text', 'coins', 'moon',
                      'page', 'clock', 'immunohistochemistry',
```

```
                          'chelsea', 'coffee', 'hubble_deep_field']
          images = [color.rgb2gray(getattr(data, name)())
                    for name in imgs_to_use]
In[5]:
from sklearn.feature_extraction.image import PatchExtractor
def extract_patches(img, N, scale=1.0, patch_size=positive_patches[0].shape):
    extracted_patch_size = \
    tuple((scale * np.array(patch_size)).astype(int))
    extractor = PatchExtractor(patch_size=extracted_patch_size,
                               max_patches=N, random_state=0)
    patches = extractor.transform(img[np.newaxis])
     if scale != 1:
        patches = np.array([transform.resize(patch, patch_size)
                            for patch in patches])
    return patches
negative_patches = np.vstack([extract_patches(im, 1000, scale)
                    for im in images for scale in [0.5, 1.0, 2.0]])
negative_patches.shape
Out[5]: (30000, 62, 47)
```

이제 얼굴을 포함하지 않은 30,000개의 적합한 이미지 조각을 갖게 됐다. 그 이미지가 어떤 모습인지 일부를 직접 확인해 보자(그림 5-148).

```
In[6]: fig, ax = plt.subplots(6, 10)
       for i, axi in enumerate(ax.flat):
           axi.imshow(negative_patches[500 * i], cmap='gray')
           axi.axis('off')
```

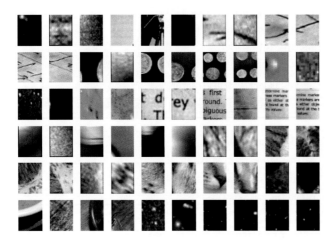

그림 5-148. 얼굴을 포함하지 않은 부정적인 이미지 조각

이것이 알고리즘이 볼 수 있는 '얼굴이 아닌' 공간을 충분히 커버할 수 있기를 바란다.

3. 집합을 결합하고 HOG 특징을 추출한다.

긍정 표본과 부정 표본을 확보했으니 이제 그것들을 결합해 HOG 특징을 계산한다. HOG 특징은 각 이미지에 대해 적지 않은 계산이 수반되므로 이 단계를 수행하는 데는 시간이 어느 정도 필요하다.

```
In[7]: from itertools import chain
       X_train = np.array([feature.hog(im)
                                for im in chain(positive_patches, negative_patches)])
       y_train = np.zeros(X_train.shape[0])
       y_train[:positive_patches.shape[0]] = 1
In[8]: X_train.shape
Out[8]: (43233, 1215)
```

1,215차원의 43,000개 훈련 표본이 생겼고 이제 Scikit-Learn에 반영할 수 있는 형태의 데이터가 만들어졌다!

4. 서포트 벡터 머신을 훈련시킨다.

이번에는 섬네일 조각의 분류기를 만들기 위해 이번 장에서 배운 도구를 사용한다. 이러한 고차원 이진 분류 작업을 위해서는 선형 서포트 벡터 머신을 사용하는 것이 좋다. 이 예제에는 Scikit-Learn의 **LinearSVC**를 사용할텐데, SVC와 비교해 대체로 큰 수의 표본에 대해 더 나은 척도를 가지기 때문이다.

그렇지만 먼저 빠르게 기준점을 얻기 위해 간단한 가우스 나이브 베이즈를 사용하자.

```
In[9]: from sklearn.naive_bayes import GaussianNB
       from sklearn.model_selection import cross_val_score
```

```
         cross_val_score(GaussianNB(), X_train, y_train)
  Out[9]: array([ 0.9408785 ,  0.8752342 ,  0.93976823])
```

훈련 데이터 상에서 단순한 나이브 베이즈 알고리즘조차도 90% 이상의 정확도를 보임을 확인할 수 있다. C 모수의 선택을 바꿔가면서 그리드 검색으로 서포트 벡터 머신을 적용해 보자.

```
 In[10]: from sklearn.svm import LinearSVC
         from sklearn.grid_search import GridSearchCV
         grid = GridSearchCV(LinearSVC(), {'C': [1.0, 2.0, 4.0, 8.0]})
         grid.fit(X_train, y_train)
         grid.best_score_
 Out[10]: 0.98667684407744083
 In[11]: grid.best_params_
 Out[11]: {'C': 4.0}
```

최적의 추정기를 선택해 전체 데이터세트에 그것을 적용하자.

```
 In[12]: model = grid.best_estimator_
         model.fit(X_train, y_train)
 Out[12]: LinearSVC(C=4.0, class_weight=None, dual=True,
            fit_intercept=True, intercept_scaling=1,
            loss='squared_hinge', max_iter=1000,
            multi_class='ovr', penalty='l2',
            random_state=None, tol=0.0001, verbose=0)
```

5. 새 이미지에서 얼굴을 찾는다.

이 모델이 준비됐으니 이제 새로운 이미지를 가져다가 모델이 어떻게 동작하는지 보자. 여기서는 간단히 우주비행사 이미지의 일부를 사용하고(관련 내용은 553쪽 '주의사항 및 개선사항' 참고) 거기에 슬라이딩 윈도우를 실행해 각 이미지 조각을 평가할 것이다(그림 5-149).

```
 In[13]: test_image = skimage.data.astronaut()
         test_image = skimage.color.rgb2gray(test_image)
         test_image = skimage.transform.rescale(test_image, 0.5)
         test_image = test_image[:160, 40:180]

         plt.imshow(test_image, cmap='gray')
         plt.axis('off');
```

그림 5-149. 얼굴 위치를 찾을 때 사용할 이미지

다음으로 이 이미지의 조각들을 순회하는 윈도우를 만들고 각 조각의 HOG 특징을 계산하자.

```
In[14]: def sliding_window(img, patch_size=positive_patches[0].shape,
                            istep=2, jstep=2, scale=1.0):
            Ni, Nj = (int(scale * s) for s in patch_size)
            for i in range(0, img.shape[0] - Ni, istep):
                for j in range(0, img.shape[1] - Ni, jstep):
                    patch = img[i:i + Ni, j:j + Nj]
                    if scale != 1:
                        patch = transform.resize(patch, patch_size)
                    yield (i, j), patch
        indices, patches = zip(*sliding_window(test_image))
        patches_hog = np.array([feature.hog(patch) for patch in patches])
        patches_hog.shape
Out[14]: (1911, 1215)
```

마지막으로 이 HOG 특징을 추출한 조각을 가져다가 모델을 사용해 각 조각에 얼굴이 포함돼 있는지 평가하면 된다.

```
In[15]: labels = model.predict(patches_hog)
        labels.sum()
Out[15]: 33.0
```

거의 2,000개의 조각 중에 30개에서 얼굴을 발견했음을 알 수 있다. 이 조각들에 대해 가지고 있는 정보를 사용해 그것들이 테스트 이미지상의 어디에 위치하는지를 네모로 그려서 보여주자(그림 5-150).

```
In[16]: fig, ax = plt.subplots()
        ax.imshow(test_image, cmap='gray')
        ax.axis('off')
```

```
Ni, Nj = positive_patches[0].shape
indices = np.array(indices)
for i, j in indices[labels == 1]:
    ax.add_patch(plt.Rectangle((j, i), Nj, Ni, edgecolor='red',
                               alpha=0.3, lw=2, facecolor='none'))
```

그림 5-150. 얼굴을 포함하고 있다고 밝혀진 윈도우

얼굴이 탐지된 조각들이 모두 겹치고 이미지에서 얼굴을 찾았다! 파이썬 코드 몇 줄만으로 만든 것 치고는 꽤 괜찮은 해결책이다.

주의사항 및 개선사항

앞에서 본 코드와 예제를 좀 더 자세히 들여다 보면 상용화 가능한 수준의 안면 인식기를 만들려면 몇 가지 작업이 더 필요함을 알 수 있을 것이다. 지금까지 했던 작업에는 다음과 같이 몇 가지 문제점과 개선할 사항이 있다.

훈련 집합, 특히 부정 특징에 대한 훈련 집합이 그다지 완전하지 않다.

핵심 이슈는 훈련 집합에 없는 얼굴과 비슷한 질감이 많이 있으며, 따라서 현재 모델은 거짓 양성(false positive)으로 판단하기 쉽다는 점이다. 전체 우주 비행사 이미지에 앞에서 만든 알고리즘을 적용해 보면 현재 모델은 이미지의 다른 영역에서 거짓 탐지가 많이 일어난다는 사실을 확인할 수 있다.

부정 훈련 집합에 더 다양한 이미지를 추가해 이 문제를 해결할 수 있을 거라고 생각할 텐데 그것이 아마 어느 정도는 개선할 것이다. 이 문제를 처리하는 또 다른 방식은 **강한 부정 훈련 데이터 마이닝**(hard negative mining) 같은 더 직접적인 방법을 사용하는 것이다. 강한 부정 데이터 마이닝에서는 분류기가 보지 못했던 새로운 이미지 집합을 가져다가 거짓 양성을 나타내는 모든 이미지 조각을 구해 그것들을 훈련 집합에 부정적 사례로 명시적으로 추가한 다음 분류기를 재훈련시킨다.

현재 파이프라인은 한 척도로만 검색한다.

현재 작성된 대로라면 알고리즘이 대략 62x47픽셀이 아닌 얼굴은 누락할 것이다. 이 문제는 다양한 크기의 슬라이딩 윈도우를 사용하고 모델에 넣기 전에 `skimage.transform.resize`를 사용해 각 조각의 크기를 조절함으로써 쉽게 해결할 수 있다. 실제로 여기서 사용한 `sliding_window()` 유틸리티는 이미 이런 점을 염두에 두고 구축된 것이다.

탐지된 이미지 조각이 겹친 경우 이를 결합해야 한다.

상품 수준의 파이프라인의 경우, 같은 얼굴을 30회 탐지하는 것이 아니라 중복된 탐지 그룹을 단일 탐지로 줄이고자 할 것이다. 이는 비지도 군집화 방식(대표적인 예로 평균 이동 군집화(MeanShift Clustering)가 있다)이나 기계 시각에서 보편적인 알고리즘인 비극대 억제(nonmaximum suppression) 같은 절차적 방식을 통해 수행할 수 있다.

파이프라인이 간결해야 한다.

이러한 문제를 해결했다면 훈련 이미지를 수집하고 슬라이딩 윈도우 결과를 예측하기 위해 좀 더 간결한 파이프라인을 만드는 것도 좋다. 이 부분이 데이터 과학 도구로서 파이썬이 실제로 빛을 발하는 부분이다. 약간의 작업으로 프로토타입 코드를 가져와 사용자가 쉽게 사용할 수 있도록 잘 설계된 객체지향 API로 패키징할 수 있다. 이 문제는 '각자 연습할 수 있게' 해결책을 제시하지 않고 남겨두겠다.

최근의 발전: 딥 러닝

마지막으로, 머신러닝 맥락에서 HOG 및 기타 절차적 특성 추출 방법이 항상 사용되는 것은 아니라는 점을 언급해야 할 것 같다. 대신, 많은 최신 객체 감지 파이프라인은 심층 신경망(흔히 딥러닝이라고도 함)의 변형을 사용하는데, 신경망을 사용자의 직관에 의존하지 않고 데이터에서 최적의 특성 추출 전략을 결정하는 추정기로 생각하는 것도 하나의 방법이다.

이 분야는 최근 몇 년 동안 환상적인 결과를 만들어냈지만, 딥러닝은 앞에서 살펴본 머신러닝 모델과 개념적으로 크게 다르지 않다. 주된 발전은 최신 컴퓨팅 하드웨어(종종 강력한 머신의 대규모 클러스터)를 활용하여 훨씬 더 큰 훈련 데이터 집합에 대해 훨씬 더 유연한 모델을 훈련할 수 있다는 것이다. 하지만 규모는 다르지만 데이터로 모델을 구축한다는 최종 목표는 동일하다.

머신러닝 관련 추가 자료

이번 장에서는 파이썬을 활용한 머신러닝에 대해 주로 Scikit-Learn 라이브러리 내의 도구를 사용해 간단하게 살펴봤다. 이번 장의 분량으로 다루기에는 흥미롭고 중요한 알고리즘과 방식, 관련 논의가 너무 많다. 그래서 머신러닝에 대해 더 배우고자 하는 사람들을 위한 자료를 추천하고자 한다. 파이썬에서의 머신러닝에 대해 더 배우고 싶으면 다음 자료를 참고하면 도움될 것이다.

Scikit-Learn 웹사이트[10]

Scikit-Learn 웹사이트는 이 책에서 다룬 일부 모델뿐만 아니라 훨씬 더 많은 내용을 담은 문서와 예제를 상당량 보유하고 있다. 가장 중요하고 자주 사용되는 머신러닝 알고리즘을 간략히 살펴보려면 이 웹사이트에서 시작하는 것이 좋다.

SciPy, PyCon, PyData 튜토리얼 동영상

Scikit-Learn 및 기타 머신러닝 주제는 파이썬을 중심으로 하는 많은 콘퍼런스 시리즈, 특히 PyCon, SciPy 및 PyData 콘퍼런스의 튜토리얼 트랙에서 꾸준히 인기 있는 주제다. 이러한 콘퍼런스의 대부분은 기조연설, 강연, 튜토리얼 동영상을 온라인에 무료로 게시하며, 적절한 웹 검색(예: 'PyCon 2022 동영상')을 통해 쉽게 찾을 수 있다.

『Introduction to Machine Learning with Python』(O'Reilly Media, 2016년)[11]

안드레아스 C. 뮐러(Andreas C. Mueller), 사라 귀도(Sarah Guido)가 쓴 이 책은 이 장의 주제에 대해 완전하게 다루고 있다. 머신러닝의 핵심을 검토하고 Scikit-Learn 툴킷을 최대로 활용하는 데 관심이 있다면 이 책이 최고의 자료가 될 것이다. 이 책을 쓴 저자들은 Scikit-Learn 팀에서 가장 왕성하게 활동하는 개발자들이다.

『파이썬 머신러닝』(지앤선, 2017)[12]

세바스티안 라슈카(Sebastian Raschka)가 쓴 이 책은 Scikit-Learn 자체에 집중하기보다는 파이썬에서 사용할 수 있는 머신러닝 도구에 대해 더 많이 다룬다. 특히 파이썬 기반의 머신러닝 방식을 크고 복잡한 데이터세트로 확장하는 방법에 대한 매우 유용한 내용을 담고 있다.

---

10 http://scikit-learn.org/stable/
11 http://bit.ly/intro-machine-learning-python
12 http://jiandson.co.kr/books/26